Schriftenreihe des Instituts für Anwaltsrecht
Herausgegeben von Prof. Dr. Martin Henssler und
Prof. Dr. Hanns Prütting

Strotmann
Der Zusammenschluß von Rechtsanwälten

D1665513

Der Zusammenschluß von Rechtsanwälten

Rechtsformwahl und Haftung

Sabine Strotmann

Münster

DeutscherAnwaltVerlag

Die Deutsche Bibliothek – CIP-Einheitsaufnahme

Strotmann, Sabine:
Der Zusammenschluß von Rechtsanwälten: Rechtsformwahl und
Haftung / Sabine Strotmann. - Bonn: Dt. Anwaltverl., 1998
   (Schriftenreihe des Instituts für Anwaltsrecht an der Universität zu
   Köln ; Bd. 31)
   ISBN 3-8240-5195-8

D 6

Copyright 1998 by Deutscher Anwaltverlag, Bonn
Druck: Richarz Publikations-Service GmbH, Sankt Augustin
Titelgestaltung: D sign Korn, Solingen
ISBN: 3-8240-5195-8

Meinen Eltern

Inhaltsverzeichnis

3.Kapitel: Die Rechtsanwaltssozietät

7. Kapitel: Gesamtergebnis

Vorwort

Diese Arbeit hat der Rechtswissenschaftlichen Fakultät der Westfälischen Wilhelms-Universtität zu Münster im Wintersemster 1997/98 als Dissertation vorgelegen.

Die vorliegende Untersuchung wurde im Wintersemester 1994 anläßlich der Einführung des PartGG und der Entscheidung des BayObLG zugunsten der Zulässigkeit einer Rechtsanwalts-GmbH aufgenommen und Ende 1997 abgeschlossen.

Mein besonderer Dank gilt meinem Doktorvater Herrn Prof. Dr. Dr. hc. (F) Wilfried Schlüter für die hilfreiche Unterstützung und die zügige Anfertigung des Erstgutachtens, durch die er es mir ermöglicht hat, einen Herzenswunsch zu erfüllen. Mein Dank gilt ferner Herrn Prof. Dr. Bernhard Großfeld für die Übernahme des Zweitgutachtens.

An dieser Stelle möchte ich mich auch bei den Mitarbeitern der Rechtswissenschaftlichen Seminars I der WWU bedanken, die mir stets tatkräftig zur Seite standen.

Bedanken möchte ich mich besonders bei meinen Eltern, die mich - jeder auf seine Weise - unterstützt, gefördert und angespornt haben. Ohne ihre Unterstützung und ohne die Unterstützung meines - zukünftigen - Ehemannes, Herrn Dr. Stephan Schulte, hätte ich diese Arbeit nicht zum Abschluß gebracht. Ihm möchte ich danken, für sein Verständnis und die liebevolle Begleitung durch alle Höhen und Tiefen, die die Anfertigung dieser Arbeit mit sich gebracht hat.

Rheine, im April 1998   *Sabine Strotmann*

1. Kapitel: Einleitung

§ 1 Einführung

Die anwaltliche Berufsausübung bewegt sich im Spannungsfeld zwischen Berufspflicht und Risikomanagement;[1] denn das Tätigkeitsfeld der Rechtsanwälte wird zunehmend größer.[2] Mittlerweile reicht das Spektrum anwaltlicher Tätigkeit von Verkehrsordnungswidrigkeiten und einfachen Forderungseintreibungen bis hin zu komplizierten wirtschafts- oder umweltrechtlichen Fragen. Dabei ist die forensische Tätigkeit oft nur noch von untergeordneter Bedeutung. Mit dieser Entwicklung geht eine stete Vergrößerung der damit verbundenen Haftungsrisiken einher.[3]

Diese Haftungsproblematik wird dadurch verschärft, daß eine ordnungsgemäße Bearbeitung der komplizierteren Mandate ohne Spezialwissen nicht möglich ist.[4] Dabei ist es nicht ausreichend, sich im Sinne der „klassischen Dreiteilung" Zivilrecht, Strafrecht, Öffentliches Recht zu spezialisieren. Die Bedürfnisse des Marktes und damit zusammenhängend die Bedürfnisse der Klienten und ihrer Mandate erfordern einerseits weitaus differenzierte Spezialkenntnisse, andererseits wird zunehmend ein übergreifender Überblick gefragt. Außerdem kann die Beteiligung von Steuerberatern und Wirtschaftsprüfern unumgänglich sein, da der Rechtsanwalt auch über die wirtschaftlichen Gefahren aufklären[5] und sein Vorgehen sich unter Umständen an der steuerrechtlichen Beurteilung ausrichten muß.

Spezialkenntnisse sind beispielsweise erforderlich auf dem Gebiet des Familienrechts. Die zahlreichen mit und vor einer Scheidung zu regelnden Fragen können ohne besondere Erfahrungen auf diesem Gebiet kaum sinnvoll gelöst werden. Mit den rechtlichen Schwierigkeiten einer Materie geht auch ein erhebliches Risiko einher. In Familiensachen liegt dieses Risiko für den Anwalt auf der Haftungsebene. Aber auch für den Mandanten besteht eine nicht zu unterschätzende Gefahr. Macht der Rechtsanwalt einen Fehler, kann dies gravierende Folgen haben, sei es bei Vaterschaftsfragen, im Zugewinnausgleichsverfahren oder im Unterhaltsrecht.

Übergreifende Kenntnisse sind etwa im Baurecht oder im Umweltrecht erforderlich. Im Bereich des Baurechts sind Überschneidungen von Öffentlichem und Privatem Baurecht denkbar. Außerdem ist jede Materie für sich gesehen nur mit

---

[1] *Taupitz*, Haftung des Freiberuflers, S. 19 (20); *Henssler*, AnwBl 1996, 3 ff.
[2] *Piper* in FS für *Odersky*, S. 1063 (1063)
[3] *Henssler*, AnwBl 1996, 3 (3)
[4] *Nirk*, NJW 1997, 2325 (2329)
[5] BGH, Urteil vom 12.07.1960, VersR 1960, 932 (933); BGH, Urteil vom 22.10.1987, NJW 1988, 563 (566)

Spezialkenntnissen lösbar. Hier sei nur das außerordentlich komplizierte Regelungswerk der VOB genannt, deren Einzeldetails im Bauprozeß oft genug entscheidende Funktion haben. Mit dem Privaten Baurecht ist wiederum das Architektenrecht und damit zwingend Kenntnisse der HOAI verbunden. Und auch das Umweltrecht geht weit über den öffentlich-rechtlich geregelten Bereich hinaus. Es ist seinerseits eng verzahnt mit dem Ordnungswidrigkeiten- und dem Strafrecht, wobei Bußgelder in nicht unerheblicher Höhe verhängt werden. Wegen der umfangreichen Investitionen, die in diesem Bereich getätigt werden - unter Umständen begleitet von staatlichen Subventionen - kann eine fehlerhafte Rechtsberatung im Umweltrecht Schäden in Millionenhöhe anrichten.

Schließlich gibt es Mandate, die eine interprofessionelle Bearbeitung erfordern. Im Bereich des Wirtschaftsrechts, insbesondere bei komplizierten gesellschaftsrechtlichen Fragen, sowie auf dem Gebiet des Erbrechts kann es sinnvoll sein, Steuerberater oder Wirtschaftsprüfer zu beteiligen. Jedenfalls sind in diesen und anderen Rechtsgebieten steuerrechtliche Kenntnisse zwingend erforderlich.[6]

Diese Beispiele belegen, daß die gemeinsame Berufsausübung im Sinne einer arbeitsteiligen Leistungserbringung bei bestimmten Mandatsstrukturen unumgänglich ist.[7] Der Einzelanwalt kann sich nur selten behaupten. Entweder bedient er Nischen, die mit anderen Rechtsgebieten nicht zusammenhängen oder er beschränkt sich auf die Bearbeitung „alltäglicher" Rechtsprobleme und verweist seine Mandanten bei anderen Fällen an eine größere Kanzlei, die über die nötigen Spezialkenntnisse verfügt. Damit setzt er sich allerdings der Gefahr aus, daß der Mandant sich in Zukunft mit allen Problemen an diese Kanzlei wendet, weil er dort eine „Gesamtlösung" angeboten bekommt.

Folglich ist der Anwalt gut beraten, wenn er sich mit anderen zur gemeinsamen Berufsausübung zusammenschließt. Kehrseite der gemeinsamen Berufsausübung ist der verstärkte Einfluß des Berufsrechts.[8] Die Bundesrechtsanwaltsordnung und die Berufsordnung enthalten neben den Vorschriften, die sich an jeden Rechtsanwalt richten, eine Reihe von Anforderungen, die die Berufsausübung in Anwaltsgesellschaften beeinflussen und begrenzen. Sie nehmen teilweise Einfluß auf die Gestaltung des Gesellschaftsvertrages und sind deshalb bei der Entscheidung für die eine oder die andere Gesellschaftsform zu beachten.

---

6   *Henssler*, AnwBl 1996, 3 (4)
7   BR-Drs. 516/93, S. 1; *Bösert*, ZAP 1994, 765 (766)
8   *Feuerich/Braun*, BRAO, § 1 Rz. 1 ff. und 15 ff.; *Laufhütte* in FS für *Pfeiffer*, S. 959 (959/967); *Loewer*, BRAK-Mitt. 1994, 185 (186); *Haas*, BRAK-Mitt. 1992, 65 (65); *Pfeiffer*, BRAK-Mitt. 1987, 102 (103/104); *Kleine-Cosack*, BRAO, § 1 Rz. 4/9

§ 2 Problemstellung

Ursprünglich hatten Rechtsanwälte nur die Möglichkeit, sich in einer Sozietät oder einer Bürogemeinschaft zusammenzuschließen.[9] In § 59 a BRAO ist neuerdings eine positivrechtliche Regelung dieser Formen des anwaltlichen Zusammenschlusses erfolgt. Auch die interprofessionelle und internationale Zusammenarbeit soll demnach möglich sein. Der Nachteil der Sozietät ist aus der Sicht der Rechtsanwälte die gesamtschuldnerische Haftung aller Sozien für Berufsfehler eines von ihnen gemäß § 51 a II 1 BRAO. Allerdings sieht § 51 a BRAO gleichzeitig Möglichkeiten vor, wie die Haftung begrenzt werden kann. Dies ist für die Rechtsanwaltschaft eine wichtige Errungenschaft; denn die Möglichkeiten von Haftungsbeschränkungen in Anwaltsgesellschaften waren in der Vergangenheit stets umstritten.[10] Außerdem könnte diese Vorschrift Bedeutung für weitere Fragen haben, sei es bei der Frage zulässiger Gesellschaftsformen oder bei derjenigen nach weiteren eventuell auch weitergehenden Haftungsbeschränkungen.

§ 51 a II BRAO gilt für die Bürogemeinschaft nicht. Folglich dürfte es keine gesamtschulderische Haftung der in einer Bürogemeinschaft verbundenen Rechtsanwälte geben. Dann müßte sich die Bürogemeinschaft auch äußerlich von der Sozietät unterscheiden.

Das Partnerschaftsgesellschaftsgesetz[11] hat im Jahre 1995 die Partnerschaftsgesellschaft als eine Sondergesellschaft für die freien Berufe eingeführt. Sie soll Rechtssicherheit für freiberufliche Zusammenschlüsse schaffen, die es für diese wegen der nur lückenhaften gesetzlichen Regelung der BGB-Gesellschaft und ihrer kaum verfestigten Struktur bislang so nicht gab.[12] Soweit nicht das Berufsrecht eines Berufsstandes die Partnerschaftsgesellschaft als Form der gemeinsamen Berufsausübung ausschließt, ist sie für die in § 1 II PartGG namentlich aufgeführten Berufe und die damit verwandten Berufe zulässig. Die Rechtsanwälte werden in § 1 II PartGG ausdrücklich erwähnt, die BRAO schweigt zur Partnerschaftsgesellschaft.

Kernstück des PartGG ist § 8, der die Haftung der Partner abweichend vom allgemeinen BGB-Gesellschaftsrecht regelt, das im übrigen subsidär gilt. Gemäß § 8 I PartGG haften die Partner akzessorisch zur Partnerschaft. Dies könnte für die Rechtsanwälte eine Haftungsverschärfung bedeuten. Gleichzeitig sehen die Absätze 2 und 3 Möglichkeiten vor, wie die Partner ihre Haftung begrenzen können. Es handelt sich nicht um eine gesetzliche Haftungsbeschränkung, vielmehr ist eine Vereinbarung erforderlich. Die Regelungen des § 51 a BRAO und des § 8

---

9   *Piper* in FS für *Odersky*, S. 1063 (1064)
10   Vgl. unten § 10 und *Frangenberg*, Haftungsbeschränkungen bei der unternehmenstragenden Gesellschaft bürgerlichen Rechts, S. 65 ff.
11   Beschlossen am 24.07.1994, BGBl. I S. 1744, im folgenden PartGG abgekürzt
12   *Bösert*, DStR 1993, 1332 (1332); *Driesen*, GmbHR 1993, R 25 (R 25)

PartGG unterscheiden sich nur in Teilbereichen. Fraglich ist, welche Vorschrift Anwendungsvorrang genießt.

Die dringenden Bedürfnisse der Anwaltschaft nach einer sinnvollen Strukturierung und einer gesetzlichen Haftungsbeschränkung auf das Gesellschaftsvermögen haben aber auch nach der Einführung der Partnerschaftsgesellschaft den Ruf nach der Öffnung der GmbH für Rechtsanwälte nicht verstummen lassen.[13] Insbesondere nachdem der Bundesgerichtshof[14] eine Zahnarzt-GmbH für zulässig erachtet hat, forderten die Rechtsanwälte, daß die Eintragung einer Rechtsberatungs-GmbH nicht länger verwehrt werden dürfe.

Das Bayrische Oberste Landgericht hatte nun im Jahre 1994 gerade diesen Fall zu entscheiden.[15] Es hat die Rechtsprechung des Bundesgerichtshofes zur Zahnarzt-GmbH auf die Rechtsberatungs-GmbH übertragen. Der BGH hatte ausgeführt,[16] daß der GmbH die Berufsfreiheit als Teil ihrer Gewerbefreiheit zustehe und daher jede Regelung ihres Betätigungsfeldes an Art. 12 GG zu messen sei. Zwar könne das Grundrecht der Berufsfreiheit grundsätzlich auch aufgrund eines gesetzlich fixierten Berufsbildes eingeschränkt werden, erforderlich sei aber, daß die Fixierung des Berufsbildes durch Gesetze oder vorkonstitutionelles Gewohnheitsrecht hinreichend bestimmt wäre und seine Wahrung anders als durch ein Verbot nicht zu gewährleisten sei, das Verbot mithin dem Verhältnismäßigkeitsgrundsatz entspreche. Dementsprechend hat das BayObLG ein Verbot der Rechtsanwalts-GmbH als mit der Verfassung für unvereinbar erklärt, soweit die Satzung der Gesellschaft die Beachtung einiger wichtiger für die anwaltliche Berufsausübung elementarer Pflichten sicherstellt.[17] Diese Auffassung wird auch in der Literatur[18] teilweise vertreten.

Fraglich ist aber weiterhin,[19] ob nicht eine gesetzliche Zulassung der Rechtsanwalts-GmbH erforderlich ist. Die Wirtschaftsprüferordnung[20] und das Steuerberatungsgesetz[21] haben diesen Weg gewählt. Hält man die Rechtsanwalts-GmbH

---

13   *Piper* in FS für *Odersky*, S. 1063 (1065)
14   Urteil vom 25.11.1993, ZIP 1994, 381 ff.
15   Beschluß vom 24.11.1994, ZIP 1994, 1868 ff.; bestätigt durch Beschluß vom 28.08.1996, DB 1996, 2026 (2026)
16   Urteil vom 25.11.1993, ZIP 1994, 381 ff.
17   Beschluß vom 24.11.1994, ZIP 1994, 1868 ff.
18   *Stuber*, WiB 1994, 705 (706/710); *Henssler*, WiB 1994, 53 (53); *Taupitz*, NJW 1992, 2317 (2325); *Donath*, ZHR 156 (1992), 134 (141/142)
19   LG München I, Beschluß vom 10.03.1994, NJW 1994, 1882 (1883); AG Hannover, Beschluß vom 05.03.1992, GmbHR 1994, 120 (120/121); *Michalski*, Das Gesellschafts- und Kartellrecht der standesrechtlich gebundenen freien Berufe, S. 115 ff.; *Beckmann* in FS für *Kleinert*, S. 210 (210); *Bösert*, DStR 1993, 1332 (1332)
20   Im folgenden WPO abgekürzt
21   Im folgenden StBerG abgekürzt

nach der derzeitigen Rechtslage für zulässig, so fragt sich, wie die Einhaltung der Anforderungen an die Satzung der GmbH kontrolliert werden kann.

Das Thema Rechtsformenwahl ist folglich von vielen Unwägbarkeiten begleitet. Dennoch stellt es einen wichtigen Gesichtspunkt bei der Frage für oder gegen den Zusammenschluß zur gemeinsamen Berufsausübung dar, insbesondere unter haftungsrechtlichen Aspekten. Im Mittelpunkt der aktuellen Diskussion stehen dabei Sozietät, Bürogemeinschaft, Partnerschaftsgesellschaft und GmbH. Dies zeigt nicht zuletzt der neue Referentenentwurf,[22] der sich mit § 59 a BRAO, der Vorschrift des Berufsrechts über die Sozietät und die Bürogemeinschaft, der Rechtsanwalts-GmbH und mit § 8 PartGG befaßt. Am Beispiel dieser sollen deshalb die Zulässigkeit, ihre Ausgestaltung, der Einfluß des Berufsrechts, die Gründung, die Haftung und deren Begrenzung erläutert werden.

Im folgenden wird zunächst der Einfluß des Berufsrechts auf die anwaltliche Berufsausübung allgemein und für die gesellschaftsrechtlich verbundenen Anwälte im speziellen dargestellt. Der nächste Abschnitt befaßt sich dann mit der Sozietät als häufigster Form anwaltlicher Zusammenarbeit.[23] Ihm folgt ein Kapitel über die Bürogemeinschaft, die weitaus seltener vorkommt als die Sozietät und von dieser auch äußerlich abgrenzbar sein muß. Der Partnerschaftsgesellschaft ist der daran anschließende Abschnitt gewidmet. Sie ist als Personengesellschaft mit der Sozietät verwandt. Das PartGG verweist in Teilbereichen auf einige Vorschriften des HGB. Dadurch entstehen auch Überschneidungen mit der Rechtsanwalts-GmbH, auf die im Außenverhältnis das gesamte Handelsrecht Anwendung findet. Die Rechtsanwalts-GmbH wird im vorletzten Kapitel besprochen. Neben der Frage der Zulässigkeit der jeweiligen Gesellschaftsform, die in dem Abschnitt über die Rechtsanwalts-GmbH den Schwerpunkt bildet, werden Fragen der Ausgestaltung und der Gründung besprochen. Wesentlicher Gesichtspunkt der Gründungsproblematik ist die Gestaltung des Gesellschaftsvertrages, auf die das Berufsrecht maßgeblichen Einfluß nimmt und die das Bestandsinteresse der Gesellschafter - jedenfalls bei Personengesellschaften - sichern kann. Die Ausgestaltung bildet bei der Sozietät und teilweise auch bei der Bürogemeinschaft einen wesentlichen Aspekt. Dies war erforderlich, da beide Gesellschaften BGB-Gesellschaften sind, die in den unterschiedlichsten Erscheinungsformen und mit unterschiedlichen rechtlichen Konsequenzen am Rechtsverkehr teilnehmen. Mit der Ausgestaltung hängt auch die Frage der Haftung und ihrer Begrenzung zusammen. Lediglich bei der GmbH ist dieser Punkt weniger gewichtig, da das GmbHG die Haftung der Gesellschafter im Grundsatz ausschließt, so daß mit der Anwort auf die Frage nach der Zulässigkeit der GmbH für Rechtsanwälte die Frage nach der Haftung ihrer Gesellschafter mitbeantwortet wird. Allerdings fließt die Frage der Notwendigkeit einer Handelndenhaftung in die Zulässigkeitsproblematik bei der

---

[22] ZIP 1997, 1518 ff.
[23] *Piper* in FS für *Odersky*, S. 1063 (1063)

Rechtsanwalts-GmbH ein. Ein Resumée enthält der letzte Abschnitt, innerhalb dessen schließlich die Ergebnisse der Arbeit thesenartig zusammengefaßt werden.

2. Kapitel: Die Auswirkungen des anwaltlichen Berufsrechts auf den Zusammenschluß von Rechtsanwälten

Das Berufsrecht wirkt sich nicht nur auf den einzelnen Rechtsanwalt und seine Berufsausübung aus, es nimmt insbesondere auf gesellschaftsrechtliche Zusammenschlüsse von Anwälten Einfluß.

§ 3 Die allgemeinen Grundsätze der BRAO

Die BRAO manifestiert in den §§ 1 - 3 die Säulen des anwaltlichen Berufs-rechts:[24]

1. Der Rechtsanwalt ist ein unabhängiges Organ der Rechtspflege.
2. Der Rechtsanwalt übt einen freien Beruf aus. Seine Tätigkeit ist kein Gewerbe.
3. Der Rechtsanwalt ist der berufene unabhängige Berater und Vertreter in allen Rechtsangelegenheiten.

Diese Säulen stützen das grundgesetzlich verankerte Rechtsstaatsprinzip, welches gewährleisten soll, daß dem Bürger Rechtsschutz zuteil wird. Entsprechend for-muliert § 1 II 2 der neuen Berufsordnung[25]: „Seine Tätigkeit [die des Rechtsan-walts] dient der Verwirklichung des Rechtsstaats."[26] Der Schutz der Rechte des Bürgers ist mithin auch die Aufgabe der Rechtsanwälte.[27] Diese Aufgabe erfüllen sie freiberuflich und unabhängig. Das bedeutet, daß sie "frei" von staatlicher Kontrolle einerseits und "unabhängig" von politischem und gesellschaftlichem, vor allem aber von wirtschaftlichem und finanziellem Einfluß andererseits ihren Beruf ausüben können müssen.[28]

Schließen sich Rechtsanwälte zur gemeinsamen Berufsausübung zusammen, muß sichergestellt sein, daß sie innerhalb dieses Zusammenschlusses ihren Beruf ebenso frei und unabhängig ausüben. Sie dürfen insbesondere nicht weisungs-gebunden sein.[29] Außerdem müssen sie stets eingedenk der in der BRAO veran-kerten Pflichten handeln, die - dies muß ebenfalls sichergestellt sein - den einzel-nen Rechtsanwalt auch innerhalb der Kooperation binden. Der Bürger, der in der

---

24   *Redeker*, NJW 1987, 2610 (2611); *Zuck*, MDR 1996, 1204 (1204)
25   Im folgenden BO abgekürzt
26   Abgedruckt in NJW 1997, Sonderbeilage zu Heft 19
27   *Hartung/Holl-Hartung*, Anwaltliche Berufsordnung, § 1 Rz. 69
28   *Feuerich/Braun*, BRAO, § 1 Rz. 1 ff. und 15 ff.; *Laufhütte* in FS für *Pfeiffer*, S. 959 (959/967); *Loewer*, BRAK-Mitt. 1994, 186 (187); *Haas*, BRAK-Mitt 1992, 65 (65); *Pfeiffer*, BRAK-Mitt 1987, 102 (103/104); *Kleine-Cosack*, BRAO, § 1 Rz. 4/9
29   *Michalski*, Das Gesellschafts- und Kartellrecht der berufsrechtlich gebundenen freien Berufe, § 1 S. 14; *Taupitz*, Die Standesordnungen der freien Berufe, § 3 S. 47; *Feue-rich/Braun*, BRAO, § 1 Rz. 16 ff.

Regel rechtsunkundig ist, muß dem Rat seines Anwaltes vertrauen können. Das Vertrauen des Mandanten in die Person des Anwalts, seine Einsatzbereitschaft, seine Verschwiegenheit und seine fachlichen Fähigkeiten müssen Grundlage der Mandatserteilung sein, sei es gegenüber dem alleine praktizierenden Rechtsanwalt, sei es gegenüber der Sozietät.[30]

Repressive Schutzmechanismen in Form von berufsrechtlichen Ahndungen konkreter Pflichtverletzungen gegenüber einem Mandanten enthält die BRAO nicht. Zwar verpflichtet sie den Rechtsanwalt zu freier, ungebundener und qualifizierter Beratung, eine inhaltliche Überprüfung dieser Tätigkeit verbietet sich jedoch grundsätzlich.[31] Der Mandant wird daher auf die zivilrechtliche Schadloshaltung verwiesen. Er hat auch keinen Anspruch gegen die Rechtsanwaltskammer dahingehend, daß diese verpflichtet wäre, gegen den Rechtsanwalt einzuschreiten.[32]

Das bedeutet jedoch nicht, daß der Rechtsanwalt seinen Beruf frei von jeglicher Kontrolle ausüben kann.[33] Er ist als Organ der Rechtspflege an Recht und Gesetz gebunden. § 1 I BO bestimmt, „Der Rechtsanwalt übt seinen Beruf frei, selbstbestimmt und unreglementiert aus, soweit Gesetz oder Berufsordnung ihn nicht besonders verpflichten." Verletzt er die ihm durch die BRAO auferlegten Pflichten, fließt dies in die Beurteilung seiner zivilrechtlichen Verantwortlichkeit mit ein, deren abschreckende Wirkung nicht unterschätzt werden darf. Oftmals ist das haftungsrechtliche Risiko in wirtschaftlich vertretbarer Weise nicht versicherbar.[34]

Die Bindung der Anwaltschaft an die in der BRAO konstituierten Pflichten wirkt damit auch präventiv. Dieser vorbeugende Schutz wird durch die Standesaufsicht, die durch die Pflichtmitgliedschaft in der Kammer gewährleistet wird, und durch die Möglichkeit, ein anwaltsgerichtliches Verfahren gemäß §§ 113 ff. BRAO einzuleiten, erweitert.[35] Durch die Mitgliedschaft in der Rechtsanwaltskammer unterstehen die Rechtsanwälte einer internen (§ 60 BRAO) Kontrolle im Hinblick auf die Beachtung ihrer Berufspflichten. Die Kammern üben diese Aufsicht im

---

30   BGH, Urteil vom 06.07.1971, NJW 1971, 1801 (1803); *Taupitz*, Die Standesordnungen der freien Berufe, § 3 S. 52 ff.; *Lach*, Formen freiberuflicher Zusammenarbeit, S. 11; *Fleischmann*, Die freien Berufe im Rechtsstaat, 53; für die Ärzte: *Laufs/Uhlenbruck-Laufs*, Handbuch des Arztrechts, § 14 Rz. 14; *Bayer/Imberger*, DWiR 1993, 309 (310); *Kleine-Cosack*, BRAO, § 2 Rz. 3

31   *Feuerich/Braun*, BRAO, § 1 Rz. 8; eine Ausnahme besteht im Hinblick auf vorsätzliche Schädigungen des Mandanten oder bei sittenwidrigen Handlungen, *Jähnke*, NJW 1988, 1888 (1891); *Kleine-Cosack*, BRAO, § 1 Rz. 16

32   *Jessnitzer/Blumberg*, BRAO, § 73 Rz. 9

33   *Laufhütte* in FS für *Pfeiffer*, S. 959 (959/960)

34   *Henssler*, JZ 1992, 697 (707); BT-Drs. 12/4993, S. 32

35   *Kleine-Cosack*, BRAO, § 1 Rz. 8; *Feuerich/Braun*, BRAO, § 1 Rz. 11; *Redeker*, NJW 1987, 2610 (2611); die Zivilgerichte dürfen nicht einschreiten, vgl. KG, Beschluß vom 04.07.1994, NJW-RR 1995, 762 (763).

Rahmen ihrer Selbstverwaltung mit Hilfe der ihr vom Staat zur Verfügung gestellten hoheitlichen Instrumentarien aus.[36] Gegebenenfalls - namentlich wenn die Schuld des Rechtsanwalts nicht mehr als gering anzusehen ist - wird ein anwaltsgerichtliches Verfahren eingeleitet, § 74 I BRAO.

Die Erhaltung der Pflichtmitgliedschaft ist daher ein weiterer Aspekt, der bei der Frage für und wider die Zulässigkeit einer Gesellschaftsform für den Zusammenschluß von Rechtsanwälten beachtet werden muß.[37]

Die allgemeinen Grundsätze der BRAO begrenzen folglich die Zulässigkeit staatlicher und sonstiger Einflußnahme zu dem Preis der Bindung der gesamten Anwaltschaft an die berufsrechtlichen Pflichten einschließlich der Kammerpflichtmitgliedschaft.[38]

§ 4 Die einzelnen Berufspflichten des Rechtsanwalts

Da die §§ 1 - 3 BRAO aber kein einheitliches Berufsbild prägen können, das sämtliche Ausprägungen anwaltlicher Berufstätigkeit umfaßt, sind diese Vorschriften - mangels hinreichender Bestimmtheit - allein nicht geeignet, berufsrechtliche Pflichten zu begründen.[39]

Ursprünglich wurden die einzelnen Pflichten des Rechtsanwalts deshalb aus seiner allgemeinen Berufspflicht hergeleitet, die in § 43 BRAO verankert ist und den Rechtsanwalt zu gewissenhafter und vertrauenswürdiger Berufsausübung verpflichtet.[40] Im Zuge der Neuordnung der BRAO durch Gesetz vom 02.09.1994[41] wurden die statusbildenden beruflichen Pflichten mit §§ 43 a ff. BRAO nunmehr positives Recht.[42] Hierbei handelt es sich um für den Rechtsanwalt existentiell bedeutsame, für seine Berufsausübung grundlegende Pflichten. Ihre Einhaltung

---

[36] *Jessnitzer/Blumberg*, BRAO, Vorbemerkung zum Vierten Teil, I
[37] *Brüderle*, ZGR, 1990, 155 (164)
[38] *Laufhütte* in FS für *Pfeiffer*, S. 959 (960)
[39] BayObLG, Beschluß vom 24.01.1994, ZIP 1994, 1868 (1870); *Kleine-Cosack*, BRAO, Vor § 1 Rz. 4 ff. und § 1 Rz. 1, leitet dies aus dem Grundsatz vom Vorbehalt des Gesetzes ab.
[40] Zum geschichtlichen Hintergrund und zur Konkretisierung durch anwaltliches Standesrecht, *Feue-rich/Braun*, BRAO, § 43 Rz. 1 ff.; BT-Drs. 12/4993, S. 22; *Kleine-Cosack*, NJW 1994, 2249 (2251); BT-Drs. 12/4993, S. 27
[41] BGBl. I S. 2278; die Überarbeitung des anwaltlichen Berufsrechts wurde seit langem gefordert, vgl. *Schardey*, AnwBl 1991, 2 ff.; *Hartung*, AnwBl 1993, 549 ff.; *Jähnke*, NJW 1988, 1888 ff.; *Schumacher u.a.*, AnwBl 1990, 383 ff.
[42] BT-Drs. 12/4993, S. 34; *Kleine-Cosack*, NJW 1994, 2249 (2251); Aus den Parlamenten, DWiR, 1993, 172 (172); Bericht der Abgeordneten *Eylmann u.a.*, BT-Drs. 12/7656, S. 47

unterliegt der Kontrolle der Standesaufsicht durch die Rechtsanwaltskammern, §
73 II Nr. 4 BRAO.[43]

Der Unabhängigkeit und Freiheit des Anwaltsberufs entsprechend, muß die Konkretisierung dieser Pflichten den Berufsangehörigen selbst überlassen bleiben.
Die §§ 59 b; 191 a II BRAO ermächtigen aus diesem Grund die Satzungsversammlung der Bundesrechtsanwaltskammer, eine Berufsordnung in Form einer
Satzung zu erlassen. Diese soll gemäß § 59 b II BRAO die einzelnen berufsrechtlichen Pflichten "näher regeln". Solange eine Berufsordnung noch nicht erlassen war, mußten sich die Anwaltsgerichte und die Anwaltskammern allein an
den gesetzlich festgelegten Pflichten orientieren.[44] Dabei sollten die in der Er-
mächtigungsgrundlage des § 59 b II BRAO aufgeführten allgemeinen und besonderen Berufspflichten einen Anhaltspunkt bieten.[45]

Am 29.11.1996 hat die Satzungsversammlung die Berufsordnung für Rechtsanwälte gemäß § 191 d III 1 BRAO beschlossen, am 11.03.1997 trat sie in Kraft.
Einen vollständigen Katalog beruflicher Pflichten enthält die BO nicht. § 43
BRAO fungiert daher weiterhin als berufsrechtlicher Auffangtatbestand, daran
sollte weder durch die Einführung der §§ 43 a ff. BRAO noch durch den Erlaß
der BO etwas geändert werden.[46] Zum Schutz der Berufsfreiheit der Anwälte ist
der Rückgriff auf § 43 BRAO aber nicht ohne weiteres möglich. Voraussetzung
ist vielmehr, daß eine atypische, nicht regelbare Pflichtverletzung gegeben ist,
deren Ahndung zum Schutz einer funktionierenden Rechtspflege erforderlich
ist[47].

I. Das Gebot der anwaltlichen Unabhängigkeit gemäß § 43 a I BRAO

Zu den Pflichten, die der Rechtsanwalt in kooperativen Zusammenschlüssen beachten muß,[48] zählt insbesondere das in § 43 a I BRAO festgeschriebene Verbot,
Bindungen einzugehen, die die berufliche Unabhängigkeit gefährden. Dieses In-
terdikt ist die Konsequenz aus der bereits angesprochenen exponierten Stellung
des Rechtsanwalts, die durch die §§ 1 - 3 BRAO begründet wird. Es besagt, daß
dem Rechtsanwalt sämtliche Verhaltensweisen verboten sind, durch die dieser
seine Unabhängigkeit gefährdet, insbesondere weil die Gefahr von Interessenkol-

---

[43] *Jessnitzer/Blumberg*, BRAO, § 73 Rz. 9; *Feuerich/Braun*, BRAO, § 73, Rz. 32
[44] *Hartung/Holl-Hartung*, Anwaltliche Berufsordnung, Einf BerufsO Rz. 18
[45] *Feuerich/Braun*, BRAO, §§ 74 Rz. 2, 113 Rz. 12 ff.; BT-Drs. 12/4993, S. 35/36
[46] *Kleine-Cosack*, NJW 1994, 2249 (2251); *ders.*, BRAO, § 43 Rz. 1 mit Beispielen, wann
      § 43 BRAO verletzt sein kann in Rz. 9 ff.; BT-Drs. 12/4993, S. 27
[47] *Kleine-Cosack*, NJW 1997, 1257 (1259); *Hartung/Holl-Hartung*, Anwaltliche Berufs-
      ordnung, § 2 Rz. 8
[48] Vgl. oben § 3

lisionen zu besorgen ist.[49] Damit bezweckt § 43 a BRAO vor allem, die Einflußnahme Dritter auf die Ausübung des Anwaltsberufs zu verhindern.

1. Rechtliche Relevanz des § 43 a I BRAO

Es ergibt sich aus § 43 a I BRAO nicht direkt, was dies im einzelnen für den Rechtsanwalt bedeutet.

Kleine-Cosack ist deshalb der Auffassung, § 43 a I BRAO habe keine eigenständige Bedeutung.[50] Die Forderung nach beruflicher Unabhängigkeit enthalte eine Wiederholung des § 1 BRAO. Der anwaltliche Pflichtenkreis würde gegenüber der Generalklausel des § 43 BRAO nicht konkretisiert.

2. § 43 a I BRAO in Verbindung mit §§ 45; 46; 49 b; 59 a; 59 b BRAO

§ 43 a I BRAO seine Bedeutung bei der Bestimmung des anwaltlichen Pflichtenkreises abzusprechen, kann nur gerechtfertigt sein, wenn sich aus der Zusammenschau mit anderen Vorschriften eine Konkretisierung gegenüber der Generalklausel des § 43 BRAO nicht ergibt.

Die BRAO enthält zahlreiche Reglementierungen, die auch und gerade an den in Berufsausübungsgesellschaften tätigen Rechtsanwalt adressiert sind und die in inhaltlich engem Zusammenhang mit der anwaltlichen Unabhängigkeit stehen:

a) Tätigkeitsverbote, §§ 45; 46 BRAO; § 3 BO

Die Tätigkeitsverbote der §§ 45; 46 BRAO, § 3 BO konkretisieren das Gebot der Wahrung der anwaltlichen Unabhängigkeit als Organ der Rechtspflege.[51] Es sollen Interessenkollisionen dadurch vermieden werden, daß dem Rechtsanwalt bestimmte Tätigkeiten untersagt werden, um der Gefahr von Vertrauens- und Ansehensverlusten vorzubeugen.[52] Daß diese Verbote nicht durch die formelle Einschaltung von Sozien, Partnern, Bürogemeinschaftern etc. umgangen werden, sichern die §§ 45 III; 46 III BRAO, § 3 II BO, die stets zu beachten sind.[53] Reicht

---

49   *Feuerich/Braun*, BRAO, § 113 Rz. 48/50
50   NJW 1994, 2249 (2251) und BRAO, § 43 a Rz. 2
51   BVerfG, Beschluß vom 04.11.1992, NJW 1993, 317 (319); *Borgmann/Haug*, Anwaltshaftung, I Rz. 31; *Kleine-Cosack*, BRAO, § 45 Rz. 1; *Hartung/Holl-Hartung*, Anwaltliche Berufsordnung, § 3 Rz. 14
52   *Feuerich/Braun*, BRAO, § 43 a Rz. 8; BT-Drs. 12/4993, S. 24/29
53   *Henssler/Prütting-Hartung*, BRAO, § 59 a Rz. 91, *Jessnitzer/Blumberg*, BRAO § 45 Rz. 12; *Hartung*, AnwBl 1995, 333 (336), will die Abse. 3 der §§ 45; 46 BRAO nicht auf die

im Einzelfall das Verbot nicht aus, um eine Gefährdung der Stellung als unabhängiges Organ der Rechtspflege und des Vertrauens in diese Unabhängigkeit zu verhindern, führt dies zwingend zu einem Widerruf der Zulassung gemäß § 14 II Nr. 9 BRAO bzw. zu deren Nichterteilung gemäß § 7 Nr. 8 BRAO.[54] Hier zeigt sich erneut, welche besondere Beachtung die BRAO der Wahrung der anwaltlichen Unabhängigkeit schenkt.[55]

Einen weiteren wichtigen Aspekt, dem in anwaltlichen und insbesondere in interprofessionellen Zusammenschlüssen Beachtung geschenkt werden muß, regelt § 45 I Nr. 4 BRAO. Diese Vorschrift soll der Kollision von berufsrechtlichen Pflichten mit Weisungsgebundenheit gegenüber dem Dienstherrn vorbeugen.[56] War der Rechtsanwalt in einer Angelegenheit in einer anderen Funktion außerhalb seines Berufs tätig - möglicherweise im Rahmen einer nach § 59 a I BRAO[57] zulässigen Tätigkeit innerhalb der Sozietät - darf er in dieser Sache nicht mehr als Anwalt tätig werden, es sei denn, diese berufliche Betätigung ist bereits beendet.[58]

Sämtliche Tätigkeitsverbote gelten gemäß § 46 BRAO gleichermaßen für Rechtsanwälte mit Zweitberuf und Syndikusanwälte. Aber auch allen sonstigen Fällen arbeits- und gesellschaftsrechtlich begründeter Weisungsgebundenheit muß vorgebeugt werden. Zwar bestehen grundsätzlich keine Bedenken, wenn die in einer Rechtsanwaltskanzlei tätigen Anwälte angestellt und nicht beteiligt sind, solange der Angestellte und sein Arbeitgeber den anwaltlichen Berufspflichten unterliegen.[59] Jedoch darf der Rechtsanwalt, unabhängig davon, ob er in einer rechtlichen Angelegenheit bereits tätig war, soweit es seine fachliche Berufsausübung betrifft, keinen Weisungen unterliegen.[60] Das muß durch den Arbeits- respektive Gesellschaftsvertrag sichergestellt werden.[61] Aus §§ 45; 46 in Verbindung mit § 43 a I BRAO resultiert daher eine allgemeine Verpflichtung der Rechtsanwälte, sich solcher gesellschaftsrechtlicher Bindungen zu enthalten, die ihre Unabhängigkeit und das Vertrauen der Bevölkerung in diese gefährden.[62] Um dieser

---

Kooperationen anwenden. Die Kooperation ist ein Zusammenschluß zur organisatorisch verfestigten Zusammenarbeit, der weder Sozietät noch Bürogemeinschaft ist.

[54] BGH, Beschluß vom 13.02.1995, NJW-RR 1995, 949 (949)

[55] *Jessnitzer/Blumberg*, § 43 a Rz. 1; vgl. die erläuternden Beispiele bei *Kleine-Cosack*, NJW 1994, 2249 (2250)

[56] BT-Drs. 12/4993, S. 30

[57] Vgl. dazu unten § 3

[58] *Hartung*, WiB 1994, 585 (586); *Jessnitzer/Blumberg*, BRAO, § 45 Rz. 8/9; vgl. zu den Einzelheiten dieser Vorschrift *Kleine-Cosack*, NJW 1994, 2249 (2253)

[59] BGH, Beschluß vom 10.11.1975, E 65, 238 (239)

[60] Bericht der Abgeordneten *Eylmann u.a.*, BT-Drs. 12/7656, S. 49

[61] Für die RA-GmbH: *Henssler*, JZ 1992, 697 (703); *Ahlers*, AnwBl 1995, 3 (5); BayObLG, Beschluß vom 24.11.1994, ZIP 1994, 1868 (1871); *Hommelhoff/Schwab*, WiB 1995, 115 (116); *Brötzmann*, WiB 1994, 270 (270)

[62] So *Feuerich/Braun*, BRAO, § 43 a Rz. 9, für die Rechtsanwalts-GmbH

Verpflichtung gerecht zu werden, muß der Beschäftigungs-vertrag die sachliche und wirtschaftliche Freiheit des Angestellten gewährleisten.[63] Der einzelne Rechtsanwalt darf nicht sehenden Auges in eine Konfliktlage gedrängt werden, innerhalb derer er sich möglicherweise gegen die Erfüllung seiner beruflichen Pflichten entscheidet. § 26 BO verlangt deshalb, daß Rechtsanwälte nur zu angemessenen Bedingungen beschäftigt werden dürfen und bestimmt im einzelnen, welche Bedingungen angemessen sind.[64]

b) Beschränkung der Freiheit der Gebührenbemessung, § 49 b BRAO, §§ 21; 27 BO

Teilaspekt der finanziellen Unabhängigkeit des Rechtsanwalts ist die Bindung der gesamten Anwaltschaft an festgelegte Mindestgebührensätze sowie das Verbot der Vereinbarung von Erfolgshonoraren und/oder Vermittlungsprovisionen durch § 49 b BRAO, § 21 BO. Diese Reglementierungen treffen die Rechtsanwalts-kanzleien als solche notwendigerweise gleichermaßen wie jedes einzelne Mitglied. Des weiteren darf kein unzulässiger Druck in Fragen der Rechnungslegung auf den Rechtsanwalt ausgeübt werden. Auch in diesem Bereich muß seine Unabhängigkeit gewahrt bleiben; denn diese gilt es nicht nur gegenüber externen Einflüssen, sondern auch vor interner Einflußnahme zu schützen. Gemäß § 27,1 BO dürfen Dritte, die mit dem Rechtsanwalt nicht zur gemeinsamen Berufsausübung verbunden sind, nicht am wirtschaftlichen Erfolg der Kanzlei beteiligt sein. Sinn und Zweck dieser Vorschrift ist es, sogenannte Gewinnpools beziehungsweise Gewinnabführungsverträge mit Wirtschaftsprüfungsgesellschaften zu verhindern.[65] Umsatzbeteiligungen freier Mitarbeiter oder angestellter Rechtsanwälte sollten nicht unterbunden werden. Dies ergibt sich aus § 27,2 BO, der Mitarbeitervergütungen von dem Verbot des Satz 1 ausnimmt.

Schutzzweck des § 49 b BRAO ist ferner die Verhinderung unzulässigen Wettbewerbs mittels Dumpingpreisen, sei es von Rechtsanwälten oder aber von Zusammenschlüssen derselben untereinander. Der Mandant soll nicht genötigt sein, wegen finanzieller Schwierigkeiten einen besonders „billigen" Rechtsanwalt zu beauftragen.[66] Allein die höhere oder mindere Qualität der persönlichen Leistung des Rechtsanwalts und nicht deren Preis darf den Wettbewerb bestimmen,[67] wobei ein bestimmtes Niveau durch die in § 43 a VI BRAO normierte Fort-

---

[63] *Feuerich/Braun*, BRAO, § 2 Rz. 24
[64] *Hartung/Holl-Nerlich*, Anwaltliche Berufsordnung, § 26 Rz. 134 ff.
[65] *Hartung/Holl-Römermann*, Anwaltliche Berufsordnung, § 27 Rz. 10 ff.
[66] *Feuerich/Braun*, BRAO, § 49 b Rz. 12; *Loewer*, BRAK-Mitt. 1994, 186 (188); *Hartung/Holl-Nerlich*, Anwaltliche Berufsordnung, Vor § 21 Rz. 17
[67] *Rittner*, Unternehmen und Freier Beruf als Rechtsbegriffe, S. 22/23

bildungspflicht garantiert werden soll; § 43 a VI BRAO hat allerdings nur appellativen Charakter.[68]

c) Regelung der interprofessionellen Zusammenarbeit, § 59 a BRAO, § 30 BO

Eine wichtige und für die freien Berufe klassische[69] Reglementierung beruflicher Zusammenarbeit enthält § 59 a BRAO[70], der die Möglichkeiten interprofessioneller Kooperation einschränkt. Gemäß § 59 a I, IV BRAO dürfen sich Rechtsanwälte mit Mitgliedern der Rechtsanwalts- und der Patentanwaltskammern sowie Angehörigen bestimmter, im einzelnen bezeichneter anderer freier Berufe zur gemeinschaftlichen Berufsausübung in einer Sozietät oder Bürogemeinschaft verbinden. Es ist zu beachten, daß jedes Mitglied nur im Rahmen seiner eigenen beruflichen Befugnisse tätig werden darf.[71] Zusammenschlüsse mit anderen als den aufgeführten Berufsgruppen sind nicht zulässig.[72]

Gemäß § 30 BO müssen sämtliche Mitglieder der Sozietät oder Bürogemeinschaft das anwaltliche Berufsrecht beachten. Die Konsequenz aus dieser Regelung ist, daß die anwaltlichen Mitglieder einer Sozietät wegen des Verstoßes eines berufsfremden Mitglieds gegen die Verpflichtung aus § 30 BO berufsrechtlich belangt werden können.[73]

d) Die Regelungen der Berufsordnung, §§ 59 b; 191 a II BRAO

Die §§ 59 b und 191 a II BRAO ermöglichen es der Bundesrechtsanwaltskammer, eine Satzungsversammlung zu bilden, die eine Berufsordnung erläßt, durch die das Nähere zu den beruflichen Pflichten geregelt wird. Voraussetzung ist, daß die dort getroffenen Regelungen der Ergänzung der grundlegenden gesetzlichen Pflichten gemäß §§ 43 a ff. BRAO dienen.[74] Neben den vorbezeichneten gesetzlichen Regelungen der §§ 45; 46; 49 b; 59 a BRAO können

---

68   *Hartung*, WiB 1994, 585 (586); BT-Drs. 12/7656, S. 50

69   *Michalski*, Das Gesellschafts- und Kartellrecht der berufsrechtlich gebundenen freien Berufe, § 1 S. 1; *Michalski/Römermann*, NJW 1996, 3233 (3324)

70   § 59 a BRAO, eingeführt durch Gesetz vom 02.09.1994 (BGBl. I S. 2278), regelt erstmals das Institut der Anwaltssozietät, das bis dato durch Rechtsprechung, Lehre und Praxis gestaltet worden ist.

71   BT-Drs. 12/4993, S. 33

72   AnwGH BaWü, Urteil vom 18.03.1995, NJW-RR 1995, 1017 (1018/1019); *Henssler/Prütting-Hartung*, BRAO, § 59 a Rz. 72; *Michalski/Römermann*, NJW 1996, 3233 (3233); zur Bestimmung der sozietätsfähigen Berufe im einzelnen vgl. *Kaiser/Bellstedt*, Die Anwaltssozietät, Rz. 32 ff.

73   *Kleine-Cosack*, NJW 1997, 1257 (1261); *Hartung/Holl-Römermann*, Anwaltliche Berufsordnung, § 30 Rz. 2

74   DWiR, Aus den Parlamenten, 1993, 172 (172)

somit weitere Konkretisierungen zur Wahrung der anwaltlichen Unabhängigkeit im Sinne von § 43 a I BRAO durch eine Satzung geschaffen werden,[75] § 59 b II Nr. 1 b) BRAO. Die einzelnen Bestimmungen der Satzung bzw. die Verstöße gegen diese sind dann ihrerseits wieder geeignet, anwaltsgerichtliche Ahndungen oder Rügen durch die Rechtsanwaltskammern nach sich zu ziehen. So sind beispielsweise die Regelungen im Dritten und Vierten Abschnitt der Berufsordnung über die Berufspflichten gegenüber den Mandanten und den Gerichten und Behörden auf die §§ 43 a I; 59 b II Nr. 1 b) BRAO zurückzuführen.

3. Ergebnis

Im Zusammenspiel mit den §§ 45; 46; 49 b; 59 a BRAO und der durch diese vollzogenen gesetzlichen Fortschreibung der allgemeinen Berufspflicht der Wahrung der anwaltlichen Unabhängigkeit ergibt sich eine Konkretisierung des § 43 a I BRAO. Des weiteren ergibt sich eine Konkretisierung durch die Ermöglichung der satzungsrechtlichen Fortschreibung des § 43 a I BRAO durch § 59 b II Nr. 1 b) BRAO. Die Normierung von Pflichten in einer Berufsordnung zur Wahrung der anwaltlichen Unabhängigkeit durfte - nicht zuletzt wegen des verfassungsrechtlich verankerten Grundsatzes vom Vorbehalt des Gesetzes - unabhängig von der BRAO, das heißt ausschließlich in einer Berufsordnung, nicht geregelt werden.[76] § 43 a I BRAO gewährleistet somit, daß die Beachtung sämtlicher Pflichten zur Wahrung der anwaltlichen Unabhängigkeit der Kontrolle durch die Rechtsanwaltskammern gemäß § 74 BRAO unterliegen und erforderlichenfalls ein anwaltsgerichtliches Verfahren gemäß §§ 113 ff. BRAO angestrengt werden kann.[77] Diese Vorschrift hat damit - entgegen der Auffassung von *Kleine-Cosack*[78] - eine über die Generalklausel des § 43 BRAO hinausgehende Bedeutung.

Neben dem Gebot der anwaltlichen Unabhängigkeit gemäß § 43 a I BRAO und dessen einzelnen Ausprägungen existieren weitere für Rechtsanwaltszusammenschlüsse zur gemeinsamen Berufsausübung bedeutsame Berufspflichten:

II. Verschwiegenheitspflicht, § 43 a II BRAO; § 2 BO

Die Pflicht zur Verschwiegenheit,[79] die die Grundlage für das Vertrauensverhältnis zwischen Anwalt und Mandant bildet,[80] muß nicht nur während der konkreten

---

75   *Jessnitzer/Blumberg*, BRAO, § 59 b Rz. 1

76   *Jessnitzer/Blumberg*, BRAO, § 59 b Rz. 2; *Mayen*, NJW 1995, 2317 (2319)

77   Vgl. dazu oben § 3

78   NJW 1994, 2249 (2251), vgl. oben § 4 I 1.

79   Ihr steht ein Recht zur Verschwiegenheit gegenüber, *Henssler*, NJW 1994, 1817 ff..

Tätigkeit beachtet werden, sie entfaltet über die Beendigung des Mandates hinaus Wirkungen.[81] Inhaltlich bezieht sie sich auf alles, was dem Rechtsanwalt im Rahmen der Mandatsbearbeitung bekannt geworden ist, § 2 II BO.[82] Flankierenden, aber weniger weitreichenden Schutz gebieten insoweit § 203 I Nr. 3 StGB und § 204 StGB. Eine Stärkung erfährt die Verschwiegenheitspflicht durch die Zeugnis- und Auskunftsverweigerungsrechte nach §§ 383 I Nr. 6 ZPO; 53 I Nr. 3 StPO; 103 I, 3 a und b AO.[83]

Gemäß § 51 a II BRAO besteht das Vertragsverhältnis zwischen dem Auftraggeber und der Sozietät. Grundlage dieses Vertrages ist das Vertrauensverhältnis zu der beauftragten Kanzlei und den einzelnen Anwälten. Die Verschwiegenheitspflicht trifft daher auch die Anwaltsgesellschaft als solche. Sie gilt deshalb vor allem auch dann, wenn die Sozietät oder ihr Mandantenstamm ganz oder teilweise veräußert oder vererbt wird.[84] Der Schutz des informationellen Selbstbestimmungsrechts der Mandanten überwiegt in diesem Fall das Interesse der schweigepflichtigen Rechtsanwälte an der uneingeschränk-ten Veräußerung ihrer Kanzlei. Die §§ 203 I StGB, 3 V BDSG schränken den Schutzbereich des Art. 14 I GG insoweit ein. Es ist deshalb nicht gerechtfertigt, den Mandantenschutz dadurch einzuschränken, daß der Erwerber nicht als Dritter im Sinne der § 203 I StGB und § 3 V BDSG ansehen wird.[85] Vielmehr kann den Rechtsanwälten zugemutet werden, die schriftliche Zustimmung der Mandanten einzuholen. Dadurch wird ihre eigentumsrechtliche Position nicht in unzumut-barer Weise beeinträchtigt. Auch diesem Aspekt muß der Gesellschaftsvertrag gegebenenfalls Rechnung tragen, soweit der Mandant die Sozietät nicht von der Verschwiegenheitspflicht befreit hat.

Die schriftliche Zustimmung zur Weitergabe der Akten ist allerdings dann nicht erforderlich, wenn der Erwerber bereits in der Kanzlei beschäftigt war, den Veräußerer gemäß § 53 BRAO über einen längeren Zeitraum vertreten hat oder als Abwickler im Sinne des § 55 BRAO tätig war. In diesen Fällen unterliegt der Erwerber bereits der Schweigepflicht bezüglich sämtlicher Mandate der Kanzlei, von deren Inhalt er zulässigerweise Kenntnis erlangt hat. Ein berechtigtes Interes-

---

[80] BT-Drs. 12/4993, S. 27; *Borgmann/Haug*, Anwaltshaftung, IV Rz. 153; *Kleine-Cosack*, NJW 1994, 2249 (2251); *Feuerich/Braun*, BRAO, § 113 Rz. 52; *Hartung/Holl-Hartung*, Anwaltliche Berufsordnung, § 2 Rz. 1

[81] *Kleine-Cosack*, BRAO, § 43 a Rz. 15

[82] *Hartung/Holl-Hartung*, Anwaltliche Berufsordnung, § 2 Rz. 27

[83] *Borgmann/Haug*, Anwaltshaftung, IV Rz. 153

[84] BGH, Urteil vom 11.12.1991, MDR 1992, 226 (226) [betr. eine Arztpraxis]; BGH, Urteil vom 17.05.1995, NJW 1995, 2026 (2026 ff.); *Jessnitzer/Blumberg*, BRAO, § 43 a Rz. 2; *Borgmann/Haug*, Anwaltshaftung, IV Rz. 160; *Kleine-Cosack*, BRAO, § 43 a Rz. 16

[85] *Michalski/Römermann*, NJW 1996, 1305 (1310); *Messer* in FS für *Brandner*, S. 715 (721 ff.) sind dieser Ansicht.

se der Mandanten an der Zustimmung zur Weitergabe der Akten besteht insoweit nicht.[86]

III. Das Verbot der Vertretung widerstreitender Interessen, §§ 43 a IV; 45 BRAO; 3 BO

Der Trend zu immer größer werdenden Kanzleien, überörtlichen Zusammenschlüssen und zunehmender Spezialisierung birgt die Gefahr, daß die assoziierten Anwälte keinen Überblick über sämtliche von der Kanzlei angenommenen Mandate haben. Es kann deshalb passieren, daß ein Sozius ein Mandat entgegennimmt ohne zu wissen, daß ein anderer die Gegenseite bereits in derselben Sache vertritt.[87]

Der Tatbestand des § 356 StGB, der sogenannte Parteiverrat, kann den zum Schutz einer funk-tionierenden Rechtspflege unerläßlichen Schutz allein nicht gewährleisten, da er nur die vorsätzliche Begehung unter Strafe stellt. Außerdem ist nicht abschließend geklärt, ob und gegebenenfalls in welchem Umfang diese Vorschrift die assoziierten Kollegen trifft.[88] Aber gerade in den Fällen, in denen der eine Sozius nicht weiß, was der andere tut, wird allenfalls Fahrlässigkeit vorliegen. §§ 43 a IV; 45 I Nr. 1 BRAO vervollständigen den bestehenden Schutz, indem sie die fahrlässige Wahrnehmung widerstreitender Interessen stets als einen Pflichtverstoß qualifizieren, der gemäß § 113 I BRAO eine anwaltsgerichtliche Maßnahme nach sich zieht.[89] Über § 45 III BRAO gilt dies auch für die kooperativen Zusammenschlüsse von Rechtsanwälten. Zwar bezieht sich § 45 III BRAO nicht ausdrücklich auf § 43 a IV BRAO, doch handelt es sich hier nach umstrittener Ansicht[90] um ein redaktionelles Versehen. Anderer Ansicht[91] nach hat der Gesetzgeber die Erstreckung des Verbots der Vertretung widerstreitender Interessen auf Kooperationen der Berufsordnung überlassen wollen, die eine ent-

---

[86]   *Messer* in FS für *Brandner*, S. 715 (722 ff.)

[87]   BT-Drs. 12/4993, S. 34/35; *Feuerich/Braun*, BRAO, § 113 Rz. 68

[88]   Nach dem Wortlaut dieser Vorschrift, richtet sie sich nur gegen den Anwalt, nicht gegen die Sozietät. Auf der anderen Seite bedeutet "anvertrauen" im Sinne des § 356 StGB die Übertragung der Interessen-wahrnehmung. Gemäß § 51 a II 1 BRAO besteht das Vertragsverhältnis zwischen dem Mandanten und der Sozietät, so daß die Interessenwahrnehmung dieser übertragen worden ist. Demnach könnte das in § 356 StGB enthaltene Verbot sämtliche in der Kanzlei verbundenen Rechtsanwälte treffen. Allerdings "dient" dem Mandanten im Sinne von § 356 StGB in der Regel nur ein Anwalt. Im Ergebnis wird sich die Entscheidung am Einzelfall orientieren müssen. OLG Stuttgart, Urteil vom 14.11.1985, NJW 1986, 948 (949); *Kleine-Cosack*, NJW 1994, 2249 (2252); vgl. zu den einzelnen Problembereichen, *Feue-rich/Braun*, BRAO, § 113 Rz. 69 ff..

[89]   *Jähnke*, NJW 1988, 1888 (1889); *Feuerich/Braun*, BRAO, § 113 Rz. 67

[90]   *Kleine-Cosack*, NJW 1994, 2249 (2252)

[91]   *Henssler/Prütting-Eylmann*, BRAO, § 43 a Rz. 109

sprechende Regelung in § 3 II BO getroffen hat. § 3 II BO konkretisiert damit die statusbildende Pflicht der Rechtsanwälte aus § 43 a IV BRAO.[92]

Für ein Versehen des Gesetzgebers spricht die amtliche Begründung,[93] die folgende Aussage trifft: "...da die gemeinsame Berufsausübung zwangsläufig zu einer Erstreckung im Einzelfall bestehender Verbote auf alle führt." Zudem handelt es sich um einen allgemeinen Grundsatz anwaltlichen Berufsrechts, der zur Wahrung der Unabhängigkeit des Rechtsanwalts und des Vertrauens in eine funktionierende Rechtspflege unerläßlich ist.[94] Da aber eine für die Anwaltschaft bindende Regelung in der Berufsordnung zulässigerweise getroffen worden ist,[95] kann die Entscheidung für oder gegen ein gesetzgeberisches Versehen dahingestellt bleiben.

Gesellschaftsvertraglich kann in diesem Fall nicht vorgebeugt werden. Es besteht allenfalls die Möglichkeit, durch den Gesellschaftsvertrag Nebenpflichten zu begründen, deren Verletzung eine Treuepflichtverletzung gegenüber der Kanzlei darstellt. Dadurch würde der präventive Schutz der BRAO erweitert. De facto wird allerdings nur eine ordnungsgemäße Büroorganisation Abhilfe leisten können.

IV. Die Beschränkung von Wettbewerb und Werbung gemäß §§ 49 b; 43 b BRAO; § 6 BO im Lichte von § 2 II BRAO

Die Tätigkeit des Rechtsanwalts ist gemäß § 2 II BRAO kein Gewerbe. Der Anwalt darf sich bei der Ausübung seines Berufes nicht von dem Streben nach Gewinn leiten lassen,[96] er darf nicht wie ein Gewerbetreibender um Aufträge werben,[97] sondern nur sachliche Informationswerbung betreiben,[98] § 6 I BO. Dabei muß das Ziel seiner beruflichen Betätigung stets die Verfolgung ideeller Ziele sein.[99] Das bedeutet, daß das persönliche Verhältnis die Grundlage der Bezie-

---

92 *Hartung/Holl-Hartung*, Anwaltliche Berufsordnung, § 3 Rz. 15
93 BT-Drs. 12/4993 S. 30
94 *Feuerich/Braun*, BRAO, § 43 a Rz. 40 und § 113 Rz. 68; *Kaiser*/Bellstedt, Die Anwaltssozietät, Rz. 77; *Hartung/Holl-Hartung*, Anwaltliche Berufsordnung, § 3 Rz. 13
95 *Henssler/Prütting-Eylmann*, BRAO, § 43 a Rz. 109
96 *Tettinger*, Zum Tätigkeitsfeld der Bundesrechtsanwaltskammer, S. 121, spricht vom Phänomen des freien Berufs als Antitopos zum Gewerbebegriff.
97 BVerfG, Beschluß vom 14.07.1987, E 76, 196 (206 ff.); *Feuerich/Braun*, BRAO, § 43 b Rz. 3
98 *Hartung*, WiB 1994, 585 (586); *Koch* in FS für *Kolvenbach*, S. 23 (28)
99 BVerfG, Beschluß vom 04.11.1992, AnwBl 1993, 120 (121); BVerfG, Beschluß vom 25.10.1977, E 46, 224 (241); BGH, Beschluß vom 04.03.1985, NJW 1985, 1844 (1845); *Bayer/Imberger*, DWiR 1993, 309 (310)

hung zwischen dem Rechtsanwalt und seinem Auftraggeber bilden muß.[100] Damit steht der einzelne Anwalt und seine persönliche Leistung im Vordergrund,[101] die er in dem Bewußtsein erbringen muß, als Organ der Rechtspflege zur bestmöglichen Beratung und Vertretung seines Mandanten verpflichtet zu sein.[102]

1. Gewerblichkeit anwaltlicher Berufsausübung

Es ist insofern fraglich, ob die Tätigkeit in überörtlichen Sozietäten, in Großsozietäten und in Rechtsberatungsgesellschaften mbH nicht von vornherein oder aber im Einzelfall als gewerblich anzusehen ist und damit gegen das in der BRAO festgelegte Berufsbild verstößt.[103] Die Annäherung dieser Kanzleiformen an den Gewerbebetrieb kann nicht bestritten werden. Unbestreitbar ist ferner die Werbewirksamkeit der Ankündigung einer Großsozietät oder einer überörtlichen Sozietät.[104] Die großen Anwaltspraxen sind heute vielfach mit den "Unternehmen" im Sinne des Handelsrechts vergleichbar.[105] Aber auch der "Einzelkämpfer" orientiert sich, wenn er neben der Vielzahl der zugelassenen Rechtsanwälte existieren will, an den Gegebenheiten des Marktes.

In Anbetracht des hohen Berufsrisikos und des erheblichen Konkurrenzdrucks erscheint es deshalb fragwürdig, ob die Rechtsanwälte heutzutage überhaupt noch - unabhängig davon, ob sie zusammen mit anderen oder alleine praktizieren - allein aus ideellen Motiven handeln.[106] Dadurch, daß der Rechtsanwaltsberuf, wie jeder andere Beruf, auch der Schaffung und Erhaltung der Lebensgrundlage und damit erwerbswirtschaftlichen Zwecken dient,[107] kann man wirklichkeitsnah nicht von einer ausschließlich an ideellen Werten orientierten Berufsausübung ausgehen. In der BRAO ist ferner kein allgemeiner Grundsatz enthalten, nach welchem anwaltliche und erwerbswirtschaftliche Tätigkeit in der Regel unvereinbar sind.[108]

---

[100] *Noll*, Persönliche und höchstpersönliche Leistung, S. 159; BGH, Urteil vom 06.07.19 71, E 56, 355 (356); *Lingenberg/Hummel/Zuck/Eich*, Anwaltliches Standesrecht, § 43 Rz. 4

[101] BSG, Urteil vom 21.11.1958, E 8, 256 (260); *Fleischmann*, Die Freien Berufe im Rechtsverkehr, S. 35 ff. und 53 ff.; *Deneke*, Klassifizierung der freien Berufe, S. 24/26; im Sinne einer persönlichen Verantwortung: *Taupitz*, Die Standesordnungen der freien Berufe, S. 41; *Rittner*, Unternehmen und Freier Beruf als Rechtsbegriffe, S. 20

[102] *Feuerich/Braun*, BRAO, § 2 Rz. 6

[103] *Redeker*, NJW 1987, 2610 (2614)

[104] BGH, Urteil vom 06.07.1071, E 56, 355 (360); *Odersky* in FS für *Merz*, S. 439 (445)

[105] *Redeker*, NJW 1995, 1241 (1244) bezeichnet sie daher auch als Dienstleistungsunternehmen.

[106] *Redeker*, NJW 1987, 2610 (2611); *Kleine-Cosack*, BRAO, § 2 Rz. 5

[107] *Taupitz*, Die Standesordnungen der freien Berufe, S. 60; *K. Schmidt*, Handelsrecht, § 4 I, S. 69 und § 9 IV, S. 282

[108] BVerfG, Beschluß vom 04.11.1992, NJW 1993, 317 (321)

K. Schmidt[109] ist deshalb der Auffassung, die ausdrückliche Ausklammerung der freiberuflichen Tätigkeit aus dem Gewerbebegriff sei nur noch historisch zu rechtfertigen.

2. Bedeutung des § 2 II BRAO[110]

Die Verfolgung ideeller Ziele nimmt aber auch heute noch - gerade im Bereich freiberuflicher Berufsausübung - einen hohen Stellenwert ein. Zwar kann man nicht mehr davon ausgehen, daß sie ausschließliches Motiv der anwaltlichen Betätigung ist, dennoch muß sie - und dies muß in jeglicher Kooperation sichergestellt sein - stets das vorrangig anzustrebende Ziel darstellen.[111] Daß neben dieser Absicht zusätzlich der Zweck verfolgt wird, einen dem Arbeitsaufwand entsprechenden Gewinn zu erzielen, ist nicht verwerflich; denn schließlich ergibt sich aus § 3 BRAGO, daß die Vereinbarung einer höheren als der gesetzlichen Vergütung zulässig ist.[112] Diese kann sich an dem Arbeitsaufwand, der Verantwortlichkeit und dem Haftungsrisiko des Rechtsanwalts orientieren.

Die BRAO gewährleistet die Priorität der Beachtung ideeller Ziele durch die berufsordnenden Verhaltensregeln allgemein und insbesondere durch die §§ 49 b und 43 b, die Wettbewerb und Werbung nur in begrenzten Umfang zulassen.[113]

Der Gefahr, daß überörtliche Zusammenschlüsse nur zum Zwecke der Werbung gebildet werden, kann demnach durch die Standesaufsicht hinreichend entgegengewirkt werden. Dieses Ergebnis entspricht der gesetzgeberischen Wertung; denn durch die Einführung des § 59 a II BRAO[114] ist die überörtliche Sozietät nunmehr ausdrücklich zugelassen worden.

3. Unzulässige Werbung im Einzelfall

Entgegen der Auffassung von *Feuerich/Braun*[115] kann nicht davon ausgegangen werden, daß überörtliche Sozietäten im Einzelfall, namentlich wenn Gewinn und

---

109   Handelsrecht, § 4 I S. 69 und § 9 IV S. 282
110   § 2 II BRAO bestimmt: „Seine (des Rechtsanwalts) Tätigkeit ist kein Gewerbe."
111   BVerfG, Beschluß vom 24.02.1960, E 10, 354 (365); BVerfG, Beschluß vom 25.10.
       1977, E 46, 224 (241); *Feuchtwanger*, Die freien Berufe, S. 17; *Taupitz*, NJW 1992,
       2317 (2323); *ders.*, Die Standesord-nungen der freien Berufe, § 3 S. 42; *Noll*,
       Persönliche und höchstpersönliche Leistung, S. 148; *Feue-rich/Braun*, BRAO, § 3 Rz. 4;
       Jessnitzer/Blumberg, BRAO, § 3 Rz. 1
112   *Kleine-Cosack*, BRAO, § 49 b Rz. 2; die Entwicklung geht in Deutschland immer mehr
       zu individuellen Preisabsprachen, vgl. *Michalski/Römermann*, AnwBl 1996, 241 (241).
113   *Henssler*, AnwBl 1993, 541 (543)
114   Durch Gesetz vom 02.09.1994, BGBl I S. 2278
115   BRAO, § 2 Rz. 6

Kosten nicht geteilt werden, stets zu dem Zweck gegründet werden, das gemäß § 43 b BRAO zulässige Maß an Werbung zu überschreiten. Zwar ist den Gesetzgebungsmaterialien zur Einführung des § 59 a BRAO zu entnehmen, daß die Mandate als solche der überörtlichen Sozietät gelten und die eingehenden Honorare auf gemeinsamen Kanzleikonten zu verwahren sind.[116] Dies bedeutet jedoch nicht, daß sämtliche Gewinne und Kosten "der überörtlichen Sozietät" unter den Sozien geteilt werden müssen. Auch in einer überregional arbeitenden Kanzlei muß es den Rechtsanwälten freigestellt sein, im Innenverhältnis Absprachen über die Gewinn- und Verlustverteilung zu treffen. Den Rechtssuchenden wird dies in aller Regel nicht interessieren.[117]

Die Annahme, es handele sich um unzulässige Werbung, würde das Auftreten als überörtliche Sozietät in diesen Fällen stets dahingehend werten, daß es "planvoll darauf angelegt ist, andere dafür zu gewinnen, ihre Leistung in Anspruch zu nehmen"[118] und dabei über das Maß an zulässiger weil sachlicher Informationswerbung[119] hinausgeht.[120] Das kann schlechterdings grundsätzlich der Fall sein. Der Vorteil überörtlicher Verbindungen liegt gerade in der Möglichkeit zur Verbesserung und Erweiterung des Dienstleistungsangebots und damit in der Stärkung im Wettbewerb.[121] Sie dienen somit der Wettbewerbsfähigkeit vor allem auf internationaler Ebene und dadurch nicht zuletzt den Interessen der Mandanten, die sich umfassend beraten und vertreten lassen können. Tritt nun eine Kanzlei als überregional oder international kooperierende auf, so informiert sie dadurch den Interessierten über ihre Fähigkeiten und ihre Möglichkeiten. Dadurch darf in der Öffentlichkeit jedoch kein falscher Eindruck entstehen. Allein die Tatsache, daß Gewinn und Verlust nicht geteilt werden, rechtfertigt für sich nicht die Besorgnis, daß das Auftreten als überörtliche Sozietät nur zu Werbungszwecken geschieht und deshalb als unzulässige Werbung im Sinne des § 43 b BRAO zu qualifizieren ist. Das Auftreten der überörtlichen Sozietät nach außen muß allerdings den tatsächlichen Gegebenheiten, den Absprachen der Mitglieder untereinander und den Vorstellungen, die der Rechtssuchende mit dem Auftreten als solche verbindet, entsprechen.[122] Ist dies nicht der Fall, kann die Art und Weise der Abrechnung

---

[116] BT-Drs. 12/4993, S. 34
[117] *Odersky* in FS für *Merz*, S. 439 (451)
[118] *Feuerich/Braun*, BRAO, § 43 b Rz. 4; *Hartung*, WiB 1994, 585 (586)
[119] *Jessnitzer/Blumberg*, BRAO § 43 b Rz. 1
[120] *Borgmann/Haug*, Anwaltshaftung, I Rz. 20
[121] BT-Drs. 12/4993, S. 33, *Jessnitzer/Blumberg*, BRAO, § 59 a Rz. 8; *K. Schmidt*, NJW 1993, 2137 (2137)
[122] BGH, Urteil vom 23.09.92, E 119, 225 (232); BGH, Beschluß vom 18.09.1989, BRAK-Mitt. 1989, 211 (212); BGH, Urteil vom 23.09.1992, MDR 1993, 179 (180); BGH, Urteil vom 29.10.1990, NJW 1991, 49 (50); BGH, Urteil vom 05.05.1994, NJW 1994, 2288 (2288/2289); *Borgmann/Haug*, Anwaltshaftung, VII Rz. 4; *Mayen*, NJW 1995, 2317 (2319); BT-Drs. 12/4993, S. 34

ein weiteres Indiz für das Vorliegen einer Scheinsozietät[123] sein und damit einen Verstoß gegen § 43 b BRAO begründen. Außerdem kann im Einzelfall, namentlich wenn das rechtssuchende Publikum irregeführt wird, ein Verstoß gegen §§ 1; 3 UWG gegeben sein.[124] Zu prüfen ist aber immer auch, ob die Kanzlei nicht lediglich als überörtliche Bürogemeinschaft im Sinne von § 59 a IV, I und II BRAO auftritt.[125]

Des weiteren muß die Orientierung an materiellen Werten in Großsozietäten und Rechtsberatungsgesellschaften mbH nicht zwingend in den Vordergrund rücken. Allein die Tatsache, daß die berufliche Leistung (auch) durch Angestellte oder freie Mitarbeiter erledigt wird, begründet nicht die Gefahr, daß der Grundsatz der persönlichen Leistungserbringung aufgegeben wird und an dessen Stelle die Gewinnmaximierung tritt.[126] Solange die Mitarbeiter ihrerseits an das anwaltliche Berufsrecht gebunden sind, mithin selbst Rechtsanwälte sind, ist eine Bedrohung in dieser Hinsicht nicht gegeben. Die zum Schutz der Mandanten und der funktionierenden Rechtspflege bestehende Preisbindung im Hinblick auf Mindestgebühren trifft die dort assoziierten Anwälte dann in gleicher Weise wie die in kleineren Kanzleien zusammengeschlossenen.

Es wäre schließlich auch nicht im Interesse der Mandanten, nur kleine Sozietäten zuzulassen.[127] Den unterschiedlichen Bedürfnissen der Klienten müssen diesen angepaßte Kanzleien gegenüberstehen. Es bleibt dem einzelnen überlassen, welchen Rechtsanwalts oder welcher Sozietät er sich bedient.

Insgesamt werden den Rechtsanwälten größere Freiheiten zugestanden, als dies vor der Berufsrechtsnovelle und vor Inkrafttreten der neuen Berufsordnung der Fall war. §§ 6; 7 BO erlauben nunmehr ausdrücklich die Verwendung von Praxisbroschüren, Rundschreiben und anderen vergleichbaren Informationsmitteln, innerhalb derer in sachlicher Weise über Tätigkeits- und Interessenschwerpunkte hinaus informiert werden darf.[128] Verboten bleibt gemäß § 6 III, IV BO die Angabe von Erfolgs- und Umsatzzahlen und die Mitwirkung an für den Rechtsan-

---

[123] Das Auftreten als Scheinsozietät ändert jedoch nichts an der Beauftragung aller Sozien und deren ge-samtschuldnerischer Haftung, BGH, Urteil vom 24.01.1978, E 70, 247 (249); BGH, Urteil vom 29.10.1990, AnwBl 1991, 97 (98); BGH, Urteil vom 05.05.1994, BB 1994, 1445 (1446).

[124] BGH, Urteil vom 23.09.1992, E 119, 225 (231); *Odersky* in FS für *Merz*, S. 439 (451); *Henssler*, AnwBl 1993, 541 (544); *K. Schmidt*, NJW 1993, 2137 (2139); da sich das Verbot der irreführenden Werbung nicht aus § 43 b BRAO ergibt, ist § 43 BRAO einschlägig, *Kleine-Cosack*, BRAO, § 43 b Rz. 2

[125] Zu der Frage, wie sich die eine strikte Trennung auf die rechtliche Einordnung als Sozietät auswirkt, vgl. unten § 5.

[126] So aber *Feuerich/Braun*, BRAO, § 2 Rz. 6

[127] *K. Schmidt*, NJW 1993, 2137 (2137); *Redeker*, NJW 1987, 2610 (2614)

[128] *Kleine-Cosack*, NJW 1997, 1257 (1260); *Hartung/Holl-Römermann*, Anwaltliche Berufsordnung, § 6 Rz. 54 ff.

walt unzulässiger Werbung durch Dritte. Auch Werbegeschenke sind weiterhin nicht erlaubt.[129] Ferner bleibt es unzulässig, die anwaltliche Tätigkeit jemandem unaufgefordert anzubieten, von dem aufgrund seiner speziellen Lebenssituation (Unfall, Inhaftierung, Schädigung durch die öffentlich Hand) anzunehmen ist, er benötige einen Rechtsanwalt.[130]

V. Die Berufshaftpflichtversicherung, § 51 BRAO

Der Schutz des Mandanten, gleichviel ob er sich an einen alleine praktizierenden Rechtsanwalt oder an eine anwaltliche Berufsausübungsgesellschaft wendet, wird durch die in § 51 BRAO vorgeschriebene Pflichtversicherung vervollständigt.[131] Da sich eine inhaltliche Kontrolle der anwaltlichen Tätigkeit im Einzelfall, wie eingangs erwähnt, durch die Kammern oder die Anwaltsgerichte verbietet, erfolgt gegebenenfalls die Schadenswiedergutmachung durch zivilrechtlich begründete Schadensersatzansprüche. Damit diese Ansprüche nicht ins Leere gehen, ist jeder einzelne Rechtsanwalt gemäß § 51 I und IV BRAO verpflichtet, eine Haftpflichtversicherung abzuschließen, deren Mindestversicherungssumme DM 500.000,- beträgt. Kann er eine Berufshaftpflichtversicherung nicht nachweisen, wird ihm gemäß § 12 BRAO die für die Zulassung zur Rechtsanwaltschaft konstitutive Aushändigung der Zulassungsurkunde versagt. Die Versicherer sind gemäß § 51 VI BRAO im Versicherungsvertrag dazu zu verpflichten, jede Änderung des Vertrages der zuständigen Landesjustizverwaltung und der zuständigen Rechtsanwaltskammer mitzuteilen. Diese können dann gegebenenfalls den Widerruf der Zulassung gemäß § 14 II Nr. 10 BRAO veranlassen.

Es ist deshalb wichtig, daß im Gesellschaftsvertrag festgelegt wird, daß die Zulassung zur Rechtsanwaltschaft zwingende Voraussetzung für die Aufnahme und den Verbleib in der Rechtsberatungsgesellschaft ist.[132] Ferner muß geregelt werden, auf welche Weise derjenige Rechtsanwalt, der seine Zulassung verliert, aus der Gesellschaft ausgeschlossen werden kann.[133]

---

[129] OLG München, Urteil vom 23.11.1983, NJW-RR 1990, 428 (428); *Henssler-Prütting-Eylmann*, BRAO, § 43 b, Rz. 47; *Kleine-Cosack*, BRAO, § 43 Rz. 82

[130] *Koch*, AnwBl. 1995, 474 (475); *Henssler/Prütting-Eylmann*, BRAO, § 43 b Rz. 49

[131] *Borgmann/Haug*, Anwaltshaftung, VIII Rz. 2; *Jessnitzer/Blumberg*, BRAO, § 51 Rz. 1; *Feuerich/Braun*, BRAO, § 51 Rz. 1; BT-Drs. 12/4993, S. 31; *Taupitz*, Haftung des Freiberuflers, S. 19 (23)

[132] BayObLG, Beschluß vom 24.11.1994, ZIP 1994, 1868 (1871); Vorschlag des DAV, AnwBl 1990, Heft 4, Beilage; *Ahlers*, AnwBl 1995, 3 (4/5); *Henssler*, NJW 1993, 2137 (2140); *Hommelhoff/Schwab*, WiB 1995, 115 (116)

[133] BayObLG, Beschluß vom 24.11.1994, mit Anmerkung *Hommelhoff/Schwab*, WiB 1995, 115 (116); *Schlosser*, JZ 1995, 345 (348); *K. Schmidt*, Gesellschaftsrecht, § 35 IV, S. 1063

Hier zeigt sich von neuem, wie wichtig die Erhaltung der Pflichtmitgliedschaft für die Wahrung der Unabhängigkeit des Rechtsanwalts einerseits und für eine funktionstüchtige Rechtspflege andererseits ist.

Der Abschluß einer Versicherung durch die Sozietät oder die Einbeziehung angestellter Rechtsanwälte in einen bestehenden Versicherungsvertrag ist nicht möglich. Jeder Rechtsanwalt muß seine Berufstätigkeit versichern und dementsprechend eine eigene Versicherungspolice erhalten.[134] Allerdings werden auch solche Schäden von der Versicherung erfaßt, die von Hilfspersonen verursacht werden, deren Verschulden dem Rechtsanwalt gemäß § 278 BGB zugerechnet wird.[135] Die Tätigkeit von Referendaren oder sonstigen Hilfspersonen muß deshalb nicht besonderes versichert werden.

Um zu verhindern, daß im Schadensfall genau überprüft wird, welcher der Anwälte die den Schadensersatzanspruch auslösende Pflichtverletzung begangen hat, bietet sich jedenfalls für die Rechtsberatungsgesellschaften, deren Mitglieder grundsätzlich gesamtschuldnerisch haften, eine gleich hohe Deckungssumme für jeden Sozius an.[136] Auch in einer interprofessionellen Sozietät muß jeder der Sozien und nicht nur die Rechtsanwälte eine Berufshaftpflichtversicherung mit einer Mindestversicherungssumme von DM 500.000,- haben.[137]

VI. Ergebnis

Für Rechtsanwälte, gleichviel ob sie sich mit anderen zur gemeinsamen Berufsausübung verbinden oder nicht, bestehen folglich eine Reihe von Pflichten.

Entschließt sich ein Rechtsanwalt zu der Mitarbeit in einer Kooperation, unterliegt er zusätzlichen Beschränkungen. Dies ist die Kehrseite des Vorteils, die der Anwalt durch die berufliche Zusammenarbeit erfährt. Dem "Mehr" an Freiheit muß ein "Mehr" an Bindung gegenüberstehen, damit gewährleistet ist, daß die Säulen des anwaltlichen Berufsrechts nicht ins Wanken geraten.

In den Kooperationsformen, innerhalb derer sich die Bindung an das anwaltliche Berufsrecht nicht von selbst versteht und deren Organisationsstruktur eine Gefährdung der "Stellung als Rechtsanwalt" begründen kann, muß diese Bindung auf andere Weise - und sei es durch den Gesellschaftsvertrag - sichergestellt und möglichen Gefahren vorgebeugt werden.

---

134   *Borgmann/Haug*, Anwaltshaftung, VIII Rz. 32; *Feuerich/Braun*, BRAO, § 51 Rz. 12/13
135   *Kleine-Cosack*, BRAO, § 51 Rz. 5
136   *Borgmann/Haug*, Anwaltshaftung, VIII Rz. 32; *Kaiser/Bellstedt*, Die Anwaltssozietät, Rz. 121
137   *Feuerich/Braun*, BRAO, § 51 Rz. 15; *Kaiser/Bellstedt*, Die Anwaltssozietät, Rz. 131

Zu beachten ist insbesondere die Wahrung der anwaltlichen Unabhängigkeit nach allen Seiten und in allen Ausprägungen. Ferner muß die Verschwiegenheitspflicht, ebenso wie das Verbot der Wahrnehmung widerstreitender Interessen jeden einzelnen verbundenen Rechtsanwalt betreffen. Die Kooperation darf schließlich nicht in unzulässiger Weise Wettbewerb und Werbung betreiben. Des weiteren darf die Haftpflichtversicherungspflicht für jeden Rechtsanwalt zum Schutz der Mandantschaft nicht durch "Sammelversicherungen" seitens der Kanzlei umgangen werden.

§ 5 Die Regelung der beruflichen Zusammenarbeit durch § 59 a BRAO

Neben den vorstehend erläuterten Pflichten, die den sozietätsangehörigen Rechtsanwalt treffen, bestehen weitere gesetzliche Vorschriften, die die berufliche Zusammenarbeit von und mit Rechtsanwälten reglementieren. Denn § 59 a BRAO, der bereits eine Rolle bei der Wahrung der beruflichen Unabhängigkeit des Rechtsanwalts durch die Reglementierung interprofessioneller Zusammenarbeit gespielt hat, stellt darüber hinaus Anforderungen an Sozietäten und Bürogemeinschaften.

I. Die Rechtsanwaltssozietät im Sinne von § 59 a I BRAO

Diese Vorschrift regelt erstmals[138] die Zusammenarbeit von Rechtsanwälten in einer Sozietät; sei es von Anwälten untereinander oder - wie bereits erwähnt - mit Angehörigen anderer Berufsgruppen; sei es auf örtlicher, überörtlicher oder internationaler Ebene.[139] Die Bestimmung der prägenden Elemente und notwendigen Bestandteile einer Anwaltssozietät durch Rechtsprechung, Lehre und Praxis wird damit obsolet;[140] denn aus § 59 a BRAO[141] ergibt sich nunmehr folgende Definition der Sozietät:
„Die Anwaltssozietät ist der auf vertraglicher Grundlage beruhende Zusammenschluß von mindestens zwei Rechtsanwälten oder einem Rechtsanwalt mit einem Angehörigen einer nach § 59 a I BRAO[142] sozietätsfähigen Berufsgruppe zur gemeinsamen Berufsausübung in einer gemeinsamen Kanzlei,[143] der grundsätzlich die Verpflichtung jedes Mitglieds zur Erfüllung des dem Zusammenschluß erteil-

---

138   Jedenfalls im Hinblick auf die alten Bundesländer, bzgl. der neuen Länder vgl. § 39 III RAG; *Koch* in FS für *Kolvenbach*, S. 23 (25 ff.)
139   Vgl. oben § 4; *Jessnitzer/Blumberg*, BRAO, § 59 a Rz. 1; *Feuerich/Braun*, BRAO, § 59 a Rz. 1/8
140   *Jessnitzer/Blumberg*, BRAO, § 59 a Rz. 1
141   Eingeführt im Rahmen der Neuordnung des anwaltlichen Berufsrechts durch Gesetz vom 02.09.1994, BGBl. I S. 2278.
142   Vgl. oben § 4 I.
143   BT-Drs. 12/4993, S. 33; *Kleine-Cosack*, BRAO, § 59 a Rz. 5

ten Mandates im Rahmen der eigenen beruflichen Befugnisse und die Verpflichtung zur solidarischen Haftung zur Folge hat[144]."

Die Verpflichtung zur Erfüllung ist in diesem Zusammenhang untechnisch zu verstehen. Soweit einem Sozius aus berufsrechtlichen oder sonstigen Gründen die Erfüllung unmöglich ist, haftet er nur auf das Interesse; dies gilt insbesondere dann, wenn die Pflichtverletzung auf einem Berufsgebiet entstanden ist, auf dem er überhaupt nicht tätig sein konnte.[145] Anderenfalls wäre die zwingend notwendige Berufsausübung im Rahmen der eigenen beruflichen Befugnisse nicht mehr gewährleistet.

Voraussetzung für die Mitgliedschaft in einer Sozietät ist, daß der diese begehrende Rechtsanwalt nicht bereits einer anderen Sozietät angehört.[146] Diese Bedingung rechtfertigt sich zum einen aus den berechtigten Erwartungen des Rechtsverkehrs,[147] sie ist zum anderen zur Wahrung des Verbots der Vertretung widerstreitender Interessen gemäß § 43 a IV BRAO geboten. Wäre dem Rechtsanwalt die Kooperation in mehreren Sozietäten nicht verwehrt, könnte ein Verstoß gegen dieses Verbot nur schwerlich vermieden werden. § 31 BO verbietet diese sog. Sternsozietät nunmehr ausdrücklich.[148]

Rein kapitalmäßige Beteiligungen sind grundsätzlich ausgeschlossen. Ein Ausnahme gilt insoweit für Pensionsleistungen an ehemalige Sozietätsmitglieder, die altersbedingt aus der Sozietät ausgeschieden sind. § 27,2 BO nimmt Leistungen, die im Zuge einer Auseinandersetzung oder Abwicklung der beruflichen Zusammenarbeit erbracht werden, ausdrücklich vom Verbot der Beteiligung Dritter am wirtschaftlichen Erfolg der Kanzlei aus.

II. Die überörtliche Sozietät im Sinne von § 59 a II, III BRAO

Das Merkmal der Berufsausübung in "einer gemeinsamen Kanzlei" wird durch § 59 a II BRAO für überörtliche und durch § 59 a III BRAO für internationale Zusammenschlüsse modifiziert. Damit diese Möglichkeit auch Einzelanwälten offensteht, ist es ausreichend, daß die Sozietät aus mehreren Kanzleien besteht, in denen bzw. an deren Ort mindestens ein Sozietätsmitglied verantwortlich tätig ist

---

144   Vgl. auch § 51 a II 1 BRAO und BGH, Urteil vom 05.11.1993, MDR 1994, 308
       (308/309); *Feuerich/Braun*, BRAO, § 59 a Rz. 1; *Hartstang*, Anwaltsrecht, S. 57;
       Jessnitzer/Blumberg, BRAO, § 59 a Rz. 3; *K. Schmidt*, NJW 1993, 2137 (2138); *Ahlers*,
       AnwBl 1992, 54 (54)
145   BT-Drs. 12/4993, S. 33; *Borgmann/Haug*, BRAO, Anwaltshaftung, VII Rz. 15
146   BR-Drs. 93/93, S. 99; *Feuerich/Braun*, BRAO, § 59 a Rz. 11
147   BT-Drs. 12/4993, S. 33
148   *Hartung/Holl-Römermann*, Anwaltliche Berufsordnung, § 31 Rz. 17

und dort den Mittelpunkt seiner beruflichen Tätigkeit hat.[149] Vertragspartner des Mandanten ist in diesem Fall die überörtliche/internationale Sozietät.[150] Das bedeutet, daß die Mandate als solche der überörtlichen Sozietät gelten und die eingehenden Honorare auf gemeinsamen Konten anzulegen sind.[151] Im übrigen müssen die allgemeinen Voraussetzungen erfüllt sein.[152]

Auch in internationalen Verbindungen müssen die grundlegenden Pflichten der BRAO und ein gewisser Qualitätsstandard gewahrt werden. Dies zu sichern ist die Aufgabe des § 59 a III BRAO, der bestimmt, aus welchen Staaten die sozietätsfähigen Rechtsanwälte kommen dürfen, § 59 a III Nr. 1 iVm § 206 BRAO, bzw. welchen Beruf der ausländische Sozius bei einer internationalen und interprofessionellen Zusammenarbeit ausüben darf. Er muß ihm eine dem Rechtsanwaltsberuf vergleichbare Stellung vermitteln.

Unzulässig ist es, als internationale Sozietät zu firmieren, wenn tatsächlich eine andersartige Zusammenarbeit besteht, die nicht unter den Sozietätsbegriff zu subsumieren ist.[153]

III. Die Bürogemeinschaft, § 59 a IV BRAO

Vorstehend beschriebene Regelungen gelten gemäß § 59 a IV BRAO für die Bürogemeinschaften entsprechend. Das bedeutet, daß eine Bürogemeinschaft jedenfalls dann immer zulässig ist, wenn der Rechtsanwalt eine Sozietät gründen könnte.[154] Die Regelung des Absatz 4 zielt damit auf die Begrenzung des Personenkreises ab, mit denen der Rechtsanwalt zulässigerweise eine Bürogemeinschaft gründen darf. Auf diese Weise wird die Bindung an die berufsrechtlichen Pflichten sichergestellt.[155] Weitere Regelungen sollen nicht getroffen werden.[156]

---

[149]   *Feuerich/Braun*, BRAO, § 59 a Rz. 9/10; *Vogels*, Haftung von Rechtsanwälten in der Sozietät, S. 175

[150]   BGH, Urteil vom 05.05.1994, BB 1994, 1445 (1446); BT-Drs. 12/4993, S. 34; *Borgmann/Haug*, An-waltshaftung, VII Rz. 4/5; zur prozeßrechtlichen Stellung vgl. KG, Beschl. vom 13.05.1994, NJW 1994, 3111 (3111)

[151]   Die Frage, ob eine überörtliche Sozietät vorliegt, ist streng zu trennen von derjenigen, ob das Maß zulässiger Werbung dadurch überschritten wird, wenn Kosten und Einnahmen nicht geteilt werden; vgl. oben § 4 IV.

[152]   Vgl. oben § 5 I. und *Papier*, BRAK-Mitt. 1991, 2 (3); *Ahlers*, AnwBl 1992, 54 (55); *Kleine-Cosack*, BRAO, § 59 a Rz. 18; *Odersky* in FS für *Merz*, S. 439 (447 ff. [451]); *Vogels*, Haftung von Rechtsan-wälten in der Sozietät, S. 180; *Kaiser/Bellstedt*, Die Anwaltssozietät, Rz. 102 ff.

[153]   Wegen Verstoßes gegen § 3 UWG, OLG Karlsruhe, Urteil vom 21.06.1990, NJW 1990, 3093 (3094).

[154]   *Feuerich/Braun*, BRAO, § 59 a Rz. 15

[155]   Daß dies in jeder Form anwaltlicher Zusammenarbeit sichergestellt sein muß, wurde bereits oben, § 2 I, festgestellt. BT-Drs. 12/4993, S. 34; *Feuerich/Braun*, BRAO, § 59 a Rz. 15; *Jessnitzer/Blumberg*, BRAO, § 59 a Rz. 14

IV. Der Begriff von Sozietät und Bürogemeinschaft

Wie das Rechtsverhältnis der Angehörigen einer Sozietät oder einer Bürogemeinschaft ausgestaltet ist, bestimmt § 59 a BRAO in Absatz 1 Satz 1 nur insoweit, als es auf einer vertraglichen Grundlage beruhen muß.[157] Auch die Gesetzgebungsmaterialien zu § 59 a BRAO geben lediglich teilweise Auskunft: "Die Vorschriften über die gemeinsame Berufsausübung und die interprofessionelle Sozietät sind nicht zwingend verknüpft mit der Gesellschaft bürgerlichen Rechts als Form der Zusammenarbeit" und "zur Frage, in welcher Rechtsform die gemeinsame Berufsausübung zulässigerweise möglich ist, treffen sie keine Aussage, sondern lassen insoweit bereits Raum für weitere Entwicklung".[158]

Dieser Formulierung läßt sich entnehmen, daß der Zusammenschluß von Rechtsanwälten - wenn auch nicht notwendigerweise, so doch im Regelfall[159] - mit der BGB-Gesellschaft verbunden ist. Der Zusammenschluß auf vertraglicher Grundlage zur gemeinsamen Berufsausübung, wie er für die Sozietät zwingend vorgesehen ist, läßt sich mit Hilfe des BGB-Gesellschaftsrechts problemlos verwirklichen. Gleiches gilt für die Bürogemeinschaft. Diese beruht ebenfalls auf einer vertraglichen Grundlage, die die Führung eines gemeinsamen Büros zum Gegenstand hat.[160] Nur soll kollektives Auftreten im Rechtsverkehr - im Gegensatz zur Sozietät - nicht stattfinden.[161]

Gemäß § 705 BGB entsteht die Gesellschaft bürgerlichen Rechts, indem sich die Gesellschafter gegenseitig verpflichten, einen gemeinsamen Zweck zu fördern. Die Vertragspartner sind bei der Wahl dieses Zweckes lediglich an die allgemeinen rechtsgeschäftlichen Grenzen der §§ 134; 138; 242 BGB gebunden.[162] Der Sozietätsvertrag wie auch der Bürogemeinschaftsvertrag ist daher - dies entspricht allgemeiner Auffassung[163] - ein Gesellschaftsvertrag im Sinne des § 705 BGB.

---

[156] BT-Drs. 12/4993, S. 34
[157] Die Rechtsanwälte dürfen sich untereinander oder mit den Angehörigen der genannten Berufsgruppen "verbinden".
[158] BT-Drs. 12/4993, S. 23
[159] *Kleine-Cosack*, BRAO, § 59 a Rz. 2; *Damm* in FS für *Brandner*, S. 31 (38)
[160] *Kaiser/Bellstedt*, Die Anwaltssozietät, Rz. 24; *Lach*, Formen freiberuflicher Zusammenarbeit, S. 120; *Steindorff* in FS für *Fischer*, S. 747 (750)
[161] *K. Schmidt*, Gesellschaftsrecht, § 58 III, S. 1711 ff.; *Vogels*, Haftung von Rechtsanwälten in der Sozietät, S. 40
[162] *Palandt-Thomas*, § 705 Rz. 14
[163] BT-Drs. 12/4993, S. 32 zu § 51 a BRAO: "In der Sozietät als Gesellschaft bürgerlichen Rechts..."; BGH, Beschluß vom 04.03.1985, NJW 1985, 1844 (1845); BGH, Urteil vom 06.07.1971, E 56, 355 (357); *Jessnitzer/Blumberg*, BRAO, § 59 a Rz. 2; *Kaiser/Bellstedt*, Die Anwaltssozietät, Rz. 14/24; *Bayer/Imberger*, DWiR 1993, 309 (313); *Michalski*, Das Gesellschafts- und Kartellrecht der berufsrechtlich gebundenen freien Berufe, § 1 S. 1; *Lach*, Formen freiberuflicher Zusammenschlüsse, S. 148;

Wollen sich Rechtsanwälte zur gemeinsamen Berufsausübung zusammenschließen, können sie sich folglich in einer Gesellschaft bürgerlichen Rechts, organisiert als Bürogemeinschaft oder als Sozietät, verbinden. Ihnen stehen jedoch
auch weitere Möglichkeiten offen. § 59 a BRAO enthält diesbezüglich keine abschließende Regelung.

V. Ergebnis

Jegliche Zusammenschlüsse, an denen Rechtsanwälte beteiligt sind, müssen den
Anforderungen des § 59 a BRAO entsprechen, sei es im Hinblick auf interprofessionelle oder überregionale Zusammenarbeit, sei es bezüglich sonstiger
Anforderungen, zum Beispiel das Verbot, mehreren Kanzleien anzugehören oder
die Verpflichtung zur Berufsausübung ausschließlich im Rahmen der eigenen
beruflichen Befugnisse.

§ 6 Haftungsbeschränkung gemäß § 51 a BRAO

Haben sich Rechtsanwälte unter Einhaltung dieser Voraussetzungen zur gemeinsamen Berufsausübung verbunden, hat ihr gemeinsames Auftreten im Rechtsverkehr auch haftungsrechtliche Konsequenzen. Denn für den assoziierten Rechtsanwalt gilt der Grundsatz der persönlichen Haftung mit seinem Privatvermögen
in gleichem Maße wie für den alleine praktizierenden. Da die Mitglieder einer
auch überregional oder international kooperierenden[164] Sozietät gemäß § 51 a II
1 BRAO aus dem zwischen ihr und dem Auftraggeber bestehenden Vertragsverhältnis als Gesamtschuldner haften, besteht eine gegenseitige Einstandspflicht
der Sozien. Sie haften somit unter Umständen für die von einem anderen begangenen Fehler mit ihrem Privatvermögen. Begründet wird diese weitreichende
Haftung mit der außerordentlichen Stellung des Rechtsanwalts als Organ der
Rechtspflege.[165]

Durch die Einführung des § 51 a II 1 BRAO ist die seit langem von der Rechtsprechung[166] und der herrschenden Lehre[167] vertretene Lösung Gesetz geworden.

Henssler, NJW 1993, 2137 (2138); *Borgmann/Haug*, Anwaltshaftung, VIII Rz. 1/2;
Jungk, AnwBl 1996, 297 (297); *Zuck*, AnwBl 1988, 19 (20); *K. Schmidt*, NJW 1993,
2137 (2138); *Donath*, ZHR 156 (1992), 134 (136); der diesbezüglich vormals
bestehende Streit, dargestellt bei *Kornblum*, BB 1973, 218 ff., hat heute keine Relevanz
mehr.

164   *Borgmann/Haug*, Anwaltshaftung, VII Rz. 4/5
165   *Jungk*, AnwBl 1996, 297 (297); *Henssler/Prütting-Stobbe*, BRAO, § 51 a Rz. 1
166   BGH, Urteil vom 13.07.1971, VersR 1971, 1119 (1120); BGH, Beschluß vom
      24.11.1972, VersR 1973, 231 (232) = BB 1973, 310 (310); BGH, Urteil vom
      24.01.1978, NJW 1978, 1003 (1004); BGH, Urteil vom 15.01.1985, NJW 1985, 1154

Gleichzeitig sind Regelungen geschaffen worden, die es dem Anwalt ermöglichen, seine persönliche Haftung zu begrenzen.

Die persönliche Haftung[168] kann grundsätzlich durch ausdrückliche oder stillschweigende Vereinbarung mit dem Gläubiger beschränkt oder ausgeschlossen
werden. Im letztgenannten Fall sind alle Umstände zu würdigen, die dem Gläubiger bei Vertragsschluß bekannt oder erkennbar waren und die auf ein entsprechendes Einverständnis schließen lassen.[169] § 51 a BRAO[170] schränkt die
diesbezüglichen Möglichkeiten der Rechtsanwälte teilweise ein, teilweise werden
sie erweitert.

I. Durch Vereinbarung im Einzelfall im Sinne von § 51 a I Nr. 1 BRAO

Die vertragliche Begrenzung von Ersatzansprüchen ist gemäß § 51 a I Nr. 1
BRAO im Einzelfall nur in schriftlicher Form bis zur Höhe der Mindestversicherungssumme zulässig. Vereinbarung im Einzelfall nach § 51 a I Nr. 1 BRAO ist
als Individualvereinbarung im Sinne von § 1 II ABGB zu verstehen.[171] Gefordert
ist daher wirklich freies Aushandeln. Ein im voraus abgefaßter Text hindert das
"Aushandeln".[172] Der Mandant muß auf den Inhalt der Vereinbarung, die sich
auf den konkreten Fall beziehen muß, Einfluß nehmen können.[173]

Zusätzliche Vereinbarungen, durch die weitere Haftungsminderungen herbeigeführt werden sollen, sind in jeglicher Form unzulässig und damit nichtig. Dies
gilt nicht nur für die Herabsetzung des Haftungslimits sondern grundsätzlich auch
für die Einschränkung der anwaltlichen Pflichten und für die Verkürzung der
Verjährungsfristen. Unzulässig ist es ferner, lediglich den Haftungsmaßstab in
dem Sinne zu beschränken, daß die Haftung für vorsätzliches Verhalten ausgeschlossen wird. Dies ergibt sich zum einen aus § 276 II BGB und § 51 a I
BRAO, zum anderen aus § 51 III Nr. 1 BRAO, wonach der Versicherungsschutz
bei wissentlicher Pflichtverletzung entfällt, so daß kein ausreichender Mandantenschutz mehr gewährleistet wird.

(1154); BGH, Beschluß vom 07.05.1991, NJW 1991, 2294 (2294); BGH, Urteil vom
23.09.1993, NJW 1993, 196 (196)
[167]   *Odersky* in FS für *Merz*, S. 439 (452); *Kornblum*, BB 1973, 218 (226); *Steindorff* in FS
für *Fischer*, S. 747 (747)
[168]   Zum Pflichtenkreis des Rechtsanwalts vgl. *Henssler*, JZ 1994, 178 ff.
[169]   *Soergel-Hadding*, § 714 Rz. 30; BGH, Urteil vom 11.10.1971, WM 1971, 1451 (1452)
[170]   Wie auch die WPO in § 54 a I Nr. 1 und das SterBG mit § 67 a I Nr. 1.
[171]   *Borgmann/Haug*, Anwaltshaftung, VIII Rz. 55
[172]   Seit neustem durch die Umsetzung der EU-Richtlinie 93/13/EWG, *Eckert*, ZIP 1994,
1886 (1887).
[173]   *Feuerich/Braun*, BRAO, § 51 a Rz. 4

Der Haftungsausschluß für grob fahrlässiges Verhalten ist demgegenüber zulässig. Anders als § 51 a I Nr. 2 BRAO beschränkt § 51 a I Nr. 1 BRAO die Möglichkeit individualvertraglicher Haftungsbeschränkungen nicht auf Fälle einfacher Fahrlässigkeit.[174] Des weiteren können Einzelvereinbarungen, durch die die Haftung für bestimmte Pflichtverletzungen eingeschränkt wird, ausnahmsweise zulässig sein. Voraussetzung ist allerdings, daß die Haftsumme über derjenigen der Mindestversicherung liegt und die allgemeinen Grenzen der §§ 138; 242 BGB beachtet werden.[175] Dadurch steht dem Anwalt die Möglichkeit offen, die Haftung für Fehler bei Beratung auf einzelnen Rechtsgebieten und nicht für die gesamte Beratung und Vertretung auf die Mindestversicherungssumme zu beschränken. Betreut ein Rechtsanwalt einen Mandanten beispielsweise in allen rechtlichen Angelegenheiten und vertraut der Man-dant seinem Anwalt aufgrund der langen erfolgreichen Zusammenarbeit, kann es vorkommen, daß der Mandant auch die Bearbeitung eines Falles wünscht, den der Rechtsanwalt lieber an einen auf dieses Rechtsgebiet spezialisierten Kollegen abgeben würde. Nimmt der Rechts-anwalt das Mandat dann wunschgemäß an, muß es ihm möglich sein, seine Haftung insoweit zu begrenzen. Der Rechtsanwalt ist in diesem Fall aber verpflichtet, den Mandanten über das Risiko genauestens aufzuklären.

Nach der Umsetzung der EG-Richtlinie 93/13/EWG liegt eine Individualvereinbarung gemäß § 24 a AGBG nur noch dann vor, wenn der Vertragspartner tatsächlich die Möglichkeit hatte, auf die Vertragsgestaltung Einfluß zu nehmen. Die Haftungsbegrenzungsklausel muß ernsthaft zur Disposition gestellt worden sein. Nicht ausreichend ist es, daß der Mandant die Möglichkeit hat, einen anderen Rechtsanwalt zu beauftragen. Auf der anderen Seite ist nicht erforderlich, daß der Mandant von seiner Möglichkeit Einfluß zu nehmen tatsächlich Gebrauch macht.[176] Den Nachweis, daß die Vereinbarung frei ausgehandelt wurde, muß der Rechtsanwalt führen. Da dies nur schwerlich möglich sein wird, wird der Anwendungsbereich des § 51 a I Nr. 1 BRAO gering sein.[177] Ein starkes Indiz für ein Aushandeln ist eine handschriftliche Änderung des Textes zugunsten des Mandanten.[178]

Bestandteil des Aushandelns ist die Aufklärung des Mandanten. Je nach Bedeutung des Mandats, Geschäftserfahrenheit des Mandanten, seiner Berufsausbil-

---

[174] *Jessnitzer/Blumberg*, BRAO, § 51 a Rz. 2 und 3; *Borgmann/Haug*, Anwaltshaftung, VIII Rz. 4

[175] *Borgmann/Haug*, BRAO, VIII Rz. 56/58; *Kleine-Cosack*, BRAO, § 51 a Rz. 7; *Henssler/Prütting-Stobbe*, BRAO, § 51 a Rz. 18

[176] *Henssler/Prütting-Stobbe*, BRAO, § 51 a Rz. 37; *MK-Kötz*, § 1 AGBG, Rz. 19/20; *Palandt-Heinrichs*, § 1 AGBG, Rz. 18

[177] *Niebling*, AnwBl 1996, 20 (21)

[178] *MK-Kötz*, § 1 AGBG Rz. 25

dung und seiner Lebenssituation variiert das Maß der erforderlichen Aufklärung über die Bedeutung der Haftungsbegrenzungsklausel.[179]

II. Durch allgemeine Mandatsbedingungen gemäß § 51 a I Nr. 2 BRAO

Auf der anderen Seite öffnet die BRAO den Weg zu Haftungsbeschränkungen im Rahmen von Allgemeinen Geschäftsbedingungen. Gemäß § 51 a I Nr. 2 BRAO kann die Ersatzpflicht für leicht fahrlässig verursachte Schäden durch vorformulierte Vertragsbedingungen auf den vierfachen Betrag der Mindestversicherungssumme beschränkt werden. Voraussetzung ist allerdings, daß Versicherungsschutz in dieser Höhe zum Verstoßzeitpunkt nach Maßgabe des § 51 BRAO besteht.[180] Eine Rückversicherung ist, soweit sie bei Vertragsschluß unbekannte Haftpflichtfälle betrifft, zulässig.[181] Möchte der Rechtsanwalt seine Haftung über die Fälle leichter Fahrlässigkeit hinaus ausschließen, muß er eine Einzelvereinbarung mit dem Mandanten im Sinne des § 51 a I Nr. 1 BRAO treffen.[182] Die Haftungsbegrenzung auch für grobe Fahrlässigkeit in allgemeinen Mandatsbedingungen ist nicht möglich, sie verstieße unabhängig von der Haftsumme gegen § 11 Nr. 7 AGBG.[183] Die Rechtsprechung neigt dazu, einfache Fahrlässigkeit im Bereich der Anwaltshaftung nur äußerst selten anzunehmen. In aller Regel stuft der BGH[184] die anwalt-lichen Pflichtverletzungen als grob fahrlässig ein. Deshalb wäre die Einbeziehung grober Fahr-lässigkeit für die Rechtsanwälte wünschenswert gewesen. In Anbetracht der Vorteile eines er-höhten Versicherungsschutzes hätte der Widerspruch zu § 11 Nr. 7 AGBG geduldet werden können.[185] Hinzu kommt, daß der Pflichtenkreis des Rechtsanwalts von der Rechtsprechung sehr weit gezogen wird.[186] Beispielsweise werden Dritte über den Anwendungsbereich des § 328 BGB hinaus in den Anwaltsvertrag einbezogen, soweit ihr Interesse zum Gegenstand des Vertrages gehört.[187] Des weiteren muß der Rechtsanwalt Sachverhalte nicht nur rechtlich beurteilen, er

---

179   *Henssler/Prütting-Stobbe*, BRAO, § 51 a Rz. 43
180   *Kleine-Cosack*, BRAO, § 51 a Rz. 11
181   *Kleine-Cosack*, BRAO, § 51 a Rz. 11; *Borgmann/Haug*, Anwaltshaftung, VIII Rz. 41
182   *Borgmann/Haug*, Anwaltshaftung, VIII Rz. 45/55
183   *Feuerich/Braun*, BRAO, § 51 a Rz. 6; *Jessnitzer/Blumberg*, BRAO, § 51 a Rz. 3; BR-Drs. 93/93, S. 15
184   Urteil vom 18.03.1993, NJW 1993, 1779 (1780); Urteil vom 08.07.1993, NJW 1993, 2676 (2677); Urteil vom 20.01.1994, NJW 1994, 1211 (1212/1213); Urteil vom 10.02.1994, NJW 1994, 1472 (1473 ff.); Urteil vom 21.09.1995, NJW 1996, 48 (50/51); *Hoppmann*, MDR 1994, 14 ff.
185   *Henssler*, AnwBl 1996, 3 (9); *Taupitz*, Haftung des Freiberuflers, S. 19 (27)
186   *Rinsche*, Die Haftung des Rechtsanwalts und des Notars, Rz. I 76 ff.; *Vollkommer*, Anwaltshaftungs-recht, Rz. 89 ff.; *Prinz*, VersR 1986, 317 (317 ff.)
187   *Borgmann/Haug*, Anwaltshaftung, VI Rz. 1 ff.; *Vollkommer*, Anwaltshaftungsrecht, Rz. 68 ff.

muß auch auf wirtschaftliche Gefahren hinweisen.[188] Zudem muß er über eine lückenlose Kenntnis der einschlägigen deutschen Gesetze, der veröffentlichen höchstrichterlichen Rechtsprechung und der Publikationen in den bedeutenden Fachzeitschriften verfügen.[189] Hat der Anwalt nicht die Möglichkeit sich zu spezialisieren, wird im die Erfüllung dieser Pflicht nur schwer gelingen. Schließlich muß er über eigene Pflichtverletzungen, den daraus möglicherweise resultierenden Ersatzanspruch und die Verjährung aufklären. Eine schriftliche Vereinbarung für den konkreten Einzelfall empfiehlt sich daher.

Die nachträgliche Begrenzung der Haftung für bereits begangene Pflichtverletzungen gegenüber dem Mandanten innerhalb von Allgemeinen Geschäftsbedingungen ist nicht zulässig.[190] Dies ergibt sich aus § 51 a I Nr. 2 BRAO, der „vorformulierte" Vertragsbedingungen voraussetzt.

Damit die allgemeinen Mandatsbedingungen wirksam in den Vertrag einbezogen sind, muß der Rechtsanwalt auf ihre Existenz hinweisen. Ein Aushang im Wartezimmer genügt nicht.

III. Durch allgemeine Mandatsbedingungen gemäß § 51 a II BRAO

Absatz 2 der zitierten Vorschrift modifiziert die beschriebenen Regelungen für Sozietäten im Sinne des § 59 a BRAO insoweit, als die Haftung auf einzelne Mitglieder einer Sozietät, die das Mandat im Rahmen ihrer Befugnisse zu leiten haben, im Rahmen von AGB beschränkt werden kann, wenn der oder die Haftenden namentlich benannt sind und der Auftraggeber auf einer gesonderten Urkunde seine schriftliche Zustimmung gegeben hat.[191] Diese Begrenzung erfaßt jegliche Fahrlässigkeitsgrade[192] und auch die deliktische Haftung gegenüber dem Vertragspartner. Selbstredend sind die Ansprüche Dritter aus unerlaubter Handlung nicht eingeschlossen.[193] Der amtlichen Begründung[194] ist zu entnehmen, daß der Gesetzgeber mit der Formulierung "im Rahmen der eigenen beruflichen Befugnisse bearbeiten" vermeiden wollte, daß die Haftung wegen Schäden, die im anwaltlichen Berufsfeld verursacht worden sind, auf Berufsfremde abgewälzt

---

[188] BGH, Urteil vom 12.07.1960, VersR 1960, 932 (933); BGH, Urteil vom 21.11.1960, NJW 1961, 601 (601); BGH, Urteil vom 18.06.1968, DNotZ 1970, 48 (50); BGH, Urteil vom 22.10.1987, NJW 1988, 563 (566)

[189] BGH, Urteil vom 29.03.1983, NJW 1983, 1665 (1665); OLG Hamm, Urteil vom 05.03.1981, VersR 1981, 936 (936); *Henssler/Prütting-Stobbe*, BRAO, § 51 a Rz. 2

[190] *Kleine-Cosack*, BRAO, § 51 a Rz. 11; *Borgmann/Haug*, Anwaltshaftung, VIII Rz. 41

[191] Vgl. das Formulierungsbeispiel bei *Rinsche*, Die Haftung des Anwalts und des Notars, Rz. I 326

[192] Bericht der Abgeordneten *Eylmann u.a.*, BT-Drs. 12/7656, S. 50; a.A. *Wellensiek* in FS für *Brandner*, S. 727 (735)

[193] *Borgmann/Haug*, Anwaltshaftung, VIII Rz. 54; *Kleine-Cosack*, BRAO, § 51 a Rz. 19

[194] BR-Drs. 93/93, S. 97 ff.

werden können oder ein sog. vermögensloser Haftanwalt eingeführt wird. Der-
oder diejenigen, der bzw. die das Mandat bearbeiten, sollen mit dem Haftenden
identisch sein. Bearbeitet der Rechtsanwalt das Mandat zusammen mit einem
Angehörigen einer anderen Berufsgruppe im Sinne von § 59 a BRAO, haften
beide dem Auftraggeber. Dies sollte durch die amtliche Begründung, wonach
"dem Mandanten auch derjenige haftet, der tatsächlich das Mandat zulässigerweise bearbeitet und nicht die Haftung auf ein Mitglied der interprofessionellen
Sozietät abgeschoben werden kann, das gar nicht Rechtsanwalt ist", nicht ausgeschlossen werden;[195] denn in diesem Fall wird der Schaden nicht ausschließlich
im "anwaltlichen Berufsfeld" verursacht. Voraussetzung ist allerdings, daß der
Mitarbeiter - unabhängig von seiner Profession - in vergleichbarem Umfang an
der Bearbeitung des Mandats beteiligt ist. Untergeordnete Mithilfe ist nicht ausreichend. Verschulden von Gehilfen kann allenfalls gemäß § 278 BGB zugerechnet werden. Auf der anderen Seite kann die Haftung nicht dadurch ausgeschlossen werden, daß sich derjenige, der die Geschicke des Falles lenkt, anderer bedient, die nach außen in Erscheinung treten und schriftlich als Haftende bezeichnet worden sind. In einem solchen Fall wäre die Haftungsbeschränkung wegen
Verstoßes gegen § 7 AGBG unwirksam.

Der Geltungsbereich des § 51 a II BRAO ist nicht auf Sozietäten beschränkt, die
als Gesellschaften bürgerlichen Rechts ausgestaltet sind, sondern soll alle derzeit
und künftig zulässigen Formen anwaltlicher Kooperation einschließen.[196]

Wird von der Möglichkeit der Haftungsbegrenzung durch allgemeine Mandatsbedingungen Gebrauch gemacht, sei es gemäß § 51 a I Nr. 2 oder gemäß § 51 a
II BRAO, findet eine Inhaltskontrolle nach dem AGBG nur in eingeschränktem
Umfang statt. Die Anwendung von § 11 Nr. 7 AGBG scheidet gemäß § 8
AGBG, Art. 1 II 93/13/EWG ebenso wie eine unangemessene Benachteiligung
im Sinne von § 9 AGBG aus, solange § 51 a BRAO beachtet wird. Es handelt
sich dann um keine von Rechtsvorschriften abweichende Regelung.[197] Deshalb
kann der Auffassung von *v. Westfalen*,[198] es werde gegen die EG-Richtlinie
93/13/EWG verstoßen, soweit § 51 a BRAO gegenüber "Nichtgewerbe-
treibenden" angewandt werde, wenn im Einzelfall die Haftungsbegrenzung miß-
bräuchlich erscheine, nicht gefolgt werden.

---

195 So verstehen aber *Borgmann/Haug*, Anwaltshaftung, VIII Rz. 48, diese Formulierung in
      BR-Drs. 93/93, S. 97 ff..
196 Bericht der Abgeordneten *Eylmann u.a.*, BT-Drs. 12/7656, S. 50
197 *Jessnitzer/Blumberg*, BRAO, § 51 a Rz. 3; *Niebling*, AnwBl 1996, 20 (21 ff.); *Reiff*,
      AnwBl 1997, 3 (11/15); *Stobbe*, AnwBl 1997, 16 (18)
198 ZIP 1995, 546 (548)

Die Haftung mit dem Gesellschaftsvermögen kann nicht ausgeschlossen werden, da § 51 a II 2 BRAO ausdrücklich nur die Beschränkung der persönlichen Haftung zuläßt.[199]

IV. Anwendbarkeit des § 51 a I Nr. 1 neben § 51 a II BRAO

Weitergehende Haftungsbeschränkungen sieht § 51 a II BRAO nicht vor. Dennoch kann dem in einer Sozietät tätigen Rechtsanwalt nicht versagt werden, seine Haftung unter Beachtung der in § 51 a I BRAO postulierten Voraussetzungen zu beschränken.[200] Würde man dem Kanzleianwalt diese Möglichkeit versperren, unterläge er einer strengeren Haftung als der Einzelanwalt. Da kein sachlicher Grund für eine Ungleichbehandlung dieser beiden Formen anwaltlicher Tätigkeit besteht, ist sie unzulässig.

Voraussetzung für eine wirksame Haftungsbeschränkung im vorbezeichneten Umfang ist wiederum, daß der erforderliche Versicherungsschutz in der Person des die berufliche Leistung erbringenden Anwalts und nicht nur für die Gesellschaft in angemessener Höhe besteht.[201] Wird die gesetzlich vorgeschriebene Mindestversicherungssumme unterschritten, ist die Haftungsbeschränkung insgesamt unwirksam.[202] Da der Anspruch auf Schadensersatz im Sinne des § 51 a I BRAO aus dem Vertragsverhältnis herrühren muß, werden deliktische Ansprüche von dieser Begrenzung nicht umfaßt.

Die Vereinbarung der Haftungsbeschränkung darf nicht auf demselben Schriftstück beurkun-det werden, auf dem der Mandant der Einschränkung der gesamtschuldnerischen Haftung zustimmt. Dies würde, wegen des Ausnahmecharakters dieser Zustimmung, die Gefahr eines Verstoßes gegen § 3 AGBG begründen mit der möglichen Folge der Nichtigkeit der gesamten Mandatsbedingungen.[203]

Jegliche Haftungsbegrenzungen im Sinne von § 51 a BRAO wirken grundsätzlich nur gegenüber dem Vertragspartner. Etwas anderes kann beispielsweise

---

[199] Bericht der Abgeordneten *Eylmann u.a.*, BT-Drs. 12/7656, S. 50; *Borgmann/Haug*, Die Anwaltshaftung, VIII Rz. 47

[200] *Borgmann/Haug*, Die Anwaltshaftung, VIII Rz. 32/41/52; *K. Schmidt*, NJW 1995, 1 (6); *Seibert*, Die Partnerschaft, S. 60; *Leutheusser-Schnarrenberger*, BRAK-Mitt. 1995, 90 (91) und *Henssler*, DB 1995, 1549 (1553): "... und/oder eine summenmäßige Begrenzung der Haftung zu vereinbaren.", setzen dies unproblematisch voraus.

[201] *Borgmann/Haug*, Anwaltshaftung, VIII Rz. 32/41; *Hartung*, WiB, 1994, 585 (586)

[202] *Borgmann/Haug*, Anwaltshaftung, VIII Rz. 41

[203] *Borgmann/Haug*, Anwaltshaftung, VIII Rz. 51

dann gelten, wenn sich die Einstandspflicht des Anwalts aus einer Schutz-wirkung des Mandats zugunsten Dritter ergibt.[204]

V. Ergebnis

Durch die Einführung des § 51 a BRAO werden den Rechtsanwälten Leitlinien an die Hand gegeben, mit Hilfe derer sie ihre Haftung wirksam begrenzen kön-nen. Insoweit wurde ein Stück Rechtssicherheit auf einem Terrain geschaffen, das bislang auf weiten Strecken von großen Unwägbarkeiten begleitet war, für dessen Regelung aber wegen des erheblichen Haftungsrisikos der Rechtsanwälte ein starkes Bedürfnis bestand.

---

[204] *Borgmann/Haug*, Anwaltshaftung, VIII Rz. 40/54

3. Kapitel: Die Rechtsanwaltssozietät

Nicht nur die vorstehend besprochenen §§ 51 a II; 59 a I - III BRAO treffen Regelungen im Hinblick auf die Rechtsanwaltssozietät. Viele Vorschriften wurden im Rahmen der Neuordnung des anwaltlichen Berufsrechts vor dem Hintergrund der Sozietät als Form der anwaltlichen Zusammenarbeit geschaffen. Erwägungen über die Zulässigkeit der Gesellschaft bürgerlichen Rechts als Form anwaltlicher Zusammenarbeit erübrigen sich daher grundsätzlich. Jedoch wird nicht jeder Zusammenschluß von Rechtsanwälten in einer BGB-Gesellschaft den Anforderungen gerecht, die die BRAO postuliert. Die BRAO zieht der Vertragsfreiheit vielmehr gewisse Grenzen. Auf der anderen Seite endet das Recht der Rechtsanwaltssozietäten nicht dort, wo das anwaltliche Berufsrecht keine Regelungen mehr trifft. Es ist daher weiter zu konkretisieren.

§ 7 Die Sozietät als Gesellschaft bürgerlichen Rechts

Die Rechtsanwaltssozietät ist eine Gesellschaft bürgerlichen Rechts im Sinne der §§ 705 ff. BGB.[205] Die Gesellschaft bürgerlichen Rechts nimmt in unterschiedlichsten Erscheinungsformen am Rechtsverkehr teil. Diese verschiedenen Erscheinungsformen können erhebliche Strukturunterschiede aufweisen,[206] die aus den unterschiedlichen Zweckrichtungen, die von den Gesellschaftern verfolgt werden, resultieren[207] und insbesondere für die Bestimmung der Haftungsordnung und die Beurteilung der Zulässigkeit von Haftungsbegrenzungen von Bedeutung sind.[208] Der von den Gesellschaftern verfolgte Zweck muß somit für die Zuordnung zu einer Art BGB-Gesellschaft herangezogen werden. Da das BGB-Gesellschaftsrecht kein engmaschiges Regelwerk darstellt und weitgehend dispositiv ist, müssen für die Lösung von Einzelfragen andere, ergänzende Kriterien gefunden werden. Diese Kriterien müssen sich an den von den Gesellschaftern verfolgten Interessen, mithin an dem Gesellschaftszweck und der zur Verwirklichung dieses Zwecks erforderlichen Strukturierung der Gesellschaft sowie gegebenenfalls an den Erwartungen des Rechtsverkehrs orientieren. Der Zweck ist aber auch für die Ermittlung möglicherweise einschlägiger Spezialgesetze von Bedeutung.

---

205 BGH, Urteil vom 29.04.1963, NJW 1963, 1301 (1302); *Kleine-Cosack*, BRAO, § 59 a Rz. 2; *Kaiser/Bellstedt*, Die Anwaltssozietät, Rz. 14; *Henssler*, NJW 1993, 2137 (2138); zur Ungeeignetheit der GbR für Freiberufler vgl. *Bösert/Braun/Jochem*, Leitfaden zur PartGG, S. 23 ff.

206 *MK-Ulmer*, Vor § 705 Rz. 21/63; *Kornblum*, Haftung der Gesellschafter, S. 7/8

207 *Henssler*, NJW 1993, 2137 (2138)

208 *Hadding* in FS für *Rittner*, S. 133 (137)

I. Die Ausgestaltung der Rechtsanwaltssozietät

Zur Ermittlung der geeigneten Strukturierung der Rechtsanwaltssozietät ist von der herausgearbeiteten Definition der Sozietät, den Interessen der Rechtsanwälte und den Erwartungen des Rechtsverkehrs auszugehen. Die Grenze zulässiger Gestaltung ziehen die §§ 705 ff. BGB; denn nur die Gestaltungsmöglichkeiten, die für die Gesellschaft bürgerlichen Rechts bestehen, können auch für die Sozietät nutzbar gemacht werden.

1. Definition der Sozietät

Die zwingenden Anforderungen, die per definitionem an den Zusammenschluß von Rechtsanwälten in einer Sozietät gestellt werden, sind konstitutiv. Die Ausgestaltung der Sozietät als BGB-Gesellschaft muß sich daher an diesen Merkmalen orientieren.[209]

Es ist folgende Definition zugrunde zu legen:[210]
„Die Anwaltssozietät ist der auf vertraglicher Grundlage beruhende Zusammenschluß von mindestens zwei Rechtsanwälten oder einem Rechtsanwalt mit einem Angehörigen einer nach § 59 a I BRAO[211] sozietätsfähigen Berufsgruppe zur gemeinsamen Berufsausübung in einer gemeinsamen Kanzlei,[212] der grundsätzlich die Verpflichtung jedes Mitglieds zur Erfüllung des dem Zusammenschluß erteilten Mandates im Rahmen der eigenen beruflichen Befugnisse und die Verpflichtung zur solidarischen Haftung zur Folge hat[213]."

2. Gesellschaftszweck einer Rechtsanwaltssozietät

Neben der Definition der Sozietät ist ihr Zweck bei der rechtlichen Ausgestaltung von Bedeutung. Der Zweck einer Rechtsanwaltssozietät besteht in erster Linie in der gemeinsamen, vielfach arbeitsteiligen Erbringung der beruflichen Leistung.[214] Dadurch können - im Vergleich zur Kanzlei des Einzelanwalts - zusätzliche Finanz- und Personalmittel bereitgestellt werden. Diese sollen den Sozietäten eine

---

[209]   Handbuch des Gesellschaftsrechts, Band 1, *Schücking*, § 4 Rz. 19
[210]   Vgl. oben § 5 I.
[211]   Vgl. oben § 4 I.
[212]   BT-Drs. 12/4993 S. 33; *Kleine-Cosack*, BRAO, § 59 a Rz. 5
[213]   BGH, Urteil vom 05.11.1993, MDR 1994, 308 (308/309); vgl. auch § 51 a II 1 BRAO und *Feuerich/Braun*, BRAO, § 59 a Rz. 1; *Hartstang*, Anwaltsrecht, S. 57; *Jessnitzer/Blumberg*, BRAO, § 59 a Rz. 3; *K. Schmidt*, NJW 1993, 2137 (2138); *Ahlers*, AnwBl 1992, 54 (54)
[214]   *Feuerich/Braun*, BRAO, § 59 a Rz. 8, *Bayer/Imberger*, DWiR 1993, 309 (313)

hochwertige Büroausstattung und den Sozien Spezialisierungen ermöglichen. Ferner soll den Mandanten qualifizierte Betreuung zuteil werden.

Daneben können weitere Zwecke verfolgt werden, die aber allenfalls den Rang von Nebenpflichten haben. Hauptpflicht im Sinne des § 705 BGB ist die Berufsausübung, das Zurverfügungstellen der Arbeitskraft.[215]

3. Erwartungen des Rechtsverkehrs

Die Strukturierung der Sozietät muß schließlich den Erwartungen des Rechtsverkehrs gerecht werden. Die Rechtsanwaltssozietät nimmt als solche am Rechtsverkehr teil, indem sie mit einem gemeinsamen Kanzleischild und einem gemeinsamen Briefkopf sowie einer die Verbindung bestätigenden Bezeichnung in Erscheinung tritt.[216] Wendet sich ein Mandant an eine auf diese Weise in der Öffentlichkeit präsente Sozietät, will er die Vorteile der arbeitsteiligen Leistungserbringung für sich in Anspruch nehmen[217] und schließt den Vertrag im Zweifel mit allen Sozien.[218] Er erwartet, daß seine Interessen erforderlichenfalls von sämtlichen Angehörigen der Sozietät vertreten werden und alle für deren ordnungsgemäße Wahrnehmung einstehen.[219]

4. Gestaltungsmöglichkeiten bei der Gesellschaft bürgerlichen Rechts

Die Gestaltungsmöglichkeiten bei der Gesellschaft bürgerlichen Rechts sind vielfältig. Es läßt sich jedoch eine grobe Einteilung rechtlicher Erscheinungsformen der BGB-Gesellschaft zur Ermittlung der Strukturierung der Sozietät und ihrer Grenzen wie folgt vornehmen:[220]

Nach der Dauer des Zusammenschlusses unterscheidet man Gelegenheits- und Dauergesellschaften.[221] Während bei der Gelegenheitsgesellschaft der Zweck ein vorübergehender ist, wird er bei der Dauergesellschaft auf unbestimmte Zeit verfolgt. Diese Unterscheidung wird zum Beispiel im Rahmen des § 721 BGB

---

215 Handbuch des Gesellschaftsrechts, Band 1, *Schücking*, § 4 Rz. 17
216 BGH, Urteil vom 29.04.1963, NJW 1963, 1301 (1302)
217 *Henssler*, NJW 1993, 2137 (2137); *Laufs/Uhlenbruck-Laufs*, Handbuch des Arztrechts, § 18 Rz. 8 für Ärzte.
218 BGH, Urteil vom 06.07.1971, NJW 1971, 1801 (1802 ff.); BGH, Beschluß vom 24.11.1972, BB 1973, 310 (310); BGH, Urteil vom 04.02.1982, NJW 1988, 1973 (1973); BGH, Urteil vom 05.11.1993, NJW 1994, 257 (257); *MK-Schramm*, § 167 Rz. 69; a.A. früher BGH, Urteil vom 29.04.1963, NJW 1963, 1301 (1302)
219 *Kaiser/Bellstedt*, Die Anwaltssozietät, Rz. 15
220 *Lindacher*, JuS 1981, 431 (431); *MK-Ulmer*, Vor § 705 Rz. 23 ff.
221 *K. Schmidt*, Gesellschaftsrecht, § 58 III S. 1712; *Erman-H.P. Westermann*, Vor § 705 Rz. 22; *Soergel-Hadding*, Vor § 705 Rz. 27

relevant, bei der Frage der Gewinn- und Verlustverteilung. Außerdem ist sie bei der Auslegung des Gesellschaftsvertrages[222] und im Rahmen der Zurechnung deliktischen Verhaltens der Organe von Bedeutung.[223]

Je nachdem, ob die Gesellschafter vereinbart haben, daß sie gemeinsam - in ihrer Verbundenheit - am Rechtsverkehr teilnehmen und nicht auf die interne Vereinbarung beschränkt bleiben wollen, grenzt man Innen- von Außengesellschaften ab. Diese Abgrenzung ist für die Reichweite der gegenseitigen Einstandpflicht wichtig.[224] Da bei der Innengesellschaft grundsätzlich keine Vertretungsabsprachen getroffen werden und folglich keine Vertretungsmacht eingeräumt wird, gibt es in aller Regel keine Gesamthandsverbindlichkeiten.[225]

Schließlich ist zwischen den Erwerbs- oder Leistungsgesellschaften und den Gelegenheits- oder Interessengemeinschaften aber auch sonstigen Erscheinungsformen der Gesellschaft bürgerlichen Rechts zu differenzieren.[226] Im Gegensatz zu den Gelegenheitsgemeinschaften treten die Erwerbsgesellschaften regelmäßig und nachhaltig im Rechtsverkehr auf und schließen eine Vielzahl von Verträgen mit Dritten ab. Gemeinsamer Zweck ist bei diesem Gesellschaftstypus die gemeinsame Leistungserbringung und die damit einhergehende Potenzierung des Leistungserfolges.[227] Charakteristisch für die Leistungsgesellschaft ist die Einführung von Einzelgeschäftsführung und -vertretung durch den Gesellschaftsvertrag.

Die Interessengemeinschaft ist demgegenüber nicht darauf angelegt, nach außen in Erscheinung zu treten. Ihr Zweck besteht vielmehr in der Verfolgung eines auf das Innenverhältnis beschränkten Interesses, beispielsweise das der Kostenminimierung.[228] Um diesen Zweck zu erreichen, tritt die Gelegenheitsgemeinschaft in äußerst geringem Umfang und nur gegenüber einem abgrenzbaren Personenkreis in der Öffentlichkeit hervor, etwa um Gegenstände anzuschaffen oder zu mieten.

---

[222] *MK-Ulmer*, § 705 Rz. 23
[223] Es ist streitig, ob § 31 BGB auch bei Gelegenheitsgesellschaften anzuwenden ist, vgl. *MK-Ulmer*, § 705 Rz. 219.
[224] *Hartung*, AnwBl 1995, 333 (335); *Erman-H.P. Westermann*, Vor § 705 Rz. 24
[225] *MK-Ulmer*, § 705 Rz. 230
[226] *Lindacher*, JuS 1981, 431 (431); *Nicknig*, Die Haftung in Personengesellschaften für Gesellschaftsschulden, S. 46 ff.; *MK-Ulmer*, Vor § 705 Rz. 63 ff.; *K. Schmidt*, Gutachten zur Überarbeitung des Schuldrechts, Band III, S. 483; *Soergel-Hadding*, Vor § 705 Rz. 29
[227] Handbuch des Gesellschaftsrechts, Band 1, *Schücking*, § 4 Rz. 17
[228] Handbuch des Gesellschaftsrechts, Band 1, *Schücking*, § 4 Rz. 85

5. Zuordnung

Da jede dieser rechtlichen Erscheinungsformen der BGB-Gesellschaft zugleich Merkmale der anderen aufweist, möglicherweise ganz in ihr enthalten ist,[229] ist es unmöglich, eine Gestaltungsart der Gesellschaft bürgerlichen Rechts für die Sozietät zu bejahen und gleichzeitig die anderen abzulehnen. Um die Strukturunterschiede aber dennoch zur Konkretisierung und Auslegung des BGB-Gesellschaftsrechts nutzbar zu machen, muß gefragt werden, welcher Form die definitorischen Merkmale der Sozietät, der Gesellschaftszweck und die Erwartungen des Rechtsverkehrs schwerpunktmäßig gerecht werden.

Legt man die herausgearbeitete Definition der Sozietät der rechtlichen Einordnung zugrunde, ergibt sich eine starke Annäherung an die Erwerbsgesellschaften. Die gemeinsame Berufsausübung meint hier wie dort die verstärkte rechtsgeschäftliche Tätigkeit in der Öffentlichkeit. Verpflichtung jedes Mitglieds zur Berufsausübung im Rahmen der eigenen beruflichen Befugnisse beinhaltet das Erfordernis eigenverantwortlicher, unabhängiger Tätigkeit. Dem wird der Regelfall der Einzelgeschäftsführung und -vertretung bei den Erwerbsgesellschaften in besonderem Maße gerecht. Denn der in §§ 709; 714 BGB verankerte Grundsatz der Gesamtgeschäftsführung und -vertretung verträgt sich dann nicht mit dem Gebot zur Wahrung der anwaltlichen Unabhängigkeit, wenn die Berufsausübung eine Maßnahme der Geschäftsführung ist, da Gesamtgeschäftsführung und -vertretung bedeutet, daß für jede Maßnahme die Zustimmung aller Geschäftsführer erforderlich ist.[230] Bei der Entscheidung über die Übernahme eines Mandats, darf der Rechtsanwalt nicht fremdbestimmt, sondern muß unabhängig handeln. Er darf mithin nicht von dem Einverständnis seiner Mitgesellschafter abhängig sein.

Stuft man aber die Berufsausübung als Erbringung der gesellschaftsvertraglich geschuldeten Beiträge ein, erweist sich die Zustimmungsbedürftigkeit einer Maßnahme der Geschäftsführung als unproblematisch.[231]

Geschäftsführung ist jede zur Förderung des Gesellschaftszwecks bestimmte, für die Gesamthand wahrgenommene Tätigkeit, die nicht die Grundlagen der Gesellschaft betrifft; die Beitragsleistung ist hingegen die Erfüllung einer persönlichen Verpflichtung des Beitragsschuldners gegenüber der Gesellschaft.[232]

---

229 Handbuch des Gesellschaftsrechts, Band 1, *Schücking*, § 4 Rz. 1
230 *Michalski*, Das Gesellschafts- und Kartellrecht der berufsrechtlich gebundenen freien Berufe, S. 310
231 *Meilicke/v. Westphalen-v. Westphalen*, PartGG, § 6 Rz. 10; *Gail/Overlack*, Anwaltsgesellschaften, Rz. 141
232 *MK-Ulmer*, § 706 Rz. 2 a; Handbuch des Gesellschaftsrechts, Band 1, *v. Ditfurth*, § 7 Rz. 3 und *Weipert*, § 6 Rz. 17

Gemäß § 51 a II BRAO besteht das Vertragsverhältnis zwischen dem Mandanten und der Sozietät. Nimmt der Rechtsanwalt ein Mandat entgegen, handelt er folglich für die Gesamthand, die Sozietät. Gleichzeitig erfüllt er, da die Entgegennahme von Mandaten wie deren Bearbeitung Bestandteil seiner Beitragspflicht ist, eine Verpflichtung gegenüber der Gesellschaft. Beitragsleistung und Geschäftsführung fallen somit zusammen.[233] Die Berufsausübung ist daher im Verhältnis der Gesellschafter zueinander jedenfalls auch eine Maßnahme der Geschäftsführung im Sinne von § 709 BGB.[234] Dies ergibt sich nicht zuletzt aus der Formulierung des § 6 II PartGG, der besagt: "einzelne Partner können im Partnerschaftsvertrag nur von der Führung der sonstigen Geschäfte ausgeschlossen werden" und damit die Berufsausübung als Geschäftsführung qualifiziert.[235] Die grundsätzliche Abbedingung des § 709 BGB bei der Erwerbsgesellschaft erfüllt folglich die Vorgaben der BRAO einschließlich der sich aus ihr ergebenen Definition.

Der von den Rechtsanwälten verfolgte Zweck ist grundsätzlich nicht auf einen bestimmten Zeitraum festgelegt. Zur Erreichung dieses Zwecks müssen die Anwälte am Rechtsverkehr teilnehmen. Anwaltliche Berufsausübung ist ohne Auftreten in der Öffentlichkeit nicht denkbar. Die Sozietät, die ja der Steigerung der beruflichen Möglichkeiten dient, soll sogar "nachhaltig und regelmäßig" mit Dritten Verträge - Anwaltsverträge - abschließen. Dem Gesellschaftszweck entspricht demnach ebenfalls vor allem die Erwerbsgesellschaft.

Die vom Rechtsverkehr erhofften Vorteile bei der Mandatsbetreuung, einschließlich der gegenseitigen Haftung, bestätigen diese Einordnung; denn neben der bezweckten Leistungssteigerung wird die Erwerbsgesellschaft durch die unbeschränkte Gesellschafterhaftung - jedenfalls was rechtsgeschäftlich begründete Verbindlichkeiten anbelangt - charakterisiert.

Zur Konkretisierung des Rechts der Rechtsanwaltssozietäten kann daher auf die folgenden, bezüglich der Erwerbsgesellschaften geltenden Grundsätze zurückgegriffen werden:

Die Erwerbsgesellschaften werden häufig als Mitunternehmergesellschaften oder unternehmenstragende Gesellschaften[236] bezeichnet. Was durch die Unternehmensträgerschaft, die nicht mit dem handels- oder arbeitsrechtlichen Unterneh-

---

[233]   Daß dies möglich ist, bestätigt *MK-Ulmer*, § 706 Rz. 2 a.
[234]   BGH, Urteil vom 06.07.1971, E 56, 355 (358); *Michalski*, Das Gesellschafts- und Kartellrecht der berufsrechtlich gebundenen freien Berufe, S. 202; *Costede*, DStR 1978, 654 (655/656); *Kaiser/Bellstedt*, Die Anwaltssozietät, Rz. 14; *Steindorff* in FS für *Fischer*, S. 747 (750)
[235]   *Römermann*, Entwicklungen und Tendenzen bei Anwaltsgesellschaften, S. 38; *Michalski/Römermann*, PartGG, § 6 Rz. 14
[236]   Diese Terminologie wurde von *K. Schmidt*, JuS 1973, 85 ff., begründet.

mensbegriff gleichzusetzen ist,[237] ausgedrückt werden soll, läßt sich positiv nur schwer formulieren.[238] Nachstehende - negative - Abgrenzung kann jedoch getroffen werden: Es darf keine Handelsgesellschaft vorliegen.[239] Daraus ergibt sich, daß die Gesellschaft bürgerlichen Rechts als Trägerin eines Unternehmens den Gesellschaften des Handelsrechts in gewisser Weise angenähert ist und dementsprechend einen erhöhten Grad der Verselbständigung gegenüber den sonstigen Formen der BGB-Gesellschaft[240] sowie eine personell und sachlich gebundene Organisation benötigt.[241] Aus diesem Bedürfnis resultiert die regelmäßige Anordnung von Einzelgeschäftsführung und Einzelvertretung im Gesellschaftsvertrag.[242]

Wegen der Annäherung der Mitunternehmergesellschaft an die Handelsgesellschaften und zum Schutz des Rechtsverkehrs folgt aus dem Umstand, daß die Gesellschafter als Einheit im Rechtsverkehr auftreten und die "Gesellschaft" durch einen Gesellschafter vertreten wird, deren gesamtschuldnerische und grundsätzlich unbegrenzte Haftung.[243] Die gesamtschuldnerische Haftung, die den Erwerbsgesellschaften eigen ist, entspricht schließlich der gesetzlichen Regelung des § 51 a II 1 BRAO.

II. Modifikation durch Spezialgesetze

Das Recht der Rechtsanwaltssozietäten wird nicht notwendigerweise ausschließlich durch die allgemeinen Vorschriften der §§ 705 ff. BGB geregelt, das Berufsrecht enthält zusätzliche Bestimmungen, die das allgemeine Gesellschaftsrecht wiederum modifizieren können.

Der von den Rechtsanwälten verfolgte Zweck muß bei der Ermittlung der einschlägigen Spezialgesetze zu Rate gezogen werden. Er dient daher nicht nur bei der Frage, wie die Sozietät sinnvollerweise zu strukturieren ist, sondern auch bei der Erforschung des dazugehörigen Sonderrechts. Die gemeinsame Berufsausübung von Rechtsanwälten - der Gesellschaftszweck der Sozietät - ist vor allem Beratung und Vertretung in allen Rechtsangelegenheiten, § 3 I BRAO. Dieser Tätigkeitsbereich wird im weitesten Sinne durch die BRAO, die Berufsordnung, die BRAGO und das RBerG geregelt.

---

[237] Im Sinne von § 1 Publizitätsgesetz oder § 1 Mitbestimmungsgesetz
[238] Vgl. *Hadding* in FS für *Rittner*, S. 133 (135)
[239] *Soergel-Hadding*, Vor § 705 Rz. 38
[240] *K. Schmidt*, Gesellschaftsrecht, § 58 V S. 1724 ff.
[241] *K. Schmidt*, Handelsrecht, § 4 I S. 69; § 9 IV S. 283
[242] *MK-Ulmer*, Vor § 705 Rz. 68
[243] BGH, Urteil vom 06.07.1971, E 56, 355 (361 ff.); *Soergel-Hadding*, Vor § 705 Rz. 42; *K. Schmidt* in FS für *Fleck*, S. 271 (285); *Kornblum*, BB 1973, 218 (225); *Steindorff* in FS für *Fischer*, S. 747 (751); *MK-Ulmer*, Vor § 705 Rz. 68

1. BRAO und BO

Die BRAO und die BO sind für den Zusammenschluß von Rechtsanwälten prägend. Hier kann auf die Ausführungen im 2. Abschnitt verwiesen werden.

2. BRAGO

Die Gebührenordnung der Rechtsanwälte betrifft die Rechtsanwaltssozietäten in gleichem Umfang wie den Einzelanwalt. Hier gilt vor allem, daß die arbeitsteilig arbeitenden Rechtsanwälte nicht mehrfach abrechnen dürfen. Das Mandat wird gemäß § 51 a II 2 BRAO der Sozietät erteilt und nicht jedem einzelnen Anwalt.[244] Für die gesellschaftsrechtliche Ausgestaltung der Sozietät ist die BRAGO jedoch irrelevant.

3. RBerG

Das RBerG dient der Verhütung von Mißbräuchen auf dem Gebiet der Rechtsberatung. Es soll den Rechtssuchenden vor unzuverlässigen Rechtsberatern und die Rechtsanwaltschaft vor Konkurrenz durch standes- und gebührenrechtlich nicht gebundene Konkurrenten schützen.[245] Art. 1 § 3 RBerG nimmt die Berufstätigkeit der Rechtsanwälte entsprechend diesem Schutzzweck aus dem Geltungsbereich des RBerG aus. Dies gilt nach allgemeiner Meinung auch für Sozietäten.[246]

Das RBerG ist somit nicht einschlägig.

III. Ergebnis

Die Rechtsanwaltssozietät hat somit Merkmale der Dauer- und der Außengesellschaft, vor allem aber entspricht sie der Leistungs- beziehungsweise Erwerbsgesellschaft. Als solche wird die Sozietät durch Einzelgeschäftsführung und -vertretung sowie durch die gesamtschuldnerische und grundsätzlich unbegrenzte Haftung aller Sozien gekennzeichnet.

Das Berufsrecht nimmt ausschließlich durch die BRAO Einfluß auf die Rechtsnatur der Rechtsanwaltssozietät bzw. deren rechtliche Gestaltung. Sie gibt insoweit Vorgaben, daß die Rechtsnatur der Sozietät der berufsrechtlichen Bindung in keiner Hinsicht entgegenstehen darf.

---

[244] *Kaiser/Bellstedt*, Die Anwaltssozietät, Rz. 69; *Feuerich/Braun*, BRAO, § 45 Rz. 135 ff.
[245] *König*, RBerG, S. 15
[246] BGH, Urteil vom 06.07.1971, E 56, 355 (359); *Taupitz*, JZ 1994, 1100 (1106); *MK-Ulmer*, Vor § 705 Rz. 24

Die BGB-Gesellschaft besteht aus den Gesellschaftern in ihrer Verbundenheit und kann nicht losgelöst von diesen gesehen werden. Die Rechtsanwälte, die die Sozietät gründen oder dieser beitreten, unterliegen den berufsrechtlichen Bindungen. Da sie die Gesellschaft darstellen und ein Auftreten der Sozietät notwendigerweise das Auftreten sämtlicher Gesellschafter bedeutet, werden diese Bindungen nicht gefährdet.

Die Rechtsanwaltssozietät ist somit eine Gesellschaft bürgerlichen Rechts, deren Strukturen einer unternehmenstragenden Gesellschaft gleichen und die durch die Regeln der BRAO geprägt wird.

§ 8 Die Gründung der Sozietät

I. Der Abschluß des Gesellschaftsvertrages

Als BGB-Gesellschaft gelangt die Sozietät mit dem Abschluß des Gesellschaftsvertrages durch mindestens zwei Gesellschafter zu Entstehung.[247] Die Gesellschafter - hier zeigt sich erstmals der Einfluß der BRAO - müssen den Beruf des Rechtsanwalts oder einen sozietätsfähigen Beruf im Sinne des § 59 a BRAO ausüben bzw. ausüben dürfen;[248] außerdem müssen sie natürliche Personen sein.[249]

Weder die §§ 705 ff. BGB noch die BRAO kennen, was den Abschluß des Sozietätsvertrages anbelangt, einen Formzwang.[250] Es ist daher grundsätzlich möglich, den Gesellschaftsvertrag mündlich abzuschließen; jedoch empfiehlt es sich aus Gründen der Rechtssicherheit und der Unterscheidbarkeit den Gesellschaftsvertrag schriftlich zu fixieren. § 3 I PartGG schreibt zur Sicherung der Beweisgrundlage die Einhaltung der Schriftform für den Partnerschaftsvertrag vor.[251]

II. Notwendige Bestandteile des Gesellschaftsvertrages

Gemäß § 705 BGB verpflichten sich die Gesellschafter gegenseitig, die Erreichung eines gemeinsamen Zweckes in der durch den Vertrag bestimmten Weise zu fördern, insbesondere Beiträge zu leisten. In dem Gesellschaftsvertrag müssen

---

[247] *MK-Ulmer*, § 705 Rz. 1
[248] Vgl. oben § 4 V.
[249] *Gail/Overlack*, Anwaltsgesellschaften, Rz. 33
[250] Handbuch des Gesellschaftsrechts, Band 1, *Schmid*, § 19 Rz. 17; *MK-Ulmer*, § 705 Rz. 29; *Gail/Overlack*, Anwaltsgesellschaften, Rz. 104/105; *Borgmann/Haug*, Anwaltshaftung, VII Rz. 2
[251] BT-Drs. 12/6152, S. 13.

deshalb die beteiligten Gesellschafter mit Beruf, Namen und Wohnort genannt sowie der von diesen verfolgte Zweck bestimmt und klar bezeichnet werden, damit die Sozietät von anderen Sozietäten einerseits und anderen Schuldverhältnissen andererseits abgegrenzt werden kann.[252] Außerdem müssen Abreden über die Förderungspflicht getroffen werden, das heißt, es ist festzulegen, durch welche Beiträge der Gesellschafter der gemeinsame Zweck gefördert wird. Diese Beitragspflicht besteht in dem durch den Gesellschaftsvertrag festgelegten Umfang, wobei die Gesellschafter durch die §§ 705 ff. BGB insoweit keinen Beschränkungen unterworfen sind. Dennoch kann die Verpflichtung zur Förderung des gemeinsamen Zwecks - der gemeinsamen Erbringung der beruflichen Leistung im Sinne von § 3 BRAO - nicht beliebig gestaltet werden.

Im Hinblick auf die Berufsausübung als solche muß beachtet werden, daß der Rechtsanwalt nur einer Kanzlei angehören darf. Ferner dürfen die Sozien ihren Beruf nur im Rahmen der eigenen beruflichen Befugnisse ausüben. Der Gesellschaftsvertrag darf ihnen nichts anderes abverlangen, anderenfalls ist er gemäß § 134 BGB nichtig. Die konkrete Tätigkeit des Rechtsanwalts darf schließlich nicht den Tatbestand eines der in §§ 45; 46 BRAO verankerten Tätigkeitsverbote erfüllen. Sinnvollerweise sollte der Gesellschaftsvertrag hier vorbeugen. Jedenfalls darf er den Rechtsanwalt nicht verpflichten, Tätigkeiten aufzunehmen, die nach den vorbezeichneten Vorschriften untersagt sind. Unzulässig wegen Verstoßes gegen § 45 I Nr. 4 BRAO wäre es beispielsweise, wenn ein Mitglied der Sozietät, das nicht nur die Zulassung zur Rechtsanwaltschaft besitzt, sondern auch Steuerberater ist, im Gesellschaftsvertrag zur Erbringung seiner Beiträge in der Weise verpflichtet würde, daß er den Mandanten umfassend - und zwar sowohl als Rechtsanwalt als auch als Steuerberater - zu betreuen hätte.[253] In diesem Zusammenhang ist auch zu erwähnen, daß die Einhaltung des Verbots zur Vertretung widerstreitender Interessen nach §§ 43 a IV; 45 BRAO nicht durch gesellschaftsvertragliche Absprachen gefährdet werden darf.[254]

Zulässig ist es demgegenüber, einzelne Betätigungen oder abgrenzbare Bereiche anwaltlicher Berufsausübung oder damit in Zusammenhang stehender Tätigkeiten aus dem Kreis der Zweckförderungspflicht herauszunehmen.[255] Mit der Ausscheidung einzelner Sparten aus der Beitragspflicht der Sozien ist die Frage, ob die Honorare oder Vergütungen aus derartigen Betätigungen als solche der Gesellschaft zu vereinnahmen sind, untrennbar verbunden und dementsprechend regelungsbedürftig.[256] Im Zweifel unterfällt der gesamte Tätigkeitsbereich des Sozius der Sozietätsabrede.

---

252   *MK-Ulmer*, § 705 Rz. 95; *Kaiser/Bellstedt*, Die Anwaltssozietät, Rz. 159/161
253   *Kleine-Cosack*, NJW 1994, 2249 (2253); *Hartung*, WiB 1994, 585 (586); Jessnitzer/
       Blumberg, BRAO, § 45 Rz. 8/9
254   Vgl. oben § 4 III.; *Kaiser/Bellstedt*, Die Anwaltssozietät, Rz. 165
255   Handbuch des Gesellschaftsrechts, Band 1, *Schmid*, § 19 Rz. 24
256   *Oppenhoff*, AnwBl 1977, 357 (358)

Tätigkeiten, die nicht mit dem Anwaltsberuf vereinbar sind,[257] darf der Sozietätsvertrag nicht zum Gegenstand einer Regelung machen.

Neben den dargestellten ergeben sich weitere zwingende Bestandteile aus § 705 BGB nicht[258] und auch die BRAO schweigt insoweit.

III. Fakultativer Inhalt

Leitbild des Gesetzgebers bei der Einführung der §§ 705 ff. BGB war die Gelegenheitsgesellschaft, bei der sich die Rechtsverhältnisse in der Regel auf schuldrechtliche Elemente beschränken und die nicht als Rechtsgemeinschaft nach außen auftritt.[259] Anders als die Gelegenheitsgesellschaften benötigen die heute vorwiegend bestehenden Erwerbsgesellschaften organisationsrechtliche Bestandteile,[260] die sich in den §§ 705 ff. BGB allein im Prinzip der Gesamthand niederschlagen, allerdings in Ermangelung eines entsprechenden Bedürfnisses recht dürftig ausgefallen sind. Im Gegensatz zu den anderen Gesellschaftsformen gilt für die Gesellschaft bürgerlichen Rechts deshalb der Grundsatz, daß die gesellschaftsvertraglichen Regelungen oder die durch Beschluß getroffenen Abmachungen gegenüber den gesetzlichen Bestimmungen Vorrang haben.[261]

Insbesondere bei einer langfristig eingegangenen BGB-Gesellschaft - mithin bei einer Rechtsanwaltssozietät - empfiehlt es sich daher, das Bestandsinteresse durch eine über die zwingenden Bestandteile hinausgehende Gestaltung des Gesellschaftsvertrags zu schützen.[262]

1. Der Name der Sozietät

Spezielle Kriterien für den Namen einer Rechtsanwaltssozietät gibt es nicht.[263] Allerdings sind die allgemeinen Grenzen einzuhalten, insbesondere das Verbot irreführender Werbung.[264] Gegen dieses wird beispielsweise dadurch verstoßen, daß die räumliche Trennung der in einer überörtlichen Kanzlei verbundenen Sozien nicht deutlich gemacht wird.

---

[257] BGH, Beschluß vom 13.02.1995, NJW 1995, 2357 (2357)
[258] *MK-Ulmer*, § 705 Rz. 96
[259] *Plass*, Der Haftungsstatus von Anwaltsgesellschaften, S. 21
[260] *Flume*, ZHR 136 (1972), 177 (180)
[261] *Soergel-Hadding*, Vor § 705 Rz. 26
[262] *Soergel-Hadding*, Vor § 705 Rz. 27; *Erman-H.P. Westermann*, Vor § 705 Rz. 29
[263] *Kleine-Cosack*, BRAO, § 59 a Rz. 29
[264] AnwGH BaWü, Urteil vom 18.03.1995, NJW-RR 1995, 1017 (1018)

Die §§ 8 - 10 BO regeln neuerdings die Möglichkeit der Kundgabe beruflicher Zusammenarbeit, die Zulässigkeit von Kurzbezeichnungen und die Gestaltung von Briefbögen. Kurzbezeichnungen sind bei steigender Anzahl der Sozien wegen ihrer größeren Einprägsamkeit von Interesse. Auf den Briefbögen müssen aber immer die Namen sämtlicher assoziierter Kollegen aufgeführt werden, § 10 I BO. Wollen die Sozien eine Kurzbezeichnung führen, sollte diese im Sozietätsvertrag festgelegt werden. Gleichzeitig sollte die Befugnis aufgenommen werden, die Namen früherer Kanzleiinhaber/Gesellschafter in der Kurzbezeichnung weiterzuführen, § 9 II BO.

a) BayObLG: „und Partner" nur für Altsozietäten zulässig

Die Bezeichnung „und Partner" ist nach Ansicht des Bayrischen Obersten Landgerichts[265] für die Sozietäten, die diese Bezeichnung am 01.01.1995 - bei Inkrafttreten des PartGG - noch nicht geführt haben, unzulässig. Dies ergibt sich, so das Bayrische Oberste, aus § 11 S. 3 PartGG, der die Weiterbenutzung des Zusatzes „und Partner" nur den Sozietäten gestattet, die diesen bei Inkrafttreten des PartGG bereits in ihrem Namen führten.

b) OLG Frankfurt: „und Partner" auch für neugegründete Sozietäten

Das Oberlandesgericht Frankfurt[266] vertritt die gegenteilige Auffassung. Es ist der Ansicht, daß die Bezeichnung „und Partner" jedenfalls dann weiterhin zulässig ist, wenn eine Verwechslung ausgeschlossen ist. Dies sei insbesondere bei den Gesellschaften mit beschränkter Haftung der Fall, denen § 4 II GmbHG einen Rechtsformzusatz vorschreibe.

c) Stellungnahme

Praktische Erwägungen sprechen für das Oberlandesgericht Frankfurt. Die Partnerschaftsgesellschaft ist bislang auf keine große Resonanz bei den freien Berufen gestoßen.[267] Der weitaus größere Anteil freiberuflicher Zusammenschlüsse entfällt auf die Gesellschaften bürgerlichen Rechts.[268] Diese führen in der Regel die Bezeichnung „und Partner". Eine Verwechslung dieser Kanzleiformen mit der Partnerschaftsgesellschaft könnte ausgeschlossen werden, wenn ihr Name neben dieser Bezeichnung einen Rechtsformzusatz enthalten würde. Diese Möglichkeit sieht § 11 S. 3 PartGG für die Gesellschaften vor, die schon vor Inkraft-

---

265 Beschluß vom 02.08.1996, BB 1996, 2113 (2114)
266 Beschluß vom 20.05.1996, NJW 1996, 2237 (2237)
267 *Bärwaldt/Schabacker*, MDR 1997, 114 (114)
268 *Bärwaldt/Schabacker*, MDR 1997, 114 (116)

treten des PartGG unter der Bezeichnung „und Partner" im Rechtsverkehr aufgetreten sind. Man könnte deshalb versucht sein, die Regelung des § 11 S. 3 PartGG im Wege teleologischer Extension auf neu gegründete Gesellschaften jeglicher Rechtsnatur auszudehnen.[269]

Wegen des eindeutigen Wortlauts des Gesetzes und der Materialien[270] kommt eine telelogische Extension nicht in Betracht. Sinn und Zweck des § 11 PartGG, den Zusatz „und Partner" für die Partnerschaft zu reservieren, werden durch diese Vorschrift erreicht und erfordern keine Erweiterung ihres Anwendungsbereiches. Zwar handelt es sich bei § 11 PartGG um eine rechtspolitisch verfehlte Norm,[271] dies rechtfertigt eine Korrektur im Wege der Auslegung jedoch nicht.

2. Geschäftsführung und Vertretung

Neben dem Namen der Sozietät gibt es weitere regelungsbedürftige Bereiche.

Abweichend von der gesetzlichen Regel des § 709 I BGB ist den Rechtsanwaltssozietäten als Mitunternehmergesellschaften der Grundsatz der Einzelgeschäftsführung und Einzelvertretung eigen.[272] Dem Gebot anwaltlicher Unabhängigkeit kann aber nur dann vollumfänglich Rechnung getragen werden, wenn zusätzlich das (dispositive) Widerspruchsrecht nach § 711 BGB abbedungen wird - jedenfalls in Bezug auf den Teil der Geschäftsführung, der Berufsausübung ist.[273] Statt dessen kann den Sozien ein Auskunftsrecht eingeräumt werden.

Um gleichzeitig die Vorteile arbeitsteiliger Leistungserbringung für sich in Anspruch nehmen zu können, darf nicht versäumt werden, durch den Sozietätsvertrag einen gewissen Organisationsrahmen zu schaffen, der es ermöglicht, daß sich die Arbeitsteilung produktivitätssteigernd auswirkt, ohne daß qualitative Einbußen damit einhergehen.[274] Das bedeutet, daß z.B. die Zuständigkeiten, soweit dies sinnvoll erscheint, vertraglich verteilt werden und zwar sowohl in fachlicher oder persönlicher Hinsicht als auch bezüglich der internen Organisation.

---

[269]   *Kögel*, Rpfleger, 1996, 314 (317); *Bärwaldt/Schabacker*, MDR 1997, 114 (115); *Henke*, AnwBl 1997, 344 (344); *Michalski/Römermann*, PartGG, § 11 Rz. 5
[270]   BT-Drs. 12/6152 S. 23; *Wertenbuch*, ZIP 1996, 1776 (1777)
[271]   *Henssler/Prütting-Henssler*, BRAO, § 11 PartGG; *Kögel*, Rpfleger 1996, 314 (316)
[272]   Vgl. oben § 7 III.; *Jauernig-Stürner*, § 715 Rz. 4
[273]   *Michalski*, Das Gesellschafts- und Kartellrecht der berufsrechtlich gebundenen freien Berufe, S. 310; Handbuch des Gesellschaftsrechts, Band 1, *Schmid*, § 19 Rz. 31
[274]   *Steindorff* in FS für *Fischer*, S. 747 (750)

3. Sonderpflichten

Die Rechtsanwälte sind an die Berufspflichten der BRAO gebunden. Dies versteht sich von selbst und bedarf grundsätzlich keiner besonderen Fixierung im Gesellschaftsvertrag. Jeder Rechtsanwalt schuldet, sofern er Gesellschafter ist, die Förderung des Gesellschaftszwecks "in der vertraglich bestimmten Weise", § 705 BGB. Fehlen vertragliche Bestimmungen, kann der Gesellschaftszweck herangezogen werden, um die mit der Beitragspflicht einhergehenden Zweckförderungspflichten zu ermitteln. Diese Pflichten können vor allem auch in einer nicht bilanztechnisch bewertbaren Verhaltensweise bestehen.[275] Verletzt ein Anwalt die mit Hilfe des Gesellschaftszwecks ermittelten Treuepflichten, ist er der Sozietät zum Schadensersatz verpflichtet.[276]

Die einzelnen, grundlegenden Pflichten der BRAO sollten dennoch - und sei es zur Klarstellung - im Gesellschaftsvertrag aufgeführt werden. Im Rahmen der Bindung an die allgemeinen Berufspflichten[277] ist vor allem an das Verbot der Vertretung widerstreitender Interessen zu denken. Zur Vermeidung von Kollisionen sollten die Anwälte gehalten sein, bei den Kollegen nachzufragen, wenn sie Bedenken gegen die Annahme eines Mandates haben. Weiter ist die Verpflichtung zur Verschwiegenheit,[278] das Verbot unzulässiger Werbung sowie die Pflicht, eine Berufshaftpflichtversicherung im Sinne des § 51 BRAO abzuschließen, in den Gesellschaftsvertrag aufzunehmen.

Zusätzlich kann der Gesellschaftsvertrag die Fortbildungspflicht aufgreifen und den Sozius einerseits verpflichten, sich fortzubilden, andererseits die Teilnahme an Fortbildungsveranstaltungen in einem angemessenen Rahmen begrenzen.

4. Gesellschafterwechsel

a) Die Aufnahme weiterer Sozien

Die bereits angesprochenen Voraussetzungen, die ein Sozius erfüllen muß - er muß eine natürliche Person sein und einen Beruf im Sinne des § 59 a I BRAO ausüben - schließen die diesbezüglich klärungsbedürftigen Bereiche keineswegs ab. Nicht gemeint ist hier, daß der assoziierte Rechtsanwalt die Zulassung zum Rechtsanwaltsberuf gemäß § 4 BRAO besitzen muß oder der Steuerberater die

---

[275] Treuepflichten, Handbuch des Gesellschaftsrecht, Band 1, *Weipert*, § 6 Rz. 32
[276] *MK-Ulmer*, § 705 Rz. 198
[277] Zu den Einzelheiten vgl. oben § 4.
[278] Vgl. § 4 II.

Steuerberaterprüfung[279] nach §§ 35; 36; 37 StBerG bestanden hat. Wenn der Sozius einen sozietätsfähigen Beruf im Sinne des § 59 a I BRAO ausüben muß, setzt dies zwingend voraus, daß er die für die Berufsausübung konstitutive Zulassung etc. besitzt.[280]

Unabhängig davon, ob sich der Eintritt in eine bestehende Rechtsanwaltssozietät durch einen Beitritt gegenüber allen Gesellschaftern oder durch Anteilsübertragung vollzieht,[281] sollte der Gesellschaftsvertrag Regelungen darüber enthalten, welche Qualifikation der Eintretende haben soll. Nur wenn die Sozien sich darüber einig sind, im Bedarfsfall jeglichen Angehörigen einer nach § 59 a I BRAO sozietätsfähigen Berufsgruppe aufnehmen zu wollen, wäre eine diesbezügliche Absprache obsolet. Sind sich die Gesellschafter demgegenüber im Klaren, daß ihre Sozietät einzig aus Rechtsanwälten oder aus Rechtsanwälten und Steuerberatern bestehen soll, empfiehlt es sich, dies in den Gesellschaftsvertrag aufzunehmen, um später Streitigkeiten zu vermeiden.

Weiterhin sollte der Sozietätsvertrag bestimmen, ob die Entscheidung für oder wider den neuen Kollegen einstimmig getroffen werden muß oder ob eine - gesellschaftsrechtlich zulässige[282] - mehrheitliche Entscheidung ausreichend ist. Grundsätzlich kann die Anteilsübertragung auch bereits im Gesellschaftsvertrag zugelassen werden. Im Interesse der Wahrung der Unabhängigkeit des Rechtsanwalts sollte von dem Einstimmigkeitserfordernis nicht abgerückt werden. Anderenfalls könnte einem Rechtsanwalt die Zusammenarbeit mit einem anderen gegen dessen Willen aufoktroyiert werden und damit der Kernbereich des Unabhängigkeitspostulats negativ berührt werden. Daraus folgt zugleich, daß die Zulassung der Anteilsübertragung im Gesellschaftsvertrag mit den berufsrechtlichen Grundsätzen nicht vereinbar ist.

Schließlich sollte festgelegt werden, ob und bejahendenfalls wie der Eintretende (im Falle seines Beitritts) seine im Wege der Anwachsung gemäß §§ 718 I; 738 I 1 BGB erfolgte Beteiligung am Gesellschaftsvermögen[283] zu vergüten hat.

b) Sonderrechtsnachfolge

Grundsätzlich ist es möglich, daß nach dem Tode eines Gesellschafters oder bei dem Eintritt eines bestimmten Ereignisses eine bestimmte andere Person in die Gesellschaft eintritt. Neben den allgemeinen gesetzlichen Beschränkungen, die

---

[279] Die Voraussetzungen der §§ 36 und 37 StBerG für die Zulassung zur Steuerberaterprüfung sind denjenigen für die Zulassung zur Rechtsanwaltschaft vergleichbar.
[280] Vgl. § 5
[281] Zur Bedeutung dieser unterschiedlichen Möglichkeiten vgl. *MK-Ulmer*, § 719 Rz. 13 ff.
[282] *MK-Ulmer*, § 709 Rz. 78
[283] *MK-Ulmer*, § 718 Rz. 8

insoweit bestehen, unterliegen die Rechtsanwälte zwei weiteren Einschränkungen ihrer Vertragsfreiheit. Zum einen gilt hier wie dort, daß der eintretende Gesellschafter einen sozietätsfähigen Beruf ausüben muß, § 59 a I BRAO. Auf der anderen Seite erfordert die Unabhängigkeit des Anwaltsberufs, daß der Rechtsanwalt - wie bereits erwähnt - frei darüber entscheiden können muß, mit wem er seinen Beruf gemeinsam ausüben will.[284]

c) Ausscheiden eines Gesellschafters

Im Hinblick auf den Schutz ihres Bestandsinteresses sollten die Gesellschafter im Gesellschaftsvertrag das Kündigungsrecht nach § 723 I BGB einschränken, indem sie längere Kündigungsfristen vereinbaren.[285] Diese dürfen jedoch nicht unverhältnismäßig lang sein, sollen sie mit dem Gebot der anwaltlichen Unabhängigkeit vereinbar sein.[286]

Die Rechtsanwälte müssen des weiteren von der Möglichkeit Gebrauch machen, eine Fortsetzungsklausel im Sinne des § 736 I BGB zu vereinbaren, wenn sie die Auflösung der Gesellschaft abbedingen wollen. Außerdem sollten sie die Gründe nennen, aus denen ein Anwalt aus der Sozietät ausgeschlossen werden kann. Neben dem Konkurs eines Gesellschafters, § 728 BGB, der im Sinne einer Ausschließungsklausel modifiziert werden sollte, und den sonstigen allgemeinen Ausschlußgründen sind die berufsrechtlichen Gründe zu beachten, die es rechtfertigen können, einen Rechtsanwalt auszuschließen.[287] Solche berufsrechtlichen Gründe wären der Verlust der Zulassung oder wiederholte Verstöße gegen die berufsrechtlichen Pflichten und die damit einhergehende Gefährdung des Vertrauens in die Sozietät.

Eine sozietätsvertragliche Regelung empfiehlt sich ferner bezüglich der Frage der Innenhaftung des ausscheidenden Gesellschafters.[288] Fehlt eine entsprechende Absprache, haftet der Ausscheidende gem. § 736 II BGB iVm § 160 I 1 HGB. Sinnvoll ist es deshalb, gesellschaftsvertraglich eine Pflicht zu begründen, sämtlichen Mandanten eine Mitteilung vom Ausscheiden des Kollegen zu machen und außerdem das Verbot auszusprechen, den Ausscheidenden weiterhin auf dem Briefkopf, Türschild etc. zu führen.[289] Wird der ausgeschiedene Sozius weiter in

---

[284]   Handbuch des Gesellschaftsrechts, Band 1, *Schmid*, § 19 Rz. 73/74; *Michalski*, Das Gesellschafts- und Kartellrecht der berufsrechtlich gebundenen freien Berufe, S. 319

[285]   Zur Zulässigkeit, *MK-Ulmer*, § 723 Rz. 50/51

[286]   Handbuch des Gesellschaftsrechts, Band 1, *Schmid*, § 19 Rz. 62

[287]   *Michalski*, Das Gesellschafts- und Berufsrecht der berufsrechtlich gebundenen freien Berufe, S. 324

[288]   *Borgmann/Haug*, Anwaltshaftung, VII Rz. 19

[289]   BGH, Urteil vom 21.04.1982, E 83, 328 (331); BGH, Urteil vom 24.01.1991, NJW 1991, 1225 (1225/1226); *Kaiser/Bellstedt*, Die Anwaltssozietät, Rz. 82

der Kurzbezeichnung der Sozietät geführt, muß der dadurch begründete Rechtsschein zerstört werden. Dies kann beispielsweise dadurch geschehen, daß ein unmißverständlicher Hinweis auf dem Briefkopf angebracht wird.

Schließlich sollte der Gesellschaftsvertrag eine Abfindungsregelung enthalten. Fehlt eine solche, bleibt es bei der gesetzlichen Regelung des § 738 I BGB. Der Abfindungsanspruch ist dann in der Regel nach der Ertragswertmethode zu berechnen, d.h. der wirkliche Wert des Unternehmens einschließlich stiller Reserven und des Goodwill und nicht der Bilanzwert ist maßgeblich.[290] Um Streitigkeiten über die anzuwendende Berechnungsmethode zu vermeiden, ist es sinnvoll, den Ertragswert als maßgeblichen Bewertungsfaktor gesellschaftsvertraglich festzulegen. Denkbar wäre es aber auch, die gesetzliche Regelung durch Pensionsvereinbarungen oder durch einen in der Höhe beschränkten Abfindungsanspruch abzubedingen (Buchwertklausel).[291] Der Ausschluß jeglicher Abfindung kann problematisch sein,[292] wenn es nicht zur Sicherung der Überlebensfähigkeit einer Sozietät erforderlich ist. In Rechtsanwaltssozietäten steht - wie in freiberuflichen Zusammenschlüssen überhaupt - die persönliche Leistungserbringung im Vordergrund, so daß es gerechtfertigt sein kann, den ausscheidenden Sozius am Ertragswert des Unternehmens nicht teilhaben zu lassen;[293] denn der Ausscheidende nimmt - im Fall der Kündigung - unter Umständen einen Teil der Sachwerte und in der Regel einen Teil der Mandate mit und damit die Möglichkeit, an dem wirtschaftlichen Erfolg der Sozietät zu partizipieren.[294] Die in der Sozietät verbleibenden Mitglieder nehmen an diesem Ertrag allerdings nicht mehr teil. Wenn nicht der ausscheidende Sozius seinen Beruf aufgibt oder aber ein gesellschaftsvertraglich vereinbartes Wettbewerbsverbot[295] besteht, würde dieser Sozius am Ertragswert der Kanzlei mehrfach beteiligt, erhielte er eine zusätzliche Abfindung. Der Bestand der Sozietät wäre dann wegen der erheblichen finanziellen Belastung gefährdet. Ein Ausschluß der Abfindung ist in diesem Fall daher

---

[290] Die Ertragswertmethode entspricht der ständigen Übung und ist von der Rechtsprechung und der Literatur anerkannt: BGH, Urteil vom 16.12.1991, E 116, 359 (364 ff.); BGH, Urteil vom 24.05.1993, ZIP 1993, 1160 (1162); *K. Schmidt*, Gesellschaftsrecht, § 50 IV S. 1462 ff. (1464/1465); *MK-Ulmer*, § 738 Rz. 26 ff.; *Großfeld*, Unternehmensbewertung im Gesellschaftsrecht, S. 33 ff..

[291] *Michalski*, Das Gesellschafts- und Kartellrecht der berufsrechtlich gebundenen freien Berufe, S. 347; *Kaiser/Bellstedt*, Die Anwaltssozietät, Rz. 143

[292] In der Regel sind Abfingungsausschlüsse unzulässig, über die Ausnahme der Wirksamkeit muß im Einzelfall entschieden werden, Handbuch des Gesellschaftsrechts, Band 1, *Schmid*, § 19 Rz. 70; *Staudinger-Keßler*, § 738 Rz. 22; *MK-Ulmer*, § 738 Rz. 34 ff..

[293] *K. Schmidt*, NJW 1995, 1 (4); *Ulmer* in FS für *Quack*, S. 477 (491)

[294] BGH, Urteil vom 15.01.1990, ZIP 1990, 1200 (1201); für Arztpraxen, BGH, Urteil vom 06.12.1993, DStR 1994, 401 (402)

[295] Ein zeitlich und örtlich unbegrenztes Wettbewerbsverbot ist allerdings unzulässig, BGH, Urteil vom 24.06.1986, NJW 1986, 2944 (2945); *Kaiser/Bellstedt*, Die Anwaltssozietät, Rz. 182

zulässig.[296] Es kann aber auch vereinbart werden, daß der Abfindungsbetrag um
den Wert der mitgenommenen Mandate sinkt bzw. dem Ausscheidenden das
Recht eingeräumt wird, anteilig Mandate mitzunehmen.[297]

5. Ehelicher Güterstand

Aus dem ehelichen Güterstand der Gesellschafter können sich Gefahren für die
Existenz der Sozietät ergeben. Zugewinnausgleichsansprüche können den zah-
lungspflichtigen Ehegatten zu Entnahmen zwingen, die die Kanzlei nur schwer
verkraften kann.[298] Es ist deshalb ratsam, eine gesellschaftsvertragliche Verpflichtung der Sozien zu begründen, durch den Abschluß eines Ehevertrages einer Auswirkung der Trennung von dem Ehepartner auf die Gesellschaft vorzubeugen. Solche gesellschaftsvertraglichen Verpflichtungen werden von der herrschenden Meinung[299] als zulässig erachtet.

Die Gefahr, daß die Bestandsinteressen der Sozien durch güterrechtliche Bindungen gefährdet werden, ist bei der Gütergemeinschaft besonders groß.[300] Die
Sozien sollten deshalb verpflichtet werden, mit ihrem Ehepartner Gütertrennung
gemäß § 1414 BGB zu vereinbaren oder, wenn sie im gesetzlichen Güterstand
der Zugewinngemeinschaft nach §§ 1363 ff. BGB leben, diese zu modifizieren.
Zulässig ist es zum Beispiel, eine Modifizierung des Zugewinnausgleichsan-
spruchs gemäß § 1378 BGB insoweit vorzunehmen, daß der Anteil am Gesellschaftsvermögen bei Beendigung des Güterstandes nicht in Zugewinn fällt.[301]

Häufig stellt der Gesellschaftsanteil das (nahezu) ganze Vermögen eines Sozius
dar. Die Gesellschafter müssen sich daher - sofern sie in Zugewinngemeinschaft
leben - verpflichten, den Anteil an der Sozietät durch Ehevertrag aus dem Zu-
stimmungserfordernis nach § 1365 BGB herauszunehmen, wenn sie verhindern
wollen, daß wichtige Entscheidungen in der Gesellschaft blockiert werden können.[302] Die Veräußerung der Mitgliedschaft,[303] Änderungen des Gesellschafts-

---

[296]   BGH, Urteil vom 15.01.1990, ZIP 1990, 1200 (1201); für Arztpraxen, BGH, Urteil vom
        06.12.1993, DStR 1994, 401 (402); *Seibert*, Die Partnerschaft, S. 47; *K. Schmidt*, NJW
        1995, 1 (4); *Ulmer* in FS für *Quack*, S. 477 (491)
[297]   BGH, Urteil vom 06.03.1995, NJW 1995, 1551 (1551); zur steuerrechtlichen Behand-
        lung vgl. *Schulze zur Wiesche*, BB 1995, 593 (596)
[298]   Abfindungsregelungen allein sind nicht geeignet, dies zu verhindern, BGH, Urteil vom
        10.10.1979, E 75, 195 (202).
[299]   Statt vieler: *Fasselt*, DB 1982, 939 (940)
[300]   *Slapnicar*, WiB 1994, 590 (593)
[301]   *Palandt-Diedrichsen*, § 1408 Rz. 18; grds. fällt der Anteil an einer Gesellschaft in den
        Zugewinn, *Schlüter*, Familienrecht, § 12 IV Rz. 135; weitere ehevertragliche Gestal-
        tungsmöglichkeiten sind nachzulesen bei: *Slapnicar*, WiB 1994, 619 ff..
[302]   *Slapnicar*, WiB 1994, 619 (619); § 1365 BGB ist dispositiv, vgl. *Schlüter*, Familien-
        recht, § 12 III Rz. 105

vertrages, sofern sie entsprechend dem Schutzbereich des § 1365 BGB zur Preisgabe des (nahezu) gesamten Vermögens führen könnten,[304] sowie die Beendigung der Sozietät[305] wären ansonsten zustimmungsbedürftig.

6. Sonstige Regelungen

Die Verteilung von Gewinn und Verlust steht zur Disposition der Gesellschafter. Treffen sie keine Abreden, erfolgt die Aufteilung gemäß § 722 I BGB nach Köpfen. Es empfiehlt sich jedoch, Absprachen zu treffen, um Streitigkeiten zu vermeiden. Folgende Kriterien können berücksichtigt werden: Umsatzbeiträge, Lebensalter, Berufserfahrung, Dauer der Zugehörigkeit zur Sozietät, Belastung durch Organisation, Verursachung von Kosten, Repräsentanz.[306] Je nach der Größe der Sozietät wird das Schwergewicht auf das eine oder das andere Kriterium zu legen sein. Allgemein gültige Aussagen können nicht getroffen werden.

Der Gesellschaftsvertrag kann ferner Entnahmerechte vorsehen.[307] Können die Sozien demnach unter bestimmten, festzulegenden Voraussetzungen Gelder von den gemeinsamen Konten zum privatem Gebrauch entnehmen, müssen Vorkehrungen zur Erhaltung der Fremdgelder getroffen werden. Sinnvollerweise sollten Anderkonten eingerichtet und von dem Entnahmerecht ausgeschlossen werden.

Im übrigen können die Gesellschafter Regelungen über die Beschlußfassung[308] treffen, wollen sie die Abstimmung nach Kopfteilen abbedingen.[309] Möglich sind schließlich Urlaubs-, Krankheits- und Schiedsvertragsregelungen, gesetzliche Grenzen bestehen insofern nicht.

IV. Ergebnis

Die für die Rechtsanwaltssozietäten maßgeblichen Vorschriften - die §§ 705 ff. BGB und die BRAO - schränken die Vertragsfreiheit der Rechtsanwälte im Hinblick auf die Gestaltung des Gesellschaftsvertrages nicht besonders ein. Dennoch enthalten sie Vorgaben, die die Regelung bestimmter Bereiche sinnvoller

---

[303]   *MK-Gernhuber*, § 1365 Rz. 71; *Erman-Heckelmann*, § 1365 Rz. 17

[304]   *Staudinger-Thiele*, § 1365 Rz. 62 ff.; zum Schutzzweck *Schlüter*, Familienrecht, § 12 III Rz. 112

[305]   *Palandt-Diedrichsen*, § 1365 Rz. 6; *MK-Gernhuber*, § 1365 Rz. 73; *Slapnicar*, WiB 1994, 590 (591)

[306]   Handbuch des Gesellschaftsrechts, Band 1, *Schmid*, § 19 Rz. 46

[307]   *Gail/Overlack*, Anwaltsgesellschaften, Rz. 209; *MK-Ulmer*, § 722 Rz. 10

[308]   Vgl. auch die Ausführungen oben unter § 8 III. 3. a).

[309]   Zu den Grenzen der Vertragsfreiheit insofern, *K. Schmidt*, Gesellschaftsrecht, § 21 II S. 605 ff. (607)

scheinen lassen, sei es zur Beseitigung von Unklarheiten bzw. zur Verdeutlichung von Pflichten, sei es um dispositive Vorschriften abzubedingen.

§ 9 Die Haftung

Der zentrale Aspekt bei der Entscheidung für oder gegen die gemeinsame Berufsausübung in einer Sozietät ist die Frage der Haftung. Die Entscheidung des Bayrischen Obersten Landgerichts[310] für eine Zulässigkeit der Rechtsanwaltsgesellschaft mbH hat die Diskussion um die Haftung und die Haftungsbegrenzung von in Sozietäten zusammengeschlossenen Rechtsanwälten erneut entfacht.[311] Wenn auch die Notwendigkeit, das anwaltliche Haftungsrisiko zu begrenzen, anerkannt wird, ist der Weg weiterhin offen.

Fraglich ist daher, wie sich die haftungsrechtliche Situation in einer Sozietät darstellt.

Gemäß § 51 a II 1 BRAO haften die Mitglieder einer Sozietät gesamtschuldnerisch aus dem zwischen der Sozietät und dem Auftraggeber bestehenden Vertragsverhältnis. Diese Regelung entspricht der Struktur der Sozietät als Erwerbsgesellschaft.

I. Rechtsbeziehungen zu der Anwaltssozietät

Zusätzlich trifft § 51 a II 1 BRAO eine weitere Aussage: das Vertragsverhältnis besteht zwischen der Sozietät und dem Mandanten. Diese Feststellung wirft die Frage auf, ob durch § 51 a II 1 BRAO die Rechtsnatur der Rechtsanwaltssozietät im Sinne einer gesetzlichen Verankerung geklärt werden sollte oder ob sich der Aussagegehalt vorbezeichneter Formulierung darin erschöpft, die gesamtschuldnerische Haftung der Sozien anzuordnen.

Die Rechtsnatur der Sozietät als BGB-Gesellschaft ist in Ermangelung einer gesetzlichen Regelung bislang noch nicht eindeutig erklärt. Sie ist vor allem für die Frage nach dem Schuldner der eingegangenen Verpflichtung von Bedeutung. Wenn die BGB-Gesellschaft selbst Rechtsträgerin[312] oder wie die oHG teilrechtsfähig ist,[313] ist sie möglicherweise selbst Schuldnerin der in ihrem Namen

---

310 Beschluß vom 24.11.1994, ZIP 1994, 1868 ff.; bestätigt durch Beschluß vom 28.08.1996, DB 1996, 2026 (2026)
311 Vgl. § 1
312 *V. Gierke*, Genossenschaftsrecht II, S. 362/364; *Wiesner*, JuS 1981, 331 (332); *Timm*, NJW 1995, 3209 ff.
313 BGH, Urteil vom 01.12.1982, WM 1983, 30 (32); BGH, Urteil vom 07.03.1990, WM 1990, 1035 (1037); BGH, Urteil vom 28.09.1995, DB 1995, 2468 (2468); *MK-Ulmer*, §

begründeten Verbindlichkeiten. Die Auffassung, die Gesellschaft bürgerlichen Rechts sei teilrechtsfähig, entspricht der h.M.[314].

Ist die Gesellschaft bürgerlichen Rechts demgegenüber als dinglich gebundenes Gesellschaftervermögen zu verstehen, wie es nach überkommener Ansicht der Fall ist,[315] müßte der Gläubiger den Weg über die Gesellschafter suchen, um Zugriff auf diese Vermögensmasse zu bekommen.

Mit der h.M. ist von der Teilrechtsfähigkeit der Gesellschaft bürgerlichen Rechts, im Sinne der Befähigung als Personenverbindung am Rechtsverkehr teilzunehmen, auszugehen. Die Anerkennung als Rechtsträger und die damit vollzogene Gleichstellung mit den juristischen Personen ist nicht zu rechtfertigen. Ein dementsprechender Aussagegehalt ist auch § 51 a II 1 BRAO nicht beizumessen, anderenfalls würde die Grenze zwischen den juristischen Personen und den Gesamthandsgemeinschaften verwischt. Die juristischen Personen können nur kraft objektiven Rechts bestehen.[316] Sie benötigen zur Erlangung der Rechtsfähigkeit einen Konstitutiv- sowie einen Publizitätsakt.[317] Schließlich sind sie dadurch gekennzeichnet, daß sie eine rechtlich geregelte Organisation besitzen, die Rechtshandlungen ermöglicht, die Verantwortlichkeit für diese Handlungen sicherstellt und nach außen als Zuordnungssubjekt von Rechten und Pflichten erkennbar ist.[318] All diese Voraussetzungen erfüllt die Gesellschaft bürgerlichen Rechts nicht. Die §§ 705 ff. BGB kennen keinen Publizitätsakt, sie verleihen der BGB-Gesellschaft weder Namensrechtsfähigkeit noch eine geregelte Handlungsorganisation und -verantwortlichkeit.

Das Verständnis von der BGB-Gesellschaft als dinglich gebundenes Sondervermögen der Gesellschafter entspricht schließlich nicht dem Erscheinungsbild der Erwerbsgesellschaften und damit demjenigen der Rechtsanwaltssozietät. Über die Erfüllung dinglicher Sicherungsinteressen hinaus erfüllt der Zusammenschluß

---

705 Rz. 128 ff.; *Flume*, AT, § 4, 5; *ders.*, ZHR 136 (1972), 177 ff.; *Soergel-Hadding*, Vor § 705 Rz. 21, § 714 Rz. 2 ff., § 718 Rz. 3; *Erman-H.P. Westermann*, Vor § 705 Rz. 14 ff.; *Habersack*, JuS 1993, 1 (3); *Wiesner*, JuS 1981, 331 (333); *Hadding* in FS für *Rittner*, S. 133 (134); *Wiedemann* in FS für *Kellermann*, S. 529 ff.; *Schwark* in FS für *Hensenius*, S. 753 ff.; *Prütting*, ZIP 1997, 1725 (1734)

[314] Vgl. die vorhergehende Fußnote.

[315] *Plass*, Der Haftungsstatus von Anwaltsgemeinschaften, S. 16 und 32; *Schulze-Osterloh*, Das Prinzip der gesamthänderischen Bindung, S. 8 ff.; 163 ff.; *Wiedemann*, WM 1975, Sonderbeilage 4, S. 23 ff.; *Engländer*, Die regelmäßige Rechtsgemeinschaft, Teil 1, S. 33 ff., 183 ff.; *Huber*, Vermögensanteil, S. 61 ff.

[316] *K. Schmidt*, Gesellschaftsrecht, § 8 II S. 197

[317] *Savigny*, System des heutigen Römischen Rechts II, S. 277 ff.; *K. Schmidt*, Verbandszweck, S. 62 ff.

[318] *Palandt-Heinrichs*, Einf v § 21 Rz. 1; *MK-Reuter*, Vor § 21 Rz. 2; *John*, Die organisierte Rechtsperson, S. 74 ff.

in einer Gesellschaft bürgerlichen Rechts weitergehende Funktionen.[319] In den Sozietäten - als klassische Form der unternehmenstragenden Gesellschaft - wird eine arbeitsteilige Leistungserbringung beabsichtigt. Die damit verfolgte Potenzierung des Leistungserfolges erfordert organisationsrechtliche Bestandteile,[320] die nur durch eine Annäherung an die juristischen Personen im Sinne einer Teilrechtsfähigkeit geschaffen werden können.

II. Die Haftung der Sozietät

Teilrechtsfähigkeit der Sozietät bedeutet, daß die gesamthänderisch verbundenden Anwälte in ihrer Verbundenheit - als Sozietät - am Rechtsverkehr teilnehmen. Da die Sozietät aber kein von ihren Mitglieder losgelöstes Rechtssubjekt ist, beinhaltet die Verpflichtung der Gesellschaft die Verpflichtung sämtlicher Mitglieder. Für die im Namen der Sozietät begründeten Verbindlich-keiten (Gesamt-handsschulden) - aus dem zwischen der Sozietät und dem Mandanten bestehenden Vertrag - haften, der Regelung des § 51 a II 1 BRAO gemäß, deren Mitglieder mit dem Gesellschaftsvermögen gesamtschuldnerisch. § 51 a II 1 BRAO sagt damit Selbstverständliches und trifft keine für die rechtliche Einordnung der Gesellschaft bürgerlichen Rechts maßgeblich Aussage.[321] Eine von der Haftung der Sozien losgelöste Haftung der Sozietät gibt es nicht.

III. Die Haftung der Sozien

Die BRAO und auch die §§ 705 ff. BGB enthalten keine Vorschrift, durch welche die Haftung der Gesellschafter mit ihrem Privatvermögen begründet wird.[322] Im Gegensatz zu § 128 S.1 HGB ordnet § 51 a II 1 BRAO nicht an, daß die Mitglieder der Sozietät für die in deren Namen begründeten Verbindlichkeiten als Gesamtschuldner „persönlich" haften und kann daher nicht als haftungsbegründende Norm herangezogen werden. Anders als im Recht der Kapitalgesellschaften gibt es aber auch keinen gesetzlich normierten Ausschluß der persönlichen Haftung und keine, einen solchen rechtfertigenden Gläubigerschutzvorschriften, so daß - jedenfalls bei den unternehmenstragenden Gesellschaften, mithin bei den Sozietäten - von einer unbeschränkten persönlichen Haftung der Rechtsanwälte mit dem Gesellschafts- und dem Privatvermögen ausgegangen werden muß.[323]

---

[319]   A.A. *Plass*, Der Haftungsstatus von Anwaltsgesellschaften, S. 18 ff.
[320]   *Flume*, ZHR 136 (1972), 177 (180)
[321]   *Feuerich/Braun*, BRAO, § 51 a Rz. 9; *Vogels*, Haftung von Rechtsanwälten in der Sozietät, S. 160 ff.
[322]   Vgl. *Gummert*, ZIP 1993, 1063 (1063)
[323]   *Kornblum*, Die Haftung der Gesellschafter für Verbindlichkeiten von Personengesellschaften, S. 9 und 39; *Palandt-Thomas*, § 718 Rz. 8; *Soergel-Hadding*, § 714 Rz. 29

1. Haftungsbegründung

Zwar besteht im Ergebnis Einigkeit darüber,[324] daß die Gesellschafter einer BGB-Gesellschaft persönlich gegenüber den Gesellschaftsgläubigern haften, und daß es dazu einer gesonderten rechtlichen Grundlage bedarf,[325] aber über die Begründung dieser Haftung wird gestritten.

a) Doppelverpflichtungslehre

Nach der Lehre von der Doppelverpflichtung handelt der geschäftsführende Gesellschafter bei Vertragsschluß nicht nur im Namen der Gesamthand, sondern auch im Namen eines jeden Gesellschafters. Seine Erklärungen haben somit "doppelt verpflichtenden" Charakter,[326] wobei alle Gesellschafter "gemeinschaftlich" im Sinne von § 427 BGB verpflichtet werden.[327] Sie beruht mithin auf einer entsprechenden Vollmacht[328] und ist deshalb grundsätzlich nur für den Bereich rechtsgeschäftlich begründeter Verbindlichkeiten denkbar.

b) Akzessorietätstheorie

Eine Alternative zu der Konstruktion einer sowohl namens der Gesellschaft als auch der Gesellschafter abgegebenen Verpflichtungserklärung bietet die Akzessorietätstheorie.[329] Nach dieser Theorie handelt es sich bei der persönlichen Gesellschafterhaftung um eine, zu den Verbindlichkeiten der Gesellschaft akzesso-

---

[324] BGH, Urteil vom 30.04.1979, NJW 1979, 1821 (1821); OLG Hamm, Urteil vom 07.12.1984, NJW 1985, 1846 (1846); *Schwark*, DWiR 1992, 441 ff.; *MK-Ulmer*, § 714 Rz. 28 ff.; *Nicknig*, Die Haftung der Mitglieder einer BGB-Gesellschaft für Gesellschaftsschulden, S. 1 ff.; *Jauernig-Stürner*, §§ 714; 715 Anm. 1; *Larenz*, Schuldrecht II, S. 396 ff.; *Beuthien*, DB 1975, 725 ff.; *Hüffer*, Gesellschaftsrecht, S. 84 ff.; *Habersack*, JuS 1993, 1 ff.; *Lindacher*, JuS 1982, 36 ff.; *Gummert*, ZIP 1993, 1063 ff.; *Damm* in FS für *Brandner*, S. 31 (41)

[325] *Lindacher*, JuS 1981, 431 (433)

[326] BGH, Urteil vom 15.07.1997, NJW 1997, 2754 (2755); BGH, Urteil vom 30.04.1979, NJW 1979, 1821 (1821); OLG Hamm, Urteil vom 07.12.1984, NJW 1985, 1846 (1846); *Nicknig*, Die Haftung der Mitglieder einer BGB-Gesellschaft für Gesellschaftsschulden, S. 21; *MK-Ulmer*, § 714 Rz. 26 und 28 ff.; *Schwark*, DWiR, 1992, 441 (443)

[327] *Wiedemann*, WM 1974, Sonderbeilage 4, S. 42

[328] *Jauernig-Stürner*, §715 Rz. 4; *Larenz*, Schuldrecht II, S. 396 ff.; *Beuthien*, DB 1975, 725 (728); *Hüffer*, Gesellschaftsrecht, § 12 S. 100, *Habersack*, JuS 1993, 1 (2)

[329] *Kornblum*, Die Haftung der Gesellschafter für Verbindlichkeiten von Personengesellschaften, S. 30 ff. (40); *Wiedemann* WM, 1975, Sonderbeilage 4, S. 42; *ders*. FS für *Kellermann*, S. 529 (542); *Lindacher*, JuS 1982, 36 (40); *Flume*, AT, I 1 § 16 IV S. 326 ff.; *Gummert*, ZIP 1993, 1063 (1065 ff.); *Timm*, NJW 1995, 3209 (3215); *Altmeppen*, NJW 1996, 1017 (1018 ff.)

risch bestehende, persönliche Verpflichtung aller Gesellschafter,[330] so daß diese stets persönlich haften, wenn nicht mit dem Vertragspartner ein Ausschluß der persönlichen Haftung vereinbart worden ist. Rechtsgrundlage der persönlichen Gesellschafterhaftung ist die analoge Anwendung des § 128 HGB.[331]

Eine analoge Anwendung des § 128 HGB soll allerdings nicht in jedem Fall möglich sein. Namentlich nach Auffassung *K. Schmidts* ist die Akzessorietätstheorie nicht auf die "schlicht zivilistischen" Gesellschaften anzuwenden.[332] Dabei versteht er unter "schlicht zivilistischen" Gesellschaften solche, die durch die fehlende Unternehmensträgerschaft gekennzeichnet sind.[333] Die Sozietäten sind aber stets unternehmenstragende Gesellschaften,[334] so daß es auf diese Frage hier nicht ankommt.

c) Praktische Bedeutung des Theorienstreits

Nachdem § 51 a II 1 BRAO die gesamtschuldnerische Haftung aller Sozien für die Verbindlichkeiten der Sozietät postuliert und § 51 a II 2 BRAO feststellt, daß die persönliche Haftung der Gesellschafter beschränkt werden kann, sich mithin aus dem Kontext dieses Gesetzes der Grundsatz der persönlichen Haftung sämtlicher Sozien ergibt, stellt sich die Frage nach der praktischen Bedeutung des Theorienstreits für Rechtsanwaltssozietäten. *Ulmer*[335] warnt - allerdings mit Blick auf die Gesellschaft bürgerlichen Rechts allgemein - davor, diesen zu unterschätzen. Er sieht Differenzen unter anderem im Rahmen der Begründung der Gesellschafterhaftung für gesetzliche Verbindlichkeiten, der Haftung eines Neueintretenden für Altverbindlichkeiten und bei der Zurechnung von Leistungsstörungen gegenüber den nicht an dem Vertragsschluß beteiligten Gesellschaftern.

---

[330] Diese persönliche Gesellschafterhaftung wird unterschiedlich begründet. Während teilweise § 128 HGB analog angewandt wird, ziehen andere das Gesamthandsprinzip zur Begründung heran.

[331] *Wiedemann*, WM 1975, Sonderbeilage 4, S. 42; *Flume*, AT, I 1 § 16 IV 3 S. 32; *Gummert*, ZIP 1993, 1063 (1064); *Kornblum*, Die Haftung der Gesellschafter für Verbindlichkeiten von Personengesellschaften, S. 40; *K. Schmidt*, Gesellschaftsrecht, § 60 III S. 1786

[332] *K. Schmidt*, Gesellschaftsrecht, § 60 III S. 1784 ff.

[333] *K. Schmidt*, Gesellschaftsrecht, § 58 II S. 1703

[334] Vgl. oben § 7 III; *K. Schmidt* in FS für *Fleck* S. 271 ff. (274); desgl. *Schwark* in FS für *Hensenius* S. 753 ff. (754); insb. die Entwicklungen auf dem europäischen Binnenmarkt machen deutlich, daß eine Einbeziehung der freien Berufe in den Unternehmensbegriff unaufhaltsam ist, vgl. *Hadding* in FS für *Rittner* S. 133 (135).

[335] *MK*, § 714 Rz. 27

aa) Zurechnung von Leistungsstörungen

Im Rahmen der Zurechnung der durch die Gesamthand zu vertretenen Umstände kommt nur die Akzessorietätstheorie unproblematisch zu einer Erstreckung der Haftung auf das Privatvermögen der Gesellschafter. Schwierigkeiten ergeben sich für die Doppelverpflichtungslehre, da es sich bei Leistungsstörungen um einzelwirkende Tatsachen im Sinne von § 425 BGB handelt, die grundsätzlich nur den die Erfüllung bewirkenden Gesellschafter-Geschäftsführer betreffen.[336] Für den Bereich der Anwaltshaftung kann es allerdings mittlerweile als gesicherte Rechtsprechung bezeichnet werden, daß alle Sozien bei einer Haftung wegen Schadensersatzes aus Vertragsverletzung nach Interessenlage und Verkehrsauffassung für den von einem von ihnen begangenen Fehler einzustehen haben.[337] Für die Rechtsanwaltssozietäten besteht daher insoweit kein Unterschied zwischen der Akzessorietätstheorie und der Doppelverpflichtungslehre.

bb) Haftung für gesetzliche Verbindlichkeiten

Nach der Aussage der Doppelverpflichtungslehre, derzufolge die Haftung der Gesellschafter auf einer rechtsgeschäftlichen Verpflichtung von Gesellschaft und Gesellschafter beruht, kommt eine Einstandspflicht für gesetzliche Verbindlichkeiten nicht in Betracht. Aus Gründen des Gläubigerschutzes oder wenn der Anspruch funktional an die Stelle des vertraglichen Anspruchs getreten ist, namentlich bei der Leistungskondiktion, oder wenn, im Falle der Geschäftsführung ohne Auftrag, der handelnde Gesellschafter im Interesse und entsprechend dem wirklichen oder mutmaßlichen Willen der übrigen Gesellschafter gehandelt hat, lassen die Vertreter der Doppelverpflichtungslehre Ausnahmen vom grundsätzlichen Haftungsausschluß der Gesellschafter zu.[338] Sowohl für vertragsähnliche als auch für gesetzliche Ansprüche aus Geschäftsführung ohne Auftrag und Leistungskondiktion kommt demnach eine Einstandspflicht sämtlicher Sozien in Betracht.[339]

Unterschiedliche Rechtsfolgen ergeben sich folglich nur im Hinblick auf Ansprüche aus Eingriffskondiktion und unerlaubter Handlung. Gerade im Bereich der Anwaltshaftung wird diese Divergenz jedoch keine großen Auswirkungen haben;

---

[336]   *Heckelmann* in FS für *Quack*, S. 243 (247/248); *Beuthien*, DB 1975, 725 (773/774); *MK-Ulmer*, § 714 Rz. 48

[337]   BGH, Urteil vom 06.07.1971, E 5, 355 (362); BGH, Urteil vom 24.01.1978, E 70, 247 (251 ff.); BGH, Urteil vom 21.04.1982, E 83, 328 (329 ff.); OLG Düsseldorf, Urteil vom 17.01.1995, AnwBl 1995, 193 (194); im einzelnen vgl. unten bb) (1)

[338]   BGH, Urteil vom 15.10.1973, E 61, 338 (343); *Lindacher*, JuS 1982, 36 (39); *Wiesner*, JuS 1981, 331 (335); *Heckelmann* in FS für *Quack*, S. 243 (249); *MK-Ulmer*, § 714 Rz. 54; *Soergel-Hadding*, § 714 Rz. 43; *Erman-H.P. Westermann*, § 818 Rz. 4 und 5

[339]   Vgl. im einzelnen unten 2.

denn in der Regel wird eine tatbestandsmäßige unerlaubte Handlung im Sinne des § 823 I BGB eine Schlechterfüllung des Vertrages zwischen der Sozietät und dem Mandanten darstellen.[340] Sollte dies allerdings einmal nicht der Fall sein, würden die Doppelverpflichtungslehre und die Akzessorietätstheorie zu unterschiedlichen Ergebnissen gelangen.

cc) Haftungserstreckung auf den neu eintretenden Sozius

Tritt ein neuer Gesellschafter in die Gesellschaft ein, so ergibt sich seine Haftung für die Altverbindlichkeiten der Gesellschaft, jedenfalls wenn es sich um eine unternehmenstragende Gesellschaft handelt, nach Auffassung der Vertreter der Akzessorietätstheorie aus § 130 HGB analog.[341] Die Vertreter der Doppelverpflichtungslehre lehnen demgegenüber jegliche persönliche Haftung des neu eintretenden Gesellschafters ab,[342] wenn nicht ausnahmsweise eine besondere Vereinbarung zwischen dem Eintretenden und dem Gläubiger getroffen wurde.[343] Dieser Unterschied besteht für Anwaltssozietäten gleichermaßen.

d) Stellungnahme

Die Doppelverpflichtungslehre und die Akzessorietätstheorie kommen, jedenfalls soweit es um Rechtsanwaltssozietäten geht, im Bereich der Haftung für gesetzliche Gesamthandsverbindlichkeiten und bezüglich der Haftungserstreckung auf neu eintretende Gesellschafter zu unterschiedlichen Ergebnissen. Es kann deshalb nicht dahingestellt bleiben, auf welche Weise die Haftung der Gesellschafter mit ihrem Privatvermögen zu begründen ist.

Eine analoge Anwendung der §§ 128 ff. HGB auf Rechtsanwaltssozietäten ist nicht zu rechtfertigen. Eine vergleichbare Interessenlage, wie sie Voraussetzung für die analoge Anwendung der §§ 128 ff. HGB ist, besteht nicht.[344] Sinn und Zweck der §§ 128 ff. HGB ist es, den Sicherungsbedürfnissen des Handelsverkehrs Rechnung zu tragen. Derartige Sicherungsbedürfnisse gibt es im geschäftlichen Verkehr mit den Rechtsanwaltssozietäten nicht. Den Rechtsanwälten wird

---

340 *Noll*, Persönliche und höchstpersönliche Leistung, S. 82
341 *K. Schmidt*, Gesellschaftsrecht, § 60 III S. 1792; *Flume*, AT, I 1 § 16 IV, S. 345; *Wiedemann*, JZ, 1980, 196 (197 ff.); a.A. *Kornblum*, Die Haftung der Gesellschafter für Verbindlichkeiten von Personengesellschaften, S. 69, aber wegen des sachlichen Zusammenhangs mit §§ 128; 129 HGB wenig folgerichtig, vgl. *Wiesner*, JuS 1981, 331 (335)
342 BGH, Urteil vom 30.04.1979, E 74, 240 (243); *Wiesner*, JuS 1981, 331 (335); *MK-Ulmer*, § 714 Rz. 65
343 BGH, Urteil vom 30.04.1979, NJW 1979, 1821 (1821)
344 BGH, Urteil vom 30.04.1970, E 74, 241 (242); *Wiesner*, JuS 1981, 331 (334)

durch die BRAO auferlegt, sich nicht gewerbsmäßig zu betätigen. Es soll nicht der Eindruck entstehen, der Anwalt würde sich bei seiner Berufsausübung von dem Streben nach Gewinn leiten lassen. Vielmehr muß das persönliche Verhältnis zum Mandanten und die Stellung als Organ der Rechtspflege im Rahmen der anwaltlichen Betätigung im Vordergrund stehen.[345]

Gerade dort, wo die Akzessorietätstheorie zu von der Doppelverpflichtungslehre abweichenden Ergebnissen führt, würde die Anwendung der §§ 128 ff. HGB die Rechtsanwälte zudem unangemessen benachteiligen. Begeht einer der am Zusammenschluß beteiligten Rechtsanwälte eine unerlaubte Handlung im Sinne der §§ 823 ff. BGB, die nicht gleichzeitig einen Schadensersatzanspruch nach den Regeln über die positive Vertragsverletzung begründet, wird sein Treiben mit der Berufsausübung allenfalls in mittelbarem Zusammenhang stehen. Warum seine Sozien dafür mit ihrem Privatvermögen einzustehen haben sollten, ist nicht ersichtlich. Dadurch wird der Geschädigte auch nicht schutzlos gestellt. Zum einen haftet der deliktisch handelnde Sozius persönlich, zum anderen bleibt die Haftung der übrigen Sozien mit ihrem Gesellschaftsvermögen bestehen; denn der Sozietät ist das Verschulden ihres Gesellschafters gemäß § 31 BGB analog zuzurechnen.[346]

Ebenso ungerechtfertigt ist es, den neu eintretenden Sozius für sämtliche Verbindlichkeiten der Kanzlei, die vor seinem Eintritt begründet wurden, einstehen zu lassen. Er hatte vor seinem Eintritt keine Möglichkeit, auf die Berufsausübung Einfluß zu nehmen und Schaden abzuwenden. Waren ursprünglich Sozien an der Gesellschaft beteiligt, die bei Eintritt des Neuen die Kanzlei bereits verlassen haben, müßte der Neueintretende sogar für die Fehler eines ihm Unbekannten haften. Sinn und Zweck einer Rechtsanwaltssozietät ist die gemeinsame, arbeitsteilige Berufsausübung. Diesem Zweck entsprechend muß die Einstandspflicht der Gesellschafter bestehen. Sobald die Anwälte ihren Beruf gemeinsam und möglicherweise auch arbeitsteilig ausüben, müssen sie für die von einem von ihnen verursachten Fehler einstehen. Eine Vorverlagerung dieses Zeitpunkt ist nicht, auch nicht aus Gründen des Vertrauensschutzes erforderlich; denn die Mandanten erwarten lediglich, daß sämtliche Anwälte, die sie beauftragt haben, für die von einem von diesen verursachten Schäden einstehen. Anders als bei den Handelsgesellschaften, bei denen die Firma des Unternehmens Träger des geweckten Vertrauens ist, stehen bei den Rechtsanwaltssozietäten die einzelnen Anwälte im Vordergrund. Die Haftung des Eintretenden für sämtliche Verbindlichkeiten der Gesellschaft ohne Rücksicht auf deren Entstehungszeitpunkt ist deshalb nicht gerechtfertigt.

---

345 Vgl. oben § 4 IV.
346 *Wiesner*, JuS 1981, 331 (335); *Beuthien*, DB 1975, 725 (729/774/775); *Heckelmann* in FS für *Quack*, S. 243 (248); *Schwark* in FS für *Hensenius*, S. 753 (763); *Sandberger/Müller-Graf*, ZRP 1975, 1 (2)

Des weiteren ist zu bedenken, daß eine Entscheidung für die Akzessorietätstheorie eine Entscheidung gegen die Möglichkeiten von Haftungsbeschränkungen
außerhalb von individualvertraglichen Vereinbarungen darstellt, § 128 S. 2
HGB.[347] § 51 a BRAO eröffnet den Rechtsanwälten aber die Möglichkeit, ihre
Haftung durch allgemeine Mandatsbedingungen zu beschränken und ist daher
meines Erachtens mit der Akzessorietätstheorie nicht in Einklang zu bringen.

Schließlich partizipieren die BGB-Gesellschaften nicht an den, den Handelsgesellschaften durch das HGB eröffneten Vorteilen, in haftungsrechtlicher Hinsicht
namentlich an der Möglichkeit der Einräumung einer Kommanditistenstellung.[348]

Demgegenüber bietet die Doppelverpflichtungslehre einen geeigneten Lösungsweg an. Durch die seitens der vertretungsberechtigten Gesellschafter abgegebenen Willenserklärungen werden sowohl die Gesellschaft als auch die Gesellschafter verpflichtet. Die Voraussetzungen des allgemeinen Stellvertretungsrechts der §§ 164 ff. BGB sind in aller Regel erfüllt.[349] Jeder Anwalt gibt
im Normalfall eine eigenen Willenserklärung ab. Da die Rechtsanwaltssozietäten
Erwerbsgesellschaften sind und sich der Grundsatz der Gesamtvertretung nicht
mit dem anwaltlichen Berufsrecht verträgt, ist jedem Gesellschafter grundsätzlich
die Befugnis zur Einzelgeschäftsführung und Einzelvertretung übertragen.[350] Zusätzlich muß der Sozius, damit die Voraussetzungen des § 164 I 1 BGB vorliegen, das Mandat sowohl im Namen der Sozietät als auch im Namen aller Sozien
annehmen. Nur in außergewöhnlichen Situationen, etwa wenn ein besonderes
Sicherungsinteresse des Mandanten besteht, wird es zu einer ausdrücklichen
Verpflichtung der Sozietät sowie jedes ihrer Mitglieder kommen.[351] In allen übrigen Fällen ist die Erklärung des handelnden Rechtsanwalts gemäß §§ 133; 157
BGB auszulegen. Die Rechtsanwaltssozietäten sind unternehmenstragende Gesellschaften. Diesen ist die gesamtschuldnerische, persönliche Haftung ihrer Gesellschafter eigen. Sie beruht nach der gemäß § 157 BGB maßgeblichen Verkehrsauffassung darauf, daß die Gesellschafter Gesamthandsverbindlichkeiten
eingehen[352] und als Sozietät auftreten. Dem Auftreten als Sozietät kann insoweit
Erklärungswert beigemessen werden.[353] Die Verkehrsauffassung wird durch die
Anordnung in § 51 a II 1 BRAO gestützt. Danach haften die Rechtsanwälte aus

347   *Heckelmann* in FS für *Quack*, S. 243 (246); *K. Schmidt*, in FS für *Fleck*, S. 271 (293
ff.); *Gummert*, ZIP 1993, 1063 (1065); *Kögel*, DB 1995, 2201 (2202); a.A. *Timm*, NJW
1995, 3209 (3217): Haftungsbegrenzung durch eine entsprechende Anwendung des
Modells der §§ 170; 171 HGB.
348   *MK-Ulmer*, § 714 Rz. 29
349   Für Ärzte: *Laufs/Uhlenbruck-Uhlenbruck*, Handbuch des Arztrechts, § 18 Rz. 14
350   Vgl. oben § 7 I. 5.
351   BGH, Urteil vom 06.07.1971, E 56, 355 (359); *Habersack*, JuS 1993, 1 (3/5)
352   BGH, Urteil vom 06.07.1971, E 56, 355 (359); *MK-Ulmer*, § 714 Rz. 29; *Brandes*, WM
1994, 569 (571); *Heermann*, DB 1994, 2421 (2423)
353   *Odersky* in FS für *Merz*, S. 439 (449/450); für eine Gemeinschaftspraxis von Ärzten, die
als Einheit auftritt: BGH, Urteil vom 25.03.2986, E 97, 273 (277)

dem zwischen der Sozietät und dem Auftraggeber bestehenden Vertragsverhältnis als Gesamtschuldner, werden mithin gesamtverbindlich verpflichtet. Nach der Verkehrsauffassung handelt der geschäftsführende Sozius daher in doppelt fremden Namen.[354]

Schließlich korrespondiert die per definitionem bestehende Verpflichtung aller Sozien zur Erfüllung des dem Zusammenschluß erteilten Mandates im Rahmen der eigenen beruflichen Befugnisse ebenfalls mit dem durch Auslegung nach der Verkehrssitte ermittelten (doppelten) Verpflichtungswillen des Handelnden. Soll der Anwaltsvertrag ausnahmsweise nicht mit allen Sozien geschlossen werden, muß dies im Einzelfall vereinbart sein oder besondere Umstände müssen auf das Vorliegen eines Einzelmandates hindeuten.[355]

2. Der Umfang der Haftung

Nach der Doppelverpflichtungslehre beruht die Haftung der Gesellschafter mit ihrem Privatvermögen folglich auf einer gemeinschaftlichen, rechtsgeschäftlichen Verpflichtung aller Gesellschafter im Sinne von § 427 BGB.[356] Diese Rechtslage wirft die Frage auf, ob die Gesellschafter auch für andere als vertragliche Erfüllungsansprüche persönlich zur Rechenschaft gezogen werden können.

a) Vertragliche Sekundärhaftung und vertragsähnliche Haftung

Ist die persönliche Haftung der Gesellschafter nicht ausnahmsweise ausgeschlossen worden, haftet jeder Gesellschafter aufgrund seiner rechtsgeschäftlich oder durch Rechtsschein begründeten Verpflichtung nach den Auslegungsregeln der §§ 427; 431 BGB auf den vollen Betrag.[357]

Als problematisch erweist sich die rechtliche Beurteilung grundsätzlich, wenn Leistungsstörungen auftreten, sei es im vertraglichen oder aber im vorvertraglichen Bereich. Dies kann u.a. der Fall sein, wenn Fremdgelder veruntreut worden sind, oder ein Rechtsanwalt es unterlassen hat, auf den Ablauf einer Verjährungsfrist hinzuweisen bzw. deren Lauf zu unterbrechen oder zu hemmen.[358] Im vorvertraglichen Bereich regelt § 44 BRAO einen Sonderfall der cul-

---

[354] BGH, Urteil vom 19.01.1995, NJW 1995, 1841 (1841); *Soergel-Leptien*, § 164 Rz. 15; *Hüffer*, Gesell-schaftsrecht, § 12 S. 100; *Vogels*, Haftung von Rechtsanwälten in der Sozietät, S. 143

[355] BGH, Urteil vom 06.07.1971, E 56, 355 (359); *Odersky* in FS für *Merz*, S. 439 (449/450); *Kaiser/Bellstedt*, Die Anwaltssozietät, Rz. 48

[356] Siehe oben § 9 II 1. a)

[357] *MK-Ulmer*, § 714 Rz. 45

[358] *Borgmann/Haug*, Anwaltshaftung, VII Rz. 7

pa in contrahendo. Nach dieser Vorschrift muß der Rechtsanwalt die Ablehnung eines Mandats unverzüglich mitteilen (S. 1), andernfalls ist er dem Mandanten zum Ersatz des durch die Verzögerung entstandenen Schaden verpflichtet (S. 2).[359] Ob sämtliche Sozien diese Schadensersatzpflicht trifft, ergibt sich aus § 44 BRAO nicht.

Bei der Verschuldenszurechnung handelt es sich grundsätzlich um eine einzelwirkende Tatsache im Sinne des § 425 II BGB, so daß eine Zurechnung an die übrigen Sozien ausgeschlossen sein müßte. § 425 II BGB postuliert indes kein zwingendes Gesetzesrecht. Gemäß § 425 I BGB kann sich aus dem Schuldverhältnis eine andere Regelung ergeben. Schuldverhältnis im Sinne des § 425 I BGB ist der die gesamtschuldnerische Haftung der Gesellschafter begründende Vertrag des geschäftsführenden Gesellschafters mit dem Gläubiger,[360] beziehungsweise das durch den vorvertraglichen, pflichtenbegründenden Kontakt im Sinne der culpa in contrahendo entstandene gesetzliche Schuldverhältnis. Damit sich aus diesem Schuldverhältnis "ein anderes" im Sinne des § 425 I BGB ergibt, ist es nicht erforderlich, daß die Vertragspartner ausdrückliche Haftungsabreden treffen. Ausreichend ist insofern, wenn sich aus der Natur des Schuldverhältnisses eine von § 425 II, I BGB abweichende Regelung ergibt.[361] Aus der Funktion und Zielsetzung des Vertrages, der Inanspruchnahme besonderen Vertrauens durch die Gesellschafter, das im Außenverhältnis die Gesellschaft prägt oder durch die besondere Verbundenheit der Gesamtschuldner,[362] wie sie bei den Gesellschaftern der Gesellschaft bürgerlichen Rechts in der Regel anzunehmen ist, kann sich "ein anderes" und damit eine Verschuldenszurechnung in Abweichung von § 425 II BGB rechtfertigen lassen.

Bei freiberuflichen Zusammenschlüssen muß man von einer grundsätzlichen Umkehrung der Regelung des § 425 BGB ausgehen, so daß eine Verschuldenszurechnung an die anderen Gesellschafter über § 278 S. 1 Alt.1 BGB erfolgt.[363] Dies gebieten die besondere Interessenlage und die Verkehrsauffassung.[364] Insbesondere in dem Bereich der Anwaltshaftung müssen die gesteigerten Erwartungen des Publikums im Hinblick auf einen gegenseitigen Einstandswillen bezüglich der von einem der Rechtsanwälte begangenen Fehler und das den Sozien

---

359   *Rinsche*, Die Haftung des Rechtsanwalts und des Notars, Rz. I 33
360   *Wiesner*, JuS 1981, 331 (334); speziell für Rechtsanwälte: *Borgmann/Haug*, Anwalts-
      haftung, VII Rz. 7; *Kornblum*, BB 1973, 218 (224)
361   *Erman-H.P. Westermann*, § 714 Rz. 14, § 425 Rz. 4; *Heckelmann* in FS für *Quack* S.
      243 (248); *Wiesner*, JuS 1981, 331 (334)
362   *Erman-H.P. Westermann*, § 425 Rz. 3; *Lach*, Formen freiberuflicher Zusammenarbeit, S.
      174 ff.; *Vogels*, Haftung von Rechtsanwälten in der Sozietät, S. 146
363   *Heckelmann* in FS für *Quack*, S. 243 (248)
364   BGH, Urteil vom 06.07.1971, NJW 1971, 1801 (1803); BGH, Urteil vom 28.09.95, DB
      1995, 2468 (2468); *MK-Selb*, § 425 Rz. 8; *Palandt-Heinrichs*, § 425 Rz. 8; *Erman-H.P.
      Westermann*, § 425 Rz. 4

von dem Rechtsverkehr entgegengebrachte Vertrauen berücksichtigt werden.[365] Der Mandant, der sich an eine Sozietät wendet, beauftragt diese, weil sie einen guten Ruf im Rechtsverkehr genießt. Er will sich die Vorteile der Sozietät zu Nutze machen und vertraut darauf, daß sämtliche Anwälte erforderlichenfalls bereit sind, sein Mandat zu bearbeiten. Diese Vorteile bewegen auch die Sozien - nicht zuletzt wegen ihrer Werbewirksamkeit - sich in einer Sozietät zusammenzuschließen.[366] Interessenlage und Verkehrsauffassung gebieten es nach alledem, dem Auftreten als Sozietät eine Einstandspflicht der Sozien für das Verschulden ihrer assoziierten Kollegen gegenüberzustellen. Es ist deshalb angemessen, dem Anwaltsvertrag Garantiefunktion beizumessen.[367] Diese Umkehrung erscheint in Anbetracht der Vorteile der gemeinsamen Berufsausübung auch nicht unbillig.[368]

b) Haftung für gesetzliche Verbindlichkeiten

Nach der Grundaussage der Doppelverpflichtungslehre, derzufolge die Haftung der Gesellschafter auf einer rechtsgeschäftlichen Verpflichtung von Gesellschaft und Gesellschafter beruht, kommt eine Einstandspflicht für gesetzliche Verbindlichkeiten nicht in Betracht.

aa) Ansprüche aus Geschäftsführung ohne Auftrag

Die Begründung von Aufwendungsersatzansprüchen aus Geschäftsführung ohne Auftrag gemäß §§ 683, 670 BGB weist keine besonderen Probleme auf. Eine persönliche Haftung der Gesellschafter nach § 427 BGB kommt lediglich in Betracht, wenn der geschäftsführende Rechtsanwalt sowohl im Interesse der Sozietät als auch im Interesse aller Sozien gehandelt hat und dies deren wirklichen oder mutmaßlichen Willen entsprach oder eine Genehmigung im Sinne von § 684 S. 2 BGB vorliegt.[369] Die Grundsätze der Geschäftsführung ohne Auftrag

---

[365] BGH, Urteil vom 06.07.1971, E 56, 355 (362); BGH, Urteil vom 24.01.1978, E 70, 247 (251 ff.); BGH, Urteil vom 21.04.1982, E 83, 328, (329 ff.); BGH, Beschluß vom 24.11.1972, BB 1973, 310 (310); *Heckelmann* in FS für *Quack* S. 243 (248); *MK-Ulmer*, § 714 Rz. 49; *Sandberger/Müller-Graf*, ZRP 1975, 1 (2); *Jauernig-Stürner*, § 715 Rz. 4

[366] BGH, Urteil vom 06.06.1971, E 56, 355 (359 ff.)

[367] *Jauernig-Stürner*, § 715 Rz. 7

[368] *Nicknig*, Die Haftung der Mitglieder einer BGB Gesellschaft für Gesellschaftsschulden, S. 13 ff. (15)

[369] *Habersack*, JuS 1993, 1 (4); *MK-Ulmer*, § 714 Rz. 45; *Nicknig*, Die Haftung der Mitglieder einer BGB-Gesellschaft für Gesellschaftsschulden, S. 65 ff.; *Soergel-Hadding*, § 714 Rz. 44

können beispielsweise zur Anwendung gelangen, wenn ein Sozius seine Geschäftsführungsbefugnisse überschreitet.[370]

bb) Deliktisch begründete Gesellschaftsschulden

Im Bereich der deliktischen Haftung kann das Verschulden entweder über § 831 BGB oder über § 31 BGB zugerechnet werden. Eine Haftung aus unerlaubter Handlung kommt beispielsweise in Betracht, wenn der Rechtsanwalt zur Unzeit - etwa kurz vor Beginn der Hauptverhandlung im Strafverfahren - droht, das Mandat niederzulegen, wenn nicht der Mandant eine Gebührenvereinbarung unterschreibt.[371]

Das Verschulden des handelnden Rechtsanwalts wird der Gesellschaft bürgerlichen Rechts über § 31 BGB analog zugerechnet,[372] nicht aber den Gesellschaftern.[373] Da der unerlaubt handelnde Rechtsanwalt weder Organ der übrigen Sozien noch deren Verrichtungsgehilfe ist, ist nicht nur § 31 BGB, sondern auch § 831 BGB ungeeignet, eine Haftung der Mitglieder herbeizuführen.[374] Diese Vorschrift kann allenfalls zur Anwendung kommen, wenn es um die Haftung für deliktisches Verhalten gesellschaftsfremder, sorgfaltswidrig ausgewählter Gehilfen geht.[375]

Eine Haftung mit dem Privatvermögen für deliktisch begründete Gesellschaftsschulden, auch im Bereich der Gefährdungshaftung, kommt für diejenigen Anwälte, die in eigener Person eine unerlaubte Handlung nicht begangen haben, deshalb nicht in Betracht. Es fehlt insofern an einer gesetzlichen Grundlage.[376]

Durch diese Rechtslage kann es zu einer unterschiedlichen Haftung der Gesellschafter kommen, je nach dem, ob der Geschädigte vertragliche oder deliktische Ansprüche geltend macht; denn eine tatbestandsmäßige unerlaubte Handlung im Sinne des § 823 I BGB wird in der Regel eine Schlechterfüllung des Vertrages zwischen der Sozietät und dem Mandanten darstellen.[377] Der Mandant wird sich

---

370 Ob und in welchem Umfang die Regeln der GoA anwendbar sind, ist streitig; vgl. *MK-Ulmer*, § 708 Rz. 8 ff.

371 *Rinsche*, Die Haftung des Rechtsanwalts und des Notars, Rz. I 38

372 *Wiesner*, JuS 1981, 331 (335); *Beuthien*, DB 1975, 725 (774/775); *Heckelmann* in FS für *Quack* S. 243 (248); *Schwark* in FS für *Hensenius* S. 753 (763)

373 *Beuthien*, DB 1975, 725 (775); *Kaiser/Bellstedt*, Die Anwaltssozietät, Rz. 84; *Hartstang*, Anwaltsrecht, S. 592 ff.

374 *Sandberger/Müller-Graf*, ZRP 1975, 1 (2)

375 *Habersack*, JuS 1993, 1 (3); *Heckelmann* in FS für *Quack* S. 243 (248)

376 *Habersack*, JuS 1993, 1 (3); *MK-Ulmer*, § 714 Rz. 44; *Erman-H.P. Westermann*, § 714 Rz. 26; *Soergel-Hadding*, § 714 Rz. 38 ff. (40); *Taupitz*, Haftung des Freiberuflers, S. 19 (35)

377 *Noll*, Persönliche und höchstpersönliche Leistung, S. 82

deshalb auf die vertraglichen Ansprüche stützen, um eine Mithaftung sämtlicher Sozien zu erreichen. Dritten - sind sie nicht ausnahmsweise gemäß § 328 BGB in den Schutzbereich des Anwaltsvertrages einbezogen, wie es z.b. bei Ehelichkeitsanfechtungen denkbar ist[378] - steht diese Möglichkeit nicht offen.

cc) Bereicherungshaftung

Gleiches wie für die deliktische Verantwortlichkeit muß grundsätzlich auch für die bereicherungsrechtliche Haftung gelten, die beispielsweise in Betracht kommt, wenn zuviel oder zu Unrecht gezahlte Gebühren zu erstatten sind; denn hier fehlt ebenfalls ein besonderer Verpflichtungsgrund gegenüber den Rechtsanwälten persönlich.[379] Dies ist dann unbedenklich, wenn sich der Bereicherungsgegenstand noch im Vermögen der Gesellschaft befindet und die Durchsetzung eines gegen diese gerichteten Anspruchs somit Aussicht auf Erfolg hat.[380] Desgleichen unbedenklich ist der Ausschluß der persönlichen Gesellschafterhaftung, falls eine Eingriffskondiktion in Rede steht.[381]

Demgegenüber erscheint eine Ausnahme vom Grundsatz der Nichthaftung der Rechtsanwälte mit ihrem Privatvermögen für gesetzliche Verbindlichkeiten bei der Leistungskondiktion angebracht; denn diese regelt die Rückabwicklung fehlgeschlagener oder vermeintlich bestehender Verträge, so daß eine starke Annäherung an die rechtsgeschäftlichen Ansprüche und damit an die vertragliche Haftung gegeben ist.[382] Zwar ist eine gesetzliche Verpflichtung der Gesellschafter nicht gegeben, da aber der Anspruch aus Leistungskondiktion funktional an die Stelle des nicht (mehr) bestehenden vertraglichen Anspruchs tritt, entspricht die Einstandspflicht der Sozien den Interessen der Parteien des fehlgeschlagenen oder vermeintlichen Vertragsverhältnisses.[383] Die Erfüllung dieses Anspruchs würden die Gesellschafter aufgrund ihrer persönlichen Verpflichtung gesamtschuldnerisch nach §§ 51 a II 1 BRAO, 427 BGB schulden. Erbringt der Gläubiger seine Leistung im Vertrauen auf die Wirksamkeit des Vertrages und die zu-

---

378 OLG Hamm, Urteil vom 19.09.1985, MDR 1986, 1026 (1026/1027)

379 *MK-Ulmer*, § 714 Rz. 53; *Habersack*, JuS 1993, 1 (3); *Wiesner*, JuS 1981, 331 (335)

380 *Heckelmann* in FS für *Quack* S. 243 (249); *Kornblum*, Die Haftung der Gesellschafter für Verbindlichkeiten von Personengesellschaften, S. 46/47; befindet sich der Gegenstand im Gesellschaftsvermögen, steht diesem Vermögenswert auf der Passivseite der Anspruch aus § 812 BGB gegenüber. Es liegt deshalb keine Bereicherung der einzelnen Gesellschafter durch eine Erhöhung des Wertes ihres Gesellschaftsanteils vor. Außerdem könnte ein solche Vermögensmehrung ggfs. erst nach einer Auseinandersetzung realisiert werden; *Habersack*, JuS 1993, 1 (4); *Soergel-Hadding*, § 714 Rz. 41; *Lindacher*, JuS 1982, 36 (39).

381 *Lindacher*, JuS 1982, 36 (39); *Habersack*, JuS 1983, 1 (4); *MK-Ulmer*, § 714 Rz. 53; *Soergel-Hadding*, § 714 Rz. 43; *Wiesner*, JuS 1981, 331 (335)

382 *Lindacher*, JuS 1982, 36 (39)

383 *MK-Ulmer*, § 714 Rz. 56; *Wiesner*, JuS 1981, 331 (335)

sätzliche Sicherung durch die persönliche Gesellschafterhaftung, verdient dieses Vertrauen den Schutz der Rechtsordnung. Des weiteren ist es dem Gläubiger - im Gegensatz zu den Gesellschaftern - nicht zuzumuten, den Verbleib der Bereicherung zu erforschen.[384] Die Auslegungsregel des § 427 BGB ist jedoch in direkter Anwendung nicht geeignet, die diesbezügliche Rechtsgrundlage zu liefern. Auch im Wege einer ergänzenden Vertragsauslegung dahingehend, daß die Gesellschafter gegebenenfalls auch für Ansprüche aus Leistungskondiktion einstehen wollen, kann - wegen der Nichtigkeit des Vertrages - eine Grundlage für die persönliche Haftung der Gesellschafter nicht gewonnen werden.[385] Dennoch entspricht die persönliche Haftung der Gesellschafter mit ihrem Privatvermögen der Billigkeit.[386] Indem die Gesellschafter einer Rechtsanwaltssozietät im Rechtsverkehr als solche auftreten, wecken sie gegenüber ihren Vertragspartnern das Vertrauen auf eine zusätzliche Sicherung durch die gesamtschuldnerische (§§ 51 a II 1 BRAO, 427 BGB) Haftung mit ihrem Privatvermögen für vertragliche Verbindlichkeiten. Gleichzeitig begründen die Sozien die berechtigte Erwartung des Geschäftspartners, daß ihr persönlicher Einstandswille die Rückgewähr der in Vollzug eines vermeintlich wirksamen Vertrages erbrachten Leistungen im Falle seiner Unwirksamkeit umfaßt.[387] Die berechtigten Interessen des Mandanten und das Auftreten der Sozietät rechtfertigen es daher,[388] wenn die Sozien auch im Falle der Leistungskondiktion in entsprechender Anwendung des § 427 BGB gesamtschuldnerisch haften.[389]

Eine Durchbrechung des Grundsatzes, wonach die Gesellschafter für gesetzliche Verbindlichkeiten in der Regel nicht mit ihrem Privatvermögen haften, ist für die Leistungskondiktion somit geboten.[390] Den Interessen der Gesellschafter wird durch eine sachgerechte Anwendung der §§ 818 ff. BGB genüge getan. Sie können einwenden, die Bereicherung sei bereits weggefallen, § 818 III BGB.[391]

---

[384] BGH, Urteil vom 15.10.1973, E 61, 338 (344)
[385] Dieser Ansicht ist *Habersack*, JuS 1993, 1 (4); seiner Meinung nach schlägt der Mangel des Vertrages mit der GbR nicht unbedingt auf denjenigen mit den Gesellschaftern durch. Dies kann wegen der grds. Identität zwischen Gesellschafts- und Gesellschafterschuld und der Hand in Hand gehenden Verpflichtung von Gesellschaft und Gesellschafter nicht den Regelfall darstellen.
[386] *Heckelmann* in FS für *Quack* S. 243 (249).
[387] *Lindacher*, JuS 1982, 36 (39)
[388] *Lindacher*, JuS 1982, 36 (39)
[389] BGH, Urteil vom 15.10.1973, E 61, 338 (343)
[390] Dies entspricht im Ergebnis der h.M.: BGH, Urteil vom 15.10.1973, E 61, 338 (343); *Soergel-Hadding*, § 714 Rz. 43; *MK-Ulmer*, § 714 Rz. 56; *Erman-H.P. Westermann*, § 818 Rz. 4; 5; *Lindacher*, JuS 1982, 36 (39); *Heckelmann* in FS für *Quack* S. 243 (249); *Wiesner*, JuS 1981, 331 (335); *Schwark* in FS für *Hensenius*, S. 753 (766)
[391] BGH, Urteil vom 15.10.1973, E 61, 338 (344/345)

IV. Ergebnis

Die Haftung der in einer BGB-Außengesellschaft zusammengeschlossenen Rechtsanwälte stellt sich zusammenfassend wie folgt dar:

Grundsätzlich haften sie im vertraglichen wie im vorvertraglichen Bereich gesamtschuldnerisch nach §§ 51 a II 1 BRAO, 427 BGB. Gleiches gilt für Ansprüche auf Verwendungsersatz aus Geschäftsführung ohne Auftrag, soweit deren Voraussetzungen auch gegenüber den Gesellschaftern erfüllt sind, ebenso für solche aus Leistungskondiktion. Die persönliche Gesellschafterhaftung ist demgegenüber bei Ansprüchen aus Eingriffskondiktion oder unerlaubter Handlung ausgeschlossen, es sei denn, ein Gesellschafter erfüllt deren Tatbestandsvoraussetzungen in eigener Person.

§ 10 Die Haftungsbegrenzung

Selbst im vertraglichen Bereich ist die Haftung des Rechtsanwalts mit seinem Privatvermögen jedoch nicht zwingend. Das BGB-Gesellschaftsrecht ist - wie auch die BRAO - durchaus für eine Begrenzung des Haftungsrisikos offen, sei es durch Individualvereinbarung, durch allgemeine Geschäftsbedingungen oder durch gesellschaftsvertragliche Regelungen.

I. Zulässigkeit von Haftungsbeschränkungen in anwaltlichen Zusammenschlüssen

Die grundsätzliche Zulässigkeit von Haftungsbeschränkungen in anwaltlichen Zusammenschlüssen war jedoch nicht immer unstreitig. Die Auffassung,[392] der besondere Charakter des Rechtsanwaltsberufs als freier Beruf könnte eine vom allgemeinen BGB-Gesellschaftsrecht abweichende Beurteilung der haftungsrechtlichen Situation im Sinne einer zwingenden persönlichen Haftung sämtlicher Rechtsanwälte erfordern, ist nach der Einführung des § 51 a BRAO jedoch nicht mehr haltbar. Daß bei den freiberuflichen Zusammenschlüssen die persönliche Verpflichtung aller Gesellschafter sowie deren solidarische Haftung im Vordergrund steht, da die gemeinsame Berufsausübung das entscheidende Kriterium der Sozietät ist, steht dazu nicht im Widerspruch.

Dem besonderen Verhältnis zwischen Freiberufler und Auftraggeber kann aber auch außerhalb der Regelung des § 51 a BRAO durch gesteigerte Anforderungen an die Wirksamkeit einer Haftungsbeschränkung Rechnung getragen werden, so

---

[392] *Erman-H.P. Westermann*, § 714 Rz. 13; *Henssler*, NJW 1993, 2137 (2138/39); *K. Schmidt*, Handelsrecht, § 4 I S. 69

daß das Vertrauen, das der Rechtsverkehr den Freien Berufen entgegenbringt, nicht erschüttert wird.[393] Eine Beeinträchtigung des Vertrauensverhältnisses wäre beispielsweise ausgeschlossen, wenn der Auftraggeber des Rechtsanwalts mit einer Beschränkung der Haftung rechnen müßte. Die Sicherung der Stellung des Rechtsanwalts als Organ der Rechtspflege und der Schutz des Vertrauens der Allgemeinheit in die freiberufliche Tätigkeit muß heute nicht mehr zwingend im Wege einer unbeschränkten Haftung gewährleistet werden. Der Wettbewerb und die Konsequenzen des Arbeitsmarktes ersetzen deren Präventivfunktion weitestgehend.[394] Durch ein grundsätzliches Verbot von Haftungsbeschränkungen oder eine Beschränkung der diesbezüglichen Möglichkeiten würde zudem ein Wettbewerbsnachteil der Rechtsanwälte gegenüber der in Konkurrenz stehenden Freiberufler - namentlich der Steuerberater und Wirtschaftsprüfer - geschaffen, da denen die GmbH unstreitig offensteht.[395] Zwar sind die Sozietäten nicht verpflichtet, ein dem Haftungsrisiko entsprechendes Garantiekapital zu bilden, wie es beispielsweise bei den Kapitalgesellschaften vorgeschrieben ist. In den allermeisten Fällen wird eine Absicherung der Mandanten aber dadurch erreicht, daß die Rechtsanwälte berufsrechtlicherseits (§ 51 BRAO) angehalten werden, Haftpflichtversicherungen abzuschließen.[396]

Eine abweichende Beurteilung der anwaltlichen BGB-Außengesellschaften gegenüber den sonstigen Erwerbsgesellschaften des bürgerlichen Rechts hinsichtlich der grundsätzlichen Zulässigkeit von Haftungsbeschränkungen ist daher nicht gerechtfertigt.

---

[393] *Taupitz*, Haftung des Freiberuflers, S. 19 (25); *Kaiser/Bellstedt*, Die Anwaltssozietät, Rz. 90; *Vogels*, Haftung von Rechtsanwälten in der Sozietät, S. 153 ff.; man wird die Anforderungen höher ansetzen können, als sie für die gewerblich ausgerichteten GbRs bestehen; vgl. *Henssler* NJW, 1993, 2137 (2139); gegen die Zulässigkeit von Haftungsbeschränkungen außerhalb von § 51 a BRAO: *Wellensiek* in FS für *Brandner*, S. 727 (733)

[394] *Michalski*, Das Gesellschafts- und Kartellrecht der berufsrechtlich gebundenen freien Berufe, § 8 S. 276

[395] BGH, Urteil vom 25.06.1992, BB 1992, 2026 (2026); *Henssler*, NJW 1993, 2137 (3129); OLG Düsseldorf, Urteil vom 22.02.1990, NJW 1990 (2133/34) für einen Wettbewerbsvorteil, aber gegen eine Haftungsbeschränkung durch Auftreten als GbR mit beschränkter Haftung; *Henssler*, AnwBl. 1993, 541 (545), bezeichnet die Möglichkeit einer sachgerechten Haftungsbeschränkung als Bedingung zur Wettbewerbsfähigkeit.

[396] Für eine Absicherung durch Kapitalerhaltungs- bzw. -sicherungsvorschriften oder durch eine Pflichtversicherung: *Sandberger/Müller-Graf*, ZRP 1975, 1 (3/4).

II. Möglichkeiten einer Haftungsbeschränkung

Haftungsbeschränkungen sind in mehrfacher Hinsicht denkbar und in vielen Punkten umstritten:[397]

1. Individualvereinbarung oder vorformulierte Vertragsbedingungen, insbesondere § 51 a BRAO

Die persönliche Gesellschafterhaftung kann zum einen durch ausdrückliche oder stillschweigende Vereinbarung mit dem Gläubiger sowie durch allgemeine Mandatsbedingungen beschränkt werden. § 51 a BRAO regelt die diesbezüglichen Voraussetzungen und Grenzen.[398]

2. Vertretungsmachtsbeschränkung im Gesellschaftsvertrag

Gemäß § 714 BGB kann die Vertretungsmacht des geschäftsführenden Gesellschafters beschränkt werden. Aus diesem Grund ist, geht man von der hier vertretenen Doppelverpflichtungslehre aus, eine Beschränkung beziehungsweise ein Ausschluß der persönlichen Gesellschafterhaftung daher des weiteren durch eine Beschränkung der Vertretungsmacht des geschäftsführenden Gesellschafters grundsätzlich möglich.[399] Die Vertretungsbefugnis kann im Rahmen des Gesellschaftsvertrages beispielsweise dahingehend begrenzt werden, daß dem Geschäftsführer die Verpflichtung des Gesellschaftsvermögens, nicht aber der einzelnen Gesellschafter gestattet ist.[400] Sieht der Gesellschaftsvertrag eine Regelung vor, durch die die Haftung auf das Gesellschaftsvermögen begrenzt wird, ist dies als Begrenzung der Vertretungsmacht auszulegen.[401] Fraglich und streitig ist allerdings, ob die Beschränkung der Vertretungsmacht dem Geschäftsgegner offenkundig sein muß, ob es ausreichend ist, wenn er diesen Umstand erkennen kann oder ob es möglicherweise dem Geschäftsgegner allein obliegt, Vorliegen und Umfang der Vertretungsmacht zu überprüfen. Die h.M.[402] läßt Erkennbarkeit ausreichen, während eine Mindermeinung[403] Offenkundigkeit verlangt. Welche Anforderungen an die Wirksamkeit der Haftungsbegrenzung durch Beschrän-

---

[397] *Kögel*, DB 1995, 2201 (2202); *Frangenberg*, Haftungsbeschränkungen bei unternehmenstragenden Gesellschaften bürgerlichen Rechts, S. 65 ff.

[398] Vgl. oben § 6

[399] BGH, Urteil vom 12.03.1990, BB 1990, 1085 (1085); OLG Hamm, Urteil vom 07.12.1984, NJW 1985, 1846 (1846); *Wellkamp*, NJW 1993, 2715 (2716); *Henssler*, JZ 1993, 155 (155)

[400] BGH, Urteil vom 25.10.1984, NJW 1985, 619 (619); *Heckelmann* in FS für *Quack*, S. 243 (249)

[401] OLG Hamm, Urteil vom 07.12.1984, NJW 1985, 1846 (1846)

[402] *Soergel-Hadding*, § 714 Rz. 32; *MK-Ulmer*, § 714 Rz. 34 mwN

[403] *Esser*, Schuldrecht BT, Bd. II, 4. Aufl., § 95 III S. 285

kung der Vertretungsmacht zu stellen sind, läßt sich jedoch nicht pauschal be-
antworten. Maßgeblich ist, ob es um den Ausschluß der persönlichen Haftung
der nicht unmittelbar am Vertragsschluß beteiligten Gesellschafter oder ob es um
den Haftungsausschluß für den Handelnden geht.[404]

a) Für die nicht unmittelbar am Vertragsschluß beteiligten Gesellschafter

Wollen die nicht unmittelbar am Vertragsschluß beteiligten Rechtsanwälte ihre
Haftung auf das Gesellschaftsvermögen begrenzen und mithin ihre persönliche
Verantwortlichkeit ausschließen, indem sie eine entsprechende Vereinbarung in
den Gesellschaftsvertrag aufnehmen, begegnet dies aus vertretungsrechtlicher
Sicht keinen Bedenken. Wie bei jeder Vollmacht obliegt es dem Dritten grundsätzlich, Vorhandensein und Umfang der Vertretungsberechtigung zu überprüfen.[405] Andererseits kann im Interesse des Rechtsverkehrs von dem jeweiligen
Mandanten nicht stets verlangt werden, Einblick in den Gesellschaftsvertrag zu
nehmen oder sich die Vollmachtsurkunde vorlegen zu lassen;[406] denn bei der Gesellschaft bürgerlichen Rechts gilt das Regel-Ausnahme-Prinzip von unbe-
schränkter zu beschränkter Haftung, so daß der Verkehr bei dieser Gesellschaftsform und insbesondere bei den Rechtsanwaltssozietäten, bei denen Haftungsbegrenzungen bislang höchst selten anzutreffen waren, auf die unbeschränkte Haftung der Gesellschafter vertraut.[407]

Der Widerspruch zwischen dem Umfang der Vertretungsmacht nach dem Gesellschaftsvertrag, respektive nach Vertretungsrecht und dem Umfang nach der Verkehrsauffassung ist jedoch zu lösen; denn auch nach den allgemeinen Regeln des
Stellvertretungsrechts ist der Umfang der Vollmacht im Zweifel durch Auslegung
zu ermitteln, so daß maßgebend ist, wie der Erklärungsempfänger das Verhalten
des Vollmachtgebers verstehen durfte. Bei den verkehrstypischen Vollmachten
wird man daher von einem verkehrsüblichen Umfang ausgehen können.[408] Dementsprechend kann bei Mitgliedern einer Anwaltssozietät davon ausgegangen
werden, daß der Vertrag im Zweifel mit allen Sozien abgeschlossen wird und
demgemäß ein jeder von ihnen grundsätzlich unbeschränkt persönlich haftet.[409]

---

[404] *MK-Ulmer*, § 714 Rz. 34
[405] *Soergel-Hadding*, § 714 Rz. 32; *Heckelmann* in FS für *Quack* S. 243 (251); *Wellkamp*,
       NJW 1993, 2715 (2716); *Heermann*, BB 1994, 2421 (2423)
[406] Dieser Ansicht sind aber *Soergel-Hadding*, 11. Aufl., § 714 Rz. 32; *RGRK-v. Gamm*, §
       714 Rz. 7; *Nicknig*, Die Haftung der Mitglieder einer BGB-Gesellschaft für
       Gesellschaftsschulden, S. 25.
[407] BGH, Urteil vom 25.06.1992, BB 1992, 2026 (2027); *Erman-H.P. Westermann*, § 714
       Rz. 12; *Heckelmann* in FS für *Quack* S. 243 (251); *MK-Ulmer*, § 714 Rz. 35/36;
       Heermann, BB 1994, 2421 (2423); *Henssler*, JZ 1993, 155 (156)
[408] *Palandt-Heinrichs*, § 167 Rz. 5; *MK-Schramm*, § 167 Rz. 64/67
[409] BGH, Urteil vom 17.10.1989, NJW 1990, 827 (827); BGH, Urteil vom 25.03.1989, E
       97, 273 (277)

Gerade in freiberuflichen Zusammenschlüssen geht die Verkehrsauffassung dahin, daß eine unbeschränkte Bevollmächtigung aller Sozietätsmitglieder dem verkehrsüblichen Umfang entspricht.[410] Eine Sozietät bietet dem Mandanten gerade die aus der gemeinsamen Berufsausübung erwachsenden Vorteile wie Spezialisierung, Abstimmung, Beratung und gegenseitige Vertretung an. Wenden sich anwaltliche Zusammenschlüsse an den Rechtsverkehr, so erklären sie durch ihr Auftreten als Gemeinschaft, als solche zur Verfügung stehen zu wollen und zur Erfüllung der abgeschlossenen Verträge verpflichtet zu sein. Dementsprechend sind die Erwartungen des Rechtsverkehrs. Das Publikum will all diese, aus der gemeinschaftlichen Berufsausübung erwachsenden Vorteile für sich in Anspruch nehmen. Die erhöhten Erwartungen des Rechtsverkehrs bewirken, daß dem Geschäftsgegner die Prüfungslast für das Bestehen und den Umfang der Bevollmächtigung der einzelnen Sozien im Rahmen von Rechtsanwaltssozietäten nicht allein auferlegt werden kann.

Fraglich ist, ob die Erwartungen des Rechtsverkehrs zusätzliche Pflichten für die Rechtsanwälte in dem Sinne begründen können, daß diese ihre Vertretungsbegrenzung und die daraus resultierende Haftungsbeschränkung offenkundig machen müssen. Dies setzt eine entsprechende Schutzbedürftigkeit des Rechtsverkehrs voraus.[411] Im Vergleich der widerstreitenden Interessen, einerseits der Rechtsanwälte an einer Begrenzung ihrer Haftung und andererseits der Auftraggeber an einer unbeschränkten Einstandspflicht der Sozien, ergibt sich in Anbetracht des hohen Berufsrisikos kein eindeutiges Übergewicht für die Interessen der Auftraggeber.[412] Gemäß § 714 BGB ist die Vertretungsmacht des Geschäftsführers einer Gesellschaft bürgerlichen Rechts grundsätzlich beschränkbar. Bestimmungen oder allgemeine Rechtssätze, die an eine Vertretungsmachtsbeschränkung Offenkundigkeitsvoraussetzungen stellen, existieren nicht.[413] Der Geschäftspartner kann daher auch nicht auf das Bestehen einer unbeschränkten Vollmacht vertrauen. Die Forderung nach Offenkundigkeit ist demzufolge nicht zu rechtfertigen.

Der Mandant ist aber auch nicht gehalten, Vorliegen und Umfang der Vertretungsmacht zu prüfen, wenn keine besonderen Anhaltspunkte vorliegen, die Anlaß geben, an einer unbeschränkten Bevollmächtigung zu zweifeln. Das Auftreten als Gesellschaft bürgerlichen Rechts und insbesondere dasjenige als Sozietät im Rechtsverkehr begründet wegen der gesteigerten Erwartungshaltung der Öf-

---

[410] *Odersky* in FS für *Merz* S. 439 (449) für den Anwaltsbereich; für Erwerbsgesellschaften allgemein: *Henssler*, JZ 1993, 153 (156)

[411] Die BGB-Gesellschaften sind anders als die Personenhandelsgesellschaften gerade nicht auf einen erhöhten Verkehrsschutz angelegt; *Heckelmann* in FS für *Quack* S. 243 (251).

[412] *Henssler*, NJW 1993, 2137 (2139) spricht sich für eine Möglichkeit der Haftungsbeschränkung bei Erkennbarkeit aus und anerkennt ein berechtigtes Interesse der Freiberufler, wobei keine Restriktionen zulässig seien.

[413] OLG Hamm, Urteil vom 07.12.1984, NJW 1985, 1846 (1846)

fentlichkeit und der Auslegungsregel des § 714 BGB den Rechtsschein einer unbeschränkten Bevollmächtigung des geschäftsführenden Gesellschaf-ters[414] kraft
Einräumung einer Stellung, ähnlich den Vorschriften der §§ 170; 171 BGB über
die Fortgeltung einer Vollmacht kraft Rechtsscheins bzw. entsprechend den
Grundsätzen der Duldungs- oder Anscheinsvollmacht.[415] Die §§ 170; 171 BGB
gewähren einen gesteigerten Vertrauensschutz, wenn eine Vollmacht in besonderer Weise bekannt gemacht worden ist, es sei denn, der Dritte hatte gemäß § 173
BGB Kenntnis vom ihrem Erlöschen beziehungsweise mußte davon Kenntnis
haben. Die Grundsätze der Duldungs- und Anscheinsvollmacht schützen den
Vertragspartner, der nach Treu und Glauben vom Vorliegen einer - tatsächlich
nicht gegebenen - (unbegrenzten) Bevollmächtigung ausgehen darf, weil der oder
die Geschäftsherren den Rechtsschein dieser Vollmacht in zurechenbarer Weise
gesetzt haben.[416] Dieser Vertrauensschutz gilt im Verhältnis Sozietät-
Rechtsanwalt-Mandant entsprechend.

Wendet sich ein Mandant an eine Sozietät, möchte er von dieser umfassend beraten und vertreten werden. Er vertraut den persönlichen Fähigkeiten der assoziierten Anwälte. Als Rechtsunkundiger muß er sich auf das verlassen, was ihm -
ausdrücklich oder konkludent - mitgeteilt wird. Treten die Rechtsanwälte als
"Sozietät" auf, so erwecken sie bei dem rechtssuchenden Publikum den Eindruck, sich gegenseitig vertreten zu dürfen, arbeitsteilig ihren Beruf auszuüben
und unbeschränkt für die Fehler der anderen einzustehen.[417] Diesen Eindruck -
den Rechtsschein einer unbeschränkten Bevollmächtigung, wie er den Sozietäten
als Erwerbsgesellschaften eigen ist - müssen die Rechtsanwälte zerstören. Aus
diesen Gründen erscheint es gerechtfertigt, § 173 BGB oder die Grundsätze der
Duldungs- und Anscheinsvollmacht auch in den Fällen anzuwenden, in denen die
Vertretungsmacht der geschäftsführenden Gesellschafter von Rechtsanwaltssozietäten eingeschränkt werden soll.[418]

Deshalb ist dem Mandanten die Beschränkung der Vertretungsmacht gemäß §
173 BGB gegenüber nur wirksam, wenn er diesen Umstand kannte oder fahrlässig, unter Außerachtlassung der im Verkehr erforderlichen Sorgfalt (§§ 276; 122
II BGB), nicht kannte, wobei keine allgemeine Erkundigungspflicht besteht. Der

---

[414] *Kögel*, DB 1995, 2201 (2203)
[415] *MK-Schramm* § 170 Rz. 1; *Heckelmann* in FS für *Quack* S. 243 (251); *K. Schmidt*, DB
       1973, 653 (656); *Odersky* in FS für *Merz*, S. 439 (450); *Hadding* in FS für *Rittner*, S.
       133 (139)
[416] *Palandt-Heinrichs*, § 173 Rz. 10 ff.
[417] *Odersky* in FS für *Merz*, S. 439 (450); *Brandes*, WM 1989, 1357 (1358)
[418] BGH, Urteil vom 25.06.1992, BB 1992, 2026 (2027); *Soergel-Leptien*, § 173 Rz. 2;
       MK-Schramm, § 173 Rz. 9; *Palandt-Heinrichs*, § 173 Rz. 2; *Erman-Brox*, § 173 Rz. 6,
       § 171 Rz. 2; *Sandberger/Müller-Graf*, ZRP 1975, 1 (3)

Vertragspartner ist vielmehr erst dann gehalten, Nachforschungen anzustellen, wenn Anlaß zu Zweifeln besteht.[419]

Demnach ist es ausreichend aber auch erforderlich, daß die in anwaltlichen Zusammenschlüssen Tätigen ihre Vertretungsbegrenzung erkennbar machen,[420] so daß bei den Geschäftspartnern Zweifel am unbegrenzten Umfang der Vollmacht geweckt werden und damit ein Anlaß zur Nachprüfung gegeben wird.[421] Um nicht nach den Grundsätzen des Rechtsscheins zu haften, etwa aufgrund einer Duldungs- oder einer Anscheinsvollmacht,[422] müssen die Angehörigen von Rechtsanwaltssozietäten daher bestimmte Vorkehrungen treffen, diesen Rechtsschein auszuschließen.[423]

Der Rechtsschein kann unter anderem durch einen ausdrücklichen Hinweis vollständig beseitigt werden. Ausreichend ist es, wenn beim Geschäftsgegner Zweifel hervorgerufen werden etwa durch das Handeln unter einem die Beschränkung angebenden Namen, beispielsweise auf dem Briefkopf, oder durch sonstige Hinweise in der Öffentlichkeit.[424] In diesem Zusammenhang ist allerdings zu beachten, daß eine Haftungsbeschränkung auf dem Briefkopf erst dann Rechtswirkungen entfalten kann, wenn entsprechende Briefbögen in die Verhandlungen eingeführt worden sind und Anlaß zu Zweifeln geben konnten.[425] Außerdem muß der Hinweis deutlich gestaltet sein und darf sich nicht an versteckter Stelle befinden. Anderenfalls liegt ein Verstoß gegen § 1 UWG vor.[426]

---

[419] *MK-Schramm*, § 173 Rz. 3; *Soergel-Leptien*, § 173 Rz. 3; *Erman-Brox*, § 173 Rz. 3; *Heckelmann* in FS für *Quack* S. 243 (252)

[420] BGH, Urteil vom 12.03.1990, BB 1990, 1085 (1085); BGH, Urteil vom 25.10.1984, NJW 1985, 619 (619); OLG Hamm, Urteil vom 07.12.1984, NJW 1985, 1846 (1846); BGH, Urteil vom 25.06.1992, BB 1992, 2026 (2026); *Palandt-Thomas*, § 714 Rz. 4; *Heckelmann* in FS für *Quack* S. 243 (252); *Erman-H.P. Westermann*, § 714 Rz. 12; *Jauernig-Stürner* § 715 Rz. 5; *MK-Ulmer*, § 714 Rz. 34 ff.; *Staudinger-Keßler*, § 714 Rz. 13; *Kornblum*, Die Haftung der Gesellschafter für Verbindlichkeiten von Personengesellschaften; S. 47 ff. (51)

[421] *Heckelmann* in FS für *Quack* S. 243 (252); *Taupitz*, Haftung des Freiberuflers, S. 19 (37)

[422] BGH, Urteil vom 25.06.1992, BB 1992, 2026 (2027); *Erman-H.P. Westermann*, § 714 Rz. 9; *Heckelmann* in FS für *Quack* S. 243 (251); *MK-Ulmer*, § 714 Rz. 36; *Hadding* in FS für *Rittner* S. 133 (142); *Brandes*, WM 1994, 569 (571)

[423] Zu den einzelnen Möglichkeiten vgl. *Kögel*, DB 1995, 2201 (2203 ff.); *Heermann*, BB 1994, 2421 (2430 ff.).

[424] BGH, Urteil vom 25.10.1984, NJW 1985, 619 (619); OLG Hamm, Urteil vom 07.12.1984, NJW 1985, 1846 (1847); a.A OLG Düsseldorf, Urteil vom 22.03.1990, NJW 1990, 2133 (2133/2134); *MK-Ulmer*, § 714 Rz. 36; *Erman-H.P. Westermann*, § 714 Rz. 13; *Heckelmann* in FS für *Quack* S. 243 (252); *Schwark*, DWiR 1992, 441 (444); i.E. auch *Heermann*, BB 1994, 2421 (2424/2425)

[425] *Henssler*, JZ 1993, 153 (156)

[426] BGH, Urteil vom 25.06.1992, JZ 1993, 153 (153)

Die nicht unmittelbar am Vertragsschluß beteiligten Gesellschafter können ihre Haftung demzufolge sowohl durch Vereinbarung mit dem Gläubiger als auch durch eine Begrenzung der Vertretungsmacht im Gesellschaftsvertrag beschränken, wenn dies für den Geschäftspartner erkennbar ist.

b) Für den handelnden Gesellschafter

Grundsätzlich haftet derjenige unbeschränkt, der rechtsgeschäftlich handelt, es sei denn, er handelt für einen anderen. Die Anwendung der Doppelverpflichtungslehre führt insofern zu einer Abweichung von diesem Grundsatz, daß der Handelnde zum einen für jemand anderen - die Gesellschaft - handelt, zugleich aber sich selbst verpflichtet; denn er tritt auch im Namen aller Gesellschafter auf. Die übrigen Gesellschafter können nun, das hat die vorstehende Prüfung ergeben, die Vertretungsmacht des geschäftsführenden Gesellschafters dahingehend einschränken, daß dieser nicht berechtigt ist, sie persönlich mitzuverpflichten. Der Ausschluß der persönlichen Haftung des handelnden Gesellschafters läßt sich nicht allein über eine Beschränkung der Vertretungsmacht erreichen;[427] denn § 714 BGB und den Erwartungen des Rechtsverkehrs entspricht eine persönliche Verpflichtung des handelnden Gesellschafter-Geschäftsführers. Deshalb muß der Handelnde grundsätzlich das Vertrauen des Rechtsverkehrs in seine unbeschränkte Haftung erschüttern.[428] Wegen des das Stellvertretungsrecht prägenden Offenkundigkeitsprinzips des § 164 II BGB ist es allerdings unzureichend, wenn der Handelnde - etwa durch einen allgemeinen Hinweis auf die Haftungsbeschränkung - lediglich Zweifel an dem persönlichen Einstandswillen erweckt; denn § 164 II BGB verlangt Eindeutigkeit, Mehrdeutigkeit geht zulasten des Erklärenden.[429] Der handelnde Rechtsanwalt kann der persönlichen Haftung daher nur durch einen unmißverständlichen Hinweis an den Mandanten entgehen;[430] beispielsweise indem er für eine Sozietät „ohne persönliche Haftung" auftritt.[431] Dies gilt um so mehr, als es um die Haftung von Rechtsanwälten geht. Wegen des den Sozietäten sowie jedem einzelnen Mitglied entgegengebrachten Vertrauens sind bezüglich etwaiger Haftungsbegrenzungen grundsätzlich erhöhte Anforderungen zu stellen.[432]

---

[427] *Heckelmann* in FS für *Quack*, S. 243 (250)

[428] *Heermann*, BB 1994, 2421 (2426)

[429] *Soergel-Leptien*, § 164 Rz. 34; *MK-Schramm*, § 164 Rz. 55; *Heckelmann* in FS für *Quack*, S. 243 (250); *Arnold*, BB 1996, 597 (599)

[430] *Heckelmann* in FS für *Quack* S. 243 (252); *MK-Ulmer*, § 714 Rz. 44; *Henssler*, JZ 1993, 153 (156); *Nicknig*, Die Haftung der Mitglieder einer BGB-Gesellschaft für Gesellschaftsschulden, S. 23; *Korn-blum*, Die Haftung der Gesellschaft für Verbindlichkeiten von Personengesellschaften, S. 47 ff. (52); *Wellkamp*, NJW 1993, 2715 (2716/2717)

[431] *Heermann*, BB 1994, 2421 (2426)

[432] BGH, Urteil vom 06.07.1971, E 56, 355 (359); BGH, Urteil vom 25.06.1990, BB 1992, 2026 (2027); *Heermann*, BB 1994, 2421 (2429)

Sind alle Gesellschafter einer Gesellschaft bürgerlichen Rechts am Vertragsschluß beteiligt, haften sie unbeschränkt - unabhängig von abweichenden haftungsbegrenzenden gesellschaftsvertraglichen Abreden. Etwas anderes gilt nur bei ausdrücklich getroffenen Vereinbarungen mit dem Vertragspartner,[433] die sich dann an § 51 a I Nr. 1 BRAO messen lassen müssen.

c) Erfordernis einer schriftlichen Zustimmung gemäß § 51 a II BRAO

Fraglich ist, ob die Voraussetzungen, die § 51 a II BRAO für eine wirksame Haftungsbegrenzung postuliert, auch im Rahmen der Haftungsbeschränkung durch Vertretungsmachtsbegrenzung eingehalten werden müssen.[434] Das hätte zur Folge, daß Rechtsanwälte der schriftlichen Zustimmung ihrer Auftraggeber in einer gesonderten Urkunde bedürften, damit die Begrenzung der Vertretungsmacht innerhalb des Gesellschaftsvertrages auch im Außenverhältnis wirksam ist, und daß der Handelnde im Sinne des § 51 a II 2 BRAO seine persönliche Haftung nicht ausschließen kann, es sei denn, es wäre eine zusätzliche, gesonderte Beschränkung im Sinne von § 51 a I Nr. 1 oder 2 BRAO vereinbart worden.[435] Diese Folge würde allerdings die Vertragsfreiheit in erheblich einschränken. § 51 a II BRAO regelt Haftungsbeschränkungen durch Mandatsbedingungen und kann daher nur gelten, wenn die Vertretungsmachtbegrenzung im Gesellschaftsvertrag eine vorformulierte Vertragsbedingung darstellt.

Gemäß § 1 I AGBG sind Vertragsbedingungen alle Bestandteile des zwischen dem Verwender und seinem Vertragspartner abzuschließenden Rechtsgeschäfts.[436] Sie gestalten den Vertragsinhalt.[437] Die Begrenzung der Vertretungsmacht im Rahmen des Gesellschaftsvertrags ist kein Bestandteil des zwischen der Sozietät und dem Auftraggeber zustandekommenden beziehungsweise zustandegekommenen Rechtsgeschäfts. Sie hat vielmehr normativen Charakter im Hinblick auf das Verhältnis der Gesellschafter untereinander. Aus diesem Grund kann die Ursache für eine im Außenverhältnis unwirksame Haftungsbegrenzung in einem Verstoß gegen das AGBG nicht begründet sein. Allenfalls Vertrauensschutzgesichtspunkte können eine unbeschränkte persönliche Haftung der Rechtsanwälte erfordern.

Dennoch werden die Bestimmungen des Gesellschaftsvertrages dadurch, daß die Sozien ihrem Auftraggeber Anlaß geben, sich über die vertretungsrechtliche Situation in der Sozietät zu erkundigen, in gewisser Weise in den Vertrag einbezogen und dadurch sein Inhalt beeinflußt, so daß unter Umständen eine entspre-

---

[433] *Wellkamp*, NJW 1993, 2715 (2716); a.A. *Kögel*, DB 1995, 2201 (2207)
[434] *Sotiropoulos*, ZIP 1995, 1879 (1884)
[435] *Borgmann/Haug*, Anwaltshaftung, VIII Rz. 52
[436] *Ulmer/Brandner/Hensen-Ulmer*, AGBG, § 1 Rz. 9; vgl. oben § 2 IV. 4..
[437] *Palandt-Heinrichs*, AGBG, § 1 Rz. 2

chende Anwendung des AGBG gerechtfertigt sein könnte. Der Schutzzweck des AGBG, den anderen Teil vor den Gefahren zu bewahren, die sich aus dem Verzicht auf das Aushandeln ergeben,[438] erfaßt auch die vorstehend beschriebene Situation. Es erscheint daher im Einzelfall gerechtfertigt, bestimmte Regelungen des AGBG, wie beispielsweise § 11 Nr. 7 AGBG[439] zum Schutz des Mandanten entsprechend anzuwenden. Gemäß § 23 I AGBG findet das AGBG jedoch auf Gesellschaftsverträge keine Anwendung. Die Rechtsprechung nimmt aus diesem Grund im Einzelfall eine Inhaltskontrolle gemäß § 242 BGB in Anlehnung an die Bestimmungen des AGBG vor, die dem Schutzbedürfnis der Auftraggeber gerecht wird.[440] Das bedeutet jedoch nicht, daß auch die in der BRAO enthaltenen Bestimmungen über die Haftungsbegrenzung innerhalb von vorformulierten Vertragsbedingungen anzuwenden sind. Zum einen handelt es sich bei den in Rede stehenden Regelungen nicht um Bedingungen des Vertrages zwischen der Sozietät und ihrem Auftraggeber, sondern um gesellschaftsvertragliche Regelungen. Zum anderen erfordert weder die Stellung als Organ der Rechtspflege noch das besondere Vertrauensverhältnis zwischen dem Rechtsanwalt und seinem Mandanten entsprechende Restriktionen.[441]

Fraglich ist, ob die Begrenzung der Vertretungsmacht im Gesellschaftsvertrag der Rechtsanwaltssozietät gegen das Umgehungsverbot des § 7 AGBG verstößt.[442] Dann müßte vorbezeichnete Gestaltung des Sozietätsvertrages objektiv den Sinn haben, eine durch Gesetz verbotene Regelung bei gleicher Interessenlage zu umgehen[443]. Die Interessenlage ist bei einer Haftungsbeschränkung durch vorformulierte Vertragsbedingungen gleich derjenigen bei einer Vertretungsbegrenzung im Gesellschaftsvertrag. Gesellschaftsvertragliche Gestaltungsmöglichkeiten werden wegen § 23 I AGBG häufig dazu genutzt, die Regelungen des AGBG zu umgehen.[444] Erforderlich ist aber immer auch ein Verstoß gegen Vorschriften dieses Gesetzes. Denkbar wäre allenfalls ein Verstoß gegen § 9 I, II Nr. 1 AGBG.[445] Dann müßte die Begrenzung der Vertretungsmacht im Gesellschaftsvertrag eine mißbräuchliche Benachteiligung des Mandanten darstellen.[446] Eine

---

438 *Ulmer/Brandner/Hensen-Ulmer*, AGBG, § 1 Rz. 5
439 *Sandberger/Müller-Graf*, ZRP 1975, 1 (3/4)
440 BGH, Urteil vom 14.04.1975, E 64, 236 (242 ff.); BGH, Urteil vom 03.05.1982, NJW 1982, 2303 (2303); BGH, Urteil vom 08.02.1988, E 103, 219 (226); BGH, Urteil vom 21.03.1988, NJW 1988, 1903 (1904 ff.); BGH, Urteil vom 24.10.1988, E 105, 306 (316 ff.); *MK-Basedow*, AGBG, § 23 Rz. 9 ff.
441 Vgl. oben § 10 I.
442 Für einen Verstoß *Wellensiek* in FS für *Brandner*, S. 727 (739)
443 *Palandt-Heinrichs*, AGBG, § 7 Rz. 2
444 *MK-Götz*, AGBG, § 7 Rz. 2
445 § 7 AGBG stellt klar, daß dem AGBG, insb. den §§ 10, 11, 9 auch im Ausnahmebereich des § 23 I AGBG Wertungen entnommen werden können, *Wolf/Horn/Lindacher-Lindacher*, AGBG, § 7 Rz. 7.
446 Dies ist Zweck der Inhaltskontrolle nach dem AGBG; *Wolf/Horn/Lindacher-Wolf*, AGBG, § 9 Rz. 2.

mißbräuchliche Benachteiligung des Mandanten könnte gegeben sein, wenn es sich bei § 51 a II BRAO um eine, die Haftungsbeschränkungen abschließend regelnde Vorschrift handelte, so daß ihr Inhalt nicht mit einer weiteren Möglichkeit der Haftungsbeschränkung zu vereinbaren wäre.[447] Der Wortlaut dieser Norm deutet nicht darauf hin. Im Gegensatz zu dem vormals maßgeblichen § 49 RichtlRA schweigt die BRAO zu, nach allgemeinen Gesetzen zulässigen (und damit wohl auch erreichbaren) Haftungsbeschränkungen. Auch die Materialien des Gesetzgebungsverfahrens geben keine Auskunft.[448] Zweck der Vorschrift ist es, dem Rechtsanwalt eine Möglichkeit an die Hand zu geben, sein Risiko in vertretbaren Grenzen zu halten.[449] Dieser Zweck wird durch eine zusätzliche, anderweitige Möglichkeit der Haftungsbeschränkung nicht vereitelt. § 51 a BRAO stellt folglich keine abschließende Regelung dar. Ein Verstoß gegen § 7 AGBG ist mithin nicht gegeben. Es erscheint daher gerechtfertigt, § 51 a II BRAO nicht auf die Haftungsbeschränkungen durch Vertretungsmachtsbegrenzungen im Gesellschaftsvertrag anzuwenden. Seine Voraussetzungen müssen somit nicht erfüllt sein.[450]

III. Umfang der Haftungsbeschränkung

Die persönliche Haftung der Gesellschafter einer BGB-Gesellschaft kann folglich durch Vereinbarung mit dem Gläubiger, vorformulierte Vertragsbedingungen oder durch eine Vertretungsmachtsbegrenzung im Gesellschaftsvertrag ausgeschlossen oder beschränkt werden. Demnach dürfte von dieser Begrenzung auch nur die Haftung für vertragliche Verbindlichkeiten erfaßt werden, wenn nicht eine ausdrückliche Abmachung hinsichtlich der sonstigen Verbindlichkeiten getroffen wurde. Für Ansprüche aus unerlaubter Handlung begegnet dies keinen Bedenken. Haftungsbeschränkungen können insoweit auch nicht durch ausdrückliche Vereinbarung erreicht werden, da § 51 a I Nr. 1 BRAO nur die Begrenzung vertraglicher Ersatzansprüche vorsieht und damit die Grenzen individualvertraglich zulässiger Vereinbarungen zieht. Im Gegensatz zur deliktischen Haftung wurde eine persönliche Einstandspflicht der Gesellschafter für Ansprüche aus culpa in contrahendo und aufgrund Leistungskondiktion wegen ihrer Nähe zum rechtsgeschäftlichen Bereich aus Vertrauensschutzgesichtspunkten grundsätzlich

---

[447] Nach § 9 II Nr. 1 AGBG kommt den gesetzlichen Bestimmungen, seien sie dispositiver oder zwingender Natur, Leitbild- und Richtlinienfunktion zu; *Wolf/Horn/Lindacher-Wolf*, AGBG, § 9 Rz. 65/69.

[448] In BT-Drs. 12/4994, S. 32 zu § 51 a BRAO (zu dieser Zeit noch § 51 b) wird lediglich gesagt, daß der Rechtsanwalt durch die getroffenen Regelungen betreffend die Haftungsbegrenzung sein Haftungsrisiko besser kalkulieren kann, als bei den bis dahin bestehenden "kaum zureichenden Möglichkeiten der Haftungsbeschränkung". Daß diese Möglichkeiten nun obsolet sind, besagt der Entwurf nicht.

[449] *Jessnitzer/Blumberg*, BRAO, § 51 a Rz. 1

[450] Im Ergebnis *Arnold*, BB 1996, 597 (601/602)

bejaht. Dies wirft die Frage auf, ob die die vertragliche Haftung betreffenden Beschränkungen, nicht auch Ansprüche aus culpa in contrahendo und Leistungskondiktion erfassen müßten. Im Vorfeld des Vertragsschlusses oder bei Nichtigkeit beziehungsweise Nichtvorliegen des Vertrages ist eine Haftungsbeschränkung in aller Regel entweder nicht vereinbart oder die Vereinbarung ist ebenfalls unwirksam (§ 139 BGB). Hatte der jeweilige Gläubiger allerdings Kenntnis von der Haftungsbeschränkung beziehungsweise fahrlässigerweise keine Kenntnis, sollte sie auch diese Ansprüche umfassen; soweit es die Haftung aus culpa in contrahendo betrifft allerdings nur, wenn der Mandant zusätzlich Kenntnis vom Schaden hatte.[451] Eine gesamtschuldnerische Haftung der Gesellschafter mit ihrem Privatvermögen aus Vertrauensschutzgesichtspunkten ist in diesem Fall mangels schützenswerten Vertrauens nicht zu rechtfertigen.[452] Schließlich greift eine Haftungsbegrenzung auch zuungunsten des in den Schutzbereich des Anwaltsvertrages einbezogenen Dritten. Hier handelt es sich nicht um einen unzulässigen Vertrag zulasten Dritter, sondern um die logische Konsequenz aus seiner Einbeziehung in den Schutzbereich.[453]

Die Haftungsbeschränkung durch Einzelfallvereinbarung, vorformulierte Vertragsbedingungen oder Begrenzung der Vertretungsmacht im Gesellschaftsvertrag erfaßt somit im Falle ihrer Wirksamkeit grundsätzlich sowohl vertragliche und quasivertragliche Ansprüche als auch Ansprüche aus Leistungskondiktion. Die Beschränkung greift hingegen nicht bei vorsätzlichem oder grob fahrlässigem Verhalten ein. Eine Beschränkung der Haftung, auch für Fälle grober Fahrlässigkeit, ist nur durch schriftliche Einzelvereinbarung möglich.[454] Es ist zu beachten, daß die Rechtsprechung sehr hohe Anforderungen an die Sorgfaltspflichten des Rechtsanwalts stellt.[455] Maßstab sind die §§ 276; 278; 823 II BGB iVm § 263 StGB; § 826 BGB sowie das AGBG.[456] Des weiteren ist zu beachten, daß § 51 a BRAO im Hinblick auf den Umfang eine Bestimmung zur Mindesthaftung darstellt,[457] so daß der dort beschriebene Haftpflichtumfang stets eingehalten werden muß. Maßstab für den geringstmöglichen Umfang ist im Hinblick auf den handelnden Rechtsanwalt die Haftung des Einzelanwalts, da die Einzelpraxis eine unzweifelhaft zulässige Rechtsform mit minimaler Haftgrundlage ist.[458] Im Hin-

---

[451] *Nicknig*, Haftung der Mitglieder einer BGB-Gesellschaft für Gesellschaftsschulden, S. 25 ff. (28 ff.); *Heckelmann* in FS für *Quack*, S. 243 (250)

[452] *Heermann*, BB 1994, 2421 (2426); *Nicknig*, Die Haftung der Mitglieder einer BGB-Gesellschaft für Gesellschaftsschulden, S. 25 ff. (28 ff.); *Wellkamp*, NJW 1993, 2715 (2717)

[453] *Henssler*, AnwBl 1996, 3 (6)

[454] *Borgmann/Haug*, Anwaltshaftung, VIII Rz. 45

[455] BT-Drs. 12/4993, S. 32

[456] *Sandberger/Müller-Graf*, ZRP 1975, 1 (3/4)

[457] *Borgmann/Haug*, Anwaltshaftung, VIII Rz. 8

[458] *Michalski*, Das Gesellschafts- und Kartellrecht der berufsrechtlich gebundenen freien Berufe, § 8 S. 278

blick auf die Sozien wird der Umfang der Haftung durch § 51 a II BRAO bestimmt.
Die Haftung der Sozietät selbst mit ihrem Gesamthandsvermögen kann nicht begrenzt werden.[459]

Ein kompletter Haftungsausschluß, sei es auch nur für leichte Fahrlässigkeit, ist nicht zulässig. Eine gesellschaftsvertragliche, den Umfang der Vertretungsmacht in diesem Maß einschränkende Regelung stellt eine unangemessene Benachteiligung des Mandanten im Sinne von § 9 AGBG dar, so daß der Tatbestand des § 7 AGBG (iVm § 23 I AGBG) erfüllt wäre.[460]

IV. Ergebnis

Haftungsbeschränkungen sind auch außerhalb des § 51 a BRAO in Rechtsanwaltssozietäten grundsätzlich zulässig. Wollen die Rechtsanwälte ihre Haftung dadurch begrenzen, daß sie die Vertretungsmacht beschränken, muß dies für den Mandanten erkennbar sein. Der handelnde Anwalt kann seine persönliche Haftung nur durch einen unmißverständlichen Hinweis ausschließen. Eine schriftliche Zustimmung gemäß § 51 a II 3 BRAO ist in diesem Fall nicht erforderlich.

Haftungsbeschränkungen jeglicher Art umfassen vertragliche, quasivertragliche Ansprüche und solche aus Leistungskondiktion. Die Haftung für grobe Fahrlässigkeit kann nur durch Einzelfallvereinbarung ausgeschlossen werden. Stets ist zu beachten, daß das Maß der Haftung die Mindestversicherungssumme des § 51 BRAO nicht unterschreiten darf.

---

[459] *Borgmann/Haug*, Anwaltshaftung, VIII Rz. 40/47
[460] *Wolf/Horn/Lindacher-Wolf*, AGBG, § 9 Rz. R6

4. Kapitel: Die Bürogemeinschaft

§ 11 Die Bürogemeinschaft als Gesellschaft bürgerlichen Rechts

Weniger risikoträchtig als die Sozietät ist die Bürogemeinschaft.

Die Bürogemeinschaft ist wie die Sozietät eine Gesellschaft bürgerlichen Rechts.[461] Sie wird dadurch gekennzeichnet, daß ihre Gesellschafter mit dem gesellschaftsrechtlichen Zusammenschluß den Zweck verfolgen, ihre bei der Berufsausübung entstehenden Kosten zu minimieren.[462] Der Gesellschaftszweck ist demzufolge darauf beschränkt, gemeinsam Gegenstände anzuschaffen, Büroräume zu mieten und diese gemeinsam zu nutzen.[463] Die in einer Bürogemeinschaft zusammengeschlossenen Rechtsanwälte treten allenfalls gegenüber gemeinsamen Angestellten, dem Vermieter oder dem Verkäufer als Gemeinschaft auf.[464] Kollektives Auftreten im Rechtsverkehr als Berufsausübungsgesellschaft findet hingegen nicht statt, vielmehr behält jeder Rechtsanwalt seine berufliche Selbständigkeit.[465] Der Gesellschaftszweck entspricht deshalb der Struktur der Innengesellschaft und - soweit die Gesellschafter gegenüber Dritten auftreten - derjenigen der Interessengemeinschaft.

Dem rechtssuchenden Publikum wird keine arbeitsteilige, gemeinsame Berufsausübung suggeriert;[466] denn es gibt keine gemeinsame Entgegennahme von Mandaten, von Entgelten, keine gemeinsamen Briefbögen, Drucksachen, Stempel etc..[467] Der Mandant hat daher nicht den Eindruck, er werde von sämtlichen Gemeinschaftern betreut, er beauftragt vielmehr nur „den Rechtsanwalt" und erwartet von diesem die umfassende Bearbeitung des ihm erteilten Auftrags. Der beauftragte Rechtsanwalt ist im übrigen auch nicht befugt, die anderen zu vertreten.[468]

---

461   *Kaiser/Bellstedt*, Die Anwaltssozietät, Rz. 24; *Henssler/Prütting-Hartung*, BRAO, § 59 a Rz. 85; *Feue-rich/Braun*, BRAO, § 59 a Rz. 15; *Langenfeld*, Die Gesellschaft bürgerlichen Rechts, S. 70

462   Handbuch des Gesellschaftsrecht, Band 1, *Schücking*, § 4 Rz. 95

463   *Lach*, Formen freiberuflicher Zusammenarbeit, S. 120, *Steindorff* in FS für *Fischer*, S. 747 (750)

464   *MK-Ulmer*, Vor § 705 Rz. 26

465   *K. Schmidt*, Gesellschaftsrecht, § 58 III S. 1711; *Alberts*, Die Gesellschaft bürgerlichen Rechts im Umbruch, S. 73; *Soergel-Hadding*, Vor § 705 Rz. 43; *Henssler/Prütting-Hartung*, BRAO, § 59 a Rz. 85; *Langenfeld*, Die Gesellschaft bürgerlichen Rechts, S. 70

466   Für Ärzte: *Laufs/Uhlenbruck-Uhlenbruck*, Handbuch des Arztrechts, § 18 Rz. 9/10

467   BGH, Urteil vom 24.01.1978, E 70, 247 (249/250); BGH, Urteil vom 17.10.1989, NJW 1990, 827 (829); *Kleine-Cosack*, BRAO, § 59 a Rz. 40; *MK-Schramm*, § 167 Rz. 69

468   *Palandt-Thomas*, § 705 Rz. 26; *Soergel-Hadding*, Vor § 705 Rz. 29; *Alberts*, Die Gesellschaft bürgerlichen Rechts im Umbruch, S. 73

Folglich entspricht die Struktur als Innengesellschaft und Interessengemeinschaft ebenfalls den Erwartungen des Rechtsverkehrs und auch die Definition der Bürogemeinschaft, die sich nach alledem ergibt, begründet kein anderes Ergebnis:

„Die Bürogemeinschaft ist der Zusammenschluß mehrerer Rechtsanwälte untereinander oder mit Angehörigen einer nach § 59 a I, IV BRAO bürogemeinschaftsfähigen Berufsgruppe zur Senkung der durch die Berufsausübung, die jeder der Gemeinschafter ausschließlich im eigenen Namen und in eigener Verantwortung unter Beachtung seiner berufsrechtlichen Pflichten betreibt, verursachten Kosten, die nicht im Rechtsverkehr als beruflich zusammenarbeitendes Kollektiv auftritt.[469] "

Die Struktur der Bürogemeinschaft unterscheidet sich folglich erheblich von der der Sozietät: Die Bürogemeinschaft hat nach Zweck, Erwartungen des Rechtsverkehrs und per definitionem Elemente der Innengesellschaft und der Interessengemeinschaft. Damit gilt für die Bürogemeinschaft, daß es - soweit gemeinsames Auftreten im Rechtsverkehr nicht stattfindet, namentlich im Bereich der Berufsausübung - keine gegenseitige Vertretungsmacht und keine Gesamthandsverbindlichkeiten gibt. In den Bereichen, in denen die Gesellschafter gemeinsam auftreten, bleibt es bei dem Grundsatz der Gesamtgeschäftsführung und -vertretung gemäß §§ 709 I; 714 BGB.

Gemeinsam ist Sozietät und Bürogemeinschaft lediglich die Bindung an die Vorgaben der BRAO. Die Rechtsanwälte sind, unabhängig welcher der beiden Gesellschaften sie angehören, den Pflichten der BRAO unterworfen.

§ 12 Die Gründung der Bürogemeinschaft

I. Der Abschluß des Bürogemeinschaftsvertrages

Auch bei der Bürogemeinschaft bietet sich die schriftliche Fixierung des Gesellschaftsvertrages an, durch den die Gesellschaft zur Entstehung gelangt.[470]

II. Notwendiger Inhalt des Bürogemeinschaftsvertrages

Der Gesellschaftsvertrag einer Bürogemeinschaft muß zunächst die Gesellschafter in individualisierbarer Weise beschreiben (Name, Beruf, Wohnort). Ferner

---

[469]   *Kaiser/Bellstedt*, Die Anwaltssozietät, Rz. 24
[470]   Muster zu finden bei *Langenfeld*, Die Gesellschaft bürgerlichen Rechts, S. 65 ff.

sind der von den Gesellschaftern verfolgte Zweck und die zur Förderung dieses Zwecks erforderlichen Beiträge der Gesellschafter festzulegen.

Um Unsicherheiten bei der Zuordnung zu einem Vertragstyp zu vermeiden, müssen eindeutige Absprachen getroffen werden. Es sollte - schon im Hinblick auf Kündigungsfristen - der Eindruck vermieden werden, zwischen den „Gesellschaftern" bestünde ein Miet- oder Dienstvertrag.[471] Jeder Gegenstand, jede Räumlichkeit und jegliches gemeinsam begründetes Arbeitsverhältnis muß bezüglich Umfang und Dauer der gemeinsamen Nutzung, bezüglich der Kostenaufteilung, d.h. Anschaffungskosten, Unterhaltungskosten, Preissteigerungen und Mehrwertsteuer geregelt werden.

Überläßt ein Gemeinschafter den anderen Gegenstände, die in seinem Eigentum stehen, diesen zur Mitbenutzung, können auch pauschale Vergütungen vereinbart werden.[472]

III. Fakultativer Inhalt

Beginn und Ende des Vertragsverhältnisses sollten so gestaltet werden, daß mit der Kündigung der Gemeinschaft ausreichend Zeit für eine ordnungsgemäße Abwicklung der gemeinsam begründeten Rechtsverhältnisse bleibt. Es können auch Übernahmerechte vorgesehen werden.

Möglich sind schließlich Regelungen, die den Rechtsanwalt an seine Berufspflichten, insbesondere seine Verschwiegenheitspflicht gemäß § 43 a II BRAO, erinnern. Diese erstreckt sich auf sämtliche Mandate, die in der Bürogemeinschaft bearbeitet werden.[473] Außerdem ist es sinnvoll, klarzustellen, daß jedes Mitglied seinen Beruf selbständig und eigenverantwortlich ausübt und daß insoweit keine Vertretungsbefugnisse bestehen; andererseits bei Maßnahmen zur Förderung des Gesellschaftszwecks sämtliche Geschäfte der Zustimmung aller Gesellschafter bedürfen.

Sinnvoll ist es, wechselseitige Vertretung für Krankheits- und Urlaubsfälle zu vereinbaren.[474] Vertritt ein Rechtsanwalt den mit ihm in der Bürogemeinschaft verbundenen Kollegen, muß er die Vertretung deutlich machen, um nicht den Anschein einer Sozietät zu erwecken. Auf der anderen Seit begründet die Vereinbarung gegenseitiger Vertretung noch keine Bürogemeinschaft, sofern es an einer gemeinsamen Nutzung von Räumen etc. fehlt.[475]

---

471   *Zuck*, Vertragsgestaltung bei Anwaltskooperationen, Rz. 79; *Langenfeld*, Die Gesellschaft bürgerlichen Rechts, S. 72

472   *Henssler/Prütting-Hartung*, BRAO, § 59 a Rz. 87

473   *Henssler/Prütting-Hartung*, BRAO, § 59 a Rz. 90

474   *Henssler/Prütting-Hartung*, BRAO, § 59 a Rz. 87; *Zuck*, Vertragsgestaltung bei Anwaltskooperationen, Rz. 103; *Langenfeld*, Die Gesellschaft bürgerlichen Rechts, S. 76

475   *Zuck*, Vertragsgestaltung bei Anwaltskooperationen, Rz. 80

§ 13 Haftung und Haftungsbegrenzung

Die Gesellschafter einer Bürogemeinschaft haben grundsätzlich nicht für die fehlerhafte Berufsausübung eines Gemeinschafters einzustehen. Lediglich wenn sie den Rechtsschein einer Sozietät setzen, kommt eine gegenseitige Einstandpflicht in Betracht.[476] Der Rechtsschein einer Sozietät wird dann gesetzt, wenn das äußere Erscheinungsbild der Gemeinschaft, wie es sich dem Mandanten darstellt, den Anschein begründet, es läge eine Sozietät vor. Dies ist beispielsweise der Fall, wenn die Gemeinschaft einen gemeinsamen Briefkopf hat, der die Rechtsverhältnisse nicht in einer für den Durchschnittsmandanten verständlichen Weise klarstellt, wenn sie ein gemeinsames Türschild haben oder einheitliche Vollmachtsformulare benutzen.[477] Es ist deshalb besondere Vorsicht geboten, wenn die Rechtsanwälte auf ihre Bürogemeinschaft in der Öffentlichkeit hinweisen wollen. Zwar bewegen sie sich innerhalb des Rahmens zulässiger Informationswerbung, wenn sie einen entsprechenden Hinweis auf ihren Briefbögen haben. Die Gefahr, den Anschein einer Sozietät zu erwecken, ist dann aber besonders groß. Unklarheiten gehen zulasten der Rechtsanwälte.[478]

Wird ein solcher Rechtsschein nicht begründet, haftet jeder Rechtsanwalt allein und grundsätzlich unbeschränkt für die von ihm im Rahmen der Berufsausübung verursachten Schäden. Er hat allerdings die durch die BRAO in § 51 a I aufgezeigten Möglichkeiten der Haftungsbegrenzung.

Für Verbindlichkeiten, die die Gemeinschafter gemeinsam begründet haben, haften sie gesamtschuldnerisch. Da sie nur gemeinsam auftreten können, kommt eine Haftungsbeschränkung auf das Gesellschaftsvermögen durch Begrenzung der Vertretungsmacht im Gesellschaftsvertrag nicht in Betracht. Möglich und zulässig im Rahmen der allgemeinen Grenzen - §§ 138; 242 BGB, AGBG - sind lediglich individualvertraglich vereinbarte Haftungsbeschränkungen. § 51 a BRAO ist nicht anwendbar.

§ 14 Ergebnis

Schließen sich Rechtsanwälte untereinander oder mit Angehörigen sonstiger Berufsgruppen im Sinne von § 59 a I BRAO in einer Bürogemeinschaft zusammen, kann dies einzig und allein dem Zweck dienen, die Betriebskosten zu senken.

---

[476] *Lach*, Formen freiberuflicher Zusammenarbeit, S. 120; *Jessnitzer/Blumberg*, BRAO, § 59 a Rz. 18; *Kai-ser/Bellstedt*, Die Anwaltssozietät, Rz. 26

[477] BGH, Urteil vom 24.01.1978, E 70, 247 (249/250); BGH, Urteil vom 17.10.1989, NJW 1990, 827 (829); a.A. früher LG Stuttgart, Urteil vom 19.11.1959, NJW 1960, 918 (919); *Henssler*, NJW 1993, 2137 (2139); *Borgmann/Haug*, Anwaltshaftung, VII Rz. 3; *Späth*, Die zivilrechtliche Haftung des Steuerberaters, Rz. 309.1

[478] *Henssler/Prütting-Hartung*, BRAO, § 59 a Rz. 92

Gemeinsame Berufsausübung darf nicht stattfinden, wollen die Gemeinschafter nicht Gefahr laufen, wie Mitglieder einer Sozietät zu haften. Da der Mandant keinen Einblick in den Gesellschaftsvertrag hat, darf er auf den Rechtsschein einer Sozietät vertrauen, weshalb sich die Bürogemeinschaft in ihrem Erscheinungsbild deutlich von dem einer Sozietät unterscheiden muß. Damit die §§ 705 ff. BGB Anwendung finden, muß sich der Gemeinschaftsvertrag schließlich von anderen Schuldverhältnissen abgrenzen lassen. Entscheidend ist dabei der von der Gemeinschaft verfolgte Zweck.

5. Kapitel: Die Partnerschaftsgesellschaft

Die gesellschaftsrechtlichen Möglichkeiten der Rechtsanwälte enden nicht notwendigerweise bei der Gesellschaft bürgerlichen Rechts in den beiden Ausgestaltungen als Sozietät oder als Bürogemeinschaft; denn das Partnerschaftsgesellschaftsgesetz könnte durch die Einführung der Partnerschaftsgesellschaft das Spektrum gemeinschaftlicher Zusammenarbeit von Anwälten untereinander oder mit anderen sozietätsfähigen Berufsgruppen im Sinne von § 59 a I BRAO in Verbindung mit § 1 III PartGG erweitern.[479]

§ 15 Die Partnerschaftsgesellschaft für Rechtsanwälte

Das PartGG vom 25.07.1994[480] soll die Lücke zwischen der Gesellschaft bürgerlichen Rechts, den Personenhandelsgesellschaften und den Kapitalgesellschaften schließen.[481]

Eingeschränkt und deshalb lückenhaft sind die Möglichkeiten beruflicher Zusammenarbeit für die Rechtsanwälte insofern, daß ihnen die Personenhandelsgesellschaften nicht zur Verfügung stehen.[482] Die anwaltliche Tätigkeit stellt gemäß § 2 II BRAO keine Gewerbe dar. Vielmehr übt der Rechtsanwalt einen freien Beruf aus, so daß die persönliche Leistungserbringung gegenüber dem Mandanten und nicht die Weiterreichung von Fremdleistung oder Produktionsmitteln im Vordergrund stehen, wie dies bei den Personenhandelsgesellschaften der Fall ist.[483] Zwischen der Berufsausübung durch Rechtsanwälte und der Berufsausübung durch Gewerbetreibende bestehen daher erhebliche Unterscheide. Der Zusammenschluß von Rechtsanwälten in Personenhandelsgesellschaften muß deshalb ausdrücklich gestattet werden.[484] Gemäß § 8 Apothekergesetz können die Apotheker offene Handelsgesellschaften, gemäß § 1 III 1 in Verbindung mit § 49 I Steuerberatungsgesetz beziehungsweise § 1 III 1 in Verbindung mit § 27 Wirtschaftsprüferordnung Steuerberater und Wirtschaftsprüfer offene Handelsgesellschaften und Kommanditgesellschaften gründen. Eine ausdrückliche Zulassung der Rechtsanwälte zu den Personenhandelsgesellschaften ist demgegenüber nicht vorhanden; sie wäre nach der ratio der handels-

---

[479]   *Henssler-Prütting-Henssler*, BRAO, § 1 PartGG Rz. 18 ff.; *Kleine-Cosack*, BRAO, § 59 a Rz. 43; *Feddersen/Meyer-Landrut*, Partnerschaftsgesellschaftsgesetz, § 1 Rz. 41

[480]   BGBl. I S. 1744

[481]   BR-Drs. 516/93 S. 2; *Henssler*, DB 1995, 1549 (1552); *Michalski*, ZIP, 1993 1210 (1210/1211); *Bösert*, DStR, 1993, 1332 (1332); *Seibert*, AnwBl 1993, 155 (155)

[482]   *Bösert*, ZAP 1994, 765 (769); *Seibert*, AnwBl 1993, 155 (155)

[483]   *Taupitz*, Die Standesordnungen der freien Berufe, § 3 S. 41

[484]   *Baumbach/Hopt*, HGB, § 1 Rz. 3

rechtlichen Vorschriften auch nicht zu rechtfertigen.[485] Die Personenhandelsgesellschaften stehen daher als Berufsausübungsgesellschaften nicht zur Verfügung.[486]

Die Lücke zwischen den genannten Gesellschaften besteht des weiteren darin, daß im Gegensatz unter anderem zur GmbH die Struktur der Gesellschaft bürgerlichen Rechts aufgrund der lückenhaften gesetzlichen Regelung wenig verfestigt ist und ihre Teilrechtsfähigkeit sowie die Möglichkeiten, die Haftung innerhalb der BGB-Gesellschaft wirksam zu begrenzen, umstritten sind.[487]

Gerade für die Rechtsanwaltschaft ist das Bedürfnis nach einer Risikobegrenzung aber nicht zu unterschätzen. Die Normenflut, die erhöhten Sorgfaltspflichten, die nicht am Haftungsrisiko sondern am Streitwert orientierten, festgelegten Gebührensätze und die durch den zunehmenden Konkurrenzdruck geförderte Tendenz zu überregionalen und internationalen Kooperationen, die eine gegenseitige Kontrolle erschweren oder gar unmöglich machen, sind nicht zuletzt verantwortlich für die Bestrebungen der Anwälte, Kapitalgesellschaften zu gründen oder die Haftung in Sozietäten gesellschaftsvertraglich zu begrenzen.[488]
Die Kapitalgesellschaften wie auch die Personenhandelsgesellschaften sind für die rechtsberatenden Berufe jedoch nicht unbedingt geeignet und die Zulässigkeit eines Zusammenschlusses in einer juristischen Person ist nicht abschließend geklärt.[489]

Den Interessen der Rechtsanwälte stehen die Erwartungen des Rechtsverkehrs, jedenfalls soweit es um die solidarische Haftung der in einer Kanzlei zusammengeschlossenen Rechtsanwälte geht,[490] das Bedürfnis der Mandantschaft nach hinreichender Absicherung und das besondere Vertrauen, das den Freiberuflern allgemein und insbesondere der Anwaltschaft entgegengebracht wird, gegenüber. Diese Interessen und Erwartungen versucht das PartGG in einen Ausgleich zu bringen,

---

485   *Henssler*, ZHR 161 (1997), 13 (28)
486   *Michalski*, Das Gesellschafts- und Kartellrecht der berufsrechtlich gebundenen freien Berufe, § 8 S. 293
487   BR-Drs. 516/93 S. 1; *Bösert*, ZAP 1994, 765 (767)
488   *Bösert*, DStR 1993, 1332 (1332)
489   Die GmbH, bejaht man ihre Zulässigkeit für den Zusammenschluß von Rechtsanwälten zur gemeinsamen Berufsausübung bringt viele, aber nicht ausschließlich Vorteile mit sich. Für kleinere Zusammenschlüsse wird die GmbH schon wegen der erheblich höheren Steuerbelastung ungeeignet sein, vgl. *Donath*, ZHR 156 (1992), 134 (169). Deshalb sprechen sich *Sandberger/Müller-Graf*, ZRP 1975, 1 (5), für die Abschaffung der Doppelbesteuerung bei Freiberufler-GmbHs aus. Das würde bedeuten, daß den Freiberuflern nur die Vorteile der Kapitalgesellschaften zugute kämen und sie von deren Nachteilen verschont blieben. Meines Erachtens gibt es für eine derartige Handhabe keinen rechtfertigenden Grund.
490   BGH, Urteil vom 28.09.95, BB 1995, 2468 (2468); Die Erwartungen des Rechtsverkehrs dürften sich demgegenüber nicht auf die Mithaftung der in einer Zweigniederlassung tätigen Anwälte erstrecken, *Seibert*, Die Partnerschaft, S. 57.

indem es den Rechtsanwälten begrenzte Möglichkeiten zur Haftungsbeschränkung an die Hand gibt.

I. Die Geschichte der Partnerschaftsgesellschaft

Die Geschichte der Partnerschaftsgesellschaft[491] als eigene Gesellschaftsform für die Freiberufler ist naturgemäß eng verzahnt mit der Entwicklung des Rechts der freien Berufe. Stets standen sich das Bedürfnis nach Risikominimierung und das Selbstverständnis vieler Freiberufler gegenüber, wobei sich letzteres oftmals als Hemmschuh für die Bestrebungen, die persönliche Haftung auszuschließen oder zu begrenzen, erwiesen hat. Die herrschende Meinung[492] vertrat bislang die Auffassung, daß die Ausübung eines freien Berufes in einer Gesellschaft, die bzw. deren Gesellschafter nur beschränkt haften, mit dem persönlichen Verhältnis zwischen Anwalt und Mandant nicht zu vereinbaren sei.

Die Historie beider Rechtsgebiete reicht von der 6. bis zur 12. Legislaturperiode und wurde von vielen Unstimmigkeiten begleitet. Insgesamt gingen dem endgültigen Entwurf der 12. Wahlperiode drei Vorschläge voraus. Der 1. Entwurf aus dem Jahre 1971 fiel der Auflösung des 6. Deutschen Bundestages zum Opfer, der 2. Entwurf aus dem Jahre 1975 wurde bereits im federführenden Rechtsausschuß vollkommen geändert und mündete in den 3. Entwurf aus dem Jahre 1976. Die ersten beiden Entwürfe sahen die Möglichkeit vor, die Haftung der Partner auch für solche Schäden zu begrenzen, die nicht aus fehlerhafter Berufsausübung resultieren. Damit enthielten sie eine Diskriminierung des Einzelfreiberuflers. Zudem war die Partnerschaft als Kapitalgesellschaft ausgestaltet. Dem dritten Entwurf, der keine Haftungsbegrenzungen vorsah, verweigerte der Bundesrat die Zustimmung, weil er von den Organisationen zahlreicher freier Berufe abgelehnt wurde. An dem neuerlichen Vorstoß, der dieses Mal auf Wunsch der freiberuflichen Organisationen eingeleitet wurde, wurden deshalb zahlreiche Verbände beteiligt und um Stellungnahmen gebeten.[493] Nach einigen Änderungen und Kürzungen des Entwurfs fanden das Gesetzgebungsverfahren dann mit dem Beschluß des PartGG am 25.07.1994 und damit das Bestreben, eine ausschließlich Freiberuflern zugängliche Gesellschaftsform zu schaffen, ihren Abschluß.[494]

---

[491]   Vgl. *MK-Ulmer*, PartGG Vor § 1 Rz. 1 ff.; *Henssler*, PartGG, Einf. Rz. 1 ff.

[492]   *Donath*, ZHR 156 (1992); 134 (139); *Haas*, BRAK-Mitt. 1994, 1 (1); *Feuerich Braun*, BRAO, § 59 a Rz. 16

[493]   *Bösert*, DStR 1993, 1332 (1334)

[494]   Einen ausführlichen Überblick über die Geschichte des PartGG geben: *Michalski/Römermann*, PartGG, Einführung Rz. 1 ff.; *Beckmann*, Recht und Pflicht, FS für *Kleinert*, S. 210 ff.; *Bayer/Imberger*, DWiR 1995, 177 ff.; *Seibert*, Die Partnerschaft, S. 37 ff.; *ders.*, ZIP 1993, 1197 ff... Kritik am Sondergesellschaftsrecht für Freiberufler üben: *K. Schmidt*, Gutachten zur Überarbeitung des Schuldrechts, III, S. 504; *ders.* NJW 1995, 1 (1/2); *ders.* ZIP 1993, 633 ff.; *v. Falkenhausen*, AnwBl 1993, 479 (479).

II. Zulässigkeit und Ausgestaltung der Partnerschaftsgesellschaft

Das PartGG trat am 01.07.1995 in Kraft. Seither steht allen Freiberuflern, sofern ihre Berufsrechte keine abweichende Regelung vorsehen, die Partnerschaftsgesellschaft als eigenständige Gesellschaftsform zur gemeinsamen Berufsausübung zur Verfügung.[495] Es handelt sich bei dieser Zusammenschlußform um eine Personengesellschaft und damit um eine Sonderform der Gesellschaft bürgerlichen Rechts.[496] Eine Unterscheidung zwischen diesen beiden Berufsausübungsgesellschaften ist nur anhand der für die Partnerschaftsgesellschaft gemäß § 7 I PartGG konstitutiven Registereintragung möglich. Anders als die Gesellschaft bürgerlichen Rechts und die offene Handelsgesellschaft ist die Partnerschaftsgesellschaft völlig personalistisch ausgestaltet. Gemäß § 1 I 3 PartGG muß sie sich zwingend aus (mindestens zwei) natürlichen Personen zusammensetzen.[497]

Mit der Eintragung der Partnerschaftsgesellschaft in das eigens dafür eingerichtete Partnerschaftsregister entsteht gemäß § 7 II PartGG iVm § 124 HGB eine rechtlich verselbständigte Gesellschaft. Im Gegensatz zur offenen Handelsgesellschaft bedarf der Gesellschaftsvertrag der Partnerschaftsgesellschaft der Schriftform.[498] Die Partnerschaft ist Gesamthandsgemeinschaft und als Rechtssubjekt Trägerin des Gesellschaftsvermögens.[499] Sie ist außerdem namensrechtsfähig, grundbuch- und parteifähig,[500] aber keine juristische Person. Ausweislich der amtlichen Begründung handelt es sich bei der Partnerschaftsgesellschaft um eine Schwesterfigur zur offenen Handelsgesellschaft,[501] so daß sich die Regelungen des PartGG und damit die Schaffung eines Sondergesellschaftsrechts für die freien Berufe auf das zwingend notwendige Maß beschränken konnten. Das PartGG ordnet dementsprechend in weiten Teilen die Anwendung bestimmter Vorschriften des HGB an.[502] Nur für die Bereiche, für die die besonderen Merkmale der Freiberuflichkeit eine Abweichung vom Recht der offenen Handelsgesellschaft erfordern, trifft das PartGG eine eigenständige Regelung.[503] Subsidiär gelten gemäß § 1 IV PartGG die §§ 705 ff. BGB.[504]

---

[495] *Henssler*, DB 1995, 1549 (1552)

[496] BR-Drs. 516/93 S. 18; *Burret*, WPK-Mitt. 1994, 201 (202); *Bösert*, DStR 1993, 1332 (1335)

[497] *Sommer*, GmbHR 1995, 249 (251); *Michalski/Römermann*, PartGG, Einführung Rz. 53; *Bayer/Imberger*, DWiR 1995, 177 (179)

[498] *Stuber*, WiB 1994, 705 (707/708); *K. Schmidt*, NJW 1995, 1 (3); *ders.*, ZIP 1993, 633 (642); *Bösert*, WPrax, 12/1994, 2 (2); *Michalski*, ZIP 1993, 1210 (1213)

[499] BR-Drs. 516/93 S. 18

[500] *Leutheusser-Schnarrenberger*, BRAK-Mitt. 1995, 90 (90); *Michalski*, ZIP 1993. 1210 (1211); *Henssler*, PartGG, Einf Rz. 7

[501] BT-Drs. 12/6152 S. 12, *K. Schmidt*, ZIP 1993, 633 (635); *Leutheusser-Schnarrenberger* in FS für *Helmrich*, S. 677 (682)

[502] *Bösert*, DStR 1993, 1332 (1333); *Michalski/Römermann*, PartGG, Einführung Rz. 43

[503] *Bösert*, DStR 1993, 1332 (1333); *Henssler*, PartGG, Einf Rz. 8

[504] Zur steuerrechtlichen Behandlung: *Castan*, Die Partnerschaftsgesellschaft, S. 152 ff.

Gemäß § 7 III PartGG ist das Vertretungsrecht der offenen Handelsgesellschaft weitestgehend anwendbar. Das bedeutet, daß das grundsätzlich alle Sozien Einzelvertretungsmacht haben, § 125 I HGB. Für Verbindlichkeiten der Partnerschaftsgesellschaft haften den Gläubigern das Partnerschaftsvermögen und die Partner als Gesamtschuldner, § 8 I PartGG. Das PartGG enthält zudem Vorschriften im Hinblick auf Ausscheiden und Nachfolge von Partnern in §§ 9; 10 PartGG. Es gilt die Regel Ausscheiden und Fortsetzung statt Auflösung. Entsprechende Regelungen müssen die in einer Gesellschaft bürgerlichen Rechts organisierten Rechtsanwälte gesellschaftsvertraglich vereinbaren. [505]

Wie das HGB folgt das PartGG dem subjektiven System, das heißt, die Partnerschaftsgesellschaft ist gemäß § 1 I PartGG nur den in § 1 II PartGG aufgezählten freien Berufen zugänglich. § 6 PartGG regelt das Verhältnis der Partner untereinander. Weitestgehend besteht jedoch Vertragsfreiheit. Dadurch, daß die Partner bei der Erbringung ihrer beruflichen Leistung eigenverantwortlich und unabhängig erbringen und zur Beachtung ihres Berufsrechts verpflichtet sind, soll der freiberufliche Charakter der Berufsausübung gewahrt werden. [506]

Anders als die oHG für die Gewerbetreibenden stellt die Partnerschaftsgesellschaft aber lediglich ein Angebot an die Freiberufler dar. [507] Ein Formzwang besteht nicht. Gemäß § 1 III PartGG bleibt es den Berufsrechten unbenommen, die Partnerschaft zu verbieten oder den Zugang von weiteren Voraussetzungen abhängig zu machen. [508] Des weiteren fällt die Regelung der interprofessionellen Zusammenarbeit in die Kompetenz der Berufsrechte. [509]

Nach den Gesetzgebungsmaterialien zur Neufassung der BRAO, [510] die dem am 25.07.1994 beschlossenen Partnerschaftsgesellschaftsgesetz [511] zeitlich nachfolgte, soll durch die BRAO die Frage, in welcher Rechtsform die berufliche Zusammenarbeit zulässigerweise möglich ist, nicht abschließend geregelt werden. [512] Das Berufsrecht der Rechtsanwälte ist daher der Öffnung weiterer Gesellschafts-

---

[505] *Seibert*, ZIP 1993, 1197 (1199); *von Falkenhausen*, AnwBl 1993, 479 (480).

[506] *Stuber*, WiB 1994, 705 (707) mit kritischen Anmerkungen zur Geltung des Personen handelsgesellschaftsrechts (§ 6 III PartGG) insb. des § 119 HGB. Zu den Einzelheiten des Innenverhältnisses vgl. *K. Schmidt*, NJW 1995, 1 (4/5); *Michalski*, ZIP 1993, 1210 (1212).

[507] *K. Schmidt*, NJW 1995, 1 (2); *Leutheusser-Schnarrenberger*, BRAK-Mitt. 1995, 90 (90); *Seibert*, ZIP 1993, 1197 (1197); *Michalski/Römermann*, PartGG, Einführung Rz. 44

[508] *Bösert*, DStR 19943, 1332 (1335); *Burret*, DStR 1994, 201 (203)

[509] *Burret*, WPK-Mitt. 1994, 201 (203/204); *Michalski/Römermann*, PartGG, Einführung Rz. 44; *Feddersen/Meyer-Landrut*, PartGG, Einl., 3.; *Bösert*, ZAP 1994, 765 (773)

[510] Die BRAO wurde durch Gesetz vom 02.09.1994, BGBl. I, S. 2278, geändert. Eine Zusammenfassung der Änderungen gibt *Hartung*, WiB 1994, 585 ff..

[511] BGBl. I, S. 1744

[512] BT-Drs. 12/4993 S. 23

formen, insbesondere der Partnerschaftsgesellschaft, neben der Gesellschaft bürgerlichen Rechts zugänglich.[513] Im Zuge der Neufassung der BRAO ist außerdem davon abgesehen worden, die gemeinsame Berufsausübung von Rechtsanwälten in der Partnerschaftsgesellschaft von weiteren Voraussetzungen abhängig zu machen.

Die Möglichkeit interprofessioneller Zusammenschlüsse wird durch § 59 a BRAO geregelt. Nach dieser Bestimmung ist die Zusammenarbeit von Rechtsanwälten mit Steuerberatern, Steuerbevollmächtigten, Wirtschaftsprüfern, vereidigten Buchprüfern und Mitgliedern der Patentanwaltskammern in gemeinsamer Kanzlei möglich.

Die Partnerschaftsgesellschaft stellt daher eine für den Zusammenschluß von Rechtsanwälten zur gemeinsamen Berufsausübung ohne weiteres zulässige Gesellschaftsform dar.[514]

III. Modifikation durch Spezialgesetze

Gemäß § 1 III PartGG steht die Partnerschaftsgesellschaft unter einem allgemeinen Berufsrechtsvorbehalt.[515] Damit stellt das PartGG klar, daß die gemeinsame Berufsausübung innerhalb der Partnerschaftsgesellschaft den berufsrechtlichen Bindungen vollumfänglich unterliegt und kein Sonderrecht geschaffen wurde.[516] Maßgeblich für die gesellschaftsrechtliche Ausgestaltung sind somit wie bei der Sozietät die BRAO und die Berufsordnung.[517] Die BRAGO spielt insoweit keine Rolle. Sie hat bindet die Partnerschaftsgesellschaft aber im Rahmen der Gebührenberechnung. Das RBerG ist für die Partnerschaftsgesellschaften solange ohne Belang, wie sämtliche Rechtsanwälte ihren Beruf in Formen ausüben, die den Bindungen der BRAO und der BRAGO unterliegen.[518] Gesellschaftsrechtlich hat das RBerG somit keinen gestaltenden Einfluß. Die Partnerschaftsgesellschaft stellt eine zulässige Rechtsform für die gemeinsame Berufsausübung dar. Eine Erlaubnis gemäß Art. 1 § 1 RBerG ist nicht erforderlich.

---

[513]   *Jessnitzer/Blumberg*, BRAO, § 59 a Rz. 2; *Bösert*, ZAP 1994, 771 (773)

[514]   Im August 1995 ist es zur Eintragung der ersten Partnerschaftsgesellschaft in NRW
        gekommen. Dort wird das Register zentral beim AG Essen geführt. Weitere Anträge
        auch seitens der Anwaltschaft liegen bereits vor. Quelle: ZIP-aktuell, 16/1995, S. XIV

[515]   *Henssler/Prütting-Henssler*, BRAO, § 1 PartGG Rz. 18 ff.; *Kleine-Cosack*, BRAO, § 59
        a Rz. 43; *Feddersen/Meyer-Landrut*, Partnerschaftsgesellschaftsgesetz, § 1 Rz. 41

[516]   *Michalski/Römermann*, PartGG, § 1 Rz. 102; *Meilicke/Graf v.
        Westfalen/Hoffmann/Lenz-Lenz*, PartGG, § 1 Rz. 7; *Feddersen/Meyer-Landrut*, PartGG,
        § 1 Rz. 41

[517]   *Feddersen/Meyer-Landrut*, PartGG, § 1 Rz. 41

[518]   *Henssler/Prütting-Henssler*, BRAO, Art. 1 § 3 RBerG Rz. 18

Bedeutung erlangt der Berufsrechtsvorbehalt für interprofessionelle Partnerschaftsgesellschaften.[519] Sie sind nur dann zulässig, wenn dies von sämtlichen Berufsrechten der beteiligten Partner gedeckt wird. Damit sind die Gestaltungsmöglichkeiten bei der Partnerschaftsgesellschaft nicht größer als bei der Sozietät.

IV. Ergebnis

Die Partnerschaftsgesellschaft ist eine für Rechtsanwälte zulässige Gesellschaftsform. Sie wird durch den Grundsatz der Einzelvertretung und durch die akzessorische Haftung der Partner gekennzeichnet. § 1 III PartGG verpflichtet die Rechtsanwälte, die sich in einer Partnerschaft zusammenschließen wollen, zur Beachtung ihres Berufsrechts. Damit ist die Partnerschaft den gleichen berufsrechtlichen Bindungen unterworfen wie die Sozietät.

§ 16 Die Gründung der Partnerschaftsgesellschaft

I. Die Entstehung der Partnerschaft

Die Partnerschaft gelangt durch den Abschluß des Partnerschaftsvertrages und die Eintragung in das Partnerschaftsregister zur Entstehung.[520]

1. Der Abschluß des Partnerschaftsvertrages

Der Partnerschaftsvertrag[521] ist ein Gesellschaftsvertrag im Sinne des § 705 BGB. Er bedarf gemäß § 3 I PartGG der Schriftform. Sein Mindestinhalt wird durch § 3 II PartGG festgelegt.

a) Das Schriftformerfordernis

Sinn und Zweck des Schriftformerfordernisses gemäß § 3 I PartGG werden heftig diskutiert.[522] Dies ändert jedoch nichts an seiner Existenz und Beachtlichkeit für die Anwaltschaft. Da gemäß § 3 I PartGG der Partnerschaftsvertrag der Schriftform bedarf, bezieht sich das Schriftformerfordernis auf den gesamten Vertrag einschließlich

---

[519] BT-Drs. 12/6152 S. 10; *Henssler/Prütting-Henssler*, BRAO, § 1 PartGG Rz. 20; *Michalski/Römermann*, PartGG, § 1 Rz. 101

[520] *Henssler*, PartGG, § 1 Rz. 19

[521] Muster: *Ring*, Die Partnerschaftsgesellschaft, S. 199 ff.

[522] *Stuber*, WiB 1994, 704 (707); *K. Schmidt*, NJW 1995, 1 (3); *Michalski*, ZIP 1993, 1210 (1212)

aller Nebenabreden und späterer Änderungen.[523] Die Auffassung von *Gail/ Over-lack*,[524] ein Verstoß gegen § 3 I PartGG liege nur vor, wenn im Partnerschaftsvertrag die in § 3 II PartGG aufgezählten Angaben fehlten, ist daher nicht zu rechtfertigen. Vielmehr wird der Wortlaut durch die Gesetzesmaterialen[525] und die Systematik des § 3 PartGG - das Schriftformerfordernis (Absatz 1) bezieht sich nicht auf die notwendigen Angaben (Absatz 2), sondern ist diesem vorangestellt - gedeckt.

Fraglich ist, welche Folge ein Verstoß gegen das Schriftformerfordernis hat. Die h.M. ist unter Berufung auf den Gesetzeswortlaut und die Materialien[526] der Auffassung, die Nichtbeachtung hätte die Anwendung der §§ 125; 126 BGB zur Folge. Dies sei zwar nicht unbedingt eine nach Sinn und Zweck zu rechtfertigende Konsequenz, entspreche aber dem maßgeblichen Gesetzestext.[527]

Anderer Ansicht nach hat das Schriftformerfordernis rein deklaratorische Funktion; es soll aus der Gesellschaft bürgerlichen Rechts - vorbehaltlich der Eintragung - eine Partnerschaft machen.[528] Die Partnerschaft entsteht nach dieser Auffassung aber auch, wenn die Eintragung erfolgt, obwohl ein schriftlicher Vertrag nicht existiert. Dies sei die Konsequenz daraus, daß das Registergericht nicht überprüfe, ob ein Vertrag vorliege. Außerdem würde dem Schutz des Rechtsverkehrs durch die Registerpublizität und die akzessorische Haftung gemäß § 8 I PartGG genüge getan.

Der Verstoß gegen gesetzliche Formvorschriften hat grundsätzlich Nichtigkeit zur Folge, § 125, 1 BGB.[529] Der Gesetzgeber hat die Gefahr, daß Partnerschaftsgesellschaften eingetragen werden können, obwohl ein schriftlicher Gesellschaftsvertrag nicht abgeschlossen worden ist, gesehen und ist dennoch nicht vom dem Formerfordernis abgewichen. In den Materialien heißt es: „Daß mangels Vorlagepflicht im Einzelfall auch formnichtige Gesellschaften zur Eintragung gelangen können, entspricht der Rechtslage bei den Personenhandelsgesellschaften und rechtfertigt keine andere Beurteilung." Deshalb muß ein Verstoß gegen § 3 I PartGG entsprechend dem Gesetzeswortlaut und mit der herrschenden Meinung die Nichtigkeit des Gesellschaftsvertrages gemäß § 125, 1 BGB nach sich ziehen. Ist die Gesellschaft be-

523   *Hornung*, Rpfleger 1995, 481 (486); *MK-Ulmer*, § 3 PartGG Rz. 5; *Henssler*, PartGG, § 3 Rz. 16; *Ring*, Die Partnerschaftsgesellschaft, § 3 Rz. 3
524   Anwaltsgesellschaften, Rz. 115 ff.
525   BT-Drs. 12/6152, S. 13
526   BT-Drs. 12/6152, S. 13
527   *Knoll-Schüppen*, DStR 1995, 608 (612); *Stuber*, WiB 1994, 705 (707); *Meilicke/Graf v. Westfalen/Hoffmann/Lenz-Meilicke*, PartGG, § 3 Rz. 10; *MK-Ulmer*, § 3 PartGG Rz. 7; *K. Schmidt*, Gesellschaftsrecht, § 64 II S. 1879
528   *K. Schmidt*, NJW 1995, 1 (3); Handbuch des Gesellschaftsrechts, Band 1, *Salger*, § 32 Rz. 11
529   *Palandt-Heinrichs*, § 125 Rz. 10; *Knoll-Schüppen*, DStR 1995, 608 (612); *Ring*, Die Partnerschaftsgesellschaft, § 3 Rz. 5

reits in Vollzug gesetzt, finden die Grundsätze über die fehlerhafte Gesellschaft Anwendung.[530]

b) Die Vertragspartner

Vertragspartner einer Rechtsanwalts-Partnerschaft können gemäß § 1 I PartGG nur natürliche Personen sein. Sie müssen Angehörige einer gemäß § 59 a I BRAO sozietätsfähigen Berufsgruppe sein und die Zulassung zur Anwaltschaft beziehungsweise die für ihren Beruf erforderliche andere Zulassung besitzen, § 9 III PartGG.

Streitig ist, ob die aktive Berufsausübung Voraussetzung für die Mitgliedschaft in einer Partnerschaftsgesellschaft ist.

aa) Aktive Berufsausübung durch sämtliche Partner

Die herrschende Meinung[531] verlangt - wiederum unter Berufung auf die Gesetzesmaterialien[532] und den Gesetzestext -, daß sämtliche Partner ihren Beruf aktiv ausüben. „Zur Ausübung" sei als Mitarbeitsklausel zu interpretieren.[533] In den Materialien heißt es: „Voraussetzung für die Mitgliedschaft ist also die aktive Ausübung des Berufs in der Partnerschaft." Diese Auffassung des Gesetzgebers hat sich in mehreren Vorschriften niedergeschlagen, so zum Beispiel in den §§ 1 I 1; 4 II; 9 III PartGG. Sie setzen sämtlich die aktive Berufsausübung voraus. Weiter wird argumentiert, bloße Kapitalbeteiligungen seien mit den Wesensmerkmalen des freien Berufs nicht zu vereinbaren.[534]

---

[530]   *Henssler*, PartGG, § 3 Rz. 18; *Knoll-Schüppen*, DStR 1995, 608 (612); *Meilicke/Graf v. Westfalen/Hoffmann/Lenz-Meilicke*, PartGG, § 3 Rz. 34 mit weiteren Einzelheiten zur Rechtsfolge faktische Gesellschaft.

[531]   *Bösert/Braun/Jochem*, Leitfaden zur Partnerschaftsgesellschaft, S. 77 ff.; *Bösert*, ZAP 1994, 765 (771); *Stuber*, WiB 1994, 705 (706); *Henssler/Prütting-Henssler*, BRAO, § 1 PartGG Rz. 8; Handbuch des Gesellschaftsrechts, Band 1, *Seibert*, § 30 Rz. 12; *Meilicke/Graf v. Westfalen/Hoffmann/Lenz-Lenz*, PartGG, § 1 Rz. 98; *Bayer/Imberger*, DWiR 1995, 177 (180); *Lenz*, MDR 1994, 741 (742); *Kempter*, BRAK-Mitt. 1994, 122 (123)

[532]   BT-Drs. 12/6152, S. 9

[533]   BR-Drs. 516/93 S. 12; *Stuber*, WiB 1994, 705 (706); *Burret*, WPK-Mitt. 1994, 201 (202); *Leutheusser-Schnarrenberger*, BRAK-Mitt. 1995, 90 (90); *Bösert*, WPrax 12/1994, 2 (2); *Henssler*, PartGG, § 1 Rz. 13

[534]   *Kempter*, BRAK-Mitt. 1994, 122 (122)

bb) Zulässigkeit von reinen Kapitalbeteiligungen

Dessen ungeachtet gibt es Stimmen in der Literatur,[535] die für die Zulässigkeit von reinen Kapitalbeteiligungen plädieren. Der Gesetzeszweck rechtfertige den Ausschluß stiller Kapitalbeteiligungen oder sonstiger Formen verwandter Finanzierung nicht.[536] Das Vertrauen, das der Rechtsverkehr den freien Berufen entgegenbringe, werde durch Finanzierungshilfen von Dritter Seite auf der Grundlage von Gewinnbeteiligungen nicht beeinträchtigt.[537] Ein weiteres Argument gegen das Erfordernis aktiver Mitarbeit liefere § 9 PartGG. Diese Vorschrift regelt in den Absätzen zwei und drei die gesetzlichen Ausschlußgründe abschließend. Die Aufgabe der aktiven Mitarbeit zählt nicht zu diesen Gründen. Den Partnern ist es somit freigestellt, ob sie den Partner, der seine Arbeit eingestellt hat, aus der Gesellschaft ausschließen wollen. Aus diesem Umstand schließen *Michalski/Römermann*,[538] daß ein beruflich inaktiver Partner im Einverständnis mit den übrigen Gesellschaftern in der Gesellschaft verbleiben kann und es keinen Unterschied machen dürfe, wenn der Partner seine Tätigkeit gar nicht erst aufgenommen haben.

cc) Stellungnahme

Tatsächlich wird das Vertrauen der Mandanten nicht von der aktiven Mitarbeit einiger Geldgeber abhängen. Es wird schon deshalb nicht gefährdet, weil die Auftraggeber keinen Einblick in interne Vereinbarungen haben. Außerdem muß konzediert werden, daß die großen Anwaltskanzleien - wie jedes Unternehmen - mit Krediten arbeiten, ohne Vertrauen eingebüßt zu haben. Schließlich sind stille Kapitalbeteiligungen auch bei Sozietäten möglich.[539] Ungleich stärker als diese Argumente wiegt jedoch der Wortlaut des Gesetzes und der in den Materialien zum Ausdruck gekommene Wille des Gesetzgebers. Gleich an mehreren Stellen verlangt das PartGG, daß der Beruf aktiv ausgeübt wird, tatsächlich mitgearbeitet wird. Wichtigste Vorschrift ist insoweit § 1 I 1 PartGG. Unter der amtlichen Überschrift „Voraussetzungen der Partnerschaft" heißt es, „Die Partnerschaft ist eine Gesellschaft, in der sich Angehörige Freier Berufe zur Ausübung ihrer Berufe zusammenschließen." Demnach setzt der Zusammenschluß in einer Partnerschaftsgesellschaft gerade voraus, daß der Beruf ausgeübt wird. Zugleich unterscheidet das Gesetz zwischen der erforderlichen - passiven - Zulassung zum Beruf und der Berufsausübung als solcher und verlangt damit ein gewisses Maß an beruflicher Aktivität.[540] Daß die Einstellung der aktiven Tätigkeit nicht automatisch zum Ausschluß führt, kann des-

---

535   *Michalski/Römermann*, PartGG, § 1 Rz. 7 ff.; *Feddersen/Meyer-Landrut*, PartGG, § 1
      Rz. 5
536   *Feddersen/Meyer-Landrut*, PartGG, § 1 Rz. 5
537   *Feddersen/Meyer-Landrut*, PartGG, § 1 Rz. 5
538   *Michalski/Römermann*, PartGG, § 1 Rz. 9
539   *Boin*, Die Partnerschaftsgesellschaft für Rechtsanwälte, S. 137
540   *Lenz*, WiB 1995, 529 (530)

halb die Zulässigkeit reiner Kapitalbeteiligungen nicht rechtfertigen. Vielmehr ist bewußt von einer automatischen Ausschlußregelung abgesehen worden, um den Partnern flexible Vereinbarungen zu ermöglichen, wenn einer von ihnen sich aus Alters- oder Gesundheitsgründen aus dem aktiven Berufsleben zurückzieht.[541] Aktive Berufsausübung muß deshalb weit verstanden werden.[542] Vereinzelte Ratschläge oder Unterstützung durch den Seniorpartner gehören ebenso dazu wie die rein organisatorische Tätigkeit in der Kanzlei. Auch unterbrechen längerfristige Fort- oder Weiterbildungsmaßnahmen die aktive Mitarbeit nicht.

2. Die Registereintragung

Mit dem Abschluß des Gesellschaftsvertrages allein entsteht zwischen den Gesellschaftern noch keine Partnerschaftsgesellschaft.

a) Der Rechtszustand vor der Eintragung

Nehmen die Partner dennoch ihre Geschäfte auf, hat die „Vor-Partnerschaft" den Charakter einer Gesellschaft bürgerlichen Rechts. Die §§ 705 ff. BGB finden uneingeschränkt Anwendung.[543] Erst wenn die gemäß § 7 I PartGG konstitutive Registereintragung erfolgt, gelangt die Partnerschaftsgesellschaft zur Entstehung. Vorher sind die Vorschriften des PartGG nicht anwendbar;[544] denn es gibt zwischen der Partnerschaftsgesellschaft und der Gesellschaft bürgerlichen Rechts kein inhaltliches Abgrenzungskriterium.[545] Folglich würde eine erhebliche Rechtsunsicherheit entstehen, wollte man das PartGG je nach Inhalt des Gesellschaftsvertrages zur Anwendung bringen, zumal das Recht der BGB-Gesellschaften weitgehend dispositiv ist. Im Streitfall gäbe es deshalb - abgesehen von der Eintragung - kein taugliches Unterscheidungsmerkmal.

Im Verhältnis der Partner untereinander kann selbstverständlich vereinbart werden, daß die Regelungen des PartGG Anwendung finden.[546]

---

[541] BT-Drs. 12/6152, S. 9; *Bösert/Braun/Jochem*, Leitfaden zur Partnerschaftsgesellschaft, S. 79

[542] *Meilicke/Graf v. Westfalen/Hoffmann/Lenz-Lenz*, PartGG, § 1 Rz. 98; *Stuber*, WiB 1994, 705 (707); *Lenz*, WiB 1995, 529 (530)

[543] *Henssler/Prütting*-Henssler, BRAO, § 7 PartGG Rz. 2; *Meilicke/Graf v. Westfalen/Hoffmann/Lenz-Lenz*, PartGG, § 7 Rz. 4; *Stuber*, WiB 1994, 705 (708); *K. Schmidt*, NJW 1995, 1 (4); *Lenz*, MDR 1994, 741 (743); *Bayer/Imberger*, DWiR 1995, 177 (180); *Kempter*, BRAK-Mitt. 1994, 122 (123); *Knoll-Schüppen*, DStR 1995, 177 (180); *MK-Ulmer*, § 7 PartGG Rz. 4; *K. Schmidt*, Gesellschaftsrecht, § 64 II S. 1880

[544] Dieser Ansicht sind *Gail/Overlack*, Anwaltsgesellschaften, Rz. 126 und *Michalski/Römermann*, PartGG, § 7 Rz. 5

[545] BT-Drs. 12/6152, S. 16; *Burret*, DStR 1994, 201 (205)

[546] *MK-Ulmer*, § 7 PartGG Rz. 3; *Henssler*, PartGG, § 7 Rz. 9

b) Die Eintragung in das Partnerschaftsregister

Aus § 4 I PartGG in Verbindung mit § 106 I HGB ergibt sich, daß die Eintragung Pflicht ist. Zuständig für die Eintragung ist grundsätzlich das Amtsgericht, in dessen Bezirk die Partnerschaftsgesellschaft ihren Sitz hat. Einzelheiten zur Einrichtung und Führung des Registers sind in der Partnerschaftsregisterverordnung vom 19.06.1995 geregelt.[547] Die Länder haben ihrerseits in Verordnungen Regelungen über die Zuständigkeit getroffen. Teilweise sind die Zuständigkeiten an bestimmten Amtsgerichten konzentriert worden. In Nordrhein-Westfalen ist beispielsweise das Amtsgericht Essen zuständig.[548] Die Anmeldung zur Eintragung ist gemäß § 5 II PartGG in Verbindung mit § 12 I HGB in öffentlich beglaubigter Form einzureichen und ist von allen Partnern gemeinsam zu bewirken, § 4 I 1 PartGG in Verbindung mit § 108 I HGB.[549] Die Partner können sich allerdings gegenseitig vertreten, § 5 II PartGG in Verbindung mit § 12 II 1 HGB. Die Anmeldung muß die für den Gesellschaftsvertrag gemäß § 3 II PartGG zwingenden Angaben enthalten, § 4 II 2 PartGG. Diese Angaben ermöglichen die Prüfung, ob die Rechtsform der Partnerschaft zu Recht beansprucht wird. Sie werden gemäß § 5 I PartGG eingetragen. Der Vertrag selbst muß nicht vorgelegt werden. Die Richtigkeit der Angaben wird gemäß § 4 II 2 PartGG grundsätzlich nicht überprüft, es sei denn ihre Unrichtigkeit ist bekannt.

c) Die Rechtsfolgen der Eintragung

Mit der Eintragung in das Partnerschaftsregister entsteht die Partnerschaftsgesellschaft. Gemäß § 5 II PartGG ist nunmehr auch § 15 HGB anwendbar. Die Vorschriften über die Publizität des Handelsregisters gelten somit auch für das Partnerschaftsregister. Dies hat vor allem Bedeutung für gesellschaftsvertragliche Änderungen der Alleinvertretungsmacht gemäß § 7 III PartGG in Verbindung mit § 125 I HGB und für die Nachhaftungsbegrenzung und damit für das Ausscheiden von Gesellschaftern gemäß § 10 II PartGG; §§ 159; 160 HGB. Unterbleibt eine entsprechende Eintragung, gilt die eintragungspflichtige Tatsache dem Geschäftsgegner gegenüber als nicht erfolgt, es sei denn, er hatte positive Kenntnis. Auf der anderen Seite kommt eine Haftung kraft Anscheinsvollmacht grundsätzlich nicht mehr in Betracht, wenn der Partner, dessen Name sich auf dem Briefkopf befindet, im Regi-

---

[547]   BGBl. I 1995, S. 808 ff.; abgedruckt bei *Meilicke/Graf v. Westfalen/Hoffmann/Lenz*, PartGG, nach § 4; Einzelheiten zum Partnerschaftsregistser nachzulesen bei *Schaub*, NJW 1996, 625 ff.

[548]   Verordnung über die Führung des Partnerschaftsregisters vom 20.06.1995, GV. NW 1995, 576; einen Überblick über die zuständigen Registergericht in sämtlichen Bundesländern geben *Bösert/Braun/Jochem*, Leitfaden zur Partnerschaftsgesellschaft, S. 137 ff.

[549]   Ein Anmeldemuster ist abgedruckt bei *Bösert/Braun/Jochem*, Leitfaden zur Partnerschaftsgesellschaft, S. 264

ster gelöscht wurde, § 15 II HGB.[550] Neben den Eintragungspflichten, die sich aus der Verweisung in das HGB ergeben, sind Änderungen der in § 3 II PartGG aufgezählten Angaben eintragungspflichtig.

II. Notwendige Bestandteile des Gesellschaftsvertrages, § 3 II PartGG

§ 3 II PartGG bestimmt ausdrücklich, welche Regelungen der Gesellschaftsvertrag enthalten muß. Dies sind Bestimmungen über Namen und Sitz der Partnerschaft (Nr.1), Namen, Beruf und Wohnort jedes Partners (Nr. 2) und den Gegenstand der Partnerschaft (Nr. 3).

1. Name und Sitz der Partnerschaft, § 3 II Nr. 1 PartGG

a) Der Name der Partnerschaftsgesellschaft

Wie der Name der Partnerschaft gebildet werden muß, bestimmt § 2 PartGG. Nach dieser Vorschrift muß er den Namen mindestens eines Partners, den Zusatz „und Partner" oder „Partnerschaft" sowie die Berufsbezeichnungen aller in der Partnerschaft vertretenen Berufe enthalten.[551] Allerdings darf der Zusatz „und Partner" nicht verwandt werden, wenn sämtliche Partner im Namen der Gesellschaft aufgeführt werden. Da dieser Zusatz auf das Vorhandensein noch weiterer Gesellschafter hindeutet, wäre er irreführend und deshalb unzulässig.[552] Auf dem Briefbogen der Kanzlei müssen die Namen sämtlicher Gesellschafter mit mindestens einem ausgeschriebenen Vornamen aufgeführt werden, das ergibt sich aus § 1 III PartGG; § 10 I BO.

§ 2 II PartGG ordnet in weiten Teilen die Anwendung des Firmenrechts des HGB an. Die Angabe des Vornamens ist folglich gemäß § 2 II PartGG; § 19 III HGB grundsätzlich nicht erforderlich. Es gelten die Grundsätze der Firmenwahrheit, der Firmenbeständigkeit (§§ 21 ff. HGB) und der Firmenunterscheidbarkeit (§ 30 HGB). Der Vorname muß deshalb ausnahmsweise dann Bestandteil des Namens der Partnerschaft sein, wenn dies zur Unterscheidbarkeit von anderen am Ort ansässigen Partnerschaften erforderlich ist.[553] Der Name früherer Partner darf beim Ausscheiden oder der Aufnahme weiterer Gesellschafter oder bei einer Praxisübernahmen weitergeführt werden, wenn die Partnerschaft nicht lediglich verpachtet oder ein

---

[550] *Stuber*, WiB 1994, 705 (707); *Gail/Overlack*, Anwaltsgesellschaften, Rz. 121
[551] Zu den Auswirkungen auf Sozietäten vgl. oben § 8 III 1.
[552] *Seibert*, Die Partnerschaft, S. 43; *Michalski/Römermann*, PartGG, § 2 Rz. 10; *Feddersen/Meyer-Landrut*, PartGG, § 2 Rz. 2
[553] *Henssler/Prütting-Henssler*, BRAO, § 2 PartGG Rz. 2; zu den Prinzipien des Firmenordnungsrechts vgl. *Canaris*, Handelsrecht, § 11 I.

Nießbrauch bestellt wird, § 2 II PartGG; §§ 22 I; 24 HGB; § 9 II BO. Voraussetzung ist allerdings, daß der Namensträger seiner Weiterverwendung zustimmt. Sinnvollerweise sollte der Partnerschaftsvertrag insoweit eine Regelung vorsehen, damit die Partner bei einem Todesfall nicht auf die Zustimmung der Erben angewiesen sind. Ferner ist es gemäß § 2 II PartGG; § 24 II HGB möglich, den Namen einer Sozietät weiterzuführen, wenn diese in eine Partnerschaft umgewandelt wird.[554]

Schließlich müssen die Berufsbezeichnungen sämtlicher Partner angegeben werden. Übt ein Partner in der Gesellschaft mehrere Berufe aus, müssen alle angegeben werden.[555]

b) Der Sitz der Partnerschaftsgesellschaft

Der Sitz der Partnerschaft ist in Anlehnung an die Bestimmung des Handelsrechts danach zu bestimmen, an welchem Ort sich die Verwaltung befindet.[556] Läßt sich bei überörtlichen Sozietäten kein einheitlicher Verwaltungssitz bestimmen, können sich die Partner frei für einen Ort entscheiden.[557] Der Sitz der Partnerschaft ist maßgeblich für die Bestimmung des zuständigen Registergerichts und den allgemeinen Gerichtsstand gemäß § 17 I ZPO.

2. Name, Vorname, ausgeübter Beruf und Wohnsitz jedes Partners, § 3 II Nr. 2 PartGG

Weiterhin ist erforderlich, daß in dem Partnerschaftsvertrag Name, Vorname und Wohnort eines jeden Partners angegeben werden. § 3 II Nr. 2 PartGG wurde in Anlehnung an § 106 II HGB gebildet.[558] Aus diesem Grund kann davon ausgegangen werden, daß die Angabe des Rufnamens genügt und nicht alle Vornamen angegeben werden müssen.[559] In gleicher Weise wird mit mehreren Wohnorten zu verfahren

---

[554]   *Bösert*, ZAP 1994, 765 (771; *Stuber*, WiB 1994, 705 (707); *Hornung*, Rpfleger 1995. 481 (485)

[555]   *Meilicke/Graf v. Westfalen/Hoffmann/Lenz-Meilicke*, PartGG, § 2 Rz. 5; *Michalski/Römermann*, PartGG, § 2 Rz. 15

[556]   *Baumbach/Hopt*, HGB, § 106 Rz. 8; *Feddersen/Meyer-Landrut*, PartGG, § 3 Rz. 5; *Meilicke/Graf v. Westfalen/Hoffmann/Lenz-Meilicke*, PartGG, § 3 Rz. 20; *Henssler/Prütting-Henssler*, BRAO, § 3 PartGG Rz. 7; *Michalski/Römermann*, PartGG, § 3 Rz. 15; *Bösert/Braun/Jochem*, Leitfaden zur Partnerschaftsgesellschaft, S. 131; *Gail/Overlack*, Anwaltsgesellschaften, Rz. 180

[557]   *Feddersen/Meyer-Landrut*, PartGG, § 3 Rz. 5; *Meilicke/Graf v. Westfalen/Hoffmann/Lenz-Meilicke*, PartGG, § 3 Rz. 20; *Michalski/Römermann*, PartGG, § 3 Rz. 15; *Gail/Overlack*, Anwaltsgesellschaften, Rz. 181

[558]   *Feddersen/Meyer-Landrut*, PartGG, § 3 Rz. 6

[559]   *Michalski/Römermann*, PartGG, § 3 Rz. 16; *Feddersen/Meyer-Landrut*, PartGG, § 3 Rz. 6; *MK-Ulmer*, § 3 PartGG Rz. 17

sein. Gesicherter Erkenntnis entspricht dies jedoch nicht; denn der Gesetzgeber benutzt in § 3 II Nr. 2 PartGG eine andere Formulierung - „den Vornamen" - als in § 18 I HGB und § 35 a GmbHG.[560] Dort spricht er von „einem ausgeschriebenen Vornamen". Desgleichen ungewiß ist, ob mit Wohnort der Wohnsitz im Sinne von § 7 BGB oder im Sinne von § 8 AO gemeint ist.[561] Sicherheitshalber sollten deshalb in dem Gesellschaftsvertrag sämtliche Vornamen und gegebenenfalls sämtliche Wohnorte angegeben werden.

Zusätzlich müssen die in der Partnerschaft ausgeübten Berufe angegeben werden. Grundsätzlich kann jeder Partner frei bestimmen, welchen Beruf er innerhalb der Partnerschaft ausüben will.[562] Im Innenverhältnis sollte jedoch Klarheit herrschen, inwieweit jeder Rechtsanwalt verpflichtet ist.[563]

3. Gegenstand der Partnerschaft, § 3 II Nr. 3 PartGG

Der Gegenstand der Partnerschaft muß festgelegt werden; denn er wird in das Partnerschaftsregister eingetragen. Seine Angabe bei der Anmeldung zum Partnerschaftsregister ermöglicht die Kontrolle, ob die Rechtsform der Partnerschaftsgesellschaft zu Recht in Anspruch genommen wird. Streitig ist, ob der Gegenstand einer Partnerschaftsgesellschaft grundsätzlich auch gemischt gewerblich sein kann, solange er zumindest auch freiberufliche Tätigkeit beinhaltet.[564] Für die Rechtsanwalts-Partnerschaften stellt sich dieses Problem nicht. Den Rechtsanwälten ist die berufliche Zusammenarbeit nur zur gemeinsamen Berufsausübung im Rahmen der eigenen beruflichen Befugnisse gestattet, § 59 a I BRAO. Dauerhafter gewerblicher Tätigkeit sollte sich der Anwalt gemäß § 2 II BRAO enthalten, wenn sie nicht deutlich von der Ausübung des Rechtsanwaltsberufs getrennt werden kann.[565] Wird in einer Rechtsanwalts-Partnerschaft neben rechtsberatender Tätigkeit gewerbliche Leistung angeboten, wird die erforderliche Trennung nicht vollzogen. Dies gilt auch für interprofessionellen Kooperationen; denn gemäß § 30 BO muß sichergestellt sein, daß sämtliche Sozien/Partner das anwaltliche Berufsrecht und damit § 2 II BRAO beachten. Beispielsweise ist die Tätigkeit eines Rechtsanwalts nicht mit der ständigen Ausübung des Maklerberufs zu vereinbaren.[566]

---

[560] *Meilicke/Graf v. Westfalen/Hoffmann/Lenz-Meilicke*, PartGG, § 3 Rz. 21; Handbuch des Gesellschaftsrechts, Band 1, *Salger*, § 32 Rz. 7

[561] *Bösert/Braun/Jochem*, Leitfaden zur Partnerschaftsgesellschaft, S. 131; Handbuch des Gesellschaftsrechts, Band 1, *Salger*, § 32 Rz. 8; *Meilicke/Graf v. Westfalen/Hoffmann/Lenz-Meilicke*, PartGG, § 3 Rz. 24

[562] BT-Drs. 12/6152, S. 13

[563] Vgl. dazu unten III.

[564] Dafür: *Meilicke/Graf v. Westfalen/Hoffmann/Lenz-Lenz*, PartGG, § 1 Rz. 77 ff.; dagegen: Handbuch des Gesellschaftsrechts, Band 1, *Salger*, § 32 Rz. 5

[565] *Henssler/Prütting-Henssler*, BRAO, § 7 Rz. 79 und oben § 4 IV.

[566] BGH, Urteil vom 31.10.1991, NJW 1992, 681 (682)

Der Gegenstand der Partnerschaftsgesellschaft ist klar und eindeutig festzulegen;[567] denn er legt ihren Tätigkeitsbereich fest. Der Tätigkeitsbereich einer Rechtsanwalts-Partnerschaft entspricht dem Zweck einer Rechtsanwaltssozietät. Zwar sind Gesellschaftszweck und Gesellschaftsgegenstand grundsätzlich nicht gleichzusetzen,[568] doch kommt es dann zu Überschneidungen, wenn der Zweck der Gesellschaft (das Ziel) der konkreten Tätigkeit (dem Gegenstand) entspricht. Der Zweck der Sozietät und auch der Partnerschaft besteht vor allem in der gemeinsamen Erbringung der beruflichen Leistung.[569] Insoweit entspricht er der konkreten Tätigkeit der zusammengeschlossenen Rechtsanwälte und damit dem Gegenstand.

Es bleibt den Partnern unbenommen, weitere Zwecke zu vereinbaren. Beispielsweise kann gesellschaftsvertraglich bestimmt werden, daß der Zweck der Partnerschaftsgesellschaft in der gemeinsamen Berufsausübung und der Alterssicherung besteht.[570] Folge einer solchen Zweckvereinbarung ist, dies ergibt sich aus § 1 IV PartGG; § 705 BGB, daß die Gesellschafter zur Förderung dieses Zwecks verpflichtet sind.

Die Festschreibung des Gesellschaftsgegenstandes erfüllt zugleich eine Schutzfunktion im Innenverhältnis im Hinblick auf die Bestimmung der zulässigen Geschäftsführungsmaßnahmen.[571] Durch die Eintragung in das Partnerschaftsregister sind die Partner auch im Außenverhältnis gemäß §§ 5 II PartGG; 15 II HGB vor Geschäftsführungsmaßnahmen einzelner geschützt, die erkennbar nicht vom Gegenstand der Partnerschaftsgesellschaft gedeckt sind.

III. Fakultativer Inhalt

Das PartGG ordnet in weiten Teilen die entsprechende Anwendung des Rechts der offenen Handelsgesellschaft an. Dadurch erhält die Partnerschaftsgesellschaft eine im Vergleich zur Sozietät als Gesellschaft bürgerlichen Rechts wesentlich verfestigtere Struktur. Aber nicht sämtliche Vorschriften des HGB, die für anwendbar erklärt werden, stellen eine optimale Lösung für Zusammenschlüsse von oder unter Beteiligung von Anwälten dar. Außerdem fordert das Berufsrecht, vorbehaltlich dessen das PartGG gemäß § 1 III PartGG gilt, einige Abwandlungen. Da der Vertragsfreiheit durch das PartGG nur wenige Grenzen gesetzt wurden,[572] bietet sich die gesellschaftsvertragliche Modifizierung einiger Regelungen auch im Hinblick auf spezielle Bedürfnisse der Partner an.

---

[567] Handbuch des Gesellschaftsrechts, Band 1, *Salger*, § 32 Rz.5
[568] *Hachenburg-Ulmer*, GmbHG, § 3 Rz. 19; *Henssler/Prütting-Henssler*, BRAO, § 3 PartGG Rz.6; *ders.*, PartGG, § 3 Rz. 29
[569] *Feuerich/Braun*, BRAO, § 59 a Rz. 8; *Bayer/Imberger*, DWiR 1993, 309 (313)
[570] Vgl. den Vorschlag von *Marsch-Barner*, Münchener Vertragshandbuch, Band 1, I.7 § 1
[571] *Henssler/Prütting-Henssler*, BRAO, § 3 PartGG Rz. 6
[572] *K. Schmidt*, NJW 1995, 1 (4); *Knoll/Schüppen*, DStR 1995, 608 (612)

1. Geschäftsführung

Bei der Gestaltung des Innenverhältnisses sind die Partner grundsätzlich völlig frei; denn das Innenverhältnis betrifft ausschließlich das Verhältnis der Partner untereinander und läßt die Interessen des Rechtsverkehrs unberührt. Führt aber eine Regelung im Innenverhältnis dazu, daß ein Partner seinen Beruf nicht mehr frei und unabhängig ausübt, sondern in seinen Entscheidungen von anderen abhängig ist, gefährdet dies seine Stellung als unabhängiges Organ der Rechtspflege.[573] Aus diesem Grund ordnet § 6 PartGG, der das Innenverhältnis der Partner regelt, an, daß sich das Verhältnis der Partner untereinander nach dem Gesellschaftsvertrag richtet, wenn nicht das Berufsrecht eine abweichende Regelung erfordert.[574] § 6 I PartGG verpflichtet die Partner allgemein zur Beachtung des für sie geltenden Berufsrechts. Die wichtigste - berufsrechtlich geforderte - Einschränkung der Vertragsfreiheit nennt § 6 II PartGG ausdrücklich.[575] Nach dieser Vorschrift können einzelne Partner nur von der Führung der sonstigen Geschäfte ausgeschlossen werden. Beschränkungen, die die Berufsausübung betreffen, sind damit unzulässig.[576] Wegen des allgemeinen Berufsrechtsvorbehalts in § 1 III PartGG haben § 6 I und II PartGG aber lediglich klarstellende Funktion.[577] Eine wichtige Ausnahme von § 6 II PartGG stellt die Möglichkeit dar, einem Gesellschafter die Geschäftsführungsbefugnis vorübergehend gemäß §§ 6 III PartGG; 117 HGB durch gerichtliche Entscheidung entziehen zu lassen, wenn dies durch einen wichtigen Grund gerechtfertigt wird. Wichtige Umstände in diesem Sinne sind beispielsweise der Ausschluß eines Partners, drohender Schaden für die Gesellschaft, unzureichende Fortbildung oder Mißbrauch der Gesellschaft für private Zwecke.[578]

Gemäß § 6 III PartGG in Verbindung mit § 115 I HGB hat jeder Gesellschafter ein Widerspruchsrecht im Hinblick auf die Geschäftsführung der anderen. Dieses Widerspruchsrecht sollte zur Wahrung der Unabhängigkeit des Rechtsanwalts insoweit abbedungen werden, als es den Teil der Geschäftsführung betrifft, der Berufsausübung ist.[579] Statt dessen kann der Gesellschaftsvertrag ein Auskunftsrecht vorsehen. Wird insoweit keine Regelung getroffen, bestehen gesetzliche Informationsrechte gemäß §§ 6 III PartGG; 118 HGB und §§ 1 IV PartGG; 713; 666; 810 BGB, begrenzt durch die Berufsrechte.[580] Die Schweigepflicht gemäß § 43 a II BRAO greift

---

[573] *Henssler/Prütting-Henssler*, BRAO, § 6 PartGG Rz. 2
[574] *Meilicke/Graf v. Westfalen/Hoffmann/Lenz-Meilicke*, PartGG, § 6 Rz. 2
[575] Vgl. oben § 7 I 5. ; *Knoll/Schüppen*, DStR 1995, 608 (612)
[576] *Henssler/Prütting-Henssler*, BRAO, § 6 PartGG Rz. 2; *MK-Ulmer*, § 6 PartGG Rz. 12
[577] *Feddersen/Meyer-Landrut*, PartGG, § 6 Rz. 1
[578] *Henssler/Prütting-Henssler*, BRAO, § 6 PartGG Rz. 6 ff.; *Michalski/Römermann*, PartGG, § 6 Rz. 17; *Feddersen/Meyer-Landrut*, PartGG, § 6 Rz. 11
[579] *Michalski*, Das Gesellschafts- und Kartellrecht der berufsrechtlich gebundenen freien Berufe, S. 310; Handbuch des Gesellschaftsrechts, Band 1, *Schmid*, § 19 Rz. 31
[580] BT-Drs. 12/6152, S. 15; *Meilicke/Graf v. Westfalen/Hoffmann/Lenz-Meilicke*, PartGG, § 6 Rz. 68 ff.; *Feddersen/Meyer-Landrut*, PartGG, § 6 Rz. 5; *MK-Ulmer*, § 6 PartGG Rz. 6

jedoch in aller Regel nicht begrenzend ein, da das Mandat im Zweifel der Partnerschaft erteilt wird und somit sämtliche Partner in den Vertrag einbezogen sind.[581]

Auf der anderen Seite kann nicht jeder Partner willkürlich Mandate annehmen oder ablehnen. Damit die Partnerschaft eine vernünftige Geschäftspolitik verfolgen kann und um einen Verstoß gegen das Verbot widerstreitender Interessen zu vermeiden, muß es möglich sein, bestimmte Regelungen zu treffen.[582] Der Ausschluß des Widerspruchsrechts darf deshalb nur die inhaltliche Bearbeitung des Mandats betreffen. Hier muß der Anwalt völlig frei und eigenverantwortlich handeln können. Das Ob der Mandatsannahme kann demgegenüber - gegebenenfalls ab einer bestimmten Größenordnung - durch den Gesellschaftsvertrag einem Gremium zur Entscheidung übertragen werden. Möglich ist auch, daß bestimmte Kriterien festgelegt werden, nach denen bestimmt wird, ob ein Mandat angenommen wird. Das Haftungs- und das wirtschaftliche Risiko aller Partner rechtfertigen eine gewissen Einflußnahme, da dieses Risiko die Unabhängigkeit aller Partner gefährdet und damit seinerseits die Unabhängigkeit des einzelnen begrenzt.[583] Des weiteren ist es möglich, vertraglich zu vereinbaren, wer intern welches Rechtsgebiet betreut. Die Unabhängigkeit des Rechtsanwalts wird dadurch nicht gefährdet, vielmehr bringt sie dem rechtssuchenden Publikum und der Partnerschaft einen großen Gewinn. Der Vorteil arbeitsteiliger Leistungserbringung kann genutzt werden. Der Gesellschaftsvertrag kann auch vorsehen, daß einzelne Geschäftsbereiche komplett auf einen Partner durch Beschluß der Gesellschafterversammlung übertragen werden kann. Der Beschluß bedarf der Zustimmung aller Gesellschafter, da es sich um eine grundlegende Entscheidung handelt. Sinnvoll ist diese Regelung bei größeren Kanzleien, bei denen eine geregelte Organisation zur Funktionsfähigkeit erforderlich ist.[584]

Außergewöhnliche Geschäfte, die nicht Bestandteil der Berufsausübung sind, können entsprechend der gesetzlichen Regelung gemäß §§ 6 III PartGG; 116 I, II HGB ganz oder teilweise von der Zustimmung sämtlicher Gesellschafter abhängig gemacht werden.

2. Vertretung

Das Vertretungsrecht der Partnerschaft wird durch § 7 III PartGG geregelt. In weiten Teilen gelten die Vorschriften des HGB betreffend die offene Handelsgesellschaft. Dementsprechend gilt der Grundsatz der Alleinvertretungsmacht gemäß § 125 I HGB und das Prinzip der Selbstorganschaft. Die Vertretungsmacht

---

[581]   Handbuch des Gesellschaftsrechts, Band 1, *Salger*, § 35 Rz. 23
[582]   Handbuch des Gesellschaftsrechts, Band 1, *Salger*, § 35 Rz. 19
[583]   *Meilicke/Graf v. Westfalen/Hoffmann/Lenz-Meilicke*, PartGG, § 6 Rz. 46; *Henssler/Prütting-Henssler*, BRAO, § 6 PartGG Rz. 4; Handbuch des Gesellschaftsrechts, Band 1, *Salger*, § 35 Rz. 19
[584]   Vgl. das Formulierungsbeispiel bei *Stuber*, Die Partnerschaftsgesellschaft, S. 34

erstreckt sich auf alle gerichtlichen und außergerichtlichen Geschäfte und Rechtshandlungen, §§ 7 III PartGG, 126 I HGB. Prokuristen dürfen nicht bestellt werden, dies wird dadurch, daß § 7 III PartGG nicht auf § 125 III HGB verweist, klargestellt. Allerdings können die Partner gemäß § 125 II HGB in Verbindung mit § 7 III PartGG Gesamtvertretung anordnen. Gesamtvertretung ist nur dann mit der Forderung der BRAO nach eigenverantwortlicher und unabhängiger Tätigkeit zu vereinbaren, wenn der Bereich der Berufsausübung aus der Gesamtvertretung ausgenommen werden kann. Gegenständliche Einschränkungen sind jedoch gemäß § 126 II HGB in Verbindung mit § 7 III PartGG prinzipiell nicht zulässig.[585] Auf der anderen Seite dürfen die Partner gemäß § 6 II PartGG nicht von der Geschäftsführung ausgeschlossen werden, die ihre Berufsausübung betrifft.[586] Geschäftsführung und Vertretung korrespondieren gemäß §§ 1 IV PartGG; 709; 714 BGB im Zweifel. Anwaltliche Berufsausübung ist zudem ohne rechtsgeschäftliches Handeln im Außenverhältnis nicht denkbar.[587] Aus diesen Gründen kann Gesamtvertretung gemäß § 7 III PartGG in Verbindung mit § 125 II HGB nur angeordnet werden, soweit für sämtliche Tätigkeiten, die unmittelbar der anwaltlichen Berufsausübung zuzuordnen sind, gleichzeitig Alleinvertretungsmacht eingeräumt worden ist. Nur so kann dem allgemeinen Berufsrechtsvorbehalt des § 1 III PartGG Genüge getan werden.[588]

Unabhängig von Art und Umfang der Beschränkung der Vertretungsmacht ist die Eintragung im Partnerschaftsregister gemäß §§ 7 III PartGG; 124 IV HGB Voraussetzung für ihre Wirksamkeit im Außenverhältnis.[589] Ebenfalls eintragungspflichtig ist der Entzug der Vertretungsmacht, der gemäß §§ 7 III PartGG; 127 HGB aus wichtigem Grund und nur vorübergehend möglich ist. Ein wichtiger Grund ist beispielsweise anzunehmen, wenn ein Partner aus der Gesellschaft ausscheiden soll. Sinnvollerweise sollte der Gesellschaftsvertrag die gesetzlich vorgesehen gerichtliche Entscheidung sowohl für den Entzug der Geschäftsführungsbefugnis als auch für die Entziehung der Vertretungsmacht abbedingen und einen Mehrheitsbeschluß der Gesellschafterversammlung vorsehen.[590]

---

[585] *Henssler/Prütting, Henssler*, BRAO, § 7 PartGG Rz. 5; *Meilicke/Graf v. Westfalen/Hoffmann/Lenz-Meilicke* PartGG, § 7 Rz. 27
[586] *Henssler/Prütting-Henssler*, BRAO, § 6 PartGG Rz. 5
[587] Vgl. oben § 7 I 5.
[588] *Knoll/Schüppen*, DStR 1995, 608 (646); *Feddersen/Meyer-Landrut*, PartGG, § 7 Rz. 8; *Michalski/Römermann*, PartGG, § 7 Rz. 18
[589] *Kaiser/Bellstedt*, Die Anwaltssozietät, Rz. 213
[590] *Michalski*, ZIP 1993, 1210 (1212); vgl. auch das Formulierungsmuster bei *Feddersen/Meyer-Landrut*, PartGG, S. 106 und bei *Stucken*, WiB 1994, 745 (745/747)

3. Rechte und Pflichten der Partner

Die Befugnisse und Verpflichtungen der Gesellschafter einer Rechtsanwaltspartnerschaft gehen über die Geschäftsführung und Vertretung der Gesellschaft hinaus. Beispielsweise können die Rechtsanwälte gesellschaftsvertraglich verpflichtet werden, bestimmte Geld- oder Sacheinlagen einzubringen.[591] Ferner kann der Umfang der in der Partnerschaft zu erbringenden Leistung festgelegt werden. Die Verpflichtung, die volle Arbeitskraft in die Partnerschaftsgesellschaft einzubringen, kann in Anlehnung an den Grundgedanken der Sozietät begründet werden. In diesem Zusammenhang ist es empfehlenswert, gesellschaftsvertraglich zu bestimmen, ob Einnahmen eines Partners aus solchen Tätigkeiten, die nicht unmittelbar Berufsausübung sind beziehungsweise nicht unmittelbar den Gesellschaftszweck fördern, als solche der Partnerschaftsgesellschaft gelten sollen.[592] In Betracht kommen Entgelte für Vorträge, Veröffentlichungen oder Aufsichtsratsmandate. Ist es dem Partner gestattet, sich während seiner Arbeitszeit auf diese Beschäftigung vorzubereiten, ist es in der Regel angemessen, auch die Entgelte durch die Gesellschaft vereinnahmen zu lassen. In keinem Fall ist es ratsam, solche „Nebentätigkeiten" zu untersagen, da sie für die Kanzlei sehr werbewirksam sein können.

Die Bindung an das Berufsrecht ist für die Partner eine Selbstverständlichkeit; denn sie wird in mehreren Vorschriften des PartGG ausdrücklich ausgesprochen. Jeder Rechtsanwalt ist verpflichtet die Berufspflichten zu beachten. Er muß zum Beispiel seine Verschwiegenheitspflicht, das Verbot der Vertretung widerstreitender Interessen beachten und eine Haftpflichtversicherung abschließen.[593] Einer ausdrücklichen Fixierung bedarf es deshalb grundsätzlich nicht. Entsteht der Partnerschaftsgesellschaft Schaden dadurch, daß ein Partner seine Berufspflichten nachhaltig verletzt, läßt sich eine Schadensersatzpflicht begründende Treuepflichtverletzung auch anhand des Gesellschaftszwecks ermitteln. Um solchen Verletzungen vorzubeugen, können Verhaltensmaßregeln festgeschrieben werden. Beispielsweise können turnusmäßig Bürobesprechungen abgehalten werden, innerhalb derer über die Annahme bestimmter Mandate gesprochen wird. So kann ein Verstoßes gegen das Verbot widerstreitender Interessen vermieden werden. Um im Haftpflichtfall Untersuchungen über die Schadensverursachung zu verhindern, ist es ratsam, daß alle Partner in gleicher Höhe haftpflichtversichert sind.[594] Der Partnerschaftsvertrag kann vorsehen, daß die Partner verpflichtet sind, eine Haftpflichtversicherung mit einer bestimmten Deckungssumme abzuschließen.

---

591   *Stuber*, Die Partnerschaftsgesellschaft, S. 29 ff. mit Formulierungsbeispiel
592   Handbuch des Gesellschaftsrechts, Band 1, *Salger*, § 35 Rz. 2 ff.; *Stucken*, WiB 1994, 744 (745/747)
593   *Gail/Overlack*, Anwaltsgesellschaften, Rz. 216 ff.
594   *Borgmann/Haug*, Anwaltshaftung, VIII Rz. 32; *Kaiser/Bellstedt*, Die Anwaltssozietät, Rz. 131

Zur Sicherung des Gesellschaftszwecks sieht das PartGG in §§ 6 III PartGG; 112; 113 HGB ein Wettbewerbsverbot vor. Ein Partner darf weder in einem in der Partnerschaft ausgeübten Beruf tätig werden noch darf er einer anderen Berufsausübungsgesellschaft - Partnerschaftsgesellschaft, Sozietät oder Anwalts-GmbH - angehören, wenn die anderen Partner nicht einwilligen.[595] Der Verstoß gegen ein Wettbewerbsverbot begründet bei Verschulden einen Schadensersatzanspruch der Partnerschaftsgesellschaft. Statt dessen kann sich die Gesellschaft grundsätzlich den Anspruch auf die Vergütung aus den Geschäften abtreten lassen, die der Partner unter Verstoß gegen das Wettbewerbsverbot getätigt hat, § 113 I 2 HGB. Da sich aber in der Regel aus der Vergütung Rückschlüsse auf die Tätigkeit ziehen lassen, besteht die Gefahr, daß durch die Abtretung gegen Schweigepflichten verstoßen wird.[596] Die Durchsetzbarkeit des Anspruchs ist daher fraglich. Einfacher ist es deshalb, gesellschaftsvertraglich eine Vertragsstrafe für diesen Fall vorzusehen.

Das Wettbewerbsverbot endet mit dem Ausscheiden des Partners aus der Gesellschaft, wenn nicht ein nachvertragliches Wettbewerbsverbot vereinbart worden ist.[597] Nachvertragliche Wettbewerbsverbote sind nur in engen Grenzen zulässig. Gegenstand, Ort und Zeit müssen sich in einem angemessenen Rahmen halten, § 138 I BGB.[598] Bei Rechtsanwälten wird die zeitliche Grenze bei zwei Jahren gezogen werden; eine räumliche Begrenzung auf den Landgerichtsbezirk ist für zulässig zu erachten.[599]

4. Gesellschafterwechsel

Das Bestandsinteresse einer Partnerschaft kann nur dann sinnvoll gesichert werden, wenn sich die Partner einig sind, auf welche Weise sich ein Gesellschafterwechsel vollziehen soll.

a) Die Aufnahme neuer Partner

Konflikte können sich beispielsweise ergeben, wenn es um die Frage geht, ob neue Partner aufgenommen werden sollen. Der Partnerschaftsvertrag kann hier Abspra-

---

[595] Handbuch des Gesellschaftsrechts, Band 1, *Salger*, § 35 Rz. 5 ff., *Michalski/Römermann*, PartGG, § 6 Rz. 23 ff.
[596] *Michalski/Römermann*, PartGG, § 6 Rz. 24; *dies.* ZIP 1994, 433 (445)
[597] *Meilicke/Graf v. Westfalen/Hoffmann/Lenz-Hoffmann*, PartGG, § 6 Rz. 58; Handbuch des Gesellschaftsrechts, Band 1, *Salger*, § 35 Rz. 8
[598] *Gail/Overlack*, Anwaltsgesellschaften, Rz. 242
[599] *Bösert/Braun/Jochem*, Leitfaden zur Partnerschaftsgesellschaft, S. 249 Fußnote 763; *Michalski/Römermann*, PartGG, § 6 Rz. 25; *Kaiser/Bellstedt*, Die Anwaltssozietät, Rz. 182 (halten 5 Jahre für zulässig)

chen treffen.[600] Möglich ist es, eine Bindung durch die Festschreibung des Gesellschaftszwecks zu erreichen. Besteht er in der Ausübung rechtsberatender Tätigkeit durch zugelassene Rechtsanwälte, ist damit gleichzeitig festgelegt, daß die Aufnahme eines Steuerberaters oder sonstigen Angehörigen einer partnerschaftsfähigen Berufsgruppe im Sinne von § 59 a I BRAO nicht möglich sein soll. Des weiteren kann der Partnerschaftsvertrag Anforderungen an die Qualifikation eines neuen Partners festschreiben. Allzu komplizierte Regelungen lassen sich aber vermeiden, wenn der Partnerschaftsvertrag jedenfalls bezüglich der Frage der Aufnahme neuer Partner nicht von dem gesetzlich vorgesehenen Einstimmigkeitserfordernis gemäß §§ 6 III PartGG; 119 HGB abweicht. Im Interesse der Unabhängigkeit des Rechtsanwalts wäre dies beste Lösung.[601]

Die rechtsgeschäftliche Übertragung des Partnerschaftsanteils an einen berufs- und gesellschaftsrechtlich zugelassenen Partner ist zulässig, wenn der Gesellschaftsvertrag dies vorsieht oder ein zustimmender Beschluß der Gesellschafterversammlung vorliegt.[602]

b) Sonderrechtsnachfolge

Das PartGG geht von der Nichtvererblichkeit des Anteils an der Partnerschaftsgesellschaft aus. Gemäß § 9 II PartGG bewirkt der Tod eines Partners nur dessen Ausscheiden aus der Partnerschaft. Die Beteiligung an der Partnerschaft ist gemäß § 9 IV 1 PartGG nicht vererblich. Jedoch können die Partner etwas anderes bestimmen, § 9 IV 2 PartGG. Voraussetzung ist allerdings, daß der Erbe des Anteils selbst tauglicher Partner im Sinne von § 1 I, II PartGG ist.[603] Diese gesetzliche Voraussetzung kann durch den Gesellschaftsvertrag weiter verengt werden. Es kann vorausgesetzt werden, daß der oder die Erben den gleichen Beruf wie der Erblasser ausüben, damit sie in seine Position eintreten können. Der Partnerschaftsvertrag enthält in diesem Fall eine qualifizierte Nachfolgeklauseln, er kann aber auch ein Eintrittsrecht vorsehen.[604] Eine Eintrittsklausel ist zu wählen, wenn der Nachfolger nicht Erbe sondern Vermächtnisnehmer ist.[605]

---

[600]   *Knoll/Schüppen*, DStR 1995, 608 (649)

[601]   Vgl. oben § 8 III. 4. a)

[602]   BT-Drs. 12/6152, S. 21; *K. Schmidt*, NJW 1995, 1 (4); *Gail/Overlack*,
         Anwaltsgesellschaften, Rz. 249; *Knoll/Schüppen*, DStR 1995, 608 (649)

[603]   *Stuber*, WiB 1994, 705 (709); *Lenz*, MDR 1994, 741 (744); *Leutheusser-
         Schnarrenberger*, BRAK-Mitt. 1995, 90 (90); *Knoll/Schüppen*, DStR 1995, 608 (650)

[604]   *Meilicke/Graf v. Westfalen/Hoffmann/Lenz-Hoffmann*, PartGG, § 9 Rz. 41 ff.; *Henss-
         ler/Prütting-Henssler*, BRAO, § 9 PartGG Rz. 26; *Lenz*, MDR 1994, 741 (744); *MK-
         Ulmer*, § 727 Rz. 31 ff.

[605]   BGH, Urteil vom 29.09.1978, NJW 1978, 264 (265); *K. Schmidt*, NJW 1995, 1 (5);
         MK-Ulmer, § 727 Rz. 29

Die Mitgliedschaft fällt nicht in den Nachlaß, sie geht direkt auf den zum Partner berufenen Erben oder Vermächtnisnehmer über.[606]

Bleibt es bei der gesetzlichen Regelung, muß der Gesellschaftsvertrag die Abfindung der Erben klären. Ein kompletter Abfindungsausschluß ist rechtlich anerkannt, bedarf aber einer ausdrücklichen Regelung.[607]

c) Ausscheiden eines Gesellschafters

Anders als bei der Sozietät gilt in der Partnerschaft gemäß § 9 II PartGG das Prinzip Ausscheiden statt Auflösung. Die Vereinbarung einer Fortsetzungsklausel erübrigt sich daher. Des weiteren ist es grundsätzlich nicht erforderlich, Ausschlußgründe gesellschaftsvertraglich festzulegen. § 9 II, III PartGG zählt die wichtigen, das Ausscheiden des Partners bewirkenden Gründe auf - Tod, Konkurs, Kündigung durch den Partner, Kündigung durch Privatgläubiger, Verlust der Zulassung.

Der Vertrag kann aber durchaus weitere wichtige Ausscheidensgründe vorsehen. Wiederholte Verstöße gegen das Berufsrecht, Altersgründe könnten dazu zählen.[608] Das Recht zur Kündigung kann ebenfalls modifiziert werden.

Nach der gesetzlichen Regelung ist die Ausschließung eines Partners aus wichtigem Grund nur durch Klage möglich, §§ 9 I PartGG; 140; 142 HGB. Wegen der Schwerfälligkeit dieser Lösung ist eine Regelung im Gesellschaftsvertrag vorzuziehen, nach der die Ausschließung durch Beschluß und Erklärung möglich ist.[609]

Wie bei der Sozietät ist es erforderlich Absprachen bezüglich der Innenhaftung des ausscheidenden Gesellschafters zu treffen. Wegen der Publizität des Partnerschaftsregisters wird der ausscheidende Partner besser geschützt als dies in der Sozietät der Fall ist. Die Haftung für Verbindlichkeiten der Partnerschaft, die vor seinem Ausscheiden begründet waren, endet spätestens fünf Jahre nach der Eintragung seines Ausscheidens, §§ 10 II PartGG; 159; 160 HGB.[610]

Außerdem sollte die Abfindung geregelt werden. Unterschiede im Vergleich zur Sozietät bestehen insofern nicht.[611]

---

[606] *K. Schmidt*, NJW 1995, 1 (4)

[607] BGH, Urteil vom 22.11.1956, E 22, 187 (194); BGH, Urteil vom 14.07.1971, WM 1971, 1338 (1338); *Schlegelberger-K. Schmidt*, HGB, § 138 Rz. 66 mwN

[608] *Henssler/Prütting-Henssler*, BRAO, § 9 PartGG Rz. 15

[609] *Stucken*, WiB 1994, 744 (746/748); *K. Schmidt*, NJW 1995, 1 (4); *Michalski*, ZIP 1993, 1210 (1214); *Bösert*, ZAP 1994, 765 (777)

[610] *Knoll/Schüppen*, DStR 1995, 608 (649); *Lenz*, MDR 1994, 741 (744); *Seibert*, DB 1994, 461 (461)

[611] Vgl. oben, § 8 III. 4. c)

Wichtig ist es, vertraglich zu vereinbaren, daß Folge des Ausscheidens aus der Partnerschaft ein nachvertragliches Wettbewerbsverbot ist.[612]

5. Ehelicher Güterstand

Gefahren für die Existenz der Partnerschaft können sich aus dem ehelichen Güterstand ergeben. Sinnvoll ist es deshalb, wenn der Gesellschaftsvertrag hier Vorkehrungen trifft.[613] Verpflichten sich die Partner, Gütertrennung zu vereinbaren, kann dies durch einen Einblick in den Ehevertrag zunächst überprüft werden. Allerdings hat die Gesellschaft keine Möglichkeit, spätere Änderungen zu kontrollieren.

6. Sonstige Regelungen

Den Gesellschaftern steht es frei, sonstige Regelungen zu treffen. Wie bei der Sozietät können sie beispielsweise Abreden über die Verteilung von Gewinn und Verlust treffen. Tun sie dies nicht, bleibt es bei der gesetzlichen Regelung gemäß §§ 1 IV PartGG, 722 I BGB - Aufteilung nach Köpfen. Möglich ist aber auch eine Gewinnverteilung nach Punkten, eine Abrechnung nach Stunden, nach Umsätzen oder unter zur Hilfenahme kombinierter Systeme.[614]

Es können Entnahmerechte und Rücklagenbildungen vorgesehen werden. Vorschriften über die Beschlußfassung können die gesetzliche vorgesehene Regelung abbedingen. Möglich sind Urlaubs-, Krankheits-, Fortbildungsvereinbarungen.[615]

IV. Ergebnis

Die gesellschaftsvertragliche Gestaltung der Partnerschaftsgesellschaft ist weitestgehend frei. Das Bestandsinteresse erfordert einige vertragliche Absprachen. Das Berufsrechts setzt insoweit keine besonders engen Grenzen. Wichtigste Ausnahme ist, daß der Ausschluß von Einzelvertretungsmacht, soweit er die anwaltliche Berufsausübung betrifft, nicht zulässig ist.

---

[612]   Vgl. oben 3. in diesem Paragraphen
[613]   Vgl. oben § 8 III. 5. und *Bösert/Braun/Jochem*, Leitfaden zur Partnerschaftsgesellschaft, S. 249
[614]   *Römermann*, Entwicklungen und Tendenzen bei Anwaltsgesellschaften, S. 52 ff.; *Stuber*, Die Partnerschaftsgesellschaft, S. 44 ff.
[615]   Vgl. die Muster bei: *Stuber*, Die Partnerschaftsgesellschaft, S. 19 ff.; *Feddersen/Meyer-Landrut*, PartGG, S. 99 ff.; *Bösert/Braun/Jochem*, Leitfaden zur Partnerschaftsgesellschaft, S. 224 ff.; *Stucken*, WiB 1994, 744 ff.; *Henssler*, PartGG, S. 297 ff.

§ 17 Die Haftung

Das Spektrum gesellschaftsvertraglicher Gestaltung wird durch das PartGG im Hinblick auf die Haftungsregelungen im Verhältnis zur Sozietät eingeschränkt. Andererseits können die Partner die Haftung gegenüber dem Mandanten durch vertragliche Regelungen begrenzen.[616] § 8 des PartGG regelt die Haftung in der Partnerschaftsgesellschaft. Durch die Einführung dieser Vorschrift wurde versucht, den Bedürfnissen und Interessen der Rechtsanwälte einerseits und des Rechtsverkehrs andererseits Rechnung zu tragen.[617] Sie gilt als Kernstück des Gesetzes.[618]

I. Die Haftung der Partnerschaft

Die Partnerschaft ist eine rechtlich verselbständigte Gesellschaft gemäß §§ 7 II PartGG; 124 HGB und eine Schwesterfigur zur offenen Handelsgesellschaft. Dementsprechend ordnet § 8 I PartGG die gesamtschuldnerische Haftung der Partner für Verbindlichkeiten der Partnerschaft an. Daraus folgt, daß die Mandatsverträge grundsätzlich mit der Partnerschaft geschlossen werden, eine Gesellschaftsschuld besteht.[619]

Schuldhafte Pflichtverletzungen der Partner werden der Partnerschaft im Bereich der vertraglichen und quasivertraglichen Haftung analog § 31 BGB zugerechnet.[620] Des weiteren haftet die Partnerschaft für deliktische Handlungen der Partner, ebenfalls gemäß § 31 BGB analog.[621]

II. Die Haftung der Partner

Durch § 8 I PartGG wird die gesamtschuldnerische, unbegrenzte, persönliche und akzessorische Haftung der Partner für Verbindlichkeiten jeder Art neben dem Partnerschaftsvermögen zur Regel erklärt.[622] Folglich haften die Partner neben der Partnerschaft für sämtliche Gesellschaftsverbindlichkeiten, also auch für Ansprüche aus

---

[616] *K. Schmidt*, NJW 1995, 1 (6); *Henssler/Prütting-Henssler*, BRAO, § 8 PartGG Rz. 9
[617] *Borgmann/Haug*, Anwaltsrecht, VIII Rz. 40; zur Normentwicklung: *Michalski/Römermann*, PartGG, § 8 Rz. 1 ff.
[618] *Knoll/Schüppen*, DStR 1995, 608 (646)
[619] *Ulmer/Habersack* in FS für *Brandner*, S. 151 (152); Handbuch des Gesellschaftsrechts, Band 1, *Seibert*, § 37 Rz. 1; *Meilicke/Graf v. Westfalen/Hoffmann/Lenz-v. Westfalen*, PartGG, § 8 Rz. 10; *K. Schmidt*, NJW 1995, 1 (5); *Bösert/Braun/Jochem*, Leitfaden zur Partnerschaftsgesellschaft, S. 157
[620] *Palandt-Heinrichs*, § 278 Rz. 6; *Vogels*, Die Haftung von Rechtsanwälten in der Sozietät, S. 196
[621] *Henssler/Prütting-Henssler*, BRAO, § 8 PartGG Rz. 3
[622] *Michalski/Römermann*, PartGG, § 8 Rz. 10

Delikt, aus ungerechtfertiger Bereicherung sowie für Steuerschulden.[623] Außerdem wird die entsprechende Anwendung der §§ 129; 130 HGB angeordnet. Durch diesen Grundsatz soll das PartGG den Interessen und Bedürfnissen des rechtssuchenden Publikums gerecht werden.[624] Er bedeutet gleichzeitig für die Anwaltschaft und für alle Freiberufler, die sich in einer Partnerschaftsgesellschaft zusammenschließen wollen, eine Verschärfung der persönlichen Haftung gegenüber der als BGB-Gesellschaft organisierten Sozietät.[625] Dies zeigt sich in dreierlei Hinsicht. Zum einen erstreckt sich die Haftung auf durch deliktisches Verhalten einzelner Partner begründete Ansprüche, zum anderen haftet ein neu eingetretener Partner für zuvor begründete Verbindlichkeiten der Gesellschaft gemäß §§ 8 I PartGG; 130 HGB uneingeschränkt.[626] Schließlich ist eine Haftungsbegrenzung im Wege einer erkennbaren Vertretungsmachtsbegrenzung wegen der Akzessorietät der Haftung und gemäß §§ 7 III PartGG; 126 II HGB nicht möglich.[627] Dadurch werden die gesellschaftsrechtlichen Gestaltungsmöglichkeiten begrenzt. Der Vorteil der Partnerschaft ist aus diesem Grund gegenüber der Sozietät nicht gravierend, wenn er nicht sogar durch die Haftungsverschärfung kompensiert wird.[628]

Scheinpartner haften nicht persönlich, es sei denn, sie sind im Partnerschaftsregister eingetragen. Zwar gebietet der Schutz des Rechtsverkehrs eine Verantwortlichkeit desjenigen, der sich als Partner geriert, auch wenn er nicht als Partner im Partnerschaftsregister eingetragen ist,[629] § 15 II HGB, der gemäß § 5 II PartGG auf die Partnerschaftsgesellschaft Anwendung findet, bestimmt jedoch das Gegenteil.[630]

III. Ergebnis

Als rechtlich verselbständigte Gesellschaft haftet die Partnerschaft für sämtliche in ihrem Namen begründete Verbindlichkeiten. Außerdem werden ihr schuldhafte Pflichtverletzungen sowie das deliktische Verhalten der Partner zugerechnet. Die Partner haften akzessorisch zur Gesellschaft. Sie müssen folglich auch für Verbind-

---

[623] *Ulmer/Habersack* in FS für *Brandner*, S. 151 (152); *Michalski/Römermann*, PartGG, § 8 Rz. 10; *K. Schmidt*, NJW 1995, 1 (5)

[624] *Seibert*, Die Partnerschaft, S. 56; *Bösert*, WPrax 12/1994, 2 (3); *ders.* ZAP 1994, 771 (774)

[625] *Knoll/Schüppen*, DStR 1995, 608 (647); *Stuber*, WiB 1994, 705 (708/709); *Michalski/Römermann*, PartGG, § 8 Rz. 15

[626] *K. Schmidt*, NJW 1995, 1 (6); *Knoll/Schüppen*, DStR 1995, 608 (647); *Taupitz*, Haftung des Freiberuflers, S. 19 (35)

[627] *Michalski/Römermann*, PartGG, § 8 Rz. 8; *Stuber*, WiB 1994, 705 (709); *Sotiropoulos*, ZIP 1995, 1879 (1884)

[628] *Stuber*, WiB 1994, 705 (708/709); *Michalski/Römermann*, PartGG, § 8 Rz. 15

[629] *Henssler/Prütting-Henssler*, BRAO, § 8 PartGG Rz. 8

[630] *Stuber*, WiB 1994, 705 (707); *Gail/Overlack*, Anwaltsgesellschaften Rz. 121

lichkeiten einstehen, die vor ihrem Eintritt in die Partnerschaft begründet worden sind. Außerdem haften sie für unerlaubte Handlungen der anderen Partner.

§ 18 Die Haftungsbegrenzung

Im Gegensatz zu den Gesellschaftern einer offenen Handelsgesellschaft besteht für die Mitglieder einer Rechtsanwaltspartnerschaftsgesellschaft die Möglichkeit, ihre Haftung zu begrenzen. Diese Haftungsbegrenzungsmöglichkeit soll den Bedürfnissen, die aufgrund der besonderen Risiken gemeinschaftlicher, freiberuflicher Berufsausübung bestehen, gerecht werden.[631]

I. Haftungskonzentration gemäß § 8 II PartGG

Gemäß § 8 II PartGG können die Partner deshalb ihre Haftung wegen Schäden aus fehlerhafter Berufsausübung unter Verwendung vorformulierter Vertragsbedingungen auf einen oder mehrere von ihnen beschränken, der oder die die berufliche Leistung zu erbringen oder verantwortlich zu leiten hat beziehungsweise haben. Es besteht nach der Regelung des PartGG insbesondere die Möglichkeit die Haftung gegenüber dem Gläubiger auf die konkret tätig werdende Niederlassung zu konzentrieren. Das Risiko internationaler und überregionaler Zusammenarbeit wird auf diese Weise gemindert, ohne daß der höchstpersönliche Charakter der freiberuflichen Leistungserbringung in Gefahr gerät.[632] Auch bei einem Zusammenschluß von Anwälten in einer Partnerschaftsgesellschaft bleibt der Einzelfreiberufler und sein Vermögen Beurteilungsgrundlage im Hinblick auf die erforderliche Haftungsmasse.[633] Es besteht daher kein Grund, die nicht an der Bearbeitung des Mandats beteiligten Rechtsanwälte stets mit ihrem Privatvermögen für Fehler des konkret beauftragten Kollegen einstehen zu lassen.[634]

1. Die Bestimmung des Handelnden

Der oder die Partner, auf den/die jeweils die Haftung mit seinem/ihrem Privatvermögen konzentriert werden kann, muß gemäß § 8 II PartGG die berufliche Leistung persönlich erbringen, leiten oder überwachen. Nach § 51 a II BRAO ist demgegenüber entscheidend, wer das Mandat im Rahmen seiner beruflichen Befugnisse bearbeitet.

---

[631]   BR-Drs. 516/93, S. 43
[632]   BR-Drs. 516/93, S. 43
[633]   *Michalski*, Das Gesellschafts- und Kartellrecht der berufsrechtlich gebundenen freien Berufe, S. 278
[634]   BR-Drs. 516/93, S. 44

Fraglich ist deshalb, wie der Handelnde im Einklang mit PartGG und BRAO bestimmt werden kann.

a) Erbringung, Leitung oder Überwachung der beruflichen Leistung gemäß § 8 II PartGG

Zunächst kann festgestellt werden, daß durch die Übernahme der Dienstleistung im
weitesten Sinne kein zusätzliches (abstraktes) Leistungsversprechen gegenüber dem
Mandanten begründet werden soll.[635] Sie ist vielmehr Folge der internen Organisation und dient in erster Linie dazu, einen Verantwortlichen zu bestimmen, der erforderlichenfalls einvernehmlich ausgetauscht werden kann. Verantwortlicher kann im
Rahmen interprofessioneller Zusammenschlüsse nur der Partner sein, in dessen Be-
rufszweig die zu erbringende Leistung fällt. Er muß das Mandat persönlich bearbeiten oder zumindest seine Bearbeitung leiten und überwachen.[636] Das bedeutet, daß
keine sachwidrige Auswahl getroffen werden darf. Probleme ergeben sich bei der
Frage, wie der Handelnde praktisch zu bestimmen ist.

Ist eindeutig festzustellen, wer das Mandat übernommen und bearbeitet hat, etwa
weil einer der Rechtsanwälte den Mandanten stets betreut hat und ihn möglicherweise auch vor Gericht vertreten hat, muß dies den Ausschlag geben.[637] In gleicher
Weise unproblematisch ist der Fall, daß sich die Partner mit dem Mandanten geeinigt
haben, wer als Verantwortlicher zur Verfügung steht und ob zu Rate gezogen Kollegen in die Haftung einbezogen werden oder nicht. Keinesfalls verlangt § 8 II
PartGG, daß der namentlich bezeichnete Partner die Bearbeitung des Mandats alleine übernommen hat.[638] Aus seinem Wortlaut, wonach die Haftung auf denjenigen
konzentriert werden kann, der die berufliche Leistung erbringt "oder" verantwortlich
zu leiten und zu überwachen hat, ergibt sich vielmehr, daß die Einbeziehung Dritter
keinen zwingenden Verpflichtungsgrund, etwa im Sinne eine Schuldbeitritts,[639] darstellt.

Kommen allerdings mehrere (alternativ) in Betracht, könnte in erster Linie darauf abzustellen sein, wer namentlich benannt wurde.[640] Waren der Benannte oder die bezeichneten Personen zu keinem Zeitpunkt mit der Bearbeitung des Falles betraut,

---

635   BT-Drs. 12/6152, S. 17

636   *Seibert*, Die Partnerschaft, S. 59/60; kritisch gegenüber dieser Voraussetzung äußert sich
      Michalski, ZIP 1993, 1210 (1213).

637   *Henssler*, DB 1995, 1549 (1553)

638   Dieser Auffassung sind *K. Schmidt*, NJW 1995, 1 (6); *Burret*, WPK-Mitt. 1994, 201
      (205); *Meilicke/Graf v. Westphalen/Hoffmann/Lenz-v. Westphalen*, PartGG, § 8 Rz. 63

639   Zum Schuldbeitritt und seinen rechtlichen Wirkungen vgl. *Palandt-Heinrichs*, Überbl. v.
      § 414 Rz. 2.

640   *Seibert*, AnwBl 1993, 155 (157); *Burret*, WPK-Mitt. 1994, 201 (206), allerdings in
      Widerspruch zu seinen Anmerkungen auf S. 205, wo es auf die "alleinige Bearbeitung
      des Mandats" ankommen sollte.

müßte dies zulasten der Partner gehen. Die Haftungskonzentration wäre in diesem Fall unwirksam. Anderenfalls würden neben der Partnerschaftsgesellschaft nur der oder die Bezeichnete(n) zur Verantwortung gezogen. Eine derartige Praxis würde dem Mißbrauch Tür und Tor öffnen. Die Haftung könnte auf einen vermögenslosen Partner konzentriert werden. Er wäre lediglich als Verantwortlicher zu bezeichnen, unabhängig davon, wie lange oder in welchem Umfang er mit der Bearbeitung des Mandates betraut worden ist.

Im Streitfall könnte es deshalb unabhängig von der Bezeichnung darauf ankommen, wer im konkreten Fall tatsächlich tätig geworden ist. Auf diese Weise würde man zudem in besonderem Maße dem die freien Berufe prägenden Grundsatz der persönlichen Leistungserbringung gerecht werden.[641]

Auf der anderen Seite würde damit der entscheidende Vorteil des PartGG, nämlich die gesetzlich zugelassene Haftungskonzentration praktisch entfallen. Unabhängig davon, wer als Verantwortlicher bezeichnet worden ist, würden alle auch nur irgendwie mit der Sache befaßten Anwälte in die Verpflichtung genommen. Der Grundsatz der persönlichen Leistungserbringung würde überbewertet.

Die Konzentrationsregelung des § 8 II PartGG kann nur dann eigenständige Bedeutung haben und den Freiberuflern die erforderliche Risikobegrenzung bringen, wenn die Bezeichnung des Handelnden von Gewicht ist. Maßgebend muß deshalb sein, wer namentlich benannt oder in erkennbarer Weise abstrakt umschrieben wurde, so daß er als Verantwortlicher konkret bestimmbar ist.[642] Der auf diese Weise bestimmbare Partner sollte gleichzeitig die berufliche Leistung erbringen, wollen die übrigen Gesellschafter nicht der Gefahr einer unwirksamen Haftungskonzentration ausgesetzt sein. Die berufliche Leistung erbringt, wer eigenverantwortlich die Entscheidungen trifft und die Geschicke des Falles selbständig beeinflußt.

Entgegen der Auffassung von *Ulmer/Habersack*[643] darf der Handelnde nämlich nicht ex ante bestimmt werden.[644] Die Gefahr, daß ein vermögensloser Haftanwalt eingesetzt wird, muß in jedem Fall gebannt werden. Wäre die einzige Folge der Bezeichnung eines beliebigen Partners, daß der Handelnde zusätzlich neben dem bezeichneten haftete, liefe dies auf eine - unzulässige - geltungserhaltende Reduktion

---

[641]   *Seibert*, Die Partnerschaft, S. 57; *Stuber*, WiB 1994, 705 (709); *Michalski*, ZIP 1993, 1210 (1213)

[642]   *Sotriopoulos*, ZIP 1995, 1879 (1881); *Stucken*, WiB 1994, 744 (748); *Ulmer/Habersack* in FS für *Brandner*, S. 151 (158); *Seibert*, Die Partnerschaft, S. 59; *Michalski/Römermann*, PartGG, § 8 Rz. 28 ff.; *Henssler/Prütting-Henssler*, BRAO, § 8 PartGG Rz. 18; *ders*. in FS für *Vieregge*, S. 361 (371 ff.)

[643]   Festschrift für *Brandner*, S. 151 (159 ff.); *MK-Ulmer*, § 8 PartGG Rz. 22

[644]   *Sotriopoulos*, ZIP 1995, 1879 (1881)

hinaus.[645] Rechtspolitische Erwägungen können diese Bedenken nicht zerstreuen.[646] Das Anliegen des PartGG, Haftungskonzentrationen für überörtlich und interprofessionell arbeitende Kanzleien zu ermöglichen,[647] wird gewahrt. Die Partner können die Haftung unproblematisch auf eine Niederlassung oder eine Berufsgruppe konzentrieren. Außerdem können sie den Kreis der Verantwortlichen im Einverständnis mit dem Mandanten abändern.

Kommen mehrere Partner als Handelnde im Sinne des § 8 II PartGG in Betracht und ist keiner von ihnen als Verantwortlicher bezeichnet worden, haften sie als Gesamtschuldner. Eine Unterscheidung nach Tätigkeitsanteilen oder Verantwortlichkeiten ist nicht möglich. Der Weisungen erteilende Seniorpartner muß dann, sofern er mit der Sache befaßt war und die Betreuung des Mandates mitbestimmt hat, ebenso zur Verantwortung gezogen werden können, wie derjenige, der die Leistung gegenüber dem Mandanten erbringt.[648] Lediglich untergeordnete Tätigkeiten, kurzfristige Vertretungen oder Mitarbeit unter der "Leitung oder Überwachung" eines anderen, also mit geringstem Entscheidungsspielraum und unter konkreter Leitung und Weisung[649] können keine persönliche Einstandspflicht begründen. Dies gilt auch dann, wenn die Hilfspersonen als Verantwortliche bezeichnet worden sind. In einem solchen Fall wäre die Haftungskonzentration unwirksam. Werden bei derartig untergeordneten Tätigkeiten Schäden verursacht, ist das Fehlverhalten der Hilfspersonen nach den allgemeinen Grundsätzen zuzurechnen.

b) Bearbeitung im Rahmen der beruflichen Befugnisse gemäß § 51 a BRAO

§ 51 a BRAO bezieht sich zwar nicht nach seinem Wortlaut, jedoch nach dem Willen des Gesetzgebers in gleicher Weise auf Rechtsanwaltssozietäten wie auf Rechtsanwalts-Partnerschaften.[650] Anders als nach dem Wortlaut des PartGG ist nach dieser Vorschrift für eine wirksame Haftungskonzentration erforderlich, daß der Rechtsanwalt, auf dessen Privatvermögen die Haftung, neben der unbeschränkbaren Haftung des Gesellschaftsvermögens, beschränkt werden soll, das Mandat im Rahmen der eigenen Befugnisse bearbeitet hat. Durch diese Voraussetzung der "Bearbeitung des Mandats im Rahmen der eigenen beruflichen Befugnisse" soll ausweislich der amtlichen Begründung sichergestellt werden, daß die Haftung für die Schäden, die im anwaltlichen Betätigungsfeld verursacht worden sind, nicht auf Berufsfremde abgeschoben werden kann. Haften soll derjenige, der das Mandat auch

---

645 *Michalski/Römermann*, PartGG, § 8 Rz. 63; *Römermann*, Entwicklungen und Tendenzen bei Anwaltsgesellschaften, S. 137

646 *Ulmer/Habersack* in FS für *Brandner*, S. 151 (161)

647 BT-Drs. 12/6152, S. 7

648 *Michalski*, ZIP 1993, 1210 (1213)

649 *Feddersen/Meyer-Landrut*, PartGG, § 8 Rz. 8

650 BT-Drs. 12/4993, S. 23; *Bösert*, ZAP 1994, 771 (773); *Jessnitzer/Blumberg*, BRAO, § 51 a Rz. 4; oben § 6 III.

tatsächlich bearbeitet hat.[651] Damit ergeben sich nach der Formulierung der BRAO die gleichen Probleme, wie sie sich im Umgang mit dem PartGG zeigen. Sollen zu Rate gezogene Kollegen oder Gehilfen ebenfalls haften oder ist die Haftung auf denjenigen beschränkt, der das Mandat angenommen hat oder auf denjenigen, der es tatsächlich bearbeitet hat?[652] Wie ist die Rechtslage zu beurteilen, wenn Zweifel hinsichtlich der Person bestehen, die das Mandat (mit-)bearbeitet hat?[653] Die Formulierung der BRAO ist ebenso zu verstehen wie die des PartGG, auch wenn letzteres sprachlich weiter gefaßt wurde, da derjenige benannt werden soll, der die berufliche Leistung erbringt "oder" leitet und überwacht.[654] Soll die Haftung in Einklang mit § 51 a II BRAO auf einen Sozius beschränkt werden, ist entscheidend, daß er die Sache tatsächlich bearbeitet und als solcher bezeichnet worden ist. Eine sachwidrige Auswahl muß auch hier ausgeschlossen werden. Bedient sich der handelnde Rechtsanwalt anderer, deren Tätigkeit er leitet und überwacht, kann das an seiner Verantwortlichkeit nichts ändern. Gleichzeitig darf die Inanspruchnahme fremder Hilfe für den Gehilfen keinen eigenen vertraglichen Verpflichtungsgrund darstellen. Die Voraussetzung "im Rahmen der eigenen beruflichen Befugnisse" steht diesem Verständnis nicht entgegen, da auch der Partner einer Rechtsanwaltspartnerschaft gemäß § 6 I PartGG (selbstverständlich) zur Leistungserbringung unter Beachtung des für ihn geltenden Berufsrechts verpflichtet ist.

§ 8 II PartGG und § 51 a II 2 BRAO postulieren folglich keine unterschiedlichen Voraussetzungen für den handelnden Rechtsanwalt, auf den die Haftung konzentriert werden kann.

2. Schäden wegen fehlerhafter Berufsausübung

Die Haftung gemäß § 8 I 1 PartGG für Ansprüche aus Schäden wegen fehlerhafter Berufsausübung regelt die akzessorische Haftung der Partner für Verbindlichkeiten der Partnerschaft, die aus einer fehlerhaften Berufsausübung resultieren.[655]

Die Haftungskonzentration erfaßt folglich sämtliche Ansprüche, die an die Stelle des Primäranspruchs treten. Dies sind vertragliche Sekundäransprüche, denen solche aus culpa in contrahendo gleichstehen und Ansprüche Dritter, die in den Anwaltsvertrag einbezogen worden sind.[656] Zusätzlich erfaßt die Haftungskonzentration deliktisch begründete Verbindlichkeiten, die der Gesellschaft gemäß § 31 BGB analog zuge-

---

[651] BR-Drs. 93/93, S. 97 ff.
[652] *Borgmann/Haug*, Anwaltshaftung, VIII Rz. 49
[653] *Borgmann/Haug*, Anwaltshaftung, VIII Rz. 49
[654] BR-Drs. 93/93, S. 7; entgegen der Auffassung von Michalski/Römermann, PartGG, § 8 Rz. 80, sind die Formulierungen des PartGG nicht enger, sondern, wegen der aufgezeigten Alternative ("oder"), weiter.
[655] BR-Drs. 516/93 S. 46
[656] BT-Drs. 12/6152, S. 18; *Ulmer/Habersack* in FS für *Brandner*, S. 151 (153); *MK-Gottwald*, § 328 Rz. 99

rechnet werden, soweit vor der Begehung des Delikts die Konzentrationsabrede mit dem Anspruchsberechtigten bereits getroffen worden war.[657] Diese Ansprüche stammen aus fehlerhafter Berufsausübung, wenn sie durch oder aufgrund der Leistungserbringung, ihrer Überwachung oder Leitung entstehen, zu der die Partner aufgrund des mit der Partnerschaftsgesellschaft geschlossenen Vertrages oder im Hinblick auf diesen unter Umständen auch gegenüber Dritten, beispielsweise bei Verträgen mit Schutzwirkung zugunsten Dritter,[658] verpflichtet sind.[659]

Sonstige Verbindlichkeiten werden von der Haftungskonzentration nicht erfaßt, es sei denn, es wurde eine gesonderte Vereinbarung getroffen.[660] Bezüglich der Verwaltungsschulden, beispielsweise Ansprüche aus Dienst- oder Mietverhältnissen, bleibt es bei der unbeschränkten Haftung aller Gesellschafter mit ihrem Privatvermögen.[661]

3. Form der Konzentration

Das PartGG verlangt keine besonderen Form für die Haftungskonzentration. Eine schriftliche Fixierung ist aus Beweisgründen jedoch zweckmäßig.

In jedem Fall muß der für die konkrete Dienstleistung verantwortliche Partner namentlich benannt werden.[662] Dies ergibt sich für die Rechtsanwaltspartnerschaften bereits aus § 51 a II BRAO, gilt nach dem in den Gesetzgebungsmaterialien zum PartGG zum Ausdruck gekommenen gesetzgeberischen Willen aber auch für alle sonstigen Partnerschaftsgesellschaften.[663] Soll die Haftung auf einen, einige oder alle Partner einer Niederlassung konzentriert werden, kann dies aber auch dadurch geschehen, daß der Name des oder der Handelnden anläßlich des Vertragsschlusses in eine Freistelle innerhalb der Vertragsbedingungen eingesetzt wird. Möglich ist es auch, die Niederlassung, deren Angehörige zur Verantwortung gezogen werden können, räumlich zu bezeichnen.[664] Eine Individualabrede ist in diesem Fall weder nach § 8 II PartGG noch nach § 51 a II BRAO zwingend erforderlich.[665]

Ist eine bestimmte Gruppe verantwortlich, wird dem gesetzgeberischen Willen auch dann Genüge getan, wenn die Verantwortlichen abstrakt in der Weise umschrieben

---

657 *Michalski/Römermann*, PartGG, § 8 Rz. 21; *Knoll/Schüppen*, DStR 1995, 608 (648); *Sotiropoulos*, ZIP 1995, 1879 (1880); *MK-Ulmer*, § 8 PartGG Rz. 22
658 *Palandt-Heinrichs*, § 328 Rz. 20; *Sotiropoulos*, ZIP 1995, 1879 (1880)
659 BT-Drs. 12/6152, S. 18; *Henssler* in FS für *Vieregge*, S. 361 (362)
660 *Michalski/Römermann*, PartGG, § 8 Rz. 10
661 *Gail/Overlack*, Anwaltsgesellschaften, Rz. 346; *Knoll/Schüppen*, DStR 1995, 608 (648)
662 *K. Schmidt*, NJW 1995, 1 (6)
663 BR-Drs. 516/93, S. 45
664 *Michalski/Römermann*, PartGG, § 8 Rz. 47
665 BR-Drs. 516/93, S. 45; *Henssler*, DB 1995, 1549 (1553)

werden, daß der Vertragspartner hinreichend deutlich erkennen kann, an wen er sich im Schadensfall wenden muß. Eine Wiederholung des Gesetzestextes ist zu diesem Zweck nicht ausreichend.[666] Möglich und besonders interprofessionell arbeitenden Partnerschaftsgesellschaften angeraten ist eine Bestimmung der Verantwortlichen durch die Natur des Vertrages, z.B. als Anwaltsvertrag, Steuerberatungsvertrag etc..

Soll die Haftung auf eine Niederlassung konzentriert werden, ist daher ebenfalls nicht erforderlich, die Partner namentlich zu benennen. Das PartGG eröffnet die Möglichkeit, die Haftungsbegrenzung durch die Verwendung entsprechend gestalteter AGB zu erreichen.[667] Es findet insoweit keine Inhaltskontrolle nach dem ansonsten anwendbaren AGBG statt.[668]

Auch wenn die Möglichkeit gewählt wird, einen Namen in den Text der Mandatsbedingungen einzusetzen, ändert das an der rechtlichen Einordung als vorformulierte Vertragsbedingungen und der Anwendbarkeit des AGBG nichts.[669]

a) Voraussetzungen nach dem AGBG[670]

Wenn auch eine Inhaltskontrolle nach dem AGBG im Hinblick auf die Haftungsbegrenzung nicht stattfindet, weil es sich um keine von Rechtsvorschriften abweichende Regelung im Sinne des § 8 AGBG handelt,[671] müssen die vorformulierten Mandatsbedingungen ansonsten dennoch mit dem AGBG zu vereinbaren sein.[672]

Michalski/Römermann[673] sind demgegenüber der Meinung, § 8 AGBG nehme nur die Fälle aus dem Anwendungsbereich der §§ 9-11 AGBG, in denen die vertraglichen Bedingungen den Gesetzestext deklaratorisch wiederholen. Werde von einer gesetzlichen Gestaltungsmöglichkeit Gebrauch gemacht, seien die §§ 9-11

---

666   *Michalski/Römermann*, PartGG, § 8 Rz. 29
667   BR-Drs. 516/93, S. 45
668   BR-Drs. 516/93, S. 45; *Bösert*, ZAP 1994, 765 (775); *Stucken*, WiB 1994, 744 (748); vgl. oben § 6 III.
669   *Michalski/Römermann*, PartGG, § 8 Rz. 30
670   Einen umfassenden Überblick geben *Meilicke/Graf v. Westphalen/Hoffmann Lenz-v. Westphalen*, PartGG, § 8 Rz. 76 ff.
671   BT-Drs. 12/6152, S. 17; *Seibert*, AnwBl 1993, 155 (156); *Bösert*, DStR 1993, 1332 (1333); *Stuber*, WiB 1994, 705 (709); *Kempter*, BRAK-Mitt. 1994, 122 (124); *Niebling*, AnwBl 1996, 20 (21); *Henssler*, PartGG, § 8 Rz. 64; dies bezieht *v. Westphalen*, ZIP 1995, 846 (848/849), nicht in seine Überlegungen ein.
672   *Bösert*, WPrax 12/1994, 2 (3); *ders.*, DStR 1993, 1332 (1333); *MK-Ulmer*, § 8 PartGG Rz. 2; *Sotiropoulos*, ZIP 1995, 1879 (1880), S. 1883 ff. zur Vereinbarkeit mit dem AGBG unabhängig von § 8 AGBG.
673   PartGG, § 8 Rz. 35 ff.

AGBG demgegenüber anwendbar. Diese Auffassung entspricht der h.M.[674] zu §
8 AGBG. Im Ergebnis kommen aber beide Ansichten zu den gleichen Ergebnissen, da die gesetzliche Zulassung der Haftungskonzentration und die Freistellung
von einer Überprüfung nach § 11 Nr. 7 AGBG nach der Begründung des Regie-
rungsentwurfes nicht unberücksichtigt bleiben dürfen.[675] Anderenfalls würde die
gesetzliche Zulassung einer vertraglichen Haftungskonzentration gänzlich an Bedeutung verlieren. Unterschiede zwischen den beiden Meinungen bestehen daher
lediglich insoweit, daß § 9 AGBG nach Ansicht von *Michalski/Römermann* anwendbar ist. Dies wird wegen der Anwendbarkeit der allgemeinen Regeln
(insbesondere § 242 BGB) letztenendes zu nicht zu unterschiedlichen Ergebnissen führen.

Durch die EU-Richtlinie 93/13/EWG, die der deutsche Gesetzgeber mit § 24 a
AGBG umgesetzt hat, hat sich die Rechtslage im Hinblick auf § 1 ABGB in einer für
die Partnerschaftsgesellschaften bedeutsamen Form verändert. Unter bestimmten
Umständen, nämlich wenn der Vertragspartner eine natürliche Person ist, die bei
Vertragsschluß nicht zu beruflichen oder gewerblichen Zwecken handelt, reicht eine
einmalige Verwendung aus, damit das AGBG Anwendung findet.[676] Gesteigerte
Voraussetzungen werden durch vorbezeichnete Richtlinie außerdem an das
"Aushandeln" im Sinne von § 1 II AGBG gestellt, für das bei der Verwendung allgemeiner Mandatsbedingungen durch Rechtsanwälte ohnehin hohe Anforderungen
bestehen.[677] Während es bis zum Erlaß der Richtlinie nicht unbedingt erforderlich
war,[678] daß die Verhandlungen zu einer tatsächlichen Abänderung des Bedingungs-
textes führen, hindert nunmehr ein im voraus abgefaßter Text die Möglichkeit des
Aushandelns.[679]

Die vorformulierten Vertragsbedingungen müssen des weiteren in Übereinstimmung
mit § 2 AGBG in den Vertrag einbezogen sein. Es ist mithin erforderlich, daß sie
Gegenstand des Vertrages sind und der Mandant in der Kanzlei von den Bedingungen hat Kenntnis nehmen können.[680] Da ein ausdrücklicher Hinweis auf die vorformulierten Vertragsbedingungen nicht nur unter unverhältnismäßigen Schwierigkeiten möglich ist und die Beauftragung einer Partnerschaft keinen konkludent geschlossenen Massenvertrag darstellt, wird der Aushang der Mandatsbedingungen in
den Kanzleiräumen einer rechtlichen Überprüfung nicht standhalten.[681]

---

[674]   Vgl. statt aller *Palandt-Heinrichs*, AGBG, § 8 Rz. 8

[675]   *Römermann*, Entwicklungen und Tendenzen bei Anwaltsgesellschaften, S. 133

[676]   *Michalski/Römermann*, PartGG, § 8 Rz. 24; *v. Westphalen*, ZIP 1995, 546 (546)

[677]   *Borgmann/Haug*, Anwaltsrecht, VIII Rz. 57

[678]   H.M., vgl. statt aller *Palandt-Heinrichs*, AGBG, § 1 Rz. 18

[679]   Art. 3 II 1; *Eckert*, ZIP 1994, 1986 (1987); *Römermann*, Entwicklungen und Tendenzen
        bei Anwaltsgesellschaften, S. 131

[680]   *Henssler*, DB 1995, 1549 (1553); *Sommer*, GmbHR 1995, 249 (251); *Arnold*, BB 1996,
        597 (602)

[681]   *Seibert*, Die Partnerschaft, S. 59; *Palandt-Heinrichs*, § 2 AGBG, Rz. 7

Außerdem wird der Mandant durch § 3 AGBG geschützt, wenn er mit der Haftungsbegrenzung nach den Besonderheiten des äußeren Erscheinungsbildes des Vertrages und nach seinem Inhalt nicht zu rechnen brauchte.[682] Unklarheiten gehen gemäß § 5 AGBG zulasten der Partnerschaftsgesellschaft.[683]

b) Die Zustimmungserklärung nach § 51 a BRAO und das PartGG

Gemäß § 51 a II 3 BRAO bedarf die Beschränkung der Haftung auf einzelne Mitglieder einer Sozietät der schriftlichen Zustimmungserklärung des Auftraggebers. Diese Erklärung darf keine anderen Erklärungen enthalten. Damit postuliert die BRAO strengere Voraussetzungen an eine Haftungsbegrenzung als das PartGG.

Den Berufsrechtsvorbehalten, die das PartGG an mehreren Stellen enthält, wird in aller Regel lediglich klarstellende Funktion beigemessen.[684] Dies deutet darauf hin, daß § 51 a II 3 BRAO lex specialis zum PartGG ist.[685] Bei einer Haftungskonzentration innerhalb einer Rechtsanwaltspartnerschaft oder einer interprofessionellen Partnerschaft, an der Rechtsanwälte beteiligt sind, wäre demnach immer eine schriftliche, gesondert abzufassende Zustimmungserklärung erforderlich. Das bedeutet, daß es zu unterschiedlichen Anforderungen an die Haftungsbeschränkung kommen kann.

Sinn und Zweck des PartGG ist es aber, nicht nur die überregionale und internationale Zusammenarbeit, sondern auch die Bildung interprofessionell arbeitender Gesellschaften zu erleichtern. Unterschiedliche Anforderungen an die Haftungsbeschränkungen wären deshalb kontraproduktiv und würden die Bestrebungen des PartGG konterkarieren. Außerdem wurde der Gedanke, eine dem § 51 a II 3 BRAO entsprechende Vorschrift in den Text des PartGG aufzunehmen, im Gesetzgebungsverfahren zwar erwogen, aber schließlich, da eine solche Regelung für nicht zweckmäßig und gerechtfertigt gehalten wurde, verworfen.[686] Der Gesetzgeber hat eine gesondert abzufassende schriftliche Zustimmungserklärung im Rahmen freiberuflicher Partnerschaftsgesellschaften daher nicht für erforderlich gehalten.

---

[682] BR-Drs. 516/93, S. 45; *Römermann*, Entwicklungen und Tendenzen bei Anwaltsgesellschaften, S. 134

[683] *Michalski/Römermann*, PartGG, § 8 Rz. 38

[684] BR-Drs. 516/93, S. 47

[685] *Borgmann/Haug*, Anwaltsrecht, VII Rz. 17; *Palandt-Heinrichs*, § 425 Rz. 8; *Michalski/Römermann*, PartGG, § 8 Rz. 75; *Römermann*, Entwicklungen und Tendenzen bei Anwaltsgesellschaften, S. 139; *Kaiser/Bellstedt*, Die Anwaltssozietät, S. 219

[686] BT-Drs. 12/6152 S. 27 und 30/31; *Lenz*, MDR 1994, 741 (744)

Entgegen dem allgemeinen Berufsrechtsvorbehalt nach § 1 III PartGG und den sonstigen Wertungen des PartGG muß die Regelung des § 8 II PartGG daher § 51 a II BRAO vorgehen.[687] Da alle anderen Regelungen des § 8 PartGG durch die Neufassung der BRAO keine praktische Relevanz für die Rechtsanwälte haben,[688] ist in dem Verzicht auf die schriftlichen Zustimmungserklärung der entscheidende Vorteil der Haftungsbeschränkungsmöglichkeit des PartGG für die Anwaltschaft zu sehen.

4. Grenzen der Haftungskonzentration

Neben den durch das AGBG gezogenen Grenzen für eine Haftungskonzentration durch vorformulierte Vertragsbedingungen legen die allgemeinen Vorschriften, insbesondere die §§ 134; 138; 242 und 276 II BGB, den Rahmen zulässiger Haftungsbeschränkung fest, sei es durch AGB oder durch Individualabrede.[689] § 8 II PartGG ist insoweit und insbesondere im Verhältnis zu § 276 II BGB keine Spezialregelung.[690] Der Gesetzgeber beruft sich in der Materialien ausdrücklich auf diese Vorschriften.[691] Das bedeutet, daß die Haftung für vorsätzlich verursachte Schäden nicht wirksam auf den Handelnden konzentriert werden kann, mithin alle Partner zur Verantwortung gezogen werden können.[692]

Eine weitere Grenze ziehen PartGG und BRAO, indem sie nur die Möglichkeit vertraglicher Haftungsbegrenzung vorsehen.[693] Dies hat zur Folge, daß die Haftung gegenüber Dritten, zu denen keine vertraglichen Beziehungen bestehen, nicht erfaßt wird.[694] Dieser Bereich der sogenannten Dritthaftung ist gerade für diejenigen Rechtsanwälte, die sich vornehmlich auf dem Gebiet der Wirtschaftsberatung betätigen, von großer Bedeutung. Wegen der Vertrauensstellung des Anwalts, seiner Sachkunde und seines beruflichen Ansehens werden ihm gerade auch gegenüber Dritten zahlreiche Pflichten auferlegt. Verletzt der Rechtsanwalt diese Pflichten, kommt unter Umständen eine quasivertragliche Sachwalterhaftung aus culpa in con-

---

687 *Bösert*, WPrax 12/1994, 2 (4); *ders.* ZAP 1994, 771 (776); BT-Drs. 12/7642, Bericht der Abgeordneten *Joachim Gres u.a.*, S. 12; *Seibert*, DB 1994, 2381 (2384); *Knoll/Schüppen*, DStR 1995, 608 (648); *Ulmer/Habersack* in FS für *Brandner*, S. 151 (155); *Vogels*, Haftung von Rechtsanwälten in der Sozietät, S. 205

688 *Oppermann*, AnwBl 1995, 453 (454); *Henssler*, WiB 1994, 53 (54); *Michalski*, ZIP 1993, 1210 (1214)

689 *Bösert*, DStR 1993, 1332 (1333); *Lenz*, MDR 1994, 741 (744); *Michalski/Römermann*, PartGG, § 8 Rz. 25

690 Dieser Ansicht sind *Bösert/Braun/Jochem*, Leitfaden zur Partnerschaftsgesellschaft, S. 160; *Feddersen/Meyer-Landrut*, PartGG, § 8 Rz. 6

691 BR-Drs. 516/93, S. 45/46

692 *Seibert*, Die Partnerschaft, S. 58

693 *K. Schmidt*, NJW 1995, 1 (6)

694 Beispw. aus c.i.c. u.U. als Prospekthaftung, *Stuber*, WiB 1994, 705 (709); *Michalski/Römermann*, PartGG, § 8 Rz. 21

trahendo in Betracht.[695] Diese Haftung, etwa gegenüber Geschäftspartnern von Mandanten, denen gegenüber der Rechtsanwalt besonderes Vertrauen in Anspruch genommen hat, oder die Prospekthaftung, trifft die Mitgesellschafter einer BGB-Gesellschaft nach einhelliger Meinung[696], auch wenn keine vertraglichen Beziehungen gegenüber dem Anspruchssteller bestehen, in gleicher Weise wie den handelnden Rechtsanwalt, da der Geschädigte in aller Regel nach Art und Zweck der Gesellschaft auf die persönliche Haftung der Sozietätsmitglieder vertraut. Gleiches muß mangels abweichender gesetzlicher Regelung für die Partnerschaftsgesellschaft gelten.

Fraglich ist, ob es sich bei § 8 II PartGG um eine abschließende Regelung handelt oder ob weitergehende Haftungsbeschränkungen möglich sind.[697] Sinn und Zweck des PartGG, das Risiko international und inerprofessionell arbeitender Freiberufler zu verringern, ohne den Schutz der Klienten preiszugeben,[698] erfordern nicht den Ausschluß nach allgemeinem Schuldrecht zulässiger Haftungsbeschränkungen. Liest man § 8 II PartGG im Zusammenhang mit § 8 III PartGG, so ergibt sich in Einklang mit den dargelegten Bestrebungen des PartGG eine Aussage zugunsten der Zulässigkeit weiterer Haftungsbeschränkungen, soweit die berufsrechtlichen Vorgaben beachtet werden. Ein Alternativitätsverhältnis besteht zwischen beiden Absätzen nicht. Eine dieser Würdigung entsprechende Aussage treffen auch die Gesetzgebungsmaterialien, wonach individualvertragliche Haftungseinschränkungen nicht durch § 8 II PartGG berührt werden.[699] § 8 II ist deshalb als eine Erweiterung der Haftungsbeschränkungsmöglichkeiten zu verstehen.

5. Ausgleich im Innenverhältnis

Die entscheidende Frage für oder wider eine Haftungskonzentration auf einen oder mehrere Partner ist, ob der als Verantwortlicher benannte und das Mandat bearbeitende Partner im Innenverhältnis einen Ausgleichsanspruch gegen seine Mitgesellschafter hat. Das PartGG enthält keine diesbezügliche Vorschrift, so daß die Rege-

---

[695] BGH, Urteil vom 11.10.1988, NJW-RR 1989, 110 (112); BGH, Urteil vom 22.02.1982, E 83, 222 (227); BGH, Urteil vom 22.05.1980, NJW 1980, 1840 (1841); *Hartstang*, Anwaltsrecht, II S. 569 ff. (570/571); *Borgmann/Haug*, Anwaltshaftung, VI Rz. 18 ff. und 20 ff. bejahen eine Dritthaftung nur unter sehr strengen Voraussetzungen, halten sie aber ebenfalls für grundsätzlich möglich.

[696] *MK-Ulmer*, § 714 Rz. 54; *Jauernig-Stürner*, § 715 Rz. 7; *Henssler*, NJW 1993, 2137 (2142/2143); zur Reichweite von Haftungsbeschränkungen in Rechtsanwaltssozietäten gegenüber dem Vertragspartner vgl. oben § 3 II 3..

[697] *Stuber*, WiB 1994, 705 (709)

[698] *Bösert*, WPrax 12/1994, 2 (3)

[699] BT-Drs. 12/7642, Bericht der Abgeordneten *Joachim Gres u.a.*, S. 12; *Leutheusser-Schnarrenberger*, BRAK-Mitt. 1995, 90 (91); *Michalski/Römermann*, PartGG, § 8 Rz. 25; *Feddersen/Meyer-Landrut*, PartGG, § 8 Rz. 7; *Meilicke/Graf v. Westphalen/Hoffmann/Lenz-v. Westphalen*, PartGG, § 8 Rz. 15

lung des Innenverhältnisses und damit die Frage der internen Ausgleichspflicht zur Disposition der Partner steht, § 426 I 1 BGB.[700] Ist gesellschaftsvertraglich bestimmt, daß ein Ausgleich stattfindet, läuft die Haftungskonzentration praktisch leer.[701] Einigen sich die Partner hingegen darauf, daß ein Ausgleich nicht vorgenommen wird, wird sich ihnen die Frage stellen, ob eine einheitliche Gewinnverteilung noch interessengerecht ist oder ob der Gewinn aus besonders risikoträchtigen Mandaten nicht nach einem eigenen Schlüssel verteilt werden muß.[702]

Sieht der Gesellschaftsvertrag keine Regelung hinsichtlich des Ausgleiches zwischen der Partnerschaftsgesellschaft und dem verantwortlichen Rechtsanwalt vor, richtet sich der Ausgleich nach § 110 I HGB iVm § 6 III 2 PartGG. Da es sich bei der Berufsausübung um eine Geschäftsführertätigkeit beziehungsweise bei dem Schaden um eine mit dieser untrennbar verbundene Gefahr handelt, kommt der Verlustausgleichsanspruch und nicht der Aufwendungsersatzanspruch zum Tragen. Das bedeutet, daß es auf die Erforderlichkeit der Aufwendung nicht ankommt.[703] Selbst ein Verschulden des Gesellschafters schließt den Anspruch nicht generell aus. Im Einzelfall ist zu überprüfen, ob die Geschäftsbesorgung besonders risikoträchtig war, so daß ein sorgfaltsgemäßes Verhalten nicht unbedingt zu erwarten war. Die konkrete Gefahrenlage ist mit dem Verschulden in Relation zu setzen, wobei § 708 BGB den Verschuldensmaßstab vorgibt.[704]

II. Haftungsbeschränkung auf einen Höchstbetrag gemäß § 8 III PartGG iVm § 51 a I Nrn. 1 und 2 BRAO

Nach § 8 III PartGG kann durch Gesetz eine Haftungsbeschränkung auf einen bestimmten Höchstbetrag zugelassen werden. Voraussetzung ist, daß die Beschränkung nur solche Verbindlichkeiten erfaßt, die aus Schäden wegen fehlerhafter Berufsausübung resultieren, und daß die Partner oder die Partnerschaftsgesellschaft zum Abschluß einer Berufshaftpflichtversicherung verpflichtet werden. Diese Versicherungspflicht dient vor allem dem Gläubigerschutz. Es handelt sich um eine Pflichtversicherung im Sinne der §§ 158 b ff. VVG.[705]

---

[700] Nach Ansicht von *Feddersen/Meyer-Landrut*, PartGG, § 8 Rz. 6, ist Folge der wirksamen Haftungskonzentration, daß dem in Anspruch genommenen Partner keine Innenausgleichsanpüche gegen die anderen Partner zusteht. Wie die Verfasser zu dieser Rechtsfolge kommen, bleibt unklar.

[701] *Stuber*, Die Partnerschaftsgesellschaft, S. 54

[702] *Gail/Overlack*, Anwalts-GmbH oder Partnerschaftsgesellschaft, 1. Aufl., S. 38/39

[703] Dieser Auffassung ist *Michalski/Römermann*, PartGG, § 8 Rz. 85

[704] Zum Verlustausgleichsanspruch vgl. *Schlegelberger-Martens*, HGB, § 110 Rz. 20 ff. (24).

[705] BR-Drs. 516/93, S. 49

§ 8 III PartGG enthält somit einen Berufsrechtsvorbehalt und hat daher in erster Linie klarstellenden Charakter.[706]

Im Zuge der Neufassung der BRAO ist durch § 51 a I eine entsprechende Regelung eingeführt worden, die sich nach ihrem Wortlaut allerdings nur auf den Einzelanwalt oder den in einer Bürogemeinschaft organisierten Anwalt bezieht, da der Anspruch aus dem zwischen dem Auftraggeber und dem Rechtsanwalt bestehenden Vertragsverhältnis resultieren muß. Mit den Möglichkeiten der Haftungsbeschränkung für die Mitglieder einer Sozietät und sonstiger, für die berufliche Zusammenarbeit in Betracht kommender Gesellschaften[707] befaßt sich demgegenüber § 51 a II BRAO, der keine dem § 51 a I BRAO beziehungsweise § 8 III PartGG entsprechende Aussage trifft.

Dennoch kann dem in einer Partnerschaftsgesellschaft tätigen Rechtsanwalt nicht versagt werden, seine Haftung unter Beachtung der in § 51 a I BRAO postulierten Voraussetzungen zu beschränken.[708] Würde man dem Kanzleianwalt diese Möglichkeit versperren, unterläge er einer strengeren Haftung als der Einzelanwalt. Da kein sachlicher Grund für eine Ungleichbehandlung dieser beiden Formen anwaltlicher Tätigkeit besteht, ist sie unzulässig.

Voraussetzung für eine wirksame Haftungsbeschränkung im vorbezeichneten Umfang ist wiederum, daß der erforderliche Versicherungsschutz in der Person des die berufliche Leistung erbringenden Anwalts und nicht nur für die Gesellschaft in angemessener Höhe besteht.[709] Wird die gesetzlich vorgeschriebene Mindestversicherungssumme unterschritten, ist die Haftungsbeschränkung insgesamt unwirksam.[710]

Die Haftung für Vorsatz kann gemäß § 51 a I BRAO nicht ausgeschlossen oder begrenzt werden; die Haftung für grobe Fahrlässigkeit kann nur durch schriftliche Individualvereinbarung, die sich auf den konkreten Fall beziehen muß,[711] auf die Höhe der Versicherungssumme, gemäß § 51 IV BRAO 500.000,- DM für jeden Versicherungsfall, beschränkt werden; die Haftung für leichte Fahrlässigkeit kann durch vorformulierte Vertragsbedingungen auf den vierfachen Betrag der Mindestver-

---

[706] *Ulmer/Habersack* in FS für *Brandner*, S. 151 (157); des weiteren soll durch § 8 III PartGG die Regelungskompetenz derjenigen Landesgesetzgeber sichergestellt werden, die in ihren Gesetzen die Rechte einzelner Berufe regeln, BR-Drs. 516/93, S. 47.

[707] BT-Drs. 12/7656, Bericht der Abgeordneten *Horst Eylmann u.a.*, S. 46 (50); *Jessnitzer/Blumberg*, BRAO, § 51 a Rz. 4

[708] *Borgmann/Haug*, Die Anwaltshaftung, VIII Rz. 32/41/52; *K. Schmidt*, NJW 1995, 1 (6); *Seibert*, Die Partnerschaft, S. 60; *Leutheusser-Schnarrenberger*, BRAK-Mitt. 1995, 90 (91); *Henssler*, DB 1995, 1549 (1553); *Ulmer/Habersack* in FS für *Brandner*, S. 151 (157); vgl. § 6 IV. oben

[709] *Borgmann/Haug*, Anwaltshaftung, VIII Rz. 32/41

[710] *Borgmann/Haug*, Anwaltsrecht, VIII Rz. 41

[711] *Feuerich/Braun*, BRAO, § 51 a Rz. 4

sicherungssumme beschränkt werden, wenn soweit Versicherungsschutz besteht. Wird von der Möglichkeit Gebrauch gemacht, die Haftung für leichte Fahrlässigkeit durch allgemeine Mandatsbedingungen zu beschränken, findet wiederum eine Kontrolle nach dem AGBG statt, allerdings mit der Einschränkung, daß eine unangemessene Benachteiligung im Sinne des § 9 AGBG ausscheidet, solange § 51 a BRAO beachtet wird,[712] § 8 AGBG. Die Abgrenzung zwischen den einzelnen Fahrlässigkeitsgraden muß sich am konkreten Fall orientieren. Da der Rechtsanwalt gemäß § 2 I BRAO einen freien Beruf ausübt und gemäß § 1 BRAO unabhängiges Organ der Rechtspflege ist, muß die Höhe des zu verdienenden Honorars bei der Bestimmung des Sorgfaltsmaßstabes allerdings unberücksichtigt bleiben.[713] Allgemeingültige Kriterien gibt es nicht.[714]

§ 8 III PartGG ermöglicht es grundsätzlich auch, deliktische Ansprüche zum Gegenstand einer Haftungsbegrenzung zu machen. Dies ist nach § 51 a I BRAO jedoch nicht möglich, da der Anspruch auf Schadensersatz aus dem Vertragsverhältnis herrühren muß.

Nach allgemeinem Schuldrecht mögliche Haftungsbegrenzungsvereinbarungen werden von § 8 III PartGG anders als von § 51 a BRAO, der den Haftpflichtumfang im Sinne einer Mindesthaftung festschreibt,[715] nicht berührt.[716]

III. Exkurs: Die geplante Änderung des § 8 II PartGG

Es gibt einen neuen Gesetzesentwurf, der ein Regelungskonzept für die Anwalts-GmbH vorsieht. Gleichzeitig - so wird vorgeschlagen - soll das PartGG geändert werden. Die Möglichkeit gemäß § 8 II PartGG die Haftung vertraglich auf den Handelnden zu konzentrieren soll von einer gesetzlichen Handelndenhaftung abgelöst werden.[717] Die Risikobegrenzung soll nunmehr durch eine gesellschaftsrechtliche Lösung erreicht werden.

Voraussetzung für eine Haftungskonzentration ist nach dem Entwurf, daß die Haftung durch eine fehlerhafte Berufsausübung ausgelöst wird. Neben dem oder den verantwortlichen Partnern haftet die Partnerschaft. Die übrigen Partner sind insoweit freigestellt.

---

712   *Burret*, WPK-Mitt. 1994, 201 (206), im Hinblick auf den inhaltsgleichen § 54 a WPO
       n.F..
713   *Feuerich/Braun*, BRAO, § 51 a Rz. 3; a.A: *Lingenberg/Hummel/Zuck/Eich*, Kommentar
       zu den Grundzügen des anwaltlichen Standesrechts, § 49 Rz. 7
714   *Borgmann/Haug*, Anwaltshaftung, VIII Rz. 42 ff.
715   *Borgmann/Haug*, Die Anwaltshaftung, VIII Rz. 40
716   BR-Drs. 516/93 S. 47; *Michalski/Römermann*, PartGG, § 8 Rz. 15
717   *Seibert*, ZIP 1997, 1046 (1047)

Im Hinblick auf die Haftung für sonstige Verbindlichkeiten bleibt es bei der gesamtschuldnerischen und akzessorischen Haftung aller Partner.

Die Begründung zu dem Entwurf des neuen § 8 II PartGG sieht einen Auskunftsanspruch des Mandanten vor, sollte er nicht wissen, wer seinen Auftrag konkret bearbeitet hat. Entscheidend ist demnach nicht mehr, wer bezeichnet wurde oder bestimmbar ist. Es kommt allein auf die tatsächliche Bearbeitung des Mandates an. Ausdrücklich ausgenommen aus der Haftung sind Tätigkeitsbeiträge von untergeordneter Bedeutung.[718] Von untergeordneter Bedeutung sollen jedenfalls die Tätigkeiten nicht sein, die den Schaden verursacht haben.

IV. Ergebnis

Neben der rechtlichen Verselbständigung der Partnerschaftsgesellschaft stellen die durch § 8 PartGG geschaffenen Möglichkeiten der Haftungsbegrenzung einen Vorteil dieser Gesellschaftsform dar. Für Rechtsanwälte ist die Partnerschaft wegen der gegenüber § 51 a II BRAO gelockerten Voraussetzungen daher eine Alternative. Dieser Vorteil relativiert sich durch die insoweit und bei der Frage der Bestimmung des Handelnden bestehenden Rechtsunsicherheiten sowie durch die praktischen Probleme. Die Mandanten sind im Umgang mit Rechtsanwälten nicht an die Verwendung von Allgemeinen Geschäftsbedingungen gewohnt.

Anders zu bewerten ist demgegenüber die geplante Änderung des § 8 II PartGG. Begrüßenswert ist die gesellschaftsrechtliche Lösung der Haftungskonzentration. Einziges Problem der Regelung ist die Bestimmung des Handelnden. Da allein die tatsächliche Bearbeitung maßgeblich ist, wiegt dieses Problem aber weniger schwer. Differenzen zwischen Bearbeitung und Bezeichnung gibt es nicht.

---

[718] *Römermann*, GmbHR 1997, 530 (537)

6. Kapitel: Die Rechtsanwaltsgesellschaft mbH

Neben der BGB-Gesellschaft und der Partnerschaft als Personengesellschaften kann die GmbH als juristische Person eine sinnvolle Alternative für den Zusammenschluß von Rechtsanwälten sein. Die GmbH stellt nicht nur aus haftungsrechtlichen Gesichtspunkten,[719] sondern auch aus organisations- und wettbewerbsrechtlichen Erwägungen und nicht zuletzt aus steuerrechtlichen Gründen[720] eine vorteilhafte Rechtsform dar.[721] Denn zum einen ist das wirtschaftliche Risiko anwaltlicher Tätigkeit wegen des Fortschritts in der Wissenschaft und den ständigen Neuerungen in allen Lebensbereichen, vor allem im Bereich der Gesetzgebung kaum kalkulierbar, zum anderen wird diese Rechtsform dem Bedürfnis nach Spezialisierung und Arbeitsteilung gerecht.[722]

§ 19 Zulässigkeit der Rechtsanwaltsgesellschaft mbH

Im Gegensatz zum Aktiengesetz begünstigt das GmbHG die Bildung kleinerer Gesellschaften mit konstanter Mitgliedschaft. Dies zeigt sich beispielsweise darin, daß eine Vinkulierung der Geschäftsanteile möglich ist und ihre Abtretung gemäß § 15 III GmbHG der notariellen Beurkundung bedarf. Die GmbH ist daher eher als die Aktiengesellschaft in der Lage, den rechtlichen Rahmen für eine enge Verbindung der Gesellschafter zur Verfügung zu stellen. Wirtschaftsprüfern wie auch Steuerberatern steht sie bereits zur Verfügung,[723] und auch im internationalen Vergleich[724] ergibt sich eine Aussage zugunsten der Zulässigkeit der Rechtsanwalts-Kapitalgesellschaft. Bereits 1962 gestatteten es 15 Staaten der USA den Rechtsanwälten durch Gesetz personalistisch ausgestaltete Kapitalgesellschaften mit persönlicher Anwaltshaftung zu gründen; dieser Entwicklung schlossen sich im Laufe der Jahre (bis 1986) alle weiteren Bundesstaaten an. In Frankreich wurde es den Rechtsanwälten Ende 1990 im Wege einer einheitlichen gesetzlichen Regelung für alle Freiberufler erlaubt, sich in Kapitalgesellschaften zusammenzuschließen. Dieses Gesetz sieht ebenfalls eine personalistische Ausgestaltung vor und beinhaltet besondere, vom allgemeinen Kapitalgesellschaftsrecht abweichende Vorschriften. Kapitalge-

---

[719]   BGH, Beschluß vom 12.02.1965, E 43, 148 (152/153); *Kremer*, GmbHR 1983, 259 (260)

[720]   *Kremer*, GmbHR 1983, 259 (262/263); *Schlosser*, JZ 1995, 345 (346)

[721]   *Kremer*, GmbHR 1983, 259 (259/260); *Henssler*, JZ 1992, 697 (698 ff.); *Bellstedt*, AnwBl 1996, 573 (573); *Hellwig*, ZHR 161 (1997), 337 (339 ff.); *Kaiser/Bellstedt*, Die Anwaltssozietät, Rz. 542; *Boin*, Die Partnerschaftsgesellschaft für Rechtsanwälte, S. 112 ff.

[722]   *Kremer*, GmbHR 1983, 259 (259/260); *Ebenroth/Kloos*, Anmerkung zum Beschluß des BayObLG vom 28.08.1996, ZIP 1996, 1790 (1790)

[723]   §§ 27 I WPO; 49 II SterBG

[724]   BayObLG, Beschluß vom 24.11.1994, ZIP 1994, 1868 (1871); *Stuber*, WiB 1994, 705 (706); *Donath*, ZHR 156 (1992), 134 (155 ff.); *Schardey*, AnwBl 1991, 2 (2); *Schlosser*, JZ 1995, 345 (346)

sellschaften sind Anwälten des weiteren in einigen australischen Bundesstaaten, in den Niederlanden, Dänemark und in England und Wales zugänglich. Allerdings ist zu beachten, daß nur in England und Wales eine vollständige Haftungsbegrenzung möglich ist. Ein Bedürfnis der deutschen Anwaltschaft im Hinblick auf die Zulassung der GmbH ist daher zu bejahen.

Bereits im Jahre 1990 haben sich acht von dreiundzwanzig Rechtsanwaltskammern für die Zulassung der Rechtsanwalts-GmbH ausgesprochen.[725] Es verwundert daher nicht, daß die Frage nach der Rechtsanwalts-GmbH nicht mehr als eine Frage nach dem "ob" der Zulässigkeit dieser Rechtsform, sondern als eine solche nach dem "wie" verstanden wird[726]. Anlaß für ein Umdenken in dieser Frage war die Entscheidung des BGH[727] zur Heilkunde-GmbH. In seinem Urteil vom 25.11.1993 führt der Bundesgerichtshof aus, daß der juristischen Person die Gewerbefreiheit als Bestandteil der Berufsfreiheit zustehe und daher jede Regelung ihres beruflichen Betätigungsfeldes an Art. 12 GG zu messen sei. Nach der derzeitigen Gesetzeslage sei eine Vorschrift, die beziehungsweise aufgrund derer das Grundrecht der Heilkunde-GmbH in verfassungsmäßiger Art und Weise eingeschränkt werden könne, nicht vorhanden. Zwar könne das Grundrecht der Berufsfreiheit grundsätzlich auch aufgrund eines gesetzlich fixierten Berufsbildes eingeschränkt werden, erforderlich sei aber, daß die Fixierung des Berufsbildes durch Gesetze oder vorkonstitutionelles Gewohnheitsrecht hinreichend bestimmt wäre und seine Wahrung anders als durch ein Verbot nicht zu gewährleisten sei, das Verbot mithin dem Verhältnismäßigkeitsgrundsatz entspräche. Eine diesen Grundsätzen entsprechende Fixierung sei jedoch nicht vorhanden.[728] Heilkundegesellschaften in der Rechtsform der GmbH werden daher für zulässig gehalten.

Diese Rechtsprechung des BGH hat das BayObLG[729] auf die Rechtsanwalts-GmbH übertragen. Es hatte zu beurteilen, ob der Eintragung einer Rechtsberatungsgesellschaft mbH in das Handelsregister rechtliche Hindernisse entgegenstehen und ist zu der Entscheidung gelangt, daß nach der derzeitigen Gesetzeslage die GmbH eine grundsätzlich zulässige Form für den Zusammenschluß von Rechtsanwälten zur gemeinsamen Berufsausübung darstellt. Nach Ansicht des BayObLG ist eine Rechtsberatungs-GmbH deshalb unter bestimmten, noch zu erörternden Voraussetzungen in das Handelsregister einzutragen.[730]

---

[725] 13 waren dagegen und 2 enthielten sich der Stimme, vgl. BayObLG, Beschluß vom 24.11.1994, ZIP 1994, 1868 (1869)

[726] *Schlosser*, JZ 1995, 345 (346)

[727] Urteil vom 25.11.1993, ZIP 1994, 381 ff.

[728] ZIP 1994, 381 (382 ff.)

[729] Beschluß vom 25.11.1994, ZIP 1994, 1868 ff.; bestätigt durch Beschluß vom 28.08.1996, DB 1996, 2026 (2026)

[730] Anderer Ansicht sind: AG Hannover, Beschluß vom 05.03.1992, GmbHR 1994, 120 (120/121); *Donath*, ZHR 156 (1992), 134 (136 ff.); *Lach*, Formen freiberuflicher Zusammenarbeit, S. 65 ff. (72); *Hachenburg-Ulmer*, GmbHG, § 1 Rz. 20

Im Zusammenhang mit der Frage der Zulässigkeit einer Rechtsanwalts-GmbH steht jedoch weiterhin die Behauptung im Raum, der Zusammenschluß in einer juristischen Person tangiere die Merkmale der Freiberuflichkeit.[731] Das besondere Vertrauensverhältnis zwischen dem Anwalt und seinem Mandanten (§ 43 BRAO) und seine Verschwiegenheitspflicht nach § 43 a II BRAO würden dadurch gefährdet beziehungsweise verletzt, daß jeder Gesellschafter der Rechtsanwalts-GmbH gemäß § 51 a GmbHG einen uneinschränkbaren Informationsanspruch gegen die Gesellschaft habe,[732] und daß als Folge der rechtlichen Selbständigkeit der GmbH (§ 13 I GmbHG) nicht mehr der einzelne Rechtsanwalt sondern die Rechtsberatungsgesellschaft Vertragspartner des Mandanten sei. Außerdem unterliege die GmbH kraft Rechtsform den für den kaufmännischen Verkehr geltenden Vorschriften, so daß im Außenverhältnis das gesamte Handelsrecht gelte.[733] Damit würde eine unerwünschte Annäherung an den Gewerbebetrieb geschaffen und der fortschreitenden Kommerzialisierung des Anwaltsberufes Vorschub geleistet[734]. Überdies könne die Gewährleistung der Eigenverantwortlichkeit in der Berufsausübung durch die Beschränkung der Haftung auf das Gesellschaftsvermögen gemäß § 13 II GmbHG untergraben werden.[735] Schließlich müsse beachtet werden, daß die GmbH durch Fremdorganschaft und Weisungsgebundenheit ihrer Geschäftsführer (§ 37 I GmbHG) charakterisiert werde. Diese, sich aus der Struktur der GmbH ergebenden Besonderheiten könnten mit dem Grundsatz der Unvertretbarkeit der freiberuflichen Leistung und mit § 43 a I BRAO, der die Unabhängigkeit des Rechtsanwalts zwingend vorschreibt, nicht zu vereinbaren sein.[736]

Eine Rechtsberatungs-GmbH könne daher die nach § 4 BRAO erforderliche Zulassung zur Rechtsanwaltschaft ebensowenig erhalten wie die gemäß Art. 1 § 1 RBerG benötigte Erlaubnis zur Besorgung fremder Rechtsangelegenheiten.[737]

Fraglich ist deshalb, ob und bejahendenfalls unter welchen Voraussetzungen[738] eine Rechtsanwaltsgesellschaft mbH zulässig ist. Eine eindeutige Aussage ist - dies haben die vorstehenden Überlegungen gezeigt - nicht möglich.

---

[731]   *Michalski*, Das Gesellschafts- und Kartellrecht der berufsrechtlich gebundenen freien Berufe, S. 352; *ders.*, Anmerkung zum Beschluß des BayObLG vom 25.11.1994, DWiR 1995, 110 (114); *Taupitz*, Haftung des Freiberuflers, S. 19 (33)

[732]   *Braun*, MDR 1995, 447 (447); *Kremer*, GmbHR 1983, 259 (260)

[733]   *K. Schmidt*, Gesellschaftsrecht, 2. Aufl., § 33 I S. 818/819

[734]   BayObLG, Beschluß vom 24.11.1994, ZIP 1994, 1868 (1868)

[735]   *Feuchtwanger*, Die freien Berufe, S. 278/279

[736]   Die Unabhängigkeit des Rechtsanwalts gehört zum Kernbereich seines Berufes, BayObLG, Beschluß vom 24.11.1994, ZIP 1994, 1868 (1868); *Jessnitzer/Blumberg*, BRAO, § 43 a Rz. 1; *Feuerich*, BRAO § 2 Rz. 18; *Kremer*, GmbHR 1983, 259 (264)

[737]   *Lach*, Formen freiberuflicher Zusammenarbeit, S. 75 in bezug auf § 4 BRAO; *Taupitz*, JZ 1994, 1100 (1105) in bezug auf die Erlaubnis nach dem RBerG

[738]   Vgl. den Vorschlag der Deregulierungskommission, Marktöffnung und Wettbewerb, Zweiter Bericht (März 1991), Die Märkte für Rechtsberatung und Wirtschaftsberatung,

I. Zulässigkeit nach GmbH-Gesetz

Das GmbHG regelt in seinem ersten Abschnitt die Voraussetzungen für eine Gründung der Gesellschaft mit beschränkter Haftung. Diese vollzieht sich in einem umfassend gesetzlich geregeltem Verfahren. Sie beginnt mit der Errichtung der GmbH durch den Abschluß des Gesellschaftsvertrages nach Maßgabe der §§ 1 - 5 GmbHG und setzt sich mit der Bestellung der Geschäftsführer und der Invollzugsetzung des Gesellschaftsvertrages fort. Als juristische Person entsteht die GmbH gemäß § 11 I GmbHG erst mit ihrer Eintragung ins Handelsregister. Die Eintragung erfolgt, wenn der Registerrichter die ordnungsgemäße Errichtung und Anmeldung der GmbH feststellen konnte, § 9 c GmbHG.

Eine Rechtsanwalts-GmbH ist somit nach den Bestimmungen des GmbH-Gesetzes nur zulässig, wenn sie entsprechend den Vorgaben dieses Gesetzes im Hinblick auf Errichtung und Anmeldung gegründet werden kann.

1. Zulässiger Gesellschaftszweck im Sinne des § 1 GmbHG

Gemäß § 1 GmbHG kann eine GmbH zu jedem gesetzlich zulässigen Zweck errichtet werden. Dabei ist nach herrschender Meinung[739] unter dem Gesellschaftszweck das von den Gesellschaftern gemeinsam verfolgte Ziel zu verstehen. Anderer Ansicht[740] nach umfaßt der Gesellschaftszweck zudem den Gegenstand der GmbH, so daß die Verbindung von Ziel und Gegenstand letzlich den Zweck ausmacht. Die Unterscheidung zwischen der internen Zielrichtung der Gesellschafter (dem Zweck) und dem Unternehmensgegenstand, der zur Kenntnisnahme der Öffentlichkeit gereichen soll, ist oftmals schwierig, zumal sich beide Begriffe inhaltlich decken können.[741] Eine klare Grenze läßt sich deshalb nur schwerlich ziehen. Dies ist aber auch immer erst dann erforderlich, wenn es um die nach umstrittener Ansicht unterschiedlichen Rechtsfolgen unzulässiger Gegenstände und Ziele geht, beispielsweise im Rahmen von § 61 GmbHG.[742] Solange sowohl das Ziel einer Rechtsanwaltsgesellschaft mbH als auch ihr Gegenstand zulässigerweise gewählt und verfolgt werden, kommt es auf den vorstehend beschriebenen Streit daher nicht an.

---

[739] Vorschlag 64, Textziffer 453 und den Vorschlag des DAV, AnwBl 1990, Heft 4, Beilage sowie den Beschluß des BayObLG vom 25.11.1994, ZIP 1994, 1868 ff.

Rowedder-Rittner, GmbHG, § 1 Rz. 4 ff.; *K. Schmidt*, Gesellschaftsrecht, § 4 I S. 59 ff.; *Hachenburg-Ulmer*, GmbHG, § 1 Rz. 8; *Scholz-Emmerich*, GmbHG, § 1 Rz. 2

[740] *Lutter/Hommelhoff*, GmbHG, § 1 Rz. 2

[741] *Baumbach/Hueck*, GmbHG, § 1 Rz. 5

[742] *Lutter/Hommelhoff*, GmbHG, § 1 Rz. 8 gegenüber *Rowedder-Rasner*, GmbHG, § 61 Rz. 6

Der Zweck einer GmbH kann beliebig gewählt werden, solange die allgemeinen Schranken, insbesondere die §§ 134; 138 BGB, beachtet werden.[743] Neben erwerbswirtschaftlichen, gemeinwirtschaftlichen und gewerblichen Gesellschaftszwecken sind auch ideelle oder politische Ziele zulässig.[744] Zur Bestimmung des Zieles kann der Unternehmensgegenstand herangezogen werden, der die konkrete Art der Tätigkeit beschreibt, mit der das Ziel erreicht werden soll.[745]

a) Zulässigkeit des Zieles einer Rechtsanwalts-GmbH

Rechtsanwälte verfolgen in erster Linie ideelle, aber auch erwerbswirtschaftliche Ziele.[746] Sie müßten sich daher zur gemeinsamen Berufsausübung in der Rechtsform der GmbH organisieren dürfen, es sei denn, der mit der Gesellschaft verfolgte Zweck würde gegen Verbotsgesetze oder die guten Sitten (§§ 134; 138 BGB) verstoßen.

Verbotsgesetze im Sinne des § 134 BGB sind Vorschriften, die eine nach der Rechtsordnung grundsätzlich mögliche rechtsgeschäftliche Regelung wegen ihres Inhaltes oder den Umständen ihres Zustandekommens untersagen; sie müssen sich gegen die Vornahme des Rechtsgeschäfts richten.[747] Demgegenüber erfordert der Verstoß gegen die guten Sitten keine positivrechtliche Regelung. Gegen § 138 I BGB verstoßen solche Rechtsgeschäfte, die dem Anstandsgefühl aller billig und gerecht Denkenden im Sinne der herrschenden Rechts- und Sozialmoral widersprechen.[748]

Fraglich ist, ob der von einer Rechtsanwalts-GmbH verfolgte Gesellschaftszweck selbst oder die zur Erreichung dieses Zwecks geschaffenen rechtsgeschäftlichen Regelungen gegen § 134 oder § 138 I BGB verstoßen.[749]

Ideelles Ziel einer Rechtsanwaltsgesellschaft ist es, der Allgemeinheit dadurch zu dienen, daß dem rechtssuchenden Publikum qualifizierte rechtliche Betreuung nach Maßgabe der BRAO und der Berufsordnung geboten wird.[750] Die Ausübung der rechtsberatenden Tätigkeit, sei es in Form einer Einzelkanzlei oder aber in Form einer Gesellschaft bürgerlichen Rechts, einer Partnerschaft oder einer GmbH, dient zudem der Schaffung und Erhaltung der Lebensgrundlage und damit erwerbswirtschaftlichen

---

[743]   *Hachenburg-Ulmer*, GmbHG, § 1 Rz. 1
[744]   *Lutter/Hommelhoff*, GmbHG, § 1 Rz. 5
[745]   *Lutter/Hommelhoff*, GmbHG, § 1 Rz. 2; *Rowedder-Rittner*, GmbHG, § 1 Rz. 5
[746]   *Taupitz*, Die Standesordnungen der freien Berufe, S. 60; *Baumbach/Hueck*, GmbHG, § 1 Rz. 9
[747]   *Palandt-Heinrichs*, § 134 Rz. 1
[748]   *Palandt-Heinrichs*, § 138 Rz. 2
[749]   Ein Verstoß gegen §§ 134; 138 I BGB ist selten anzutreffen, vgl. die Beispiele bei *Hachenburg-Ulmer*, GmbHG, § 1 Rz. 29/30.
[750]   Dies resultiert aus der Ausübung eines Freien Berufs gem. § 2 I BRAO und dem besonderen Vertrauensverhältnis zwischen dem Rechtsanwalt und seinem Mandanten, § 43 BRAO; vgl. auch schon oben § 5.

Zwecken.[751] Solange durch die Bindung an BRAO und Berufsordnung sichergestellt ist, daß die ideellen Ziele vorrangig vor den erwerbswirtschaftlichen verfolgt werden und nicht das Streben nach Gewinn in den Vordergrund rückt,[752] mithin die Gebote der §§ 43 ff. BRAO beachtet werden, bestehen keine Bedenken gegen die Zulässigkeit des Gesellschaftszwecks einer Rechtsanwalts-GmbH nach Maßgabe des GmbHG. Wenn aber die Gefahr besteht, daß die Verfolgung ideeller Ziele durch die Berufsausübung in Form einer GmbH in den Hintergrund gedrängt wird und aus diesem Grund gesetzlich verboten ist, wäre der Gesellschaftszweck unzulässig. Dem entspricht es, daß ein unzulässiger Gesellschaftszweck nicht nur bei gesetz- oder sittenwidrigen Zielen anzunehmen ist, sondern auch dann, wenn die Rechtsform der GmbH für den fraglichen Bereich gesetzlich ausgeschlossen worden ist.[753] Der Gesetzgeber hat im Zusammenhang mit der Frage der zulässigen Gesellschaftsformen für Apotheker diese Gefahr gesehen[754] und die GmbH als Möglichkeit für die Organisation der gemeinsamen Berufsausübung durch die Einführung des § 8 ApoG ausgeschlossen. Anders als das Berufsrecht der Apotheker enthält das Berufsrecht der Rechtsanwälte keine ausdrückliche Bestimmung, die es verbietet, rechtsberatende Tätigkeit in der Rechtsform einer GmbH auszuüben.[755]

Unter diesem Gesichtspunkt bestehen keine Bedenken gegen das von einer Rechtsanwalts-GmbH verfolgte Ziel.

b) Zulässigkeit des Unternehmensgegenstandes

Nach umstrittener Auffassung[756] ist der Gesellschaftszweck schließlich dann unzulässig, wenn der Unternehmensgegenstand, der für die Bestimmung des Gesellschaftszwecks maßgeblich ist beziehungsweise diesen (mit-)prägt,[757] seinerseits unzulässig ist, so daß eine Eintragung ins Handelsregister zu unterbleiben hat.[758]

Konkrete Tätigkeit der Rechtsanwalts-GmbH zur Erreichung des Gesellschaftszwecks ist die Ausübung des Rechtsanwaltsberufs - die gemeinsame, unter Umstän-

---

[751] *Taupitz*, Die Standesordnungen der freien Berufe, S. 60; *K. Schmidt*, Handelsrecht, § 4 I S. 69 und § 9 IV S. 282

[752] *Feuchtwanger*, Die freien Berufe, S. 17; *Taupitz*, NJW 1992, 2317 (2323)

[753] *Baumbach/Hueck*, GmbHG, § 1 Rz. 14; *Lutter/Hommelhoff*, GmbHG, § 1 Rz. 7; *Hachenburg-Ulmer*, GmbHG, § 1 Rz. 27 iVm 17/18

[754] Schriftlicher Bericht des Ausschusses für Gesundheitswesen, 11. Ausschuß, BT-Drs. 3/1769, S. 3

[755] BayObLG, Beschluß vom 24.11.1994, ZIP 1994, 1868 (1869); für die Heilkunde-GmbH: *Taupitz*, NJW 1992, 2317 (2319)

[756] Vgl. oben a) und *Lutter/Hommelhoff*, GmbHG, § 1 Rz. 8 gegenüber *Rowedder-Rasner*, GmbHG, § 61 Rz. 6

[757] *Baumbach/Hueck*, GmbHG, § 1 Rz. 13

[758] LG München I, Beschluß vom 10.03.1994, NJW 1994, 1882 (1882)

den arbeitsteilige Erbringung der beruflichen Leistung[759] - innerhalb einer GmbH. Ein ausdrückliches, gesetzliches Verbot betreffend die Ausübung der rechtsberatenden Tätigkeit in einer Kapitalgesellschaft besteht nicht. Desgleichen ist ein Verstoß gegen die guten Sitten gemäß §§ 134; 138 BGB nicht festzustellen.

aa) Unzulässigkeit nach den Vorschriften der BRAO

Wie bereits bei der Prüfung der Zulässigkeit des Gesellschaftszieles erwähnt, enthält insbesondere die BRAO keine Vorschrift, die die Organisationsform der GmbH für den Zusammenschluß von Rechtsanwälten ausdrücklich für unzulässig erklärt. Im Gegensatz zum StBerG und zur WPO, die der BRAO nachgebildet wurden, enthält das Berufsrecht der Rechtsanwälte aber auch keine Bestimmungen hinsichtlich der Zulässigkeit gemeinsamer Berufsausübung in Form einer GmbH. Man könnte daher im Umkehrschluß von der Unzulässigkeit dieser Rechtsform für den Zusammenschluß von Rechtsanwälten ausgehen. § 59 a BRAO würde demnach eine abschließende Regelung im Hinblick auf die Möglichkeiten beruflicher Zusammenarbeit darstellen. Ein derartiges Verständnis dieser Vorschrift kann jedoch weder ihrem Wortlaut noch den Gesetzgebungsmaterialien mit hinreichender Bestimmtheit entnommen werden.[760] Außerdem enthalten wie die BRAO auch die Berufsrechte der Architekten und Ingenieure ebenfalls keine Regelungen für den Zusammenschluß in einer GmbH. Die Zulässigkeit dieser Gesellschaftsform für die Angehörigen der genannten Berufsgruppen ist aber allgemein anerkannt.[761] Schließlich wird die GmbH den Apothekern ausdrücklich verboten. Diese unterschiedlichen berufsrechtlichen Regelung zeigen, daß allein das Schweigen der BRAO noch nichts über die Unzulässigkeit des Zusammenschlusses von Rechtsanwälten in einer GmbH aussagt,[762] zumal ein Verbot der GmbH in den Gesetzestext hätte aufgenommen werden können.[763]

Die Unzulässigkeit des Unternehmensgegenstandes einer Rechtsanwalts-GmbH könnte sich eventuell daraus ergeben, daß der historische Gesetzgeber der Rechtsanwaltsordnungen ganz selbstverständlich von der Unzulässigkeit von Anwaltskapitalgesellschaften ausgegangen ist.[764] Die Rechtsanwaltsordnung vom 01.07.1878[765] enthielt überhaupt keine Regelung der gemeinschaftlichen Berufsausübung durch mehrere Rechtsanwälte, der Einzelanwalt galt als eigentlicher

---

759   *Feuerich/Braun*, BRAO, § 59 a Rz. 8; *Bayer/Imberger*, DWiR 1993, 309 (313)
760   BayObLG, Beschluß vom 24.11.1994, mit Anmerkung *Hommelhoff/Schwab*, WiB 1995, S. 115 (115); BT-Drs. 12/4993, S. 23
761   *Henssler*, ZIP 1994, 844 (844)
762   *Taupitz*, JZ 1994, 1100 (1108)
763   *Koch*, AnwBl 1993, 157 (158)
764   *Henssler*, JZ 1992, 697 (700 ff.); *Taupitz*, NJW 1995, 369 (370)
765   RGBl. 177

Typus des Rechtsanwaltes.[766] Die Reichs-Rechtsanwaltsordung vom 21.02.1936 änderte an dieser Situation nichts.[767] Schließlich enthielt auch die BRAO vom 01.08.1959 bis zu ihrer Neufassung im Jahre 1994 keine Bestimmungen betreffende die gemeinschaftliche Berufsausübung, doch wurde diese Möglichkeit in Form eines organisierten Zusammenschlusses mittlerweile vorausgesetzt.[768] Diese Entwicklung war notwendig, da mittlerweile die Hälfte aller zugelassenen Rechtsanwälte als Kanzleianwälte tätig sind. Sie zeigt aber auch, wie schleppend sich in diesem Bereich Änderungen vollziehen.

Damit aus der Geschichte des Anwaltsrechts Folgerungen für die derzeitige Rechtslage ableitet werden können, muß feststehen, daß der gesetzgeberische Wille unverändert fortbesteht. Das ist jedoch nicht der Fall. In den Materialien zur Berufsrechtsnovelle im Jahre 1994 hat der Gesetzgeber zur Frage der Rechtsanwalts-GmbH insoweit Stellung genommen, als geäußert wurde, die neue BRAO wolle Raum für weitere Entwicklungen der gemeinschaftlichen Berufsausübung lassen, insbesondere solle die gemeinsame Rechtsanwaltstätigkeit in einer GmbH nicht geregelt werden.[769] Diese Formulierungen wären obsolet, hielte der Gesetzgeber die Anwalts-GmbH für eine nach geltendem Recht unzulässige Rechtsform. Seine ursprünglich zu dieser Frage bestehende Meinung kann deshalb nicht als fortgeltend und für die Beurteilung der Rechtslage maßgebend angesehen werden.[770]

Die BRAO steht der Zulässigkeit des Unternehmensgegenstandes einer Rechtsanwalts-GmbH daher nicht entgegen.[771]

bb) Auswirkungen der Zulassungspflicht gemäß § 4 BRAO

Problematisch könnte die Auswirkung der Zulassungspflicht und die Erfüllung der Zulassungsvoraussetzungen, die gemäß § 4 BRAO bestehen, sein. Müßte die GmbH selbst die Befugnis erlangen, Anwaltstätigkeit auszuüben und wäre dies nach den Bestimmungen der BRAO nicht möglich, würde eine nicht zu erfüllende Genehmigungspflicht bestehen.

---

[766] *Zuck*, NJW 1990, 954 (955)
[767] *Noack*, Reichsrechtsanwaltsordnung S. 1 ff.
[768] *Feuerich/Braun*, BRAO, 2. Aufl., 1991, § 45 Rz. 69
[769] BT-Drs. 12/4993, S. 23
[770] BayObLG, Beschluß vom 24.11.1994, ZIP 1994, 1868 (1869); außerdem wird in der Begründung des Regierungsentwurfs zum Partnerschaftsgesellschaftsgesetz ausdrücklich darauf hingewiesen, daß den freien Berufen neben der Partnerschaft grundsätzlich auch die Kapitalgesellschaften zur Verfügung stehen sollen, vgl. BR-Drs. 516/93, S. 15
[771] LG Baden-Baden, Beschluß vom 13.05.1996, AnwBl 1996, 537 (537); *Taupitz*, NJW 1995, 369 (371)

Zwar führt die Genehmigungsbedürftigkeit eines Unternehmensgegenstandes grundsätzlich ebensowenig wie ein Verbot mit Erlaubnisvorbehalt zur Unzulässigkeit des Gesellschaftszwecks,[772] etwas anderes kann jedoch gelten, wenn die Erteilung der Erlaubnis unmöglich ist,[773] so daß der Erlaubnisvorbehalt einem gesetzlichen Verbot im Sinne des § 134 BGB gleichkommt.

Wäre der Unternehmensgegenstand aufgrund einer nicht zu erlangenden Zulassung unzulässig, würde ein Streitentscheid im Hinblick auf die daraus resultierenden Konsequenzen im Hinblick auf die Zulässigkeit des Gesellschaftszwecks erforderlich.

§ 4 BRAO knüpft die Zulassung zur Rechtsanwaltschaft an die Befähigung zum Richteramt beziehungsweise an das Bestehen einer besonders geregelten Eignungsprüfung. Diese Eignungsprüfung soll es Staatsangehörigen der EG-Mitgliedsstaaten ermöglichen, die Zulassung zur Rechtsanwaltschaft nach Maßgabe der BRAO zu erlangen. Sie ist für die Zulassung inländischer juristischer Personen ohne Belang. Die Befähigung zum Richteramt erwirbt gemäß § 5 DRiG, wer ein rechtswissenschaftliches Studium an einer Universität mit der ersten Staatsprüfung und einem anschließenden Vorbereitungsdienst mit der zweiten Staatsprüfung abschließt. Das bedeutet, daß nur natürliche und keine juristischen Personen die Zulassung zur Rechtsanwaltschaft erlangen können.[774] Einer Rechtsanwalts-GmbH wäre sie mithin verwehrt. Deshalb wurde in der Vergangenheit die Auffassung vertreten, daß eine juristische Person vom Anwaltsberuf ausgeschlossen sei und somit jede in diese Richtung zielende Tätigkeit unerlaubte Rechtsberatung darstelle,[775] insbesondere weil es sich um mittelbare Rechtsberatung handele.[776]

Fraglich ist allerdings, ob die GmbH tatsächlich selbst zur Ausübung der rechtsberatenden Tätigkeit im Gemäßheit der §§ 4 ff. BRAO befugt sein muß oder ob es ausreichend ist, wenn die in der Gesellschaft zusammengeschlossenen Personen zugelassene Rechtsanwälte sind.

Man könnte die Beantwortung der Frage, wer Inhaber der Zulassung nach § 4 BRAO sein muß, davon abhängig machen, wer als "Handelnder" anzusehen ist. In diesem Fall gestaltete sich die Rechtslage folgendermaßen: Lediglich nach der auf das römische Recht zurückgehenden Vertretertheorie[777] werden der juristischen Person nicht die Handlungen als solche zugeschrieben. Es treffen sie nur

---

[772] Zumind. solange die Erlaubniserteilung noch angestrebt wird, *Hachenburg-Ulmer*, GmbHG, § 1 Rz. 28; *Baumbach/Hueck*, GmbHG, § 1 Rz. 15.

[773] *Rowedder-Rittner*, GmbHG, § 1 Rz. 17

[774] BayObLG, Beschluß vom 24.11.1994, mit Anmerkung *Hommelhoff/Schwab*, WiB 1994, 115 (115)

[775] *Kremer*, Die GmbH als Rechtsform freiberuflicher Partnerschaften, S. 169; *ders.*, GmbHR 1983, 259 (265); *Lach*, Formen freiberuflicher Zusammenarbeit, S. 75

[776] *Wolfsteiner*, NJW 1996, 3262 (3262)

[777] *Enneccerus/Lehmann*, Lehrbuch des Bürgerlichen Rechts, Bd. I/1, § 103 IV 1

die rechtlichen Wirkungen. Anders verhält es sich demgegenüber nach der herrschenden Organtheorie[778]. In Übereinstimmung mit dem geltenden Recht rechnet sie der juristischen Person auch die Handlungen der für sie handelnden Organe zu, §§ 31; 86; 89 BGB.[779] Damit wird die juristische Person selbst "Handelnder", so daß sie möglicherweise auch der Zulassung zur Rechtsanwaltschaft bedürfte.[780] Diese Konsequenz ist jedoch rein begrifflich und nicht zwingend. Zum einen spricht der Wortlaut des GmbHG (§ 11 II) selbst von den Organen als "Handelnden". § 11 GmbHG bezieht sich zwar den Zustand vor der Eintragung der GmbH, Vor-GmbH und GmbH sind aber identische Rechtssubjekte. Deshalb wird die Handelndenhaftung nach § 11 II GmbHG als Organhaftung verstanden.[781] Die rechtstheoretische, haftungsrechtliche Einordnung des Handelnden als Organ muß daher nicht für alle Rechtsbereiche gelten. Zum anderen ist bei der Frage der Zulassung zwischen öffentlich-rechtlichem Zulassungsrecht und zivilrechtlicher Zurechnung zu unterschieden.[782] Die Rechtsform der GmbH wird vor allem deshalb zur Grundlage der gemeinsamen Berufsausübung gemacht (werden), weil sie besonders geeignete Organisationsstrukturen und einen vorteilhaften rechtlichen Rahmen bietet. Sie schafft die tatsächlichen und rechtlichen Voraussetzungen für die gemeinsame Ausübung der rechtsberatenden Tätigkeit, wird aber nicht selbst rechtsberatend tätig[783] und ist deshalb Organisations- und nicht Berufsausübungsgesellschaft. Ebensowenig wie die Sozietät und die Partnerschaftsgesellschaft vermittelt sie - unzulässigerweise - Aufträge im Sinne des § 49 b III BRAO,[784] da dies eine Maklertätigkeit der GmbH voraussetzt[785]. Sie ist, wiederum in gleicher Weise wie Sozietät und Partnerschaftsgesellschaft,[786] Vertragspartner des Mandanten und Schuldner etwaiger Regreßansprüche. Die tatsächliche Berufsausübung erfolgt aber durch die in der GmbH zusammengeschlossenen Rechtsanwälte. Sie treten als Organe der GmbH und nicht als deren Erfüllungsgehilfe auf.[787] Deshalb bietet die GmbH auch keine mittelbare Rechtsberatung an.[788] Nur die Rechtsanwälte dürfen vor Gericht auftreten, ihnen und nicht der GmbH wird die erforderliche Prozeßvollmacht erteilt. Daß dadurch Vollmacht und Grundverhältnis auseinanderfallen, ist nach den Regeln des Stell-

---

[778] Statt aller: *K. Schmidt*, Gesellschaftsrecht, § 10 I S. 258 ff.

[779] *Lach*, Formen freiberuflicher Zusammenarbeit, S. 74

[780] *Lach*, Formen freiberuflicher Zusammenarbeit, S. 75; *Donath*, ZHR 156 (1992), 134 (137/138)

[781] *K. Schmidt*, Gesellschaftsrecht, § 34 III S. 1025

[782] *Taupitz*, JZ 1994, 1100 (1104)

[783] BayObLG, Beschluß vom 24.11.1994, mit Anmerkung *Hommelhoff/Schwab*, WiB 1994, 115 (115); für die Zahnbehandlungs-GmbH auf Grundlage des § 1 I ZHG: BGH, Urteil vom 25.11.1993, ZIP 1994, 381 (382)

[784] So *Kempter*, BRAK-Mitt. 1995, 4 (5)

[785] *Feuerich/Braun*, BRAO, § 49 b Rz. 28

[786] § 7 II PartGG iVm § 124 HGB und oben; *Koch*, AnwBl 1993, 157 (159)

[787] *Bellstedt*, AnwBl 1996, 573 (577)

[788] *Henssler*, ZHR 161 (1997), 305 (307); *Kaiser/Bellstedt*, Die Anwaltssozietät, Rz. 568; *Bellstedt*, AnwBl 1995, 573 (577)

vertretungsrechts unschädlich. Es entspricht der Natur der GmbH als juristischer Person - die Organe der juristischen Person sind als bevollmächtigt anzusehen, müssen für eine ordnungsgemäße Prozeßvertretung allerdings ausdrücklich ermächtigt werden - und ist auch berufsrechtlich unbedenklich, was der Status des angestellten Rechtsanwalts belegt.

Dem Normzweck des § 4 BRAO, der die fachliche Qualität der anwaltlichen Beratung und Vertretung sicherstellen will,[789] wird genüge getan, wenn die in der GmbH tätigen Rechtsanwälte im Besitz einer Zulassung sind und dadurch deren Kompetenz gewährleistet wird. Benötigte demgegenüber die Rechtsberatungs-GmbH die Zulassung zur Rechtsanwaltschaft, wäre nicht sichergestellt, daß die rechtliche Betreuung nur durch qualifizierte, die berufsrechtlichen Wertungen beachtende Personen ausgeübt wird.

Dieses Verständnis des § 4 BRAO entspricht im übrigen den Regelungen des StBerG, wonach den Steuerberatern und Steuerbevollmächtigten die GmbH als Organisationsform für die gemeinsame Berufsausübung, sei es untereinander oder mit Angehörigen sozietätsfähiger Berufe, zur Verfügung steht.[790] Dementsprechend stellt die Anerkennung als Steuerberatungsgesellschaft nach §§ 49 ff. StBerG einen von der Bestellung zum Steuerberater nach §§ 40 ff. StBerG zu unterscheidenden Akt dar.[791]

Die Rechtsanwalts-GmbH benötigt daher keine Zulassung zur Rechtsanwaltschaft.[792] Ihr Unternehmensgegenstand ist nicht wegen Unmöglichkeit einer Zulassungerteilung unzulässig.

cc) Auswirkungen des Art. 1 § 1 RBerG

In § 3 der 1. AVO zum RBerG iVm Art. 1 § 1 RBerG wird unter anderem die Rechtsberatung durch juristische Personen besonders aufgeführt und im Geltungsbereich dieses Gesetzes beziehungsweise dieser Vorschrift (Art. 1 § 3 RBerG) für erlaubnispflichtig erklärt. Es stellt sich die Frage, ob sich aus dieser Regelung Bedenken gegen die Zulässigkeit des Unternehmensgegenstandes einer Rechtsanwalts-GmbH ergeben.

---

[789]   BayObLG, Beschluß vom 24.11.1994, ZIP 1994, 1868 (1870); *Hommelhoff/Schwab* mit Anmerkung zu vorbezeichnetem Urteil, WiB 1995, 115 (115); *Taupitz*, JZ 1994, 1100 (1107); *Koch*, AnwBl 1993, 157 (159); *Henssler*, NJW 1993, 2137 (2140); *ders.*, ZIP 1994, 844 (848); *ders.*, JZ 1992, 697 (705); *Dauner-Lieb*, GmbHR 1995, 259 (260)

[790]   BT-Drs. 3/2859, S. 5

[791]   *Henssler*, JZ 1992, 697 (705)

[792]   In diesem Sinne für die Heilkunde-GmbH *Taupitz*, NJW 1992, 2317 (2320).

Gemäß § 10 der 1. AVO zum RBerG[793] wird juristischen Personen die Erlaubnis nur erteilt, wenn dies durch besondere Umstände gerechtfertigt wird. Zielrichtung dieser Vorschrift ist der grundsätzliche Ausschluß juristischer Personen von der Rechtsberatung.[794] Nach dem Willen des Verordnungsgebers und der allgemeinen Auffassung in Rechtsprechung[795] und Literatur[796] kann auf das zur Rechtsberatung erforderliche persönliche Vertrauensverhältnis, das allein zwischen natürlichen Personen bestehen kann, nur in Ausnahmefällen verzichtet werden, in denen die Umstände für das Tätigwerden gerade einer juristischen Person sprechen. Rentabilitätserwägungen oder die Vorteile einer Haftungsbeschränkungsmöglichkeit stellen keine besonderen Gründe im Sinne des § 10 der 1. AVO zum RBerG dar.[797] Der Mangel an persönlichem Vertrauen muß vielmehr durch solche objektiven Eigentümlichkeiten der juristischen Person ausgeglichen werden, die gerade den Unterschied zwischen natürlicher und juristischer Person ausmachen.[798] Damit verbleibt für § 10 I der 1. AVO zum RBerG ein sehr geringer Anwendungsbereich,[799] die Erlaubniserteilung ist faktisch nahezu unmöglich.

§ 3 der 1. AVO zum RBerG iVm Art. 1 § 1 RBerG könnten daher möglicherweise die Unzulässigkeit des Gesellschaftszwecks herbeiführen, wenn die Rechtsanwaltsgesellschaften mbH in den Anwendungsbereich dieser Bestimmungen fallen, und wenn im Geltungsbereich des RBerG - im Gegensatz zur BRAO - nicht auf die tatsächliche Berufsausübung, sondern auf die diesbezügliche Verantwortlichkeit nach außen abzustellen ist.[800] Gegen eine von der BRAO abweichende Beurteilung und gegen die Einschlägigkeit der oben genannten Vorschriften spricht, daß die Berufstätigkeit der Rechtsanwälte durch Art. 1 § 3 RBerG ausdrücklich vom Geltungsbereich des RBerG ausgenommen wird. Dies muß auch für die gemeinsame Berufsausübung innerhalb einer GmbH gelten, es sei denn, die Tätigkeit eines Rechtsanwalts als Geschäftsführer einer GmbH wäre nicht als Ausübung des Rechtsanwaltsberufs zu beurteilen.[801] Grundlage dieses Verständnisses könnte die allgemein[802] anerkannte Beur-

---

[793] Zur Verfassungsmäßigkeit dieser Vorschrift vgl. RBeistand 1986, 6 ff.; BVerwG, NJW 1959, 1986 ff.
[794] *Rennen/Caliebe*, RBerG, 1. AVO § 10 Rz. 2
[795] BVerwG NJW 1959, 1986 (1987); OLG Hamm, Urteil vom 13.11.1953, NJW 1954, 516 (516); OVG Koblenz, Urteil vom 19.12.1979, NJW 1980, 1866 (1866); VG Stuttgart, Urteil vom 14.12.1973, AnwBl 1976, 135 (135)
[796] *Donath*, ZHR 156 (1992), 134 (138) mwN; *Altenhoff/Busch/Kampmann Chemnitz*, RBerG, § 10 der 1. AVO zum RBerG Rz. 760; *Rennen/Caliebe*, RBerG § 10 der 1. AVO zum RBerG Rz. 2
[797] *Taupitz*, JZ 1992, 697 (702)
[798] OVG Koblenz, Urteil vom 19.12.1979, NJW 1980, 1866 (1866); *Rennen/Caliebe*, RBerG, 1. AVO § 10 Rz. 2/3
[799] OVG Koblenz, Urteil vom 19.12.1979, NJW 1980, 1866 (1867)
[800] *Taupitz*, JZ 1994, 1100 (1105); *ders.*, NJW 1995, 369 (369); *Braun*, MDR 1995, 447 (447)
[801] *Taupitz*, NJW 1995, 369 (370)
[802] *Taupitz*, JZ 1994, 1100 (1106/1107); BGHZ 33, 276 (279); *Feuerich/Braun*, BRAO, § 46 Rz. 3/4; *Jessnitzer/Blumberg*, BRAO, § 7 Rz. 17; *Hartstang*, Anwaltsrecht, S. 237 ff.

teilung der Geschäftsführertätigkeit nach § 7 Nr. 8 BRAO, also unter dem Blickwinkel der Kompatibilität des Zweitberufes mit der möglichen Folge der Zulassungsversagung, sein. Die Beurteilung der Tätigkeit als Syndikusanwalt in irgendeiner GmbH, darf aber entgegen der Auffassung von *Taupitz*[803] nicht mit der Berufsausübung in einer Rechtsanwalts-GmbH gleichgesetzt werden; denn ein Versagungsgrund nach § 7 Nr. 8 BRAO liegt nur vor, wenn die Geschäftsführertätigkeit das Vertrauen in die Unabhängigkeit des Rechtsanwaltes und seine Stellung als unabhängiges Organ der Rechtspflege gefährdet.[804] Die in der Rechtsberatungs-GmbH tätigen Rechtsanwälte üben ihren Beruf in dieser Gesellschaft nach Maßgabe der BRAO aus. Sie unterliegen dort ebenso wie bei der gemeinsamen Berufsausübung innerhalb einer Sozietät den Pflichten der §§ 43 ff. BRAO und haben in berufsrechtlicher Hinsicht die gleiche Funktion inne.[805] Interessenkollisionen, wie sie in der Abhängigkeit zu einem standesrechtlich ungebundenen Arbeitgeber entstehen können, oder die Ausnutzung der besonderen anwaltlichen Privilegien zu berufsfremden Zwecken sind daher nicht zu befürchten. Außerdem muß gerade die Ausübung des Zweitberufes beim rechtssuchenden Publikum begründete Zweifel an der Unabhängigkeit und der Kompetenz des Rechtsanwalts wecken und dadurch das Ansehen der Rechtsanwaltschaft in Gefahr bringen.[806] Die Beurteilung als "Zweitberuf" setzt die Ausübung der Geschäftsführertätigkeit neben der Ausübung des Anwaltsberufes voraus.[807] Bei einem Zusammenschluß von Rechtsanwälten zur gemeinsamen Berufsausübung in einer GmbH ist die Geschäftsführertätigkeit mit der Ausübung des Anwaltsberufs gleichzusetzen. Sie ist daher kein "Zweitberuf". Eine Gefährdung der Unabhängigkeit des Rechtsanwalts oder seiner Stellung als unabhängiges Organ der Rechtspflege kann deshalb unter diesem Gesichtspunkt nicht festgestellt werden. Die Gleichstellung der Tätigkeit als Syndikusanwalt beziehungsweise der Ausübung eines Zweitberufs mit der ausschließlichen Tätigkeit in einer Rechtsanwalts-GmbH ist daher nicht gerechtfertigt.[808]

Auch die Rechtssubjektivität der GmbH, ihre rechtliche Organisation und das Angebot der Berufstätigkeit bestimmter Personen im Namen der GmbH, vermögen keine gegenteilige Sichtweise zu begründen. Anderenfalls müßte auch einer Gesellschaft bürgerlichen Rechts, in der sich Rechtsanwälte zur gemeinsamen Berufsausübung zusammengeschlossen haben, gemäß § 3 der 1. AVO zum RBerG iVm Art. 1 § 1 RBerG eine Erlaubnis erteilt werden, da sie zu den "ähnlichen Vereinigungen", die neben den juristischen Personen in § 3 der 1. AVO zum RBerG erwähnt werden,

---

[803]   JZ 1994, 1100 (1107)
[804]   *Jessnitzer/Blumberg*, BRAO, § 7 Rz. 16
[805]   So stellt sich die Rechtslage bei Steuerberatungsgesellschaften bzw. Steuerberatern ebenfalls dar, BFH, Urteil vom 08.03.1988, E 153, 272 (275).
[806]   BVerfG, Beschluß vom 04.11.1992, NJW 1993, 317 (319)
[807]   Vgl. § 46 II BRAO; *Feuerich/Braun*, BRAO, § 46 Rz. 3; *Jessnitzer/Blumberg*, BRAO, § 46 Rz. 4; *Römermann*, Entwicklungen und Tendenzen bei Anwaltsgesellschaften, S. 149
[808]   Anderer Ansicht *Taupitz*, JZ 1994, 1100 (1107), vgl. oben

zählen.[809] Wie vorstehende Darstellung gezeigt hat, sind die BGB-Gesellschaften wie auch die Partnerschaftsgesellschaften mit Teilrechtsfähigkeit ausgestattet und Partner des Anwaltsvertrages. Zu Recht verlangt aber niemand eine Erlaubnis nach dem RBerG für Rechtsanwaltssozietäten oder -partnerschaften. In einer personalistisch ausgestalteten GmbH lassen sich Eigenverantwortlichkeit und Unabhängigkeit sowie die Wahrung des persönlichen Charakters der freiberuflichen Leistung ebenso gewährleisten, wie in den anerkanntermaßen zulässigen Gesellschaftsformen.[810] Die Rechtssubjektivität steht, wie auch die Berufsrechte der Wirtschaftsprüfer und Steuerberater belegen, nicht entgegen.

Schließlich muß berücksichtigt werden, daß die Voraussetzungen, die die §§ 4; 6; 7; 8 der 1. AVO zum RBerG für die Erlaubniserteilung nach Art. 1 § 1 RBerG postulieren, weitaus geringere Anforderungen enthalten, als die BRAO und das DRiG an die Zulassung zur Rechtsanwaltschaft stellen. Das Bundesverfassungsgericht führt in einer Entscheidung,[811] die die Unzulässigkeit der GmbH für Steuerbevollmächtigten als gerechtfertigt erachtet, aus: „Der (...) legitimierende Grund für die gesetzliche Unterscheidung zwischen Steuerberatern und Steuerbevollmächtigten bei der verantwortlichen Leitung von Steuerberatungsgesellschaften liegt in der unterschiedlichen Vorbildung und Aufgabe der Angehörigen beider Berufsgruppen. Dieser Funktionsunterschied rechtfertigt es, die verantwortliche Leitung von Steuerberatungsgesellschaften im Sinne des § 16 StBerG Steuerberatern vorzubehalten." Überträgt man diese Rechtsprechung auf das Verhältnis der Rechtsanwälte zu den sonstigen Rechtsbeiständen, so ergibt sich, daß die Regelungen des RBerG nur für die sonstigen Rechtsbeistände, die nicht eine mit der Volljuristenausbildung vergleichbare Vorbildung haben, gelten. Zwar sind die Rechtsberatungsgesellschaften mbH nicht - wie die Steuerberatungsgesellschaften den Steuerberatern - per se den Rechtsanwälten vorbehalten, andere Rechtsbeistände müssen aber die besonderen Voraussetzungen erfüllen, die das RBerG postuliert. Auch aus diesem Grund ist eine Erlaubnis nach Art. 1 § 1 RBerG für die Rechtsanwalts-GmbH nicht erforderlich.

Die Unzulässigkeit des Unternehmensgegenstandes kann deshalb nicht aus dem Gesichtspunkt des Erlaubnisvorbehalts nach dem RBerG hergeleitet werden. Damit besteht keine einem ausdrücklichen Verbot der Rechtsberatungs-GmbH gleichkommender Erlaubnisvorbehalt nach § 3 der 1. AVO iVm Art. 1 § 1 RBerG.

---

[809] LG Baden-Baden, Beschluß vom 13.05.1996, AnwBl 1996, 537 (537); *Rennen/Caliebe*, RBerG, 1. AVO § 3 Rz. 1; *Altenhoff/Chemnitz*, RBerG, Rz. 694
[810] *Koch*, AnwBl 1993, 157 (159)
[811] Beschluß vom 15.03.1967, E 22, 227 (237)

dd) Unzulässigkeit nach der Systematik des RBerG

Ausreichend für die Anwendbarkeit des § 134 BGB sind aber auch gewohnheitsrechtliche, satzungsrechtliche oder sich aus dem Zusammenhang des Gesetzes ergebende Verbote.[812] Die Unzulässigkeit des Unternehmensgegenstandes einer Rechtsanwalts-GmbH könnte sich daher aus der Systematik und den Wertungen des RBerG ergeben.[813]

Wenn eine Erlaubnispflicht für die Rechtsanwalts-GmbH nicht unmittelbar aus dem RBerG hergeleitet werden kann, stellt sich die Frage nach dem Anwendungsbereich dieses Gesetzes beziehungsweise seines Erlaubnisvorbehalts. Es ist zu befürchten, daß die Erlaubniserteilung nach dem RBerG "so gut wie leer" läuft, sollten sich die Rechtsberatungsgesellschaften in der Rechtsform der GmbH organisieren dürfen, ohne eine Erlaubnis nach Art. 1 § 1 RBerG zu benötigen.[814] Anders als die Heilbehandlung durch Kapitalgesellschaften hat der Gesetzgeber die Möglichkeit der Rechtsberatung durch Gesellschaften mit beschränkter Haftung gesehen und einem Erlaubnisvorbehalt unterstellt. Hier liegt daher der entscheidende Unterschied zwischen Heilkunde- und Rechtsberatungsgesellschaften mbH.

Es stellt sich deshalb die Frage, ob eine juristische Person, die Rechtsberatung betreiben will, trotz der Regelung des Art. 1 § 3 RBerG, wonach die Tätigkeit der Rechtsanwälte nicht dem Geltungsbereich dieses Gesetzes unterfällt, im Besitz einer Erlaubnis nach dem RBerG sein muß, selbst wenn ausschließlich Rechtsanwälte beteiligt wären.[815] Eine solche Auslegung des RBerG ist jedoch contra legem. Die Tätigkeit der Rechtsanwälte wird ausdrücklich aus dem Anwendungsbereich des RBerG ausgenommen. Verlangte man dennoch eine Erlaubnis nach Art. 1 § 1 RBerG, würde eine Form anwaltlicher Tätigkeit durch ein vom Präsidenten des Landgerichts durchzuführendes Zulassungsverfahren beeinflußt und damit ein Organ eingeschaltet, dessen Einsetzung dem Zulassungssystem der BRAO zuwiderläuft.[816] Allein die Tatsache, daß der Gesetzgeber die Rechtsberatung durch eine GmbH gesehen und für den durch das RBerG erfaßten Bereich geregelt hat, sagt nichts über die Zulässigkeit der Rechtsberatungs-GmbH aus. Umgekehrt ließe sich aus dem RBerG ebenso herleiten, daß der Gesetzgeber dort die Zulässigkeit der juristischen Person grundsätzlich vorausgesetzt[817] und nur für den Geltungsbereich dieses Gesetzes einem Erlaubnisvorbehalt unterstellt hat.

---

[812]   *Palandt-Heinrichs*, § 134 Rz. 2/3
[813]   *Feuerich/Braun*, BRAO, § 43 a Rz. 9; *Limmer*, WPrax, 1994, Heft 23, S. 1 (4); *Taupitz*, NJW 1995, 369 (370); *ders.*, JZ 1994, 1100 (1105)
[814]   *Taupitz*, NJW 1995, 369 (369); *ders.*, JZ 1994, 1100 (1105/1106)
[815]   *Taupitz*, JZ 1994, 1100 (1105/1106)
[816]   *Henssler*, DB 1995, 1549 (1550); *Koch*, AnwBl 1993, 157 (157/158); *Ahlers*, AnwBl 1995, 121 (124)
[817]   Dieser Auffassung ist *Boin* in NJW 1995, 371 (372).

Sinn und Zweck des RBerG ist der Schutz des rechtssuchenden Publikums vor unqualifizierter Betreuung und der Schutz der Anwaltschaft.[818] Die Pflicht, für bestimmte Teilbereiche rechtsberatender Tätigkeit eine Erlaubnis nach Maßgabe des RBerG einzuholen, muß daher auch bestehen, wenn nicht natürliche, sondern juristische Personen, offene Handelsgesellschaften oder sonstige Vereinigungen die Tätigkeiten ausüben,[819] für die natürliche Personen gem. Art. 1 § 1 RBerG einer Erlaubnis bedürfen. Allein dieses zu gewährleisten ist Aufgabe des RBerG, nur dahingehend ist sein Anwendungsbereich. Aus diesem Grund erfolgt auch die Prüfung im Hinblick auf die Erteilung der Rechtsberatungserlaubnis an die juristische Person zweigleisig.[820] In Bezug auf die antragstellende juristische Person müssen Zuverlässigkeit und das Vorliegen besonderer Umstände im Sinne von § 10 der 1. AVO zum RBerG geprüft werden. Im Hinblick auf die im Antrag namentlich zu benennenden Personen muß festgestellt werden, daß sie die allgemeinen Voraussetzungen nach §§ 4,; 6; 7; 8 der 1. AVO zum RBerG erfüllen. Eine derartige Überprüfung ist bei einem Zusammenschluß von zugelassenen Rechtsanwälten oder von zugelassenen Rechtsanwälten mit sonstigen nach § 59 a I BRAO sozietätsfähigen Berufsangehörigen in Gesellschaften mbH nicht erforderlich.[821] Ihre Zulassung zur Rechtsanwaltschaft erfordert gemäß § 4 BRAO die Erfüllung wesentlich höherer Anforderungen als sie das RBerG in den §§ 4; 6; 7; 8 der 1. AVO zum RBerG postuliert,[822] gleiches gilt für die Anforderungen, die die Berufsrechte der in § 59 a I BRAO aufgezählten Berufe[823] stellen.

Schließlich kann auch die Bestimmung des § 6 I Nr. 2 des RBerG, nach der Angestellte von Personen oder Stellen der in §§ 1; 3 und 5 bezeichneten Art, Rechtsangelegenheiten im Rahmen ihres Anstellungsverhältnisses (Absatz 1 Nr. 2) erledigen dürfen, ohne in eigener Person eine Erlaubnis nach Art. 1 § 1 RBerG zu benötigen,[824] keine andere Wertung entnommen werden. Zwar ergibt sich aus dieser Vorschrift, daß die Angestellten Rechtsangelegenheiten nur in dem Umfang erledigen dürfen wie der im Besitz einer Erlaubnis befindliche Dienstherr, und daß der Angestellte selbst hierzu keine Erlaubnis benötigt.[825] Diese Vorschrift muß jedoch ebenfalls im Lichte von Sinn und Zweck des RBerG gewürdigt werden. Werden in einem Dienstverhältnis Rechtsangelegenheiten erledigt, so ist dafür in Ermangelung der Ge-

---

[818]   BayObLG, Beschluß vom 24.11.1994, ZIP 1994, 1868 (1870); *Hommelhoff/Schwab*, Anmerkung zu vorbezeichnetem Urteil, WiB 1995, 115 (115); *Rennen/Caliebe*, RBerG, Art. 1 § 1 Rz. 9; *Dauner-Lieb*, GmbHR 1995, 259 (261); *Henssler*, ZIP 1994, 844 (848); *König*, RBerG, S. 22 ff.

[819]   Vgl. § 3 der 1. AVO zum RBerG

[820]   *Taupitz*, NJW 1995, 369 (369); *Rennen/Caliebe*, RBerG, 1. AVO zum RBerG § 3 Rz. 5

[821]   *Koch*, AnwBl 1993, 157 (158)

[822]   *König*, RBerG, S. 23

[823]   Vgl. §§ 30 ff. StBerG und §§ 5 ff. WPO

[824]   Art. 1 § 1 RBerG verlangt "Geschäftsmäßigkeit", vgl. *Rennen/Caliebe*, RBerG, § 6 Rz. 1; *Altenhoff/Chemnitz*, RBerG, Rz. 473

[825]   *Rennen/Caliebe*, RBerG, § 6 Rz. 13; *Taupitz*, NJW 1995, 369 (370); *ders.*, JZ 1994, 1100 (1105/1106)

schäftsmäßigkeit keine Erlaubnis nach Art. 1 § 1 RBerG erforderlich. Dennoch muß der Schutz des rechtssuchenden Publikums durch das RBerG sichergestellt werden, sofern es sich um eine durch das RBerG geregelte Rechtsberatung handelt, vgl. Art. 1 § 3 RBerG. Dementsprechend bezweckt Art. 1 § 6 RBerG allein, dem Dienstherrn zu verdeutlichen, in welchem Umfang er sich Angestellter in Übereinstimmung mit dem RBerG bedienen kann.[826] Er ist hingegen kein Indiz im Hinblick auf eine Erlaubnispflicht für Rechtsanwaltsgesellschaften mbH. Diese benötigen nicht schon deshalb eine Erlaubnis nach dem RBerG, weil sie sich zur Erfüllung ihrer gegenüber den Mandanten bestehenden vertraglichen Verpflichtungen ihrer Rechtsanwalts-Geschäftsführer oder anderer Personen bedient und damit eine der in Art. 1 § 6 RBerG geregelten Situation ähnliche Lage entsteht.[827] Die in der GmbH tätigen, zugelassenen Rechtsanwälte oder sonstigen nach § 59 a BRAO sozietätsfähigen Freiberufler unterliegen dem für sie geltenden Berufs- und Standesrecht und gemäß § 30 BO dem anwaltlichen Berufsrecht, so daß das Argument, die Rechtsanwaltschaft müsse vor Konkurrenz seitens der berufsrechtlich ungebundenen GmbH geschützt werden,[828] nicht durchgreift. Außerdem begründet das RBerG keine Zuständigkeit für die Erteilung der Erlaubnis zu allgemeiner Rechtsberatung und Rechtsbesorgung, sondern lediglich im Hinblick auf Einzelbereiche.[829]

Schließlich spricht die Einbeziehung der offenen Handelsgesellschaften durch § 3 der 1. AVO zum RBerG in den Kreis tauglicher Erlaubnisinhaber gegen eine Ausdehnung des Anwendungsbereiches des RBerG auf Rechtsanwaltsgesellschaften; denn dadurch könnte der unerwünschte Eindruck entstehen, daß auch die Handelsgesellschaften für einen Zusammenschluß von Rechtsanwälten zur Verfügung stehen.

Aus der Systematik und den Wertungen des RBerG kann daher nicht die Unzulässigkeit des Unternehmensgegenstandes einer Rechtsanwalts-GmbH hergeleitet werden.. Der Unternehmensgegenstand einer Rechtsanwalts-GmbH ist somit zulässig. Aus diesem Grund ist unerheblich, welche Auswirkungen seine Unzulässigkeit auf die Zulässigkeit des Gesellschaftszwecks haben könnte. Vielmehr ist der Zweck einer Rechtsanwalts-GmbH als insgesamt zulässig zu bewerten.

2. Sonstige Voraussetzungen des GmbHG

Damit die Rechtsanwalts-GmbH den Bestimmungen des GmbHG genügt, muß sie deren Voraussetzungen im Hinblick auf Errichtung und Anmeldung erfüllen.

---

[826]   VGH Kassel, Beschluß vom 01.07.1068, AnwBl. 1969, 408 (409); *Rennen/Caliebe*, RBerG, Art. 1 § 6 Rz. 1
[827]   So aber *Taupitz*, JZ 1994, 1100 (1105)
[828]   *Limmer*, WPrax, 1994, Heft 23, S. 1 (4)
[829]   *Ahlers*, AnwBl 1995, 121 (124); *Koch*, AnwBl 1993, 157 (158)

Die Gesellschafter sind gemäß § 2 GmbHG verpflichtet, einen in notarieller Form zu beurkundenden Gesellschaftsvertrag abzuschließen. Dieser Vertrag muß den in § 3 GmbHG vorgeschriebenen Mindestinhalt aufweisen. Die Firma der Rechtsanwalts-GmbH hat § 4 GmbHG zu entsprechen, das Stammkapital der Gesellschaft muß in Gemäßheit des § 5 GmbHG gebildet werden. Ferner haben die Einlagen der Gesellschafter den Vorgaben dieser Vorschrift zu genügen. Sind die Geld- und Sacheinlagen soweit geleistet wie § 7 II, III GmbHG es vorschreibt, kann die Gesellschaft durch ihre Geschäftsführer (§ 6 GmbHG) zur Eintragung in das Handelsregister angemeldet werden. Die Anmeldung muß den Inhalt des § 8 GmbHG haben. Dabei ist insbesondere zu beachten, daß die Urkunden über die Zulassung zur Rechtsanwaltschaft nach § 12 BRAO der Anmeldung gemäß § 8 I Nr. 6 GmbHG beizufügen sind.

In der sich anschließenden registergerichtlichen Prüfung wird die Erfüllung der genannten Errichtungs- und Anmeldungsvoraussetzungen umfassend geprüft. Nach erfolgreichem Abschluß der Prüfung erfolgt die konstitutive Eintragung und deren Bekanntmachung mit dem Inhalt des § 10 GmbHG.[830]

Dieses Verfahren wird eine Rechtsanwalts-GmbH problemlos durchlaufen und damit die Voraussetzungen des GmbHG im Hinblick auf Errichtung und Anmeldung erfüllen können.

Aus Sicht des GmbHG bestehen deshalb keine Bedenken gegen die Rechtsanwalts-GmbH.[831]

II. Zulässigkeit der Rechtsanwalts-GmbH nach Berufsrecht

Wie bereits erwähnt, enthält weder die BRAO noch die Berufsordnung ein ausdrückliches Verbot der gemeinschaftlichen Berufsausübung von Rechtsanwälten in der Rechtsform der GmbH. Andererseits findet sich auch keine Rechtsnorm, nach der die GmbH ausdrücklich zugelassen ist. Zwar wurden im Rahmen ihrer Neufassung erstmals Vorschriften in die BRAO aufgenommen, die die berufliche Zusammenarbeit von Rechtsanwälten[832] regeln, doch sollte durch diese Bestimmungen keine Aussage zugunsten oder zulasten einer Rechtsanwalts-GmbH getroffen werden.[833] Es stellt sich daher die Frage, wie die Rechtsanwalts-GmbH aus berufsrechtlicher Sicht zu beurteilen ist.

---

[830] Vgl. *K. Schmidt*, Gesellschaftsrecht, § 34 III S. 1027 ff.

[831] BayObLG, Beschluß vom 24.11.1994, ZIP 1994, 1868 (1869); *Henssler*, JZ 1992, 697 (702); *Hachenburg-Ulmer*, GmbHG, § 1 Rz. 20; *Kremer*, GmbHR 1983, 259 (261); *Piper* in FS für *Odersky*, S. 1063 (1067)

[832] Sowie die interprofessionelle Zusammenarbeit, mit bestimmten Berufsgruppen (§ 59 a I BRAO).

[833] BT-Drs. 12/4993, S. 23

1. Erforderlichkeit eines gesetzlichen Verbots

Zahlreiche rechts- und berufspolitische Erwägungen[834] sprechen für ein Verbot der Rechtsanwalts-GmbH oder sie treffen jedenfalls keine eindeutige Aussage zugunsten der Zulässigkeit der Rechtsanwalts-GmbH:
Das Berufsrecht beeinflußt die Gestaltung des Gesellschaftsvertrages, indem es unabdingbare Pflichten des Rechtsanwalts begründet. Dies geschieht teilweise ausdrücklich (§§ 43 ff. BRAO), teilweise konkludent durch die Konstituierung der Stellung des Rechtsanwalts als unabhängiges Organ der Rechtspflege (§ 1 BRAO) und als Freiberufler (§ 2 I BRAO). Die Wahrung dieser Vorgaben kann nach der derzeitigen Gesetzeslage nur durch die Registergerichte überprüft werden; denn es existieren weder ausdrückliche Pflichten im Hinblick auf die Gestaltung des Gesellschaftsvertrages noch Instrumentarien, die die Einhaltung bestimmter Inhalte sicherzustellen helfen. Es besteht deshalb die Gefahr, daß die Prüfung des Gesellschaftsvertrages durch die Registergerichte die Einhaltung der beschriebenen berufsrechtlichen Vorgaben nicht gewährleisten kann. Einen weiteren Unsicherheitsfaktor stellt die jederzeitige Möglichkeit der Vertragsänderung nach §§ 53 ff. GmbHG dar, die die Gesellschafter schon vor der Eintragung und damit vor einer registergerichtlichen Überprüfung bindet.[835] Fraglich ist außerdem, ob das Berufsbild des Rechtsanwalts mit der Rechtsform der Kapitalgesellschaften zu vereinbaren ist.[836] Die Organisation in der Rechtsform der Kapitalgesellschaft könnte das Vertrauensverhältnis zwischen Mandant und Rechtsanwalt gefährden. Schließlich bestehen insolvenzrechtliche Bedenken und es stellt sich die Frage, ob die Gewerbesteuerpflicht nach § 2 Nr. 2 GewStG mit der gesetzlich angeordneten fehlenden Gewerblichkeit (§ 2 II BRAO) zu vereinbaren ist.[837]

Der Gesetzgeber wollte unter anderem aus diesen Gründen den Freiberuflern mit der Partnerschaft eine speziell auf diese ausgerichtete Gesellschaftsform schaffen und hat bei der Neufassung der BRAO bewußt auf eine Regelung betreffend die Rechtsanwalts-GmbH verzichtet.[838]

Aus rechtspolitischen Gründen, unter Rückgriff auf Wertungen der BRAO[839] und sonstiger berufsrechtlicher Regelungen wie beispielsweise des StBerG und der WPO, könnte es folglich angeraten sein, die GmbH als unzulässige Rechtsform für den Zusammenschluß von Rechtsanwälten zu erachten und im Einzelfall die Zulassung der

---

[834] *Dauner-Lieb*, GmbHR 1995, 259 (259); *Henssler*, NJW 1993, 2137 (2140); *Zuck*, ZRP 1995, 68 (69)
[835] *Lutter/Hommelhoff*, GmbHG, § 54 Rz. 10
[836] *Kremer*, GmbHR 1983, 259 (265); BGHZ 94, 65 (71)
[837] *Kewenig*, JZ 1990, 782 (788); *Düwell*, AnwBl. 1990, 383 (389); *Zuck*, AnwBl. 1988, 19 (21 ff.); *Henssler*, JZ 1992, 697 (698); *Michalski*, Das Gesellschafts- und Kartellrecht der berufsrechtlich gebundenen freien Berufe, S. 352
[838] BT-Drs. 12/4993, S. 23; *Henssler*, ZIP 1994, 844 (844)
[839] *Henssler*, JZ 1992, 697 (700)

GmbH von einer ausdrücklichen Erlaubnis abhängig zu machen. Das StBerG und WPO sind der BRAO in weiten Teilen nachgebildet worden. Im Gegensatz zum Berufsrecht der Rechtsanwälte enthalten diese Vorschriften aber mit den §§ 49 ff. StBerG bzw. den §§ 27 ff. WPO Bestimmungen hinsichtlich der gemeinsamen Berufsausübung in der Rechtsform der GmbH. Auf der anderen Seite muß § 8 ApoG gewürdigt werden, der im Gegensatz zur BRAO ein ausdrückliches Verbot enthält und schließlich muß beachtet werden, daß sich Architekten und Ingenieure in Gesellschaften mbH zusammenschließen können, obwohl eine diesbezügliche gesetzliche Regelung nicht vorhanden ist.

Aus diesen Erwägungen erscheint ein gesetzliches Verbot der Rechtsanwalts-GmbH erforderlich. Außerdem ist es fraglich, ob die Organisation in einer Kapitalgesellschaft aus rechtspolitischen Überlegungen untersagt werden kann, auch wenn diese sich mitunter auf gesetzliche Regelungen zurückführen lassen. Gründe der Rechtssicherheit sprechen deshalb ebenfalls dafür, die Rechtsanwalts-GmbH, wenn überhaupt, dann durch ein Gesetz zu unterbinden. Zulässigerweise könnte ein Verbot aber nur dann erlassen werden, wenn die angeführten Gefahren nicht auf anderem Wege ausgeräumt werden können.

Letztlich kann nur eine verfassungsrechtliche Untersuchung die Entscheidung liefern, ob ein gesetzliches Verbot erforderlich ist oder nicht;[840] denn möglicherweise verletzt ein Verbot der Rechtsanwalts-GmbH, insbesondere wenn es auf keiner gesetzlichen Grundlage beruht, Grundrechte derjenigen Rechtsanwälte, die sich in einer GmbH zusammenschließen wollen oder Grundrechte der Gesellschaft selbst, die Rechtsberatung durch zugelassene Anwälte betreiben will. In Betracht kommt eine Verletzung von Art. 12 GG. Des weiteren könnte ein Verbot eine ungerechtfertigte Ungleichbehandlung der Rechtsanwälte gegenüber den Steuerberatern und Wirtschaftsprüfern darstellen, denen der Zusammenschluß in einer GmbH schon seit langem gestattet ist. *Henssler*[841] ist der Ansicht, daß Rechtsanwälte in der Kooperationsform der Kapitalgesellschaften effizient und gleichwertig in Wettbewerb treten können. Zu prüfen ist deshalb auch, ob ein Verbot Art. 3 GG verletzt. Schließlich könnte ein Verbot von Rechtsanwaltsgesellschaften mbH in das Grundrecht der Vereinigungsfreiheit der Anwälte aus Art. 9 GG eingreifen, das als Bestandteil der Unternehmensfreiheit das Recht, Vereine und Gesellschaften zu bilden, garantiert.[842]

---

[840] *Henssler*, JZ 1992, 697 (700); *ders.*, ZIP 1994, 844 (845); *Dauner-Lieb*, GmbHR 1995, 259 (260)

[841] JZ 1992, 697 (699); *Hartstang*, Anwaltsrecht S. 50

[842] *Badura*, DÖV 1990, 353 (355); für die Heilkunde-GmbH *Taupitz*, NJW 1992, 2317 (2319)

a) Eingriff in das Grundrecht der Berufsfreiheit des einzelnen Rechtsanwalts

Art. 12 GG gewährleistet jedem Deutschen neben dem Schutz vor Arbeitszwang und Zwangsarbeit die freie Wahl und die freie Ausübung seines Berufes. Der Begriff des Berufes ist weit auszulegen. Er umfaßt jede auf Dauer angelegte, der Schaffung und Erhaltung der Lebensgrundlage dienende Tätigkeit, die nicht schlechthin gemeinschädlich ist.[843] Freie Berufe, also auch der Beruf des Rechtsanwaltes, sind durch Art. 12 GG gleichermaßen erfaßt wie unselbständig ausgeübte Tätigkeiten.[844]

Wegen des weiten Verständnissen der Berufsfreiheit kann in dieses Grundrecht[845] durch jede Reglementierung der beruflichen Betätigung, aber auch durch bloße Umfeldeinwirkungen eingegriffen werden, soweit diese eine objektiv berufsregelnde Tendenz aufweisen.[846]

Wird somit durch Gesetze oder behördliche Einzelakte unmittelbar und zielgerichtet die berufliche Betätigung des Einzelnen eingeschränkt, muß dies als Eingriff in die Berufsfreiheit gewertet werden. Deshalb ist es als Eingriff in die Berufsfreiheit der Rechtsanwälte, die sich in einer GmbH zur gemeinsamen Berufsausübung organisieren wollen, zu beurteilen, wenn der Registerrichter nach der Prüfung der Eintragungsvoraussetzungen gemäß § 9 c GmbHG die Eintragung der Rechtsanwalts-GmbH ablehnt, weil er diese für eine aus rechtspolitischen oder gewohnheitsrechtlichen Erwägungen unzulässige Rechtsform hält; denn diese Erwägungen sind, wenn sie auf berufsrechtliche Regelungen zurückzuführen sind, vom Registerrichter zu prüfen.[847] Die freie Wahl der Organisation der beruflichen Tätigkeit ist vom Schutzbereich des Art. 12 GG umfaßt.[848]

Ein Eingriff in das Grundrecht der Rechtsanwälte aus Art. 12 GG ist somit zu bejahen.

---

[843] BVerfG, Beschluß vom 21.02.1962, E 14, 19 (22); BVerfG, Beschluß vom 08.02.1972, E 32, 311 (316); BVerwG, Urteil vom 04.10.1994, DÖV 1995, 241 (242); *Schmidt-Bleibtreu/Klein*, GG, Art. 12 S. 309 und 313

[844] BVerfG, Beschluß vom 23.07.1963, E 16, 286 ff.; BVerfG, Beschluß vom 01.07.1979, E 50, 290 ff.; BVerfG, Beschluß vom 04.11.1992, E 87, 287 ff.; VGH BaWü, Urteil vom 10.06.1975, DVBl. 1975, 921 (923)

[845] Ständige Rechtsprechung des BVerfG (Beschluß vom 16.03.1971, E 30, 292 ff.; Beschluß vom 01.07.1979, E 50, 290 ff.; Beschluß vom 19.11.1985, E 71, 183 ff.; Beschluß vom 12.06.1990, E 82, 209 ff.) im Gegensatz zu Art. 151 III WRV, der nur als Proklamierung eines objektiven Prinzips verstanden wurde.

[846] BVerfG, Beschluß vom 27.01.1976, E 41, 251 (262); BVerfG, Beschluß vom 12.10.1976, E 42, 374 (384); BVerwG, Urteil vom 06.11.1986, E 75, 109 (115); BVerwG, Urteil vom 18.10.1990, NJW 1991, 1766 (1767)

[847] *Henssler*, ZIP 1994, 844 (847)

[848] *Badura*, DÖV 1990, 353 (356); *Henssler*, NJW 1993, 2137 (2140)

b) Eingriff in das Grundrecht der Berufsfreiheit der GmbH

Problematischer ist die Beantwortung der Frage, ob ein Verbot der Rechtsanwalts-GmbH in Grundrechte der juristischen Person eingreift, aus zweierlei Gründen. Zum einen wird den juristischen Personen nicht der gleiche Schutz zuteil, wie ihn die Grundrechte den natürlichen Personen gewährleisten. Zum anderen ist zu beachten, daß der Grundrechtsschutz einer (noch) nicht existierenden Person in Rede steht.[849]

Gemäß Art. 19 III GG gelten die Grundrechte auch für inländische juristische Personen, soweit sie ihrem Wesen nach auf diese anwendbar sind. Streitig ist, ob damit eine eigene Grundrechtsfähigkeit juristischer Personen, zu denen die GmbH gemäß § 13 I GmbHG zählt, begründet wird, oder ob Art. 19 III GG lediglich eine Auslegungsregel darstellt.[850] Fraglich ist daher, ob Art. 19 III GG nur auf einen mittelbaren Schutz der hinter der Gesellschaft stehenden Mitglieder abzielt oder ob den juristischen Personen um ihrer selbst Willen Grundrechtsfähigkeit zuerkannt werden soll. Gegen ein nur abgeleitetes Recht spricht, daß den großen Aktiengesellschaften mit ständig wechselndem Mitgliederbestand und ohne personales Substrat wenn überhaupt dann nur eingeschränkter Grundrechtsschutz zu kommen könnte. Dies entspricht jedoch weder der gerichtlichen Wirklichkeit noch den praktischen Bedürfnissen. Das BVerfG[851] mißt Art. 19 III GG klarstellende Funktion in dem Sinne zu, daß nicht nur natürliche sondern auch juristische Personen grundrechtsfähig sind, obwohl letztere "nicht notwendig Vereinigungen von natürlichen Personen sind". In jedem Fall wird man Art. 19 III GG aber als Teil des grundrechtlichen Schutzes der natürlichen Personen auffassen können. Einigkeit besteht außerdem insoweit, daß der Schutz durch die Grundrechte unabhängig vom Aussagegehalt des Art. 19 III GG nur dann, aber auch immer dann gewährleistet wird, wenn das in Rede stehende Grundrecht im Kollektiv ausgeübt werden kann, seine Betätigung also nicht an ein Individuum gebunden ist, sondern die juristische Person nach dem Schutzgehalt und dem zugeordneten Lebensbereich des Grundrechts als potentiell berechtigte angesehen werden kann.[852]

Zwar kann eine juristische Person einen Beruf nicht wie eine natürliche Person im Sinne einer Lebensaufgabe ausüben, dies setzt der Schutzbereich des Art. 12 I GG indes nicht voraus. Er umfaßt auch die Freiheit, jegliche Erwerbszwecken dienende Tätigkeit auszuüben, insbesondere ein Gewerbe zu betreiben. Die Berufsfreiheit beinhaltet die Unternehmensfreiheit und steht daher grundsätzlich auch den juristischen Personen zu.[853] Als solche gewährleistet sie in Verbindung mit Art. 19 III GG insbe-

---

[849]   *Dauner-Lieb*, GmbHR 1995, 259 (260)

[850]   *Mertens*, JuS 1989, 857 ff.; *Bleckmann/Helm*, DVBl. 1992, 9 ff.; *Badura*, DÖV 1990, 353 ff. (356)

[851]   Urteil vom 03.06.1954, E 6, 383 (391)

[852]   *Von Münch*, Staatsrecht Band I, Rz. 141; *Badura*, DÖV 1990, 353 (356)

[853]   *Badura*, DÖV 1990, 353 (355)

sondere den Kapitalgesellschaften, ihren Erwerbszweig frei zu wählen.[854] Ergibt die Prüfung, daß die fragliche Erwerbstätigkeit im konkreten Fall in gleicherweise von einer juristischen wie einer natürlichen Person ausgeübt werden kann, ist das Grundrecht des Art. 12 I GG auf die betroffene juristische Person anwendbar.[855] Entscheidend für die Grundrechtsberechtigung einer Rechtsanwalts-GmbH ist somit, ob sie die Rechtsberatung in gleicher Weise wie natürliche Personen ausüben kann.

Die juristischen Personen sind eine Schöpfung des Gesetzgebers. Er legt durch positive Regelungen ihre rechtliche Stellung sowie den Umfang und das Maß ihrer Betätigung im Rechtsverkehr fest. Die Fiktion der GmbH als Handelsgesellschaft durch das GmbHG und ihre vornehmliche Bestimmung zur Teilnahme am Wirtschaftsverkehr könnten daher Einfluß auf die Fähigkeit, wie eine Einzelperson rechtsberatend tätig zu werden und damit auf den Schutz der Rechtsanwalts-GmbH durch das Grundgesetz haben.[856] Das würde allerdings bedeuten, daß der Umfang des grundgesetzlich gewährleisteten Schutzes für juristische Personen von einfach gesetzlichen Bestimmungen beeinflußt wird.

Grundsätzlich bestimmten die Gesetze nicht den Inhalt des Schutzbereichs der Grundrechte. Eine Ausnahme bildet insoweit Art. 14 GG, der in Absatz 1 Satz 2 ausdrücklich bestimmt, daß "Inhalt und Schranken" durch den Gesetzgeber festgelegt werden. Wenn nach Art. 19 III GG die Grundrechte auch für inländische juristische Personen gelten, soweit "sie dem Wesen nach auf diese anwendbar sind", ist damit keine dem Art. 14 I 2 GG entsprechende Formulierung beabsichtigt. Sinn und Zweck ist vielmehr, die höchstpersönlichen Rechte von denen der juristischen Person zuzubilligenden Rechte abzugrenzen; denn bei den höchstpersönlichen Grundrechten handelt es sich um von den Organwaltern der juristischen Person selbst wahrzunehmende Rechte. Die Grundrechte der Organwalter können der juristischen Person daher nur dann als kollektives Handeln zugerechnet werden, wenn sie im Aufgabenkreis der juristischen Person tätig werden. Dieser Aufgabenkreis wird durch die Verfassung, die Gesetze und die Satzung der juristischen Person festgelegt, so daß er letztendlich für die Bestimmung der "dem Wesen nach" auf die juristischen Personen anwendbaren Grundrechte maßgebend ist.[857]

Die Einordnung der GmbH als Fiktivkaufmann und die vorrangige Bestimmung zur Teilnahme am Wirtschaftsverkehr bestimmen den Aufgabenkreis einer Rechtsan-

---

[854] *Henssler*, ZIP 1994, 844 (846)
[855] BVerfG, Beschluß vom 04.04.1967, E 21, 261 (266); BVerfG, Beschluß vom
       19.10.1983, E 65, 196 (209 ff.); BVerwG, Urteil vom 06.11.1986, E 75, 109 (114);
       BVerwG, Urteil vom 04.10.1994, DÖV 1995, 241 (243); BVerwG, Urteil vom
       22.12.1993, NJW 1994, 2166 (2167); *Ahlers*, AnwBl 1991, 121 (124)
[856] OVG Koblenz, Urteil vom 19.12.1979, NJW 1980, 1866 (1867)
[857] *Bleckmann/Helm*, DVBl. 1992, 9 (15)

walts-GmbH jedoch nicht; denn die Rechtsanwalts-GmbH betreibt kein Gewerbe, sie ist nur in der Rechtsform der GmbH als Handelsgesellschaft organisiert.[858]

Möglicherweise könnte aber die durch § 10 der 1. AVO zum RBerG getroffene Wertung den zulässigen Aufgabenkreis einer GmbH mitbestimmen. Nach dieser Vorschrift müssen besondere Umstände vorliegen, die die Zulassung juristischer Personen zu den rechtsberatenden Berufen in Ermangelung eines zu diesen bestehenden Vertrauensverhältnisses rechtfertigen. Demnach kann eine GmbH die Rechtsberatung nur dann ausnahmsweise in gleicher Weise wie eine natürliche Person ausüben, wenn besondere Umstände im Sinne des § 10 der 1. AVO zum RBerG vorliegen.[859] Wie vorstehende Darstellung gezeigt hat, ist das RBerG und seine Ausführungsverordnungen jedoch nicht auf Zusammenschlüsse von zugelassenen Rechtsanwälten untereinander oder mit sonstigen sozietätsfähigen Berufsangehörigen im Sinne des § 59 a I BRAO anwendbar.[860] Es beinhaltet somit auch keine Aussage hinsichtlich der Grundrechtsberechtigung von Rechtsanwaltsgesellschaften mbH. Entscheidend ist, daß der Mandant Vertrauen in die Fähigkeiten und die Integrität des im konkreten Fall tätig werdenden Anwalts hat.[861] Dies ist abhängig von der Persönlichkeit des Anwalts, seiner Qualifikation und dem Auftreten der "Sozien" im Rechtsverkehr, nicht hingegen von der rechtlichen Organisation der Kanzlei.[862] Entsprechendes hat sich auch im Umgang mit den Steuerberatungsgesellschaften mbH gezeigt.[863]

Eine Rechtsanwalts-GmbH ist somit in gleichem Maße fähig, rechtsberatend tätig zu werden, wie eine natürliche Person und somit Trägerin des Grundrechts aus Art. 12 I GG.[864]

Es stellt sich jedoch die Frage, wie es sich auf den Bestand des grundrechtlichen Schutzes auswirkt, wenn die GmbH noch nicht eingetragen worden ist, also als solche nicht existiert. Die Einbeziehung der juristischen Personen in den Schutzbereich der Grundrechte durch Art. 19 III GG ist als ein Aspekt der grundrechtlichen Gewährleistung der freien Entfaltung der Persönlichkeit zu würdigen.[865] Ist

---

[858]   für die Steuerberatungsgesellschaften BVerfG, Beschluß vom 15.03.1967, E 21, 227 (233)

[859]   OVG Koblenz, Urteil vom 19.12.1979, NJW 1980, 1866 (1866/1867); *Rennen Caliebe*, RBerG § 1 Rz. 68

[860]   Siehe oben

[861]   *Taupitz*, JZ 1994, 1100 (1103)

[862]   *Taupitz*, NJW 1992, 2317 (2323); *Koch*, AnwBl 1993, 157 (159); *Henssler*, JZ 1992, 697 (707)

[863]   *Heinemann*, AnwBl 1991, 233 (233)

[864]   BayObLG, Beschluß vom 25.11.1994, ZIP 1994, 1868 (1869); LG Baden-Baden, Beschluß vom 13.05.1996, AnwBl 1996, 537 (537); *Taupitz*, JZ 1994, 1100 (1103); zur Zahnbehandlungs-GmbH: BGH, Urteil vom 25.11.1993, ZIP 1994, 381 (382); OLG Düsseldorf, Urteil vom 10.10.1991, MedR, 1992, 46 (46 ff.)

[865]   Zum diesbezüglichen Streitstand vgl. oben § 19 II 1. b) und *Mertens*, JuS 1987, 857 ff.; *Bleckmann/Helm*, DVBl 1992, 9 ff.; *Badura*, DÖV 1990, 353 ff.

die Bildung und Betätigung juristischer Personen als Ausdruck der freien Entfaltung der Persönlichkeit der hinter dieser stehenden natürlichen Personen zu werten und erscheint der Schutz dieser Menschen „sinnvoll und erforderlich", muß auch die in der Entstehung begriffene juristische Person als Grundrechtsinhaber anerkannt werden.[866]

Die gemeinsame berufliche Betätigung ist, unabhängig von der Organisationsform, ein statusbildendes Recht der Anwälte.[867] Die Bildung und Betätigung in einer GmbH ist daher als Ausdruck der freien Entfaltung ihrer Persönlichkeit zu verstehen und deshalb unter den Schutz des Grundgesetzes zu stellen.

Außerdem schützt die Berufsfreiheit in der Ausgestaltung als Unternehmensfreiheit nicht nur die freie Führung von Unternehmen, sondern auch deren freie Gründung[868] und Art. 19 III GG bezieht nicht nur juristische Personen in den Schutzbereich des Grundgesetzes ein, sondern auch solche Gemeinschaften, die - noch - keine Vollrechtsfähigkeit besitzen.[869] Damit wird der Vor-GmbH der gleiche Schutz zuteil wie er der GmbH zukommt.

Wird einer (Vor-) GmbH, in der sich Rechtsanwälte zur gemeinsamen Berufsausübung zusammengeschlossen haben, untersagt, rechtsberatend tätig zu werden beziehungsweise die Eintragung verweigert, stellt dies einen Eingriff in den Schutzbereich des Art. 12 I GG dar.

Ein Verbot der Rechtsanwalts-GmbH greift daher sowohl in das Grundrecht der Berufsfreiheit des einzelnen Rechtsanwalts ein, der sich in einer GmbH organisieren will, als auch in das Grundrecht der Berufsfreiheit der juristischen Person, die rechtsberatend tätig werden will.[870]

c) Anforderungen an eine verfassungsrechtliche Rechtfertigung

Wird in den Schutzbereich eines Grundrechts eingegriffen, indiziert dies die Rechtswidrigkeit der Freiheitsbeschränkung. Das bedeutet jedoch nicht, daß die Grundrechte vorbehaltlos gewährt werden. Ergibt die Prüfung, daß der Grundrechtseingriff verfassungsrechtich gerechtfertigt ist, muß der Betroffene ihn dulden. Die Voraussetzungen unter denen ein Eingriff gerechtfertigt sein kann, bestimmen sich in erster Linie nach dem eingeschränkten Grundrecht.[871] Nach Art.

---

[866]   BVerfG, Beschluß vom 02.05.1967, E 21, 362 (369); BVerfG, Beschluß vom
        16.05.1989, JZ 1990, 335 (335)
[867]   BT-Drs. 12/7656, S. 47
[868]   *Badura*, DÖV 1990, 353 (355)
[869]   *Pieroth/Schlink*, Grundrechte, Rz. 147
[870]   *Piper* in FS für *Odersky*, S. 1063 (1073)
[871]   Prinzip der grundrechtskonkreten Schrankenbestimmung, *Maunz/Dürig-Scholz*, GG, Art.
        12,287.

12 I 2 GG kann die Berufsausübung durch oder aufgrund Gesetzes geregelt werden. Da eine genaue Unterscheidung zwischen Berufswahl und Berufsausübung, wie sie nach dem Wortlaut des Grundgesetzartikels getroffen wird, nicht möglich ist, handelt es sich bei Art. 12 I GG anerkanntermaßen um ein einheitliches Grundrecht der Berufsfreiheit.[872] Dementsprechend steht Art. 12 I GG unter einem einheitlichen Gesetzesvorbehalt, so daß ein Verbot der Rechtsanwalts-GmbH einer gesetzlichen Grundlage bedarf, unabhängig davon, ob ein Eingriff in die Berufsausübung oder die Berufswahl gegeben ist. Diese gesetzliche Grundlage muß dem Bestimmtheitsgebot entsprechen, das damit ausgesprochene Verbot muß verhältnismäßig sein.[873]

Einer ausdrücklichen Zulassung der Rechtsanwaltskapitalgesellschaften bedarf es mithin nicht.[874]

2. Gesetzliches Verbot der Rechtsberatungs-GmbH

Es stellt sich nun die Frage, ob ein berufsbezogenes Verbot der Rechtsberatungs-GmbH existiert und gegebenenfalls verfassungsgemäß ist.

a) Gemäß § 59 a BRAO

Ein Verbot der Rechtsanwalts-GmbH könnte sich aus § 59 a BRAO ergeben, wenn diese Vorschrift eine abschließende Regelung zulässiger Kooperationsformen für Rechtsanwälte enthält.

aa) Michalski: Verfassungswidriges Verbot durch § 59 a BRAO

Michalski[875] ist dieser Ansicht, meint jedoch, das § 59 a BRAO immanente Verbot der Rechtsanwalts-GmbH verstoße gegen Art. 12 I GG und sei deshalb verfassungswidrig. Daraus folge, daß die Zulässigkeit der GmbH einer Entscheidung des Bundesverfassungsgerichts bedürfe.

---

[872]   Ständige Rechtsprechung seit BVerfG, Urteil vom 11.06.1958, E 7, 377 (401); *v. Münch*, GG, Art. 12 Rz. 36, *Pieroth Schlink*, Grundrechte, Rz. 809

[873]   *Henssler*, ZIP 1994, 844 (848); *ders.*, NJW 1993, 2137 (2140); *Ahlers*, AnwBl 1995, 3 (3); *Taupitz*, Kurzkommentar zum Urteil des OLG Düsseldorf vom 10.10.1991, EWiR, 1992, 187 (187)

[874]   *Henssler*, JZ 1992, 697 (704); *ders.*, ZIP 1994, 844 (845); *ders.*, DB 1995, 1549 (1549); *Taupitz*, JZ 1994, 1100 (1103); *ders.*, NJW 1992, 2317 (2319)

[875]   Anmerkung zum Beschluß des BayObLG vom 24.11.1994, DWiR, 1995, 110 (114)

bb) Stellungnahme

Dieser Auffassung kann nicht gefolgt werden.[876] Zum einen widerspricht die Zulässigkeit der Partnerschaftsgesellschaft der Deutung *Michalskis*; denn die Partnerschaftsgesellschaft wird ebenfalls nicht in § 59 a BRAO erwähnt. Zum anderen ergeben die Materialien zur Neufassung der BRAO[877] und zum Partnerschaftsgesellschaftsgesetz[878] das Gegenteil. § 59 a BRAO kommt deshalb als Verbotsnorm nicht in Betracht.

b) Auf der Grundlage eines gesetzlich fixierten Berufsbildes

Ein ausdrückliches gesetzliches Verbot verlangt Art. 12 I GG nicht, die gesetzliche Grundlage kann sich deshalb auch aus dem in der BRAO, sei es konkludent oder ausdrücklich, fixierten oder gewohnheitsrechtlich anerkannten Berufsbild ergeben.[879]

Der Gesetzgeber hat das Berufsbild des Rechtsanwalts nur insoweit festgelegt, daß er den Anwaltsberuf als freien Beruf einordnet und die Stellung des Rechtsanwalts als unabhängiges Organ der Rechtspflege bestimmt. Außerdem hat er insbesondere im Zuge der Reformierung des anwaltlichen Berufsrechts eine Vielzahl von Pflichten konstituiert, die dieses Berufsbild mitprägen. Die BRAO enthält eine Fülle von Wertungen und begründet zahlreiche Pflichten für die Rechtsanwaltschaft, die deshalb als Ausprägung des Berufsbildes auch bei der gemeinsamen Berufsausübung in einer GmbH beachtet werden müssen.[880] Wäre dies nicht zu bewerkstelligen, könnte ein Verbot der Rechtsanwalts-GmbH unter anderem zum Schutz des rechtssuchenden Publikums auf der Grundlage der in der BRAO manifestierten Pflichten und Wertung gerechtfertigt sein. Der Gesellschaftsvertrag muß daher einige Regelungen zwingend vorsehen.

aa) Wahrung der anwaltlichen Unabhängigkeit

Folgende, in der BRAO verankerte, unabdingbare Charakteristika des Rechtanwaltsberufs müssen gewahrt werden:

---

[876] Vgl. schon oben § 5 IV.
[877] BT-Drs. 12/4993, S. 23
[878] BR-Drs.- 516/93, S. 15
[879] BVerfG, Beschluß vom 21.01.1982, E 59, 302 (315/316); BayObLG, Beschluß vom 24.11.1994, ZIP 1994, 1868 (1870); *Hommelhoff/Schwab*, Anmerkung zu vorbezeichnetem Urteil, WiB 1995, 115 (115); *Henssler*, ZIP 1994, 844 (845/848); *Kleine-Cosack*, NJW 1994, 2249 (2257); *Taupitz*, NJW 1992, 2317 (2319)
[880] *Dauner-Lieb*, GmbHR 19945, 259 (262); *Römermann*, Entwicklungen und Tendenzen bei Anwaltsgesellschaften, S. 149, *Henssler*, ZHR 161 (1997), 305 (309)

Die Stellung des Rechtsanwalts als unabhängiges Organ der Rechtspflege gemäß § 1 BRAO und als Freiberufler gemäß § 2 I BRAO erfordert Einschränkungen im Hinblick auf den Kreis der Gesellschafter, den Kreis der Geschäftsführer und im Hinblick auf die Rechte der Gesellschafterversammlung sowie ihrer Mitglieder. Diese Funktion begründet zwar in erster Linie[881] aber nicht nur den Schutz vor staatlicher Einflußnahme, sie verpflichtet den Anwalt auch. Er muß seine persönliche und berufliche Unabhängigkeit nach allen Seiten wahren.[882] Insbesondere muß sichergestellt sein, daß er seinen Beruf frei von wirtschaftlichem und finanziellem Einfluß ausüben kann.[883] Aus diesem Grund muß die Übertragung der Gesellschaftsanteile im Gesellschaftsvertrag an bestimmte Voraussetzungen gebunden werden. Des weiteren darf die Mitgliedschaft nicht frei vererblich gestellt werden und schließlich muß die Möglichkeit auswärtiger Kapitalbeteiligungen ausgeschlossen sein.[884] Werden diese „Mindestnormen"[885] eingehalten, dürfte einem Verbot der Rechtsberatungs-GmbH der Boden entzogen sein.[886]

Fraglich ist nun, ob das GmbHG derartige Regelungen im Gesellschaftsvertrag zuläßt oder ob zwingende Bestimmungen entgegenstehen.

Die Gestaltungsfreiheit im Recht der GmbH ist, etwa im Vergleich zum Aktienrecht, relativ weitreichend.[887] Bestimmungen, die die persönlichen Eigenschaften der Gesellschafter zwingend festlegen gibt es nicht. Den Parteien des Gesellschaftsvertrages steht es daher grundsätzlich frei, den Kreis der tauglichen Gesellschafter zu begrenzen.[888] In Anlehnung an die §§ 4; 59 a BRAO muß der Gesellschaftsvertrag einer Rechtsanwalts-GmbH den Kreis der Mitglieder[889] auf am Sitz der Gesellschaft zugelassene Anwälte und sonstige sozietätsfähige Berufsangehörige beziehungsweise Zusammenschlüsse von diesen begrenzen; denn § 59 a BRAO gilt in gleicher Weise für die Rechtsanwalts-GmbH wie für die andere Formen anwaltlicher Kooperation.[890] Auswärtige Kapitalbeteiligungen müssen ausgeschlossen sein, § 27, 1 BO, damit gewährleistet ist, daß das unabdingbare Informationsrecht der Gesellschafter nach § 51 a I, III GmbHG nur durch solche

---

[881] *Schlosser*, JZ 1995, 345 (346)

[882] *Feuerich/Braun*, BRAO, § 1 Rz. 13 ff.

[883] Vgl. oben § 3; *Feuerich/Braun*, BRAO, § 1 Rz. 1 ff. und 15 ff.; *Laufhütte* in FS für *Pfeiffer*, S. 959 (959/967); *Loewer*, BRAK-Mitt. 1994, 186 (187); *Haas*, BRAK-Mitt., 1992 65 (65); *Pfeiffer*, BRAK-Mitt. 1987, 102 (103/104); *Kleine-Cosack*, BRAO, § 1 Rz. 4/9

[884] Vgl. die Regelungen der §§ 49 ff. StBerG und 27 ff. WPO sowie BayObLG, Beschluß vom 24.11.1994, ZIP 1994, 1868 (1871)

[885] BayObLG, Beschluß vom 24.11.1994, ZIP 1994, 1868 (1871)

[886] *Koch*, AnwBl 1993, 157 (159)

[887] *K. Schmidt*, Gesellschaftsrecht, § 34 II S. 1004

[888] *Lutter/Hommelhoff*, GmbHG,. § 2 Rz. 3; *Roth/Altmeppen*, GmbHG, § 1 Rz. 29; *Scholz-Emmerich*, GmbHG, § 2 Rz. 60: *Hachenburg-Ulmer*, GmbHG, § 2 Rz. 85

[889] Zur Frage der Beteiligung von Anwaltsnotaren, *Ahlers*, AnwBl 1995, 121 ff.

[890] Vgl. oben § 4 V

Personen ausgeübt werden kann, die ihrerseits berufsrechtlich zur Verschwiegenheit verpflichtet sind.[891] Außerdem stellt die Zulassung zur Rechtsanwaltschaft und die damit verbundene Pflichtmitgliedschaft in der Rechtsanwaltskammer einen wirksamen Schutz vor solchen Rechtsberatern dar, die nicht den gemäß § 51 a BRAO erforderlichen Versicherungschutz haben.[892] Demgegenüber ist es wegen § 59 a BRAO nicht erforderlich, daß der Kreis der Gesellschafter auf Rechtsanwälte beschränkt ist.[893] Allerdings empfiehlt sich ein klarstellender Zusatz des Inhalts, daß Rechtsberatung im eigentlichen Sinn nur durch Rechtsanwälte geleistet werden darf.[894]

Gemäß § 3 GmbHG muß der Gesellschaftsvertrag neben dem Betrag des Stammkapitals, der Stammeinlage, der Firma und dem Sitz der Gesellschaft den Gegenstand des Unternehmens enthalten. Der Unternehmensgegenstand, der in der Satzung den Schwerpunkt der Geschäftstätigkeit klar und deutlich erkennen lassen muß,[895] muß in dem Gesellschaftsvertrag einer Rechtsanwalts-GmbH daher als Besorgung fremder Rechtsangelegenheiten einschließlich der Rechtsberatung durch die Übernahme von Rechtsanwaltsaufträgen durch die in den Diensten stehenden zugelassenen Rechtsanwälte bezeichnet werden.[896] Bei interprofessionell tätigen Gesellschaften muß der Unternehmensgegenstand entsprechend angepaßt werden.

Um die Beachtung der Berufsrechte sicherzustellen, sollten die Gesellschafter außerdem im Gesellschaftsvertrag zur Ausübung ihrer Berufstätigkeit ausschließlich im Rahmen der GmbH und unter Beachtung der für sie geltenden berufsrechtlichen Bestimmungen verpflichtet werden, wobei das Berufsrecht der Rechtsanwälte gemäß § 30 BO im Sinne einer Mindestanforderung zu verstehen ist.[897] Auf diese Weise werden Nebenpflichten im Sinne von § 3 GmbHG begründet, deren Nichtbeachtung eine Treuepflichtverletzung gegenüber der Gesell-

891   BayObLG, Beschluß vom 24.11.1994, ZIP 1994, 1868 (1871); *Hommelhoff/Schwab*, Anmerkung zu vorbezeichnetem Urteil, WiB 1995, 115 (116); *Henssler*, NJW 1993, 2137 (2140); *Ahlers*, AnwBl 1995, 3 (4/5); *Hellwig*, ZHR 161 (1997); 337(351/352); Vorschlag des DAV, AnwBl 1990, Heft 4, Beilage

892   Vgl. oben, § 4; BayObLG, Beschluß vom 24.11.1994, ZIP 1994, 1868 (1871); *Hommelhoff/Schwab*, Anmerkung zu vorbezeichnetem Urteil, WiB 1995, 115 (116); *Henssler*, NJW 1993, 2137 (2140); *Schlosser*, JZ 1995, 345 (348)

893   Dies sieht der Vorschlag der Deregulierungskommisson vor, Marktöffnung und Wettbewerb, Zweiter Bericht (März 1991), Die Märkte für Rechtsberatung und Wirtschaftsberatung, Vorschlag 64, Textziffer 453

894   *Henssler*, ZHR 161 (1997), 305 (310)

895   BGH, Beschluß vom 03.11.1980, WM 1981, 163 (164); *Lutter/Hommelhoff*, GmbHG, § 3 Rz. 9; *Hachenburg-Ulmer*, GmbHG, § 3 Rz. 23

896   Vgl. die Mustersatzung bei *Knoll*, WiB 1995, 130 (130); *Limmer*, WPrax 1994, Heft 24, S. 4 (5); *Gail/Overlack*, Anwaltsgesellschaften, S. 205; sowie die Stellungnahmen von *Ahlers*, AnwBl 1995, 3 (4/6) und *Koch*, AnwBl 1993, 157 (159); für die Formulierung „gemeinschftliche Berufsausübung", *Senniger*, ZAP, 1995, 195 (195)

897   Vgl. oben § 3 und *Henssler*, ZHR 161 (1997), 305 (310)

schaft darstellt. Ob die Verletzung dieser Nebenpflichten nur nach Gesellschaftsrecht oder auch nach Schuldrecht - sei es in unmittelbarer oder in entsprechender Anwendung - zu beurteilen ist, ist umstritten. Liegt dem Verhältnis zwischen Gesellschaft und Gesellschafter auch ein schuldrechtliches Rechtsverhältnis zugrunde, wird man das Schuldrecht, insbesondere das Leistungsstörungsrecht, direkt anwenden können, wobei die gesellschaftsvertraglichen Pflichten dieses Rechtsverhältnis prägen.[898] In jedem Fall drohen Konsequenzen seitens der GmbH.

Aufgabe der Gesellschaft ist es, die erforderlichen Mittel und den benötigten Organisationsrahmen zur Verfügung zu stellen und die damit und mit der Förderung der gemeinschaftlichen Berufsausübung durch die Gesellschafter verbundenen Geschäfte zu tätigen.[899]

Die Stimm- und Kapitalmehrheit muß bei den Rechtsanwälten liegen. Zwar sieht weder § 59 a BRAO für die Sozietät noch das PartGG für die Partnerschaftsgesellschaft eine entsprechende Regelung vor und eine vertragliche Festschreibung der Mehrheitsverhältnisse könnte sich als Hemmschuh für interprofessionelle Zusammenschlüsse erweisen.[900] Auf der anderen Seite wird dadurch sichergestellt, daß keine gegen die Stimmen der in der Gesellschaft vertretenen Rechtsanwälte gefaßten Beschlüsse durchgesetzt werden können (§ 47 I GmbHG), so daß die Unabhängigkeit des Rechtsanwalts - und allein darauf kommt es an - gewahrt wird.[901] Folglich kann es sinnvoll sein, vertraglich festzulegen, daß eine Stimmrechtsvollmacht nur auf einen Mitgesellschafter übertragen werden darf, der ebenfalls Rechtsanwalt ist.[902] Stimmbindungsvereinbarungen sollten ausgeschlossen werden. Eine Rechtsanwalts-GmbH unter Beteiligung von Wirtschaftsprüfern wird es deshalb in Zukunft grundsätzlich nicht geben, da auch die WPO Anteils- und Stimmmehrheit der Wirtschaftsprüfer verlangt. Eine Ausnahme kann nur dann gemacht werden, wenn doppeltqualifizierte Gesellschafter vorhanden sind.

Die Wahrung der anwaltlichen Unabhängigkeit setzt weiterhin voraus, daß nur Rechtsanwälte oder Angehörige sozietätsfähiger Berufe Geschäftsführer sein können.[903] Demgegenüber ist es, anders als bei der Sozietät und der Partnerschaftsgesellschaft, nicht erforderlich, daß alle Rechtsanwälte, die zugleich Ge-

---

[898] *Hachenburg-Ulmer*, GmbHG, § 3 Rz. 90 ff.; *Rowedder-Rittner Schmidt-Leithoff*, GmbHG, § 3 Rz. 43 ff.; *Lutter/Hommelhoff*, GmbHG, § 3 Rz. 48

[899] *Gail/Overlack*, Anwaltsgesellschaften, Rz. 19, *Ahlers*, AnwBl 1995, 3 (4/6); *ders.* in FS für *Rowedder*, S. 1 (15), *Senninger*, ZAP 1995, 195 (195)

[900] *Henssler*, ZIP 1997. 1481 (1486); *Römermann*, GmbHR 1997, 530 (534)

[901] BayObLG, Beschluß vom 24.11.1994, ZIP 1994, 1868 (1871); *Hommelhoff Schwab*, Anmerkung zu vorbezeichnetem Urteil, WiB 1995, 115 (116); *Ahlers*, AnwBl 1995, 3 (5); *Hellwig*, ZHR 161 (1997); 337(351)

[902] *Hellwig*, ZHR 161 (1997); 337(351)

[903] *Henssler*, ZIP 1994, 844 (849); *ders.*, JZ 1992, 697 (703); *ders.*, NJW 1993, 2137 (2141); *Ahlers*, AnwBl 1995, 3 (5); *Hellwig*, ZHR 161 (1997); 337(351); *Römermann*, Entwicklungen und Tendenzen bei Anwaltsgesellschaften, S. 152

sellschafter der Rechtsanwalts-GmbH sind, zu Geschäftsführern bestellt werden;[904] denn die GmbH ist - anders als Sozietät und Partnerschaft - nur Organisations- und nicht Berufsausübungsgesellschaft. Sowohl das GmbHG[905] als auch die BRAO (§ 46) gestatten es, daß die (Rechtsanwalts-) Geschäftsführer Angestellte der GmbH sind.[906] Dies beweist zugleich, daß das im Recht der GmbH herrschende Prinzip der Fremdorganschaft mit dem freiberuflichen Charakter des Anwaltsberufs durchaus zu vereinbaren ist.

Einschränkungen sollte die GmbH-Satzung aber insofern enthalten, daß das Weisungsrecht der Gesellschafterversammlung nach § 37 I GmbHG sowie das Widerspruchsrecht der Mitgeschäftsführer gemäß § 115 HGB analog dahingehend verkürzt werden, daß hinsichtlich der anwaltlichen Tätigkeit im Einzelfall keine Weisungen beziehungsweise Widersprüche erfolgen dürfen.[907] Schlosser[908] hält entsprechende Verkürzungen des Weisungsrechts für nicht erforderlich. Zum einen stelle der Fall, daß die Unabhängigkeit des Rechtsanwalts durch eine Weisung gefährdet werde, eine kaum vorkommende Hypothese dar und zum anderen unterliege auch der angestellte Anwalt den Weisungen seines Arbeitgebers.
Auf vorbezeichnete Regelung sollte nicht verzichtet werden. Gesellschaftsverträge sollten - wie im übrigen auch Arbeitsverträge - Weisungsrechte, sofern sie die berufliche Tätigkeit betreffen, ausschließen.[909] Die nach § 59 a BRAO sozietätsfähigen Beruf unterliegen nicht unmittelbar den Pflichten der BRAO, können aber dennoch Gesellschafter beziehungsweise Geschäftsführer einer Rechtsanwalts-GmbH sein und wären mithin weisungs- respektive widerspruchsbefugt. Um jegliche Zweifel an einer Gefährdung des Rechtsanwaltsstandes und des rechtsuchenden Publikums zu vermeiden, muß dieser aus gesellschaftsrechtlicher Sicht unproblematische Weg gegangen werden. Das GmbHG ist für entsprechende Regelungen durchaus offen. Sowohl das Weisungs- als auch das Widerspruchsrecht stehen unter dem Vorbehalt einer abweichenden Regelung im Gesellschaftsvertrag.[910] Sieht der GmbH-Gesellschaftsvertrag keine entsprechenden Regelungen

---

[904] *Gail/Overlack*, Anwaltsgesellschaften, Rz. 156; *Römermann*, Entwicklungen und Tendenzen bei Anwaltsgesellschaften, S. 167/168
[905] *Lutter/Hommelhoff*, GmbHG, § 2 Rz. 9
[906] Vgl. oben § 4 I und *Ahlers* in FS für *Rowedder*, S. 1 (10); *Schlosser*, JZ 1995, 345 (346), *Henssler*, ZHR 161 (1997), 305 (312/313)
[907] Vgl. oben § 4 I und BayObLG, Beschluß vom 24.11.1994, ZIP 1994, 1868 (1871); *Hommelhoff/Schwab*, Anmerkung zu vorbezeichnetem Urteil, WiB 1995, 115 (116); *Brötzmann*, Anmerkung zum Urteil des BGH zur Heilkunde-GmbH vom 25.11.1993, WiB 1994, 270 (270); *Henssler*, JZ 1992, 697 (703); *ders.*, ZHR 161 (1997), 305 (312); *Hellwig*, ZHR 161 (1997), 337 (351); *Ahlers*, AnwBl 1995, 3 (5); *Feuerich/Braun*, BRAO, § 1 Rz. 16 ff; *Taupitz*, Die Standesordnungen der freien Berufe, § 3 S. 47; *Michalski*, Das Gesellschafts- und Kartellrecht der berufsrechtlich gebundenen freien Berufe, § 1 S. 14; *Piper* in FS für *Odersky*, S. 1063 (1081)
[908] JZ 1995, 345 (346/347)
[909] Vgl oben § 4 I
[910] *Rowedder-Koppensteiner*, GmbHG, § 37 Rz. 26; *Baumbach-Hopt*, HGB, § 115 Rz. 7

vor und wird der einzelne Rechtsanwalt dadurch in seiner Berufsausübung beschränkt, führt dies gemäß § 134 BGB zur Nichtigkeit der Satzung.[911]

Die unentziehbaren Mitgliedschaftsrechte wie die Informations- und Teilhaberechte nach §§ 51 a; 48 GmbHG sowie das Anfechtungsrecht tangieren die Unabhängigkeit der Rechtsanwälte demgegenüber nicht. Zum einen bestehen diese Rechte gemäß §§ 716; 711 BGB auch in einer als BGB-Gesellschaft organisierten Sozietät, zum anderen wird die Mandantschaft durch die Begrenzung der Mitgliedschaft auf die sozietätsfähigen Berufe sowie durch § 203 I Nr. 3 StGB und §§ 113; 114 BRAO geschützt.[912] Zwar erwähnt § 203 I Nr. 3 StGB nicht die Organe von Rechtsberatungsgesellschaften, wie dies beispielsweise für Steuerberatungsgesellschaften der Fall ist, jedoch ist der Kreis der möglichen Gesellschafter durch § 59 a BRAO begrenzt, so daß - entgegen der Ansicht von *Kempter*[913] - hinreichender Schutz besteht.

Der Gesellschaftsvertrag muß des weiteren sicherstellen, daß die Mehrheitsverhältnisse und die persönlichen Eigenschaften der Mitglieder nicht durch rechtsgeschäftliche Verfügungen, Verfügungen von Todes wegen, die nach § 15 I GmbHG zulässig sind, oder Anteilspfändungen (§§ 851 I; 857 I ZPO) gefährdet werden. Die Abtretung der Gesellschaftsanteile muß deshalb an die Genehmigung der Gesellschafterversammlung geknüpft werden, § 15 V GmbHG, die diese nur erteilen darf, wenn die Unabhängigkeit des Rechtsanwalts nicht gefährdet wird, §§ 1 BRAO in Verbindung mit 134 BGB.[914] Entgegen der Ansicht von *Ahlers*,[915] der einen mit der Mehrheit von 75 % der übrigen Gesellschafter getroffenen zustimmenden Beschluß vorschlägt, sollten solche Entscheidungen einstimmig getroffen werden. Zwar gilt im GmbH-Recht gemäß § 47 I GmbHG der Grundsatz der Mehrheitsbeschlüsse, doch ist § 47 I GmbHG disponibel.[916]

Das Recht der Rechtsanwaltsgesellschaften steht unter dem Einfluß des Unabhängigkeitspostulats der BRAO. Sozietät und Partnerschaft werden durch dieses Prinzip bei der Frage der Einstimmigkeit von Entscheidungen über die Aufnahme neuer Gesellschafter stark beeinflußt. Dies ist unproblematisch; denn beide Gesellschaftsformen sehen das Einstimmigkeitsprinzip als Grundsatz vor. Aber auch bei der Rechtsanwalts-GmbH muß gelten, daß einem Rechtsanwalt die Zusam-

---

[911] *Henssler*, ZIP 1994, 844 (847); *Römermann*, Entwicklungen und Tendenzen bei Anwaltsgesellschaften, S. 155

[912] BayObLG, Beschluß vom 24.11.1994, mit Anmerkung *Hommelhoff/Schwab*, WiB 1995, 115 (117); *Henssler*, JZ 1992, 697 (703); *ders.*, ZHR 161 (1997), 305 (311); *Ahlers*, AnwBl 1995, 121 (125); *Bellstedt*, AnwBl 1996, 573 (577); *Kaiser/Bellstedt*, Die Anwaltssozietät, Rz. 573

[913] BRAK-Mitt. 1995, 4 (5)

[914] BayObLG, Beschluß vom 24.11.1994, mit Anmerkung *Hommelhoff/Schwab*, WiB 1995, 115 (116); *Hellwig*, ZHR 161 (1997), 337 (355)

[915] AnwBl 1995, 3 (5)

[916] *Kaiser/Bellstedt*, Die Anwaltssozietät, Rz. 636

menarbeit mit einem anderen nicht aufoktroyiert werden darf.[917] Anders als ein
angestellter Anwalt wird ein gesellschaftsrechtlich gebundener Rechtsanwalt
nicht ohne weiteres seine Gesellschafterstellung aufgeben, wenn ihm die Zusammenarbeit mit einem Kollegen mißfällt. Die Unabhängigkeit des Rechtsanwalts
gebietet es deshalb, die Abtretung als eine Art berufsrechtlicherseits begründetes
Grundlagengeschäft einzuordnen. Jedenfalls bei den Personengesellschaften bedürfen Grundlagengeschäfte - vorbehaltlich einer abweichenden Regelung im Gesellschaftsvertrag - der Zustimmung aller Gesellschafter.[918] Die Rechtsanwalts-
GmbH wird durch ihre personalistische Ausgestaltung gekennzeichnet. Dies
rechtfertigt zwar nicht automatisch die Anwendung der Grundsätze des Perso-
nengesellschaftsrechts über die Grundlagengeschäfte,[919] jedoch läßt sich im Zusammenhang mit dem Berufsrecht eine Pflicht der Gesellschafter begründen, eine
entsprechende Regelung in den Gesellschaftsvertrag aufzunehmen. Derartige
Verschärfungen gegenüber dem Mehrheitserfordernis des § 47 GmbHG sind zulässig.[920] Folglich muß der Gesellschaftsvertrag bestimmen, daß Grundlagengeschäfte der Zustimmung aller Gesellschafter bedürfen.

Jedoch gilt auch hier der Vorbehalt der abweichenden gesellschaftsvertraglichen
Regelung.[921] Zwingend ist die Einstimmigkeit des Gesellschafterbeschlusses nur
selten.[922] Das liegt daran, daß es eines Minderheitenschutzes in der Regel nicht
bedarf; denn die Gesellschafter haben es bei Abschluß des Gesellschaftsvertrages
in der Hand, auf ihre Minderheitenrechte zu pochen. Bei personalistisch ausgestalteten Personengesellschaften wird die Freiheit der Selbstbestimmung außerdem dadurch gewahrt, daß die Abweichungen von dem dort geltenden Einstimmigkeitsgrundsatz dem Bestimmtheitsgrundsatz insoweit entsprechen müssen,
daß die Gefahr einer Überrumpelung der Gesellschafter nicht besteht. Anders ist
es bei den Kapitalgesellschaften. Hier gilt der Grundsatz der Mehrheitsentschei-
dungen, so daß die Gefahr der Überrumpelung durch die Abänderung der gesetzlichen Bestimmungen über die Beschlußfassung durch die Satzung so nicht gegeben ist. Außerdem bestehen immer die Möglichkeiten des instrumentalisierten
Minderheitenschutzes.[923] Bei einer Rechtsanwalts-GmbH dient das Einstimmigkeitsprinzip aber nicht nur dem Minderheitenschutz sondern auch der Gewährleistung der Unabhängigkeit des Rechtsanwalts. Dadurch wird der Vorbehalt der
abweichenden gesellschaftsvertraglichen Regelung einer gesetzlichen Schranke[924]
unterworfen. Diese macht den Mehrheitsbeschluß in ihrem Anwendungsbereich
fehlerhaft und rechtfertigt es, daß die Satzung einer Rechtsanwalts-GmbH zwin-

---

[917]   Vgl. oben § 8 III.
[918]   *Baumbach/Hopt*, HGB, § 114 Rz. 3
[919]   *Scholz-K. Schmidt*, GmbHG, § 47 Rz. 9
[920]   *Scholz-K. Schmidt*, GmbHG, § 47 Rz. 8
[921]   *K. Schmidt*, Gesellschaftsrecht, § 16 II S. 461
[922]   *Baumbach/Hueck*, GmbHG, § 53 Rz. 17
[923]   *K. Schmidt*, Gesellschaftsrecht, § 16 III S. 473 ff.
[924]   *K. Schmidt*, Gesellschaftsrecht, § 16 III S. 468

gend den Einstimmigkeitsgrundsatz für Grundlagenbeschlüsse vorsieht, soweit sie die Unabhängigkeit des Rechtsanwalts tangieren. Dies sind vor allem satzungsändernde Beschlüsse und Beschlüsse, die eine Änderung des Gesellschafterbestands zum Inhalt haben. Damit greift das Berufsrecht bei der Frage der gesellschaftsvertraglichen Regelung der Gesellschafterbeschlüsse auf zwei Ebenen ein. Zum einen bewirkt es durch die geforderte personalistische Ausgestaltung, daß Änderungen im Gesellschafterbestand die Grundlagen der Gesellschaft betreffen. Zum anderen verschärft es die Wirksamkeitsvoraussetzungen an einen insoweit zu treffenden Gesellschafterbeschluß.

Um die Entscheidungen der GmbH nicht zu lähmen, können im Gesellschaftsvertrag bestimmte Anforderungen festgelegt werden, bei deren Erfüllung grundsätzlich eine Zustimmungpflicht besteht. Persönliche Animositäten werden auf diese Weise aus dem Entscheidungsprozeß herausgehalten. Außerdem bestimmt die Treuepflicht des Gesellschafters die Grenzen seines Stimmrechts.[925] Wird die Stimme treuwidrig verweigert, liegt unter Umständen ein zur Anfechtung des Beschlusses berechtigender Stimmrechtsmißbrauch vor.

Läßt der Gesellschaftsvertrag die Abtretung unter diesen Voraussetzungen zu, sollte er deshalb gleichzeitig die berufsrechtlichen Qualifikationsmerkmale benennen. Außerdem sollte auch der Erwerb durch die Gesellschafter von dem Genehmigungserfordernis umfaßt sein, um eine Verschiebung der Mehrheitsverhältnisse zu vermeiden. Solche Vinkulierungsklauseln schützen umstrittenermaßen jedoch nicht gegen Erbteilsübertragungen.[926] Deshalb sollte die Vererblichkeit des Anteils ausgeschlossen werden. Im Gesellschaftsvertrag kann dies entweder durch eine Einziehungsklausel nach § 34 GmbHG oder durch eine statuarische Abtretungspflicht für den Todesfall erreicht werden. Ausnahmen kann die Satzung für den Fall vorsehen, daß der Erbe oder Vermächtnisnehmer sozietätsfähig ist und die gesellschaftsvertraglich vorgesehenen Mehrheitsverhältnisse gewahrt werden.[927]

Weitere Einziehungsgründe beziehungsweise Abtretungspflichten sollten der Verlust der Zulassung zur Anwaltsschaft sowie die Anteilspfändung darstellen, mit denen gegebenenfalls der automatische Verlust der Geschäftsführerstellung einhergehen muß.[928] Wegen der Gefährdung der Unabhängigkeit des Rechtsanwalts ist eine Fortsetzung der Gesellschaft unter Beteiligung eines Gesellschafters, der die Zulassung verloren hat oder bei dem die Anteilspfändung droht, untragbar, so daß außerdem ein wichtiger Grund zur Ausschließung besteht.[929] Die

---

[925] *Lutter/Hommelhoff*, GmbHG, § 47 Rz. 26
[926] *K. Schmidt*, Gesellschaftsrecht, § 35 II S. 1051
[927] *Ahlers*, AnwBl 1995, 3 (5)
[928] BayObLG, Beschluß vom 24.11.1994, mit Anmerkung *Hommelhoff/Schwab*, WiB 1995, 115 (116); *Lutter/Hommelhoff*, GmbHG, § 34 Rz. 19; *Schlosser*, JZ 1995, 345 (348)
[929] *K. Schmidt*, Gesellschaftsrecht, § 35 IV S. 1062

Ausschließung eines Gesellschafters ist zwar im GmbHG nicht geregelt, der Grundsatz der Vertragsfreiheit gestattet es den Gesellschaftern jedoch, den Ausschluß eines Gesellschafters aus wichtigem Grund vorzusehen.[930] Eine Regelung im Gesellschaftsvertrag ist zwar nicht unabdingbare Voraussetzung für den Ausschluß eines Gesellschafters; denn als ultima ratio ist er vor der Auflösung der Gesellschaft auch ohne vertragliche Bestimmung zulässig. Ist eine Regelung in der Satzung vorgesehen, erleichtert dies aber den Ausschluß. Trifft die Satzung keine Vorkehrungen für den Ausschluß aus wichtigem Grund, kommt für die Ausschließung die rechtsgestaltende Klage als geeignetes Mittel in Betracht, während anderenfalls ein Gesellschafterbeschluß, soweit er vertraglich vorgesehen ist, ausreicht.[931]

Bei personalistisch ausgestalteten Gesellschaften wie der Rechtsanwalts-GmbH kann und sollte im Gesellschaftsvertrag auch festgelegt werden, daß die Aufgabe der aktiven Mitarbeit einen wichtigen, zur Ausschließung berechtigenden Grund darstellt.[932] Zwingend notwendig ist das allerdings nicht, wie die Berufsrechte der Steuerberater und Wirtschaftsprüfer belegen.[933] Die Ausschließung eines Gesellschafters sollte im Gesellschaftsvertrag mit der Abtretung oder Einziehung des Gesellschaftsanteils verbunden werden, um zu vermeiden, daß der ausgeschlossene Gesellschafter noch Inhaber des Geschäftsanteils ist.[934] Ist die Ausschließung nicht vertraglich geregelt worden, ermächtigt das rechtsgestaltende Urteil dementsprechend entweder zur Einziehung oder zum Zwangsverkauf des Anteils, oder es ordnet das Ruhen der Mitgliedschaftsrechte an.[935]

Als problematisch kann es sich unter anderem erweisen, wenn die Amortisation oder die Kaduzierung bewirkt, daß die Rechtsanwälte ihre Stimm- und Kapitalmehrheit verlieren; ebenso wenn die Gesellschafter ihren Abtretungsanspruch nicht geltend machen. Die Satzung muß den Gesellschaftern deshalb eine Frist setzen, nach deren Ablauf die Gesellschaft aufgelöst wird, wenn die erforderlichen Mehrheiten nicht wiederhergestellt sind.[936]

---

[930]   BGH, Urteil vom 17.09.1964, WM 1964, 1188 (1188); *K. Schmidt*, Gesellschaftsrecht, §
        35 IV S. 1059 ff.
[931]   BGH, Urteil vom 17.09.1964, WM 1964, 1188 (1188); *K. Schmidt*, Gesellschaftsrecht, §
        35 IV S. 1059 ff.
[932]   BGH, Urteil vom 20.06.1983, WM 1983, 956 (957); BayObLG, Beschluß vom
        24.11.1994, ZIP 1994, 1868 (1871); *Hommelhoff/Schwab*, Anmerkung zu
        vorbezeichnetem Urteil, WiB 1995, 115 (117); *Schlosser*, JZ 1995, 345 (348); *Henssler*,
        ZHR 161 (1997), 305 (315)
[933]   *Gail/Overlack*, Anwaltsgesellschaften, Rz. 66
[934]   *Henze*, Höchstrichterliche Rechtsprechung zum Recht der GmbH, S. 267/268
[935]   *K. Schmidt*, Gesellschaftsrecht, § 35 IV S. 1064
[936]   BayObLG, Beschluß vom 24.11.1994, mit Anmerkung *Hommelhoff/Schwab*, WiB 1995,
        115 (117); *Schlosser*, JZ 1995, 345 (348)

Wird die Übertragbarkeit des Gesellschaftsanteils gesellschaftsvertraglich ausgeschlossen, bleiben Vererblichkeit[937] sowie die Möglichkeit der Anteilspfändung gemäß §§ 851 II; 857 I , III ZPO davon unberührt.[938] Die Satzung muß deshalb auch dann Vorkehrungen treffen, wie im Fall des Todes oder des Konkurses eines Gesellschafters zu verfahren ist.

Ordnet man die Abtretung und andere berufsrechtlicherseits begründete Regelungen im Gesellschaftsvertrag als Grundlagengeschäfte ein, folgt daraus neben dem intern geltenden Einstimmigkeitspostulat eine nach außen wirkende Wirksamkeitsvoraussetzung. Folglich können die Gesellschafter entgegen der Ansicht von *Kaiser/Bellstedt*[939] das Einstimmigkeitspostulat nicht einverständlich übergehen.

Fremdeinflüsse lassen sich somit in einer GmbH ausschließen, so daß die Höchstpersönlichkeit der Berufsausübung und die Unabhängigkeit des Rechtsanwalts nicht gefährdet werden.[940]

bb) Vertrauen in die persönliche Haftung der Rechtsanwälte

Fraglich ist aber, ob der der GmbH eigene Ausschluß der persönlichen Haftung der Gesellschafter und grundsätzlich auch der Geschäftsführer mit dem Berufsbild der Rechtsanwälte zu vereinbaren ist. Dies wäre dann nicht der Fall, wenn der Rechtsverkehr schützenswerterweise auf die persönliche Haftung aller oder einzelner assoziierter Rechtsanwälte vertraut. Seit der Einführung der Haftungsbeschränkungsmöglichkeit durch § 51 a BRAO und durch das PartGG kann die unbeschränkte persönliche Haftung des Anwalts nicht mehr als das Berufsbild prägend angesehen werden.[941] Die Erwartungshaltung des rechtssuchenden Publikums zielt daher nicht mehr auf eine unbeschränkte persönliche Haftung aller Gesellschafter. Dies muß insbesondere dann gelten, wenn die Gesellschaft als Rechtsberatungsgesellschaft mbH firmiert.[942] Dennoch sollte in Anlehnung an die

---

[937] *K. Schmidt*, Gesellschaftsrecht, § 35 II S. 1049 ff.

[938] BGH, Beschluß vom 12.06.1975, E 65, 22 (24)

[939] Die Anwaltssozietät, Rz. 638

[940] *Henssler*, JZ 1992, 697 (704); *ders.*, ZIP. 1994, 844 (849)

[941] BayObLG, Beschluß vom 24.11.1994, ZIP 1994, 1868 (1870); *Hommelhoff/Schwab*, Anmerkung zu vorbezeichnetem Urteil, WiB 1995, 115 (115); *Henssler*, ZIP 1994, 844 (849); *ders.*, NJW 1993, 2137 (2141); *Ahlers*, AnwBl 1995, 121 (122); *Hellwig*, ZHR 161 (1997); 337 (358)

[942] Die vom BGH, Urteil vom 23.09.1992, E 119, 224 (234), geforderte Änderung der gesetzlichen Haftungsstruktur der Anwaltsgesellschaften wurde durch die Einführung der §§ 51 a BRAO; 8 PartGG vollzogen; *Hellwig*, ZHR 161 (1997), 337 (351)

§§ 51; 51 a BRAO verlangt werden, daß die Mindestversicherungssumme für jeden Versicherungsfall zwei Millionen beträgt und die Eintragung der GmbH erst erfolgt, wenn eine vorläufige Deckungszusage erteilt und das Stammkapital von DM 50.000,- eingezahlt worden ist.[943]

Mit der Verpflichtung der Rechtsanwälte zum Abschluß einer Haftpflichtversicherung gemäß § 51 BRAO, die dem Gläubigerschutz dient, wird dem Prinzip der Eigenverantwortlichkeit in ausreichendem Maß Rechnung getragen.[944] Das Prinzip der Eigenverantwortlichkeit kann deshalb auch in einer Rechtsanwalts-GmbH gewahrt werden. Sinnvollerweise sollte der Gesellschaftsvertrag eine Verpflichtung der Geschäftsführer begründen, diese Eintragungsvoraussetzungen herbeizuführen und für die Aufrechterhaltung der Mindestversicherungssumme Sorge zu tragen.

Fraglich ist, ob zusätzlich eine Haftung des das Mandat unmittelbar bearbeitenden Rechsanwalts für Schäden aus fehlerhafter Berufsausübung erforderlich ist.[945] Zahlreiche internationale Rechtsordnungen haben diese Lösung gewählt, allerdings kennen diese Rechtsordnungen keine Versicherungspflicht.[946] Eine vollständige Haftungsbegrenzung auf das Gesellschaftsvermögen, wie sie dem GmbHG entspricht, ist nur in England und Wales möglich?[947]

Für die Einführung der persönlichen Haftung des unmittelbar handelnden Rechtsanwalts spricht,[948] daß sowohl nach § 8 PartGG als auch nach § 51 a BRAO die persönliche Haftung des das Mandat bearbeitenden Rechtsanwalts die Regel darstellt und § 51 a II BRAO auf alle derzeit und künftig zulässigen Formen anwaltlicher Kooperation Anwendung findet.[949] Etwas anderes gilt nur dann, wenn es individualvertraglich vereinbart wurde. Damit unterliegt derAusschluß der persönlichen Haftung bei der Rechtsanwaltssozietät wie bei der Rechtsanwaltspartnerschaft strengeren Voraussetzungen als bei einer GmbH. Ein einseitiger Ausschluß ist dort unmöglich.

---

943 BayObLG, Beschluß vom 24.11.1994,mit Anmerkung *Hommelhoff/Schwab*, WiB 1995, 115 (116); *Henssler*, ZHR 161 (1997), 305 (313); *Gail/Overlack*, Anwaltsgesellschaften, Rz. 192, *Piper* in FS für *Odersky*, S. 1063 (1082)

944 *Kremer*, GmbHR 1983, 259 (266)

945 *Henssler*, ZIP 1994, 844 (849)

946 *Hellwig*, ZHR, 161 (1997), 337 (359/360)

947 BayObLG, Beschluß vom 24.11.1994, ZIP 1994, 1868 (1871); *Stuber*, WiB 1994, 705 (706); *Donath*, ZHR 156 (1992), 134 (155 ff.); *Schardey*, AnwBl 1991, 2 (2); *Schlosser*, JZ 1995, 345 (346)

948 *Dauner-Lieb*, GmbHR 1995, 259 (263); *Henssler*, ZIP 1994, 844 (850); *ders.*, NJW 1993, 2137 (2141); *Donath*, ZHR 156 (1992), 134 (165); *Scholz-Emmerich*, GmbHG, § 1 Rz. 3; Vorschlag der Deregulierungskommission, Marktöffnung und Wettbewerb, Zweiter Bericht (März 1991), Die Märkte für Rechsberatung und Wirtschaftsberatung, Vorschlag 64, Textziffer 453

949 Vgl. oben § 6 III und Bericht der Abgeordneten *Eylmann u.a.*, BT-Drs. 12/7656, S. 50

Andererseits stellt § 51 a II BRAO keine abschließende Regelung sondern nur ein Angebot dar, von dem die Rechtsanwälte Gebrauch machen können oder auch nicht.[950] Die Haftungsbegrenzung kraft Rechtsform in der GmbH ist das Charakteristikum dieser Gesellschaftsform und der Vorteil gegenüber der Partnerschaftsgesellschaft.[951] Die Unterschiede zwischen den Personengesellschaften und der GmbH liegen gerade auf diesem Gebiet. Dennoch verlangt niemand, daß in anderen Berufs- und Betriebssparten eine Haftung des den Auftrag persönlich bearbeitenden Gesellschafters, Geschäftsführers oder Angestellten eingeführt wird. Dies gilt nicht nur für die Gewerbetreibenden sondern für alle Freiberufler, denen die GmbH bereits zur Verfügung steht. Daher würde die Schaffung eines gesetzlichen Durchgriffs auch verfassungsrechtliche Probleme mit sich bringen.[952] Würde man dennoch eine Haftung des Handelnden verlangen, brächte dies zahlreiche Schwierigkeiten mit sich. So stellte sich die Frage, ob ein Ausgleich im Innenverhältnis stattfinden hat, ob zuratgezogene Kollegen ebenfalls persönlich unbegrenzt haften und damit, wie derjenige, der das Mandat im konkreten Fall bearbeitet hat, zu bestimmen ist. Fraglich wäre weiterhin, ob die persönliche Haftung nur die Geschäftsführer treffen sollte oder ob auch die angestellten Anwälte zur Verantwortung gezogen werden können.

Mit dem Wegfall der Haftungsbegrenzungsmöglichkeit für Schäden aus fehlerhafter Berufsausübung würde ein entscheidender Vorteil der GmbH gegenüber den Personengesellschaften entfallen. Dieser Vorteil ist aber durchaus gerechtfertigt; denn es besteht ein gegenständlich unbegrenztes Haftungsrisiko für Rechtsanwälte,[953] das nicht immer durch entsprechende Honorare ausgeglichen werden kann, da die Anwaltschaft grundsätzlich an die Sätze der BRAGO gebunden ist.[954] Die Haftungsbeschränkung muß der Zuverlässigkeit der Rechtsberatung auch nicht unbedingt entgegenstehen;[955] denn die präventive Funktion der persönlichen Haftung ist heutzutage wegen der lenkenden Funktion von Wettbewerb und Arbeitsmarkt in Zweifel zu ziehen.[956] Außerdem kann der Präventionszweck durch die Innenhaftung gemäß § 43 II GmbHG erreicht werden.[957] Schließlich wird die Haftungsbegrenzung durch die Regeln über Kapitalaufbringung und -erhaltung legitimiert. Diese Regeln beziehen sich, wie § 1 GmbHG belegt, nicht ausschließlich auf den kaufmännischen Verkehr.

---

950 Vgl. oben § 10 II und *Arndt*, BB 1996, 597 (601/602)
951 *Zuck*, ZRP 1995, 69 (69); *Sproß*, AnwBl 1996, 201 (203)
952 *Dauner-Lieb*, GmbHR 1995, 259 (264); *Henssler*, ZHR 161 (1997), 305 (325)
953 BGH, Beschluß vom 12.02.1965, E 43, 148 (152/153); *Ahlers*, AnwBl 1991, 10 (13); *Henssler*, JZ 1994, 178 (178 ff.)
954 *Henssler*, JZ 1992, 697 (707)
955 BGH, Urteil vom 20.01.1994, DB 1994, 1078 (1079)
956 *Michalski*, Das Gesellschafts- und Kartellrecht der berufsrechtlich gebundenen freien Berufe, S. 276; *Römermann*, Entwicklungen und Tendenzen bei Anwaltsgesellschaften, S. 116 ff.
957 *Henssler*, ZHR 161 (1997), 305 (322/326); *Köhl*, DB 1996, 2597 ff.

Das Risiko des Mandanten wird durch eine angemessene Mindestversicherungssumme minimiert.[958] Der Einzelanwalt und nicht die große Wirtschaftskanzlei muß Maßstab für eine vergleichende Betrachtungsweise sein, da er mit der geringsten Masse haftet und eine zulässige Rechtsgestaltung darstellt.[959] Demzufolge kann schlechterdings behauptet werden, daß der Mandantschaft mit Stammkapital und erhöhter Mindestversicherungssumme ein zu geringer Fonds haftet.

Letztenendes muß die persönliche Haftung des das Mandat bearbeitenden Anwalts schon daran scheitern, daß keine gesetzliche Regelung vorhanden ist, die eine Abweichung vom allgemeinen Gesellschaftsrechts rechtfertigen könnte?[960] Daher sprechen die besseren Gründe gegen eine persönliche Einstandspflicht des das Mandat bearbeitenden Anwalts. Die Klientel würde angesichts der Haftpflichtversicherung nicht unzumutbar belastet.[961] Im Bedarfsfall kann der Mandant den Abschluß einer weiteren, ausreichenden Versicherung verlangen.

Weitergehende Einschränkungen als die erläuterten sind zum Schutz der anwaltlichen Unabhängigkeit und zur Wahrung der in der BRAO konstituierten Pflichten nicht erforderlich.[962] Das GmbHG steht diesen Regelungen nicht entgegen. Es ermöglicht es folglich, den Gesellschaftsvertrag so zu gestalten, daß die Unabhängigkeit des Rechtsanwalts hinreichend gewahrt und eine Kollision mit berufsrechtlichen Pflichten verhindert wird. Eintragungshindernisse bestehen somit nicht.[963]

cc) Überprüfbarkeit der Satzungsanforderungen

Bleibt die eingangs aufgeworfene Frage, ob die registerrechtliche Überprüfung die Einhaltung der für den Gesellschaftsvertrag berufsrechtlicherseits begründeten Mindestvorgaben gewährleisten kann. Entgegen der Auffassung von *Henssler*[964] und *Ahlers*[965], die die Prüfungskompetenz der Registergerichte nach § 9 c GmbHG für ausreichend erachten, bestehen in mehrfacher Hinsicht Probleme. Der Gesellschaftsvertrag kann zwar die erforderlichen persönlichen Eigenschaften der Gesellschafter konstituieren, jedoch hat der Registerrichter keine Hand-

---

958   *Scholz-Emmerich*, GmbHG, § 1 Rz. 13; *Henssler*, JZ 1992, 697 (708); *ders.*, ZHR 161
      (1997), 305 (325/326); *Kremer*, GmbHR 1983, 259 (263)
959   *Michalski*, Das Gesellschafts- und Kartellrecht der berufsrechtlich gebundenen freien
      Berufe, S. 278
960   *Henssler*, ZIP 1994, 844 (849)
961   *Ahlers*, AnwBl 1991, 10 (14); *Henssler*, DB 1995, 1549 (1551)
962   *Schlosser*, JZ 1995, 345 (346); *Koch*, AnwBl 1993, 157 (159)
963   *Ahlers* in FS für *Rowedder*, S. 1 (10)
964   *Henssler/Prütting-Henssler*, BRAO, Anh. § 59 a Rz. 5/6
965   AnwBl 1995, 3 (4)

habe, die Einhaltung dieser Qualifikationsmerkmale sicherzustellen. Mangels Außenwirkung ist die Beteiligung eines Gesellschafters, der keinen nach § 59 a BRAO sozietätsfähigen Beruf ausübt, weder unwirksam, noch kann die Eintragung in das Handelsregister abgelehnt werden.[966] Des weiteren kann der Registerrichter die nach der Eintragung erfolgten Anteilsübertragungen nicht auf ihre Vertragsgemäßheit überprüfen oder die Ausübung der Einziehungsrechte erzwingen.[967] Schließlich hat das Registergericht keine Möglichkeit, auf die Erfüllung der durch den Gesellschaftsvertrag begründeten Nebenpflichten einzuwirken; denn hierbei handelt es sich um Pflichten gegenüber der Gesellschaft und nicht gegenüber der Öffentlichkeit.[968] Diese Pflichten können jederzeit durch eine Satzungsänderung wieder aufgehoben werden,[969] die allerdings ihrerseits gemäß § 54 GmbHG zur Eintragung in das Handelsregister anzumelden ist. Die schuldrechtliche Bindung der Gesellschafter untereinander wird jedoch unabhängig von der Eintragung der Satzungsänderung bereits vorher begründet.[970]

Die registerrechtliche Überprüfung kann die Einhaltung der berufsrechtlichen Vorgaben daher nicht sicherstellen. Es stellt sich deshalb die Frage, ob eine Überprüfung durch die Rechtsanwaltskammern in Betracht kommt. Grundsätzlich sieht die BRAO keine Kontrolle von Gesellschaftsverträgen durch die Kammern vor. Eine ausdrückliche Pflicht, den Gesellschaftsvertrag im vorbezeichnetem Sinn auszugestalten besteht überdies nicht. In Frage könnte deshalb allenfalls eine Durchbrechung dieses Grundsatzes durch die Generalklausel des § 43 BRAO kommen. § 43 BRAO kann Anwendung finden, wenn eine nicht regelbare, unbehandelte beziehungsweise übersehene oder neuartige Verhaltensweise im Interesse der Funktionsfähigkeit der Rechtspflege eine berufsrechtliche Sanktion erfordert.[971] Folglich ermöglicht diese Vorschrift selbst in Ausnahmefällen lediglich repressives Einschreiten und keine präventive Kontrolle. Eine Möglichkeit, die Gesellschaftsverträge von Rechtsanwaltsgesellschaften mbH durch die Anwaltskammern kontrollieren zu lassen, besteht somit nicht.

dd) Verfassungsrechtliche Rechtfertigung eines Verbots

Die Einhaltung der berufsrechtlichen Vorgaben kann somit nicht sichergestellt werden. Ein Verbot der Rechtsanwalts-GmbH und damit ein Eingriff in die durch Art. 12 GG gewährleistete Berufsfreiheit der Rechtsanwälte und der Rechtsan-

---

[966] *Scholz-Emmerich*, GmbHG, § 2 Rz. 60; *Roth/Altmeppen-Roth*, GmbHG, § 1 Rz. 29; *Lutter/Hommelhoff*, GmbHG, § 2 Rz. 3; *Hachenburg-Ulmer*, GmbHG, § 2 Rz. 85

[967] *Schlosser*, JZ 1995, 345 (348); *Römermann*, Entwicklungen und Tendenzen bei Anwaltsgesellschaften, S. 325/326

[968] *Schlosser*, JZ 1995, 345 (348)

[969] *Scholz-Emmerich*, GmbHG, § 3 Rz. 59

[970] *Roth/Altmeppen-Roth*, GmbHG, § 54 Rz. 59

[971] *Kleine-Cosack*, NJW 1997, 1257 (1259)

walts-GmbH könnte deshalb möglicherweise auf der Grundlage der BRAO gerechtfertigt sein, wenn dieses Verbot die Grenzen beachtete, die die Verfassung dem Gesetzgeber beziehungsweise der Verwaltung bei der Beschränkung von Grundrechten setzt. Derartige „Schranken-Schranken" sind unter anderem der Verhältnismäßigkeitsgrundsatz und das Bestimmtheitsgebot. Sie ziehen dem Gesetzgeber auch bei der Festlegung von Berufsbildern Grenzen.[972]

(1) Verhältnismäßigkeit eines Verbots

Der Grundsatz der Verhältnismäßigkeit, wonach der mit dem Eingriff verfolgte Zweck erlaubt und der Eingriff selbst geeignet, erforderlich und angemessen sein muß,[973] hat seit dem Apothekenurteil des Bundesverfassungsgerichts[974] im Rahmen des Art. 12 I GG eine besondere Ausprägung erfahren. Nach der in diesem Urteil begründeten Drei-Stufen-Theorie bezieht sich die Regelungsbefugnis nach Art. 12 I 2 GG wegen seines Wortlauts nicht mit gleicher Intensität auf Berufswahl und Berufsausübung. Je nachdem auf welcher Stufe der Eingriff in die Berufsfreiheit stattfindet, sind die Kriterien der Erforderlichkeit und Angemessenheit zu modifizieren. Die Eingriffsbefugnis ist um so enger, je stärker die Berufswahl eingeschränkt wird. Im einzelnen unterscheidet man folgendermaßen: Stellt der Eingriff in die Berufsfreiheit einen Eingriff in die Berufsausübungsfreiheit dar, muß er lediglich durch „Gesichtspunkte der Zweckmäßigkeit" oder „vernünftige Erwägungen des Gemeinwohls" gefordert werden.[975] Eingriffe in die Berufswahlfreiheit müssen demgegenüber, wenn sie subjektive Zulassungsschranken darstellen, dadurch gerechtfertigt werden, daß die Ausübung des Berufs ohne die Erfüllung der Voraussetzung „unmöglich oder unsachgemäß" wäre oder Gefahren für die Allgemeinheit mit sich brächte, beziehungsweise daß diese Eingriffe zum Schutz eines überragenden Gemeinschaftsgutes erforderlich sind.[976] Wird die Berufswahlfreiheit hingegen durch eine objektive Zulassungsschranke eingeschränkt, muß diese zur „Abwehr nachweisbarer oder höchstwahrscheinlicher schwerer Gefahren für ein überragend wichtiges Gemeinschaftsgut" notwendig sein.[977] Der Eingriff muß immer auf auf der Stufe erfolgen, die den Bürger am wenigsten belastet. Kann der verfolgte Zweck auf eine weniger belastende Art und Weise gleichermaßen erreicht werden, ist der Verhältnismäßigkeitsgrundsatz daher nicht gewahrt.[978]

---

[972] *Pieroth/Schlink*, Grundrechte, Rz. 278; *Ahlers* in FS für *Rowedder*, S. 1 (5)

[973] *Pieroth/Schlink*, Grundrechte, Rz. 279 ff.

[974] Urteil vom 11.06.1958, E 7, 377 ff.

[975] *Pieroth/Schlink*, Grundrechte, Rz. 855; *Maunz/Dürig-Scholz*, GG, Art. 12, 289.

[976] BVerfG, Beschluß vom 27.01.1982, E 59, 302 (316)

[977] *Pieroth/Schlink*, Grundrechte, Rz. 855; *Schmidt-Bleibtreu/Klein*, Kommentar zum Grundgesetz, Art. 12, 12.

[978] *Pieroth/Schlink*, Grundrechte, Rz. 850; *Schmidt-Bleibtreu/Klein*, Kommentar zum Grundgesetz, Art. 12, 1.

Ein Verbot der Rechtsanwalts-GmbH ist somit gerechtfertigt, wenn der durch dieses Verbot bezweckte Schutz des rechtssuchenden Publikums mit Hilfe des durch die BRAO konstituierten Berufsbildes auf der Stufe stattfindet, die die Grundrechtsträger am wenigsten belastet und wenn er den besonderen Ausprägungen des Verhältnismäßigkeitsgrundsatzes im Rahmen des Art. 12 I GG entspricht.

Es ist deshalb von besonderer Bedeutung, festzustellen, auf welcher Eingriffsstufe die Beschränkung der Berufsfreiheit durch ein Verbot der Rechtsanwalts-GmbH stattfindet. Werden lediglich die Modalitäten der Berufsausübung beschränkt, betrifft die in Rede stehende Regelung die Berufsausübungsfreiheit.[979] Dagegen ist die Berufswahlfreiheit betroffen, wenn der Zugang zu einem Beruf durch in der Person des Grundrechtsträgers begründete Eigenschaften (subjektive Zulassungsschranke) oder von seiner Person unabhängige Kriterien (objektive Zulassungsschranke) abhängig gemacht wird.[980]

Durch ein Verbot der Rechtsanwalts-GmbH werden die Modalitäten der Berufsausübung des einzelnen Rechtsanwalts begrenzt und damit in sein Berufsausübungsfreiheit eingegriffen. Die Versagung der Rechtsberatung für eine GmbH versperrt dieser demgegenüber den Zugang zur Rechtsberatung und müßte deshalb als Regelung der Berufswahl verstanden werden. Ein Verbot der Rechtsanwalts-GmbH könnte aber auch als Berufsausübungsregelung verstanden werden; denn den Kapitalgesellschaften stehen ihre Rechte nur nach Maßgabe der Gesetze zu, so daß eine von vornherein bestehende Begrenzung möglicherweise keinen Entzug grundrechtlicherseits schützenswerter Positionen darstellt.[981] Eine derartige Sichtweise entleert Art. 19 III GG jedoch seines Sinns und gibt den grundrechtlichen Schutz der juristischen Person preis.[982] Für die Rechtsanwalts-GmbH ist ein Verbot rechtsberatender Tätigkeit daher als Berufswahlregelung zu qualifizieren. Diese Berufswahlregelung ist abhängig von der Eigenschaft der GmbH als einer Gesellschaft mit eigener Rechtspersönlichkeit, mit beschränkter Haftung und dem Status eines Kaufmanns. Das Verbot stellt für die Rechtsanwalts-GmbH somit eine subjektive Zulassungsschranke dar.[983]

Damit ist das Verbot der Rechtsanwalts-GmbH für den einzelnen Anwalt eine Berufsausübungsregelung und für die juristische Person selbst eine (subjektive) Berufswahlregelung, so daß die Eingriffe auf verschiedenen Ebenen im Sinne der „Drei-Stufen-Theorie" stattfinden.

---

979   *Pieroth/Schlink*, Grundrechte, Rz.834
980   *Pieroth/Schlink*, Grundrechte, Rz.827/832
981   OVG Koblenz, Urteil vom 19.12.1979, NJW 1980, 1866 (1867); *Dauner-Lieb*, GmbHR 1995, 259 (260)
982   *Henssler*, ZIP 1994, 844 (846)
983   *Henssler*, ZIP 1994, 844 (848) für die Heilkunde-GmbH; *Boin*, NJW 1995, 371 (373)

Die Grundrechte bezwecken in erster Linie den Schutz des Individuums, sind Abwehrrechte des Bürgers gegen den Staat. Trotzdem wird der juristischen Person bei einem Verbot der Rechtsanwalts-GmbH durch Art. 12 I GG ein weitergehender Schutz zu teil als dem einzelnen Anwalt, da dieses Verbot die Kapitalgesellschaft auf einer „höheren Ebene" trifft. Es stellt sich deshalb die Frage, ob ein und derselbe Sachverhalt unterschiedliche Eingriffsvoraussetzungen haben kann, je nachdem, aus wessen Sicht die rechtliche Beurteilung vorgenommen wird. Es ist daher zu überlegen, ob entweder der Grundrechtsschutz der juristischen Person (Art. 19 III GG) oder die Drei-Stufen-Theorie relativiert werden müssen.[984]

Der Schutz der juristischen Person durch das Grundgesetz ist ein Aspekt der freien Entfaltung der Persönlichkeit, er erfolgt im Interesse des Einzelnen innerhalb von Zusammenschlüssen,[985] so daß das Grundrecht des Individuums durch den Schutz juristischer Personen nicht abqualifiziert wird, sondern vielmehr eine Erweiterung erfährt. Der Schutz der zur gemeinsamen Berufsausübung gewählten Organisationsform ist deshalb als ein Aspekt des Grundrechtsschutzes des einzelnen Rechtsanwalts zu bewerten, insbesondere da diese Möglichkeit ein statusbildendes Recht der Anwälte darstellt. Ist ein Grundrecht deshalb seinem Wesen nach auf juristische Personen anwendbar, wie die Berufsfreiheit auf die Rechtsanwalts-GmbH anwendbar ist, führt dies im Hinblick auf die Grundrechtsträgerschaft zu einer Gleichstellung mit den natürlichen Personen. Die Beurteilung der Eingriffsvoraussetzungen muß dann, nimmt man den Schutz der juristischen Personen ernst, losgelöst vom Individuum vorgenommen werden. Eine betont menschenrechtiche Interpretation der Grundrechte birgt darüberhinaus die Gefahr, die wirtschaftliche Betätigung zu belasten.[986]

Schließlich darf man die Drei-Stufen-Theorie als Ausprägung des Verhältnismäßigkeitsgrundsatzes nicht losgelöst von diesem betrachten. Ihre Anwendung darf nicht schematisch sein; denn die Stufen können ineinander verschwimmen. Sie muß sich deshalb an den tatsächlichen Gegebenheiten orientieren, zumal ein Eingriff im Einzelfall auf niederer Stufe intensiver sein kann als auf höherer Ebene.[987] Aus diesen Gründen kann ein Eingriff in die Berufswahl, dessen Rechtfertigung grundsätzlich strengeren Voraussetzungen unterliegt, im konkreten Fall durchaus angemessen sein, während die Angemessenheit bei einem Eingriff in die Berufsausübung verneint werden muß. Gerade im Zusammenhang mit Kapitalge-

---

[984]   *Henssler*, ZIP 1994, 844 (846), lehnt ein Vorgehen nach der Drei-Stufen-Theorie ab und
        will im Rahmen des Art. 12 I GG grundsätzlich nur noch mit dem
        Verhältnismäßigkeitsgrundsatz argumentieren.
[985]   BVerfG, Beschluß vom 02.05.1967, E 21, 362 (369); BVerfG, Beschluß vom
        16.05.1989, JZ 1990, 335 (335); *Taupitz*, JZ 1994, 1100 (1103); *Badura*, DÖV 1990,
        353 (359)
[986]   *Badura*, DÖV 1990, 353 (359)
[987]   *Pieroth/Schlink*, Grundrechte, Rz. 852 ff.

sellschaften kann die grundrechtliche Schutzwirkung eine Abstufung erfahren.[988] Folglich müssen weder die Drei-Stufen-Theorie noch der Grundrechtsschutz juristischer Personen relativiert werden.

Das Verbot der Rechtsanwaltsgesellschaften mbH ist demnach gerechtfertigt, wenn mit dem Verbot ein zulässiger Zweck verfolgt wird, es eine geeignete Maßnahme zur Verfolgung dieses Zwecks darstellt und erforderlich und angemessen im Sinne der Drei-Stufen-Theorie ist.

(a) Zulässigkeit von Zweck und Mittel, Geeignetheit des Mittels

Der Schutz des rechtsuchenden Publikums vor den Gefahren, die durch die Organisation von Rechtsanwälten zur gemeinsamen Berufsausübung in Kapitalgesellschaften ausgehen, stellt einen zulässigen, weil von der Verfassung nicht mißbilligten und von der BRAO vorgegebenen Zweck dar.[989] Das zu diesem Zweck einzusetzende Mittel, das Verbot der Rechtsberatungs-GmbH, ist seinerseits ebenfalls nicht von der Verfassung mißbilligt und grundsätzlich geeignet, den Schutz des Rechtsverkehr zu gewährleisten.

(b) Erforderlichkeit des Verbots der Rechtsanwalts-GmbH

Ein Verbot muß auch erforderlich sein. Das bedeutet, daß es kein milderes, gleich wirksames Mittel geben, insbesondere keine Regelung auf niederer Stufe möglich sein darf. Die Beachtung der berufsrechtlichen Vorgaben dürfte daher nicht auf anderem, weniger belastendem Wege zu erreichen sein.

In Betracht köme eine analoge Anwendung der §§ 49 ff. StBerG beziehungsweise §§ 27 ff. WPO. Diese Bestimmungen setzen für Steuerberatungs- und Wirtschaftsprüfungsgesellschaften eine behördlicherseits vorzunehmende, ein förmliches Verwaltungsverfahren durchlaufende Anerkennung voraus, §§ 32 III 1 WPO; 49 StBerG. Dieses Verwaltungsverfahren wird durch die Erteilung oder die Verweigerung einer Unbedenklichkeitsbescheinigung der zuständigen obersten Landesbehörde abgeschlossen. Diese Bescheinigung kann bereits vor der Anmeldung zum Handelsregister ausgestellt werden und ist dann dem Gesellschaftsvertrag beizufügen.[990] Eine bereits eingetragene GmbH darf vor der Anerkennung keine steuerberatende Tätigkeit ausüben. Tut sie dies dennoch, kann ihr

---

[988]   *Badura*, DÖV 1990, 353 (359)

[989]   BayObLG, Beschluß vom 24.11.1994, ZIP 1994, 1868 (1870); *Hommelhoff/Schwab*, Anmerkung zu vorbezeichnetem Urteil, WiB 1995, 115 (115); *Henssler*, NJW 1993, 2137 (2140); *ders.*, ZIP 1994, 844 (848); *ders.*, JZ 1992, 697 (705); *Dauner-Lieb*, GmbHR 1995, 259 (260); *Taupitz*, JZ 1994, 1100 (1107); *Koch*, AnwBl 1993, 157 (159)

[990]   *Gehre*, StBerG, § 49 Rz. 15

Verhalten gemäß § 160 I Nr. 1, II StBerG mit einer Geldbuße geahndet werden.[991] Änderungen der Satzung werden ebenfalls einer Überprüfung durch den Finanzminister des jeweiligen Bundeslandes unterzogen. Gemäß §§ 49 IV 2; 55 II StBerG; §§ 29 II 2; 34 I Nr. 2 WPO muß jede Änderung des Gesellschaftsvertrages bei der zuständigen Stelle angezeigt werden. Liegen die Voraussetzungen für eine Anerkennung danach nicht mehr vor, muß diese widerrufen beziehungsweise zurückgenommen werden. Eine Analogie zu den genannten Berufsrechten könnte somit die Wahrung der BRAO-Vorgaben und des dadurch fixierten Berufsbildes sichern, so daß ein Verbot nicht erforderlich wäre.

Zulässigerweise kann eine Analogie aber nur dann gebildet werden, wenn eine planwidrige Regelungslücke besteht und die geregelte Interessenlage mit der ungeregelten vergleichbar ist.

(aa) Planwidrige Regelungslücke

Eine gesetzliche Regelung betreffend die Rechtsberatung in Gesellschaften mit beschränkter Haftung findet sich allein im RBerG, das jedoch nach seiner Zielsetzung nicht auf die gemeinsame Berufsausübung von Rechtsanwälten anwendbar ist.[992] Dennoch ergibt sich aus Art. 12 GG eine Regelungsaufgabe für den Gesetzgeber.[993] Dieser hat sich im Laufe der Gesetzgebungsverfahren zur Neufassung der BRAO und zur Schaffung der Partnerschaftsgesellschaft dahingehend geäußert, daß die GmbH durch die Regelungen der BRAO ebensowenig ausgeschlossen werden sollte wie durch die Schaffung der Partnerschaft.[994] Seiner Auffassung nach bestehen jedoch Zweifel, wie die Kapitalgesellschaft den besonderen Strukturen des anwaltlichen Tätigkeitsfeldes und wohl auch des anwaltlichen Berufsrechts gerecht werden kann.[995] Durch diese Äußerungen hat der Gesetzgeber selbst das Bedürfnis nach einer Regelung festgestellt und gleichzeitig erklärt, augenblicklich nicht zur Schaffung der erforderlichen Vorschriften bereit oder in der Lage zu sein.[996] Auf diese Weise hat auch er das Vorliegen einer planwidrigen Regelungslücke bejaht.

---

[991]   *Gehre*, StBerG, § 49 Rz. 3
[992]   Vgl. oben § 19 I. 1. b)
[993]   BayObLG, Beschluß vom 24.11.1994, mit Anmerkung *Hommelhoff/Schwab*, WiB 1995, 115 (116)
[994]   BT-Drs. 12/4993, S. 23; BR-Drs. 516/93, S. 15
[995]   BT-Drs. 12/4993, S. 23; BR-Drs. 516/93, S. 15
[996]   BayObLG, Beschluß vom 24.11.1994, mit Anmerkung *Hommelhoff/Schwab*, WiB 1995, 115 (116)

(bb) Vergleichbare Interessenlage

Weitere Voraussetzung für die Bildung einer Analogie ist die Vergleichbarkeit der Interessenlagen. Die Rechtsanwälte üben wie die Steuerberater und die Wirtschaftsprüfer einen freien Beruf aus, der nicht zuletzt wegen der internationalen Konkurrenz in zunehmendem Maße Spezialisierungen und damit Kooperationen fordert. Die Tätigkeit der genannten Berufsgruppen ist rechts- und wirtschaftsberatender Natur. Ihre Pflichtenstellung, ihre Qualifikation und ihr berufliches Ansehen sind gleichwertig.[997] Ein Bedürfnis für die Zulassung der GmbH, wie es bei den Steuerberatern und Wirtschaftsprüfern zur Einführung der Kapitalgesellschaften geführt hat, ist für die Anwaltschaft gleichermaßen zu bejahen.[998] Schließlich sprechen die Voraussetzungen, deren Erfüllung die WPO und das StBerG für die Anerkennung als „Steuerberatungs"- beziehungsweise „Wirtschaftsprüfungsgesellschaft" mbH verlangen, in weiten Teilen den Vorgaben, die die BRAO an den Gesellschaftsvertrag einer GmbH stellt:[999] Der Kreis der tauglichen Gesellschafter und Geschäftsführer wird im StBerG (§§ 50 a I Nr. 1; 50 I) und in der WPO (§ 28 IV Nr. 1, I) ebenfalls begrenzt. Des weiteren sehen beide Berufsrechte sowohl Anteils- beziehungsweise Stimmmehrheit (§§ 28 I Nr. 5 WPO; 50a I Nr. 5 StBerG) als auch eine Einschränkung der Weisungsbefugnis der Gesellschafterversammlung (§§ 56 WPO; 72 StBerG) sowie eine Mindestversicherungssumme, eine vorläufige Deckungszusage und die WPO die Einzahlung des Stammkapitals (§§ 28 VI, VII; 54 WPO; 50 VI; 67 StBerG) vor.

Gemäß § 50 V StBerG muß die Übertragung von Geschäftsanteilen an die Zustimmung der Gesellschaft gebunden sein. Die Wahrung der Berufspflichten, Unabhängigkeit und Eigenverantwortlichkeit in der Berufsausübung stellen schließlich unabdingbare Maximen beider Berufsordnungen dar (§§ 43 ff. WPO; 57 ff. StBerG). Die Interessenlagen sind daher vergleichbar.[1000]

Die Voraussetzungen für eine Analogie sind folglich gegeben, so daß man in Anlehnung an die §§ 49 ff. StBerG; 27 ff. WPO ein förmliches Anerkennungsverfahren für Rechtsanwaltsgesellschaften mbH verlangen kann. Zuständige Stelle ist gemäß §§ 49 III StBerG; 30 I WPO analog die höchste Behörde der Landesjustizverwaltung.

Diese Analogie findet ihre Rechtfertigung schließlich in der Regelung des § 62 GmbHG, wonach eine GmbH, wenn sie gesetzeswidrig handelt und dadurch das

---

[997] BVerfG, Beschluß vom 04.07.1989, E 80, 269 (281); *Henssler*, ZHR 161 (1997), 305 (309)

[998] BVerfG, Beschluß vom 15.03.1967, E 21, 227 (232 ff.); *Donath*, ZHR 156 (1992), 134 (163)

[999] BayObLG, Beschluß vom 24.11.1994, mit Anmerkung *Hommelhoff/Schwab*, WiB 1995, 115 (116); *Henssler*, JZ 1992, 697 (702); *Kremer*, GmbHR 1983, 259 (266)

[1000] *Ahlers*, AnwBl 1991, 10 (12)

Gemeinwohl gefährdet, aufgelöst wird.[1001] Die Auflösung erfolgt nach umstrittener, aber herrschender Meinung[1002] durch die oberste Landesbehörde. Streitig ist in diesem Zusammenhang, ob die Auflösung durch einen gerichtlichen Gestaltungsakt auf Betreiben der Behörde oder durch einen behördlicherseits erlassenen Verwaltungsakt erfolgt. Diese Meinungsverschiedenheit ist für die vorliegende Arbeit nicht von Bedeutung, da Ausgangspunkt der Entscheidung - und darauf kommt es in diesem Zusammenhang an - die Behörde ist. Weiterhin besteht Unklarheit darüber, ob die oberste Landesbehörde oder die örtlichen Ordungsbehörden als untere Verwaltungsbehörden zuständig sind. In Ermangelung einer landesgesetzlichen Bestimmung und in Anlehnung an die §§ 43; 44 BGB sollte man von einer Zuständigkeit der obersten Landesbehörde ausgehen. Handelt eine Anwalts-GmbH gesetzeswidrig und gefährdet sie dadurch das Wohl der Allgemeinheit, muß sie somit von einer obersten Landesbehörde und nicht etwa vom Registergericht verboten werden. Wendete man die oben bezeichneten Vorschriften des StBerG und der WPO daher nicht analog auf Rechtsberatungsgesellschaften mbH an, käme es zu einem Auseinanderklaffen von Eingangs- und Bestandskontrolle. Es ist deshalb im Sinne einer einheitlichen Regelung, wenn eine Rechtsanwalts-GmbH von einer obersten Landesbehörde anerkannt werden müßte, diese die Erfüllung der berufsrechtlicherseits gemachten Vorgaben überprüfte und im Falle der Einschlägigkeit des § 62 GmbHG von einer solchen aufgelöst würde.[1003] Das Registergericht bleibt weiterhin mit der Prüfung der durch das GmbHG vorgeschriebenen Voraussetzungen betraut. Außerdem darf es in Anlehnung an das Verfahren bei Steuerberatungsgesellschaften[1004] und zum Schutz der Allgemeinheit die Eintragung der Rechtsanwalts-GmbH erst dann vornehmen, wenn die Unbedenklichkeitsbescheinigung der obersten Landesbehörde[1005] vorliegt.

Die Beachtung der berufsrechtlichen Vorgaben kann somit auf einfacherem Wege, nämlich durch eine Analogie zu §§ 49 ff. StBerG und §§ 27 ff. WPO erreicht werden.

Eine andere Möglichkeit stellt die Reglementierung durch § 1 UWG dar.[1006] Meines Erachtens liegt aber wegen der Anwendungsweite des § 1 UWG eine Analogie im oben bezeichneten Sinne jedenfalls bei Rechtsanwälten wegen der Vergleichbarkeit der Berufsrechte und der Tätigkeitsbereiche eher im Interesse der Rechtssicherheit. Ein weiterer Vorteil ist darin zu sehen. daß eine einheitliche

---

1001 *Lutter/Hommelhoff*, GmbHG, § 62 Rz. 1
1002 *Rowedder-Rasner*, GmbHG, § 62 Rz. 6/7; *Lutter/Hommelhoff*, GmbHG, § 62 Rz. 2; *Baumbach/Hueck*, GmbHG, § 62 Rz. 11/12; *Hachenburg-Ulmer*, GmbHG, § 62 Rz. 24 ff.; *Scholz-K. Schmidt*, GmbHG, § 62 Rz. 8
1003 BayObLG, Beschluß vom 24.11.1994, mit Anmerkung *Hommelhoff/Schwab*, WiB 1995, 115 (116)
1004 *Gehre*, StBerG, § 49 Rz. 15 ff.
1005 In NRW wäre zuständige oberste Landesbehörde gemäß § 3 LOG NW der Justizminister
1006 Für Heilkunde-GmbHs: *Taupitz*, NJW 1992, 2317 (2324)

staatliche Kontrollinstanz besteht und nicht der Weg über das Wettbewerbsrecht gewählt werden muß. Schließlich fällt die Überprüfung der registerrechtlichen Zulässigkeit der Eintragung als GmbH und die daraus resultierende Zulässigkeit des Auftretens als GmbH nicht in die wettbewerbsrechtlich begründete Zuständigkeit der ordentlichen Gerichte, sondern ist Sache der freiwilligen Gerichtsbarkeit.[1007]

Ein Verbot der Rechtsanwalts-GmbH ist demnach nicht erforderlich und würde deshalb gegen den verfassungsrechtlich verankerten Verhältnismäßigkeitsgrundsatz verstoßen.

(c) Angemessenheit

Schließlich könnte der Grundsatz der Verhältnismäßigkeit auch nicht unter dem Gesichtspunkt der Angemessenheit gewahrt sein.

(aa) Im Lichte der Drei-Stufen-Theorie

Ein vorrangiges Gemeinschaftsinteresse im Range der Sicherung der Volksgesundheit, die die Regelung des § 8 ApoG herbeigeführt und gerechtfertigt hat, besteht nicht.[1008] Zwar sind durchaus schützenswerte Belange wie die Versorgung der Bevölkerung mit Rechtsrat, die Gewährleistung einer funktionstüchtigen Rechtspflege und der Schutz der Mandantschaft vorhanden, diese rangieren jedoch unterhalb des hochsensiblen Tätigkeitsbereichs von Ärzten und Apothekern.[1009] Im Rahmen der gemeinsamen Berufsausübung von Rechtsanwälten in einer GmbH können allenfalls vermögenswerte, finanzielle Schäden entstehen. In Anbetracht der vorstehend näher beschriebenen Möglichkeit, den Gesellschaftsvertrag einer Rechtsanwalts-GmbH nach bestimmten Vorgaben zu gestalten und dies gegebenenfalls in einem förmlichen Verwaltungsverfahren überprüfen zu lassen und in Anbetracht der Mindestversicherungssumme von zwei Millionen DM können die Gefahren der Kommerzialisierung des Anwaltsberufes und der Begünstigung von Fremdeinflüssen sowie der Gefährdung des persönlichen Vertrauensverhältnisses zwischen Rechtsanwalt und Mandant weitestgehend eliminiert werden. Jeder einzelne in der GmbH tätige Rechtsanwalt ist verpflichtet seinen Beruf nach Maßgabe der BRAO auszuüben. Insofern bestehen keine Unterschiede zu den großen Rechtsanwaltssozietäten, die sich in der Rechtsform der BGB-Gesellschaft organisiert haben.[1010] Dies gilt auch im Hinblick auf das persönliche Vertrauensverhältnis zwischen dem Rechtsanwalt und seinem Mandanten.

[1007] OLG Bamberg, Urteil vom 01.02.1996, MDR 1996, 423 (423)
[1008] *Ahlers* in FS für *Rowedder*, S. 1 (3 ff.)
[1009] *Henssler*, ZIP 1994, 844 (850)
[1010] *Henssler*, NJW 1993, 2137 (2141)

Demnach erfordern weder vernünftige Erwägungen des Gemeinwohls noch Gefahren für die Allgemeinheit ein Verbot der Rechtsanwalts-GmbH.

(bb) Verhältnismäßigkeit im engeren Sinne

Außerdem würde der Rechtsanwaltsschaft mit dem Verbot der GmbH eine aus vielen Gründen vorteilhafte Gesellschaftsform versperrt[1011] und damit ein außer Verhältnis stehender Nachteil zugefügt.

Zum einen entsteht den Rechtsanwälten durch ein Verbot der GmbH ein erheblicher Wettbewerbsnachteil einerseits gegenüber der internationalen Konkurrenz[1012] andererseits gegenüber den Steuerberatern und Wirtschaftsprüfern.[1013] Steuerberater und Wirtschaftsprüfer üben vermehrt rechtsberatende Tätigkeit aus und können der Wirtschaft deshalb eine umfassende Beratung anbieten.[1014] Dabei kommen ihnen die Vorteile der GmbH als Kapitalsammelstelle und die Haftungsbegrenzung kraft Rechtsform zugute. Ein sachlicher Grund für die Ungleichbehandlung von Rechtsanwälten gegenüber Steuerberatern und Wirtschaftsprüfern besteht nicht.[1015] Art. 3 I GG ist mithin verletzt.[1016]

Zum anderen greift ein Verbot der Rechtsanwalts-GmbH in die durch Art. 9 I GG garantierte individuelle Freiheit des Einzelnen ein, Vereine und Gesellschaften zu gründen.[1017] Die Vereinigungsfreiheit beinhaltet das Recht, einer durch wirtschaftliche Interessen verbundenen Personenmehrheit eine einheitliche Willensbildung und -verwirklichung zu ermöglichen.[1018] Des weiteren enthält Art. 9 I GG eine kollektive Gewährleistung, so daß die Tätigkeit der Vereine und Gesellschaften selbst sowie ihre Existenz vom Schutzbereich des Artikels umfaßt sind.[1019]

1011 *Henssler*, ZIP 1994, 844 (850); *Ahlers*, AnwBl 1991, 10 (11)

1012 *Henssler*, NJW 1993, 2137 (2141); *Hellwig*, ZHR 161 (1997), 337 (339 ff.)

1013 BVerfG, Beschluß vom 04.11.1992, NJW 1993, 317 (318); *Ahlers* in FS für *Rowedder*, S. 1 (10 ff.); *Henssler*, ZIP 1994, 844 (850); *Hellwig*, ZHR 161 (1997), 337 (339 ff.)

1014 Zur Vergleichbarkeit dieser Berufszweige: BVerfG, Beschluß vom 04.07.1989, NJW 1989, 2611 (2612); *Sommer*, GmbHR, 1995, 249 (249); *Koch*, MDR 1995, 446 (446); *Boin*, NJW 1995, 371 (372); *Hellwig*, ZHR 161 (1997), 337 (339 ff.)

1015 *Ahlers* in FS für *Rowedder*, S. 1 (12); *Henssler*, ZIP 1994, 844 (850)

1016 *Ahlers* in FS für *Rowedder*, S. 1 (12); *ders.*, AnwBl 1991, 10 (12); *Dauner-Lieb*, GmbHR 1995, 259 (260); *Henssler*, JZ 1994, 178 (187); *Boin*, NJW 1995, 371 (372)

1017 *Pieroth/Schlink*, Grundrechte, Rz. 740; *Maunz/Dürig-Scholz*, GG, Art. 9, 42.; *Taupitz*, NJW 1992, 2317 (2319)

1018 *Badura*, DÖV 1990, 353 (355); *Taupitz*, NJW 1992, 2317 (2319); *Mertens*, JuS 1989, 857 (860)

1019 BVerfG, Beschluß vom 09.10.1991, NJW 1992, 549 (549); BVerwG, Urteil vom 12.02.1991, NJW 1991, 2037 (2037/2038); *Maunz/Dürig-Scholz*, GG, Art. 9, 3./43.; *Pieroth/Schlink*, Grundrechte, Rz. 731 ff.

Demzufolge greift ein Verbot der GmbH für Rechtsanwälte auch in das Recht der Gesellschaft ein, ihre Tätigkeit frei zu bestimmen.

Die Nachteile eines Verbots sind damit größer als seine Vorteile.[1020] Diese Nachteile verdeutliche zudem den Unterschied zu den Apothekern, die weder auf international konkurrenzfähige Unternehmen noch auf eine einheitliche Willensbildung in groß angelegten, mitgliederstarken Zusammenschlüssen angewiesen sind.[1021]

Ein Verbot der Rechtsanwalts-GmbH entspricht daher weder der Drei-Stufen-Theorie noch ist es nach allgemeinen Grundsätzen angemessen.

(2) Bestimmtheitsgebot

Letztenendes bestehen Zweifel, ob ein Verbot der Rechtsanwalts-GmbH auf der Grundlage des in der BRAO fixierten Berufsbildes dem Bestimmtheitsgrundsatz entspricht. Dieser aus dem Rechtsstaatsprinzip abgeleitete Grundsatz besagt, daß Gesetze in Tatbestand und Rechtsfolge klar und bestimmt gefaßt sein müssen.[1022] Für ein die Berufsfreiheit einschränkendes Gesetz bedeutet das, daß der Normadressat erkennen können muß, von welchen Voraussetzungen seine Berufsaufnahme abhängig gemacht wird[1023] beziehungsweise unter welchen Voraussetzungen sie verboten ist. Das Berufsbild des Rechtsanwalts als Grundlage eines Verbotes der Rechtsberatungs-GmbH ist zum einen in der BRAO nicht abschließend fixiert worden und beinhaltet zum anderen keine klare und unmißverständliche Aussage im Hinblick auf die Unzulässigkeit der gemeinsamen Berufsausübung in einer GmbH.[1024] Der Bestimmtheitsgrundsatz wäre daher ebenfalls nicht gewahrt.

Ein Verbot der Rechtsanwalts-GmbH auf der Grundlage des in der BRAO rudimentär fixierten Berufsbildes würde weder dem Verhältnismäßigkeitsgrundsatz, sei es unter dem Gesichtspunkt der Erforderlichkeit, sei es unter dem der Angemessenheit, noch dem Bestimmtheitsgebot entsprechen. Es wäre daher - unabhängig von der Analogie zu WPO und StBerG - verfassungswidrig.[1025]

[1020]   *Henssler*, NJW 1993, 2137 (2141); *Ahlers* in FS für *Rowedder*, S. 1 (11); *Jürgenmeyer*, BRAK-Mitt. 1995, 142 (146)

[1021]   *Ahlers* in FS für *Rowedder*, S. 1 (10 ff.)

[1022]   *Pieroth/Schlink*, Grundrechte, Rz. 278

[1023]   BVerfG, Beschluß vom 04.11.1992, NJW 1993, 317 (318)

[1024]   *Henssler*, ZIP 1994, 844 (849)

[1025]   *Ahlers* in FS für *Rowedder*, S. 1 (9); *ders.*, AnwBl 1995, 121 (125); *Henssler*, DB 1995, 1549 (1549); *ders.*, ZIP 1994, 844 (850/851); *ders.*, JZ 1992, 697 (709/710); *Dauner-Lieb*, GmbHR 1995, 259 (260)

ee) Wahrung der sonstigen berufsrechtlichen Vorgaben

Anders könnte sich die Situation jedoch darstellen, wenn die Organisation in einer Kapitalgesellschaft sonstige grundlegende Aspekte und Vorgaben der BRAO gefährdete.

Die Öffnung der GmbH für Steuerberater und Wirtschaftsprüfer und die berufsrechtlichen Regelungen der §§ 32 II, III; 58 I StBerG; §§ 1 II, 44 WPO, wonach die Steuerberater und Wirtschaftsprüfer einen freien Beruf auch dann ausüben, wenn sie als Geschäftsführer oder Angestellte einer Kapitalgesellschaft tätig sind, haben gezeigt, daß die Freiberuflichkeit und die berufsrechtlichen Bindungen mit dem Zusammenschluß in einer GmbH durchaus zu vereinbaren sind.[1026] Dem Argument, die Ausübung eines freien Berufs und die Einordnung der GmbH als Kaufmann und die damit einhergehende Gewerbesteuerpflichtigkeit ließen sich nicht vereinbaren, muß entgegengehalten werden, daß eine GmbH im Gegensatz zu den Personenhandelsgesellschaften gerade kein Gewerbe betreiben muß, so daß die altruistische Motivation in der Berufsausübung nicht gefährdet wird.[1027] Die BRAO enthält zudem keinen Grundsatz, wonach erwerbswirtschaftliche Ziele mit anwaltlichen unvereinbar sind oder das Ansehen der Rechtsanwaltschaft gefährden,[1028] solange gewährleistet ist, daß das Streben nach Gewinn nicht die Oberhand gewinnt.

Schließlich hat unter anderem die gesetzliche, nicht abschließend zu verstehende Fixierung der Sozietät,[1029] sei es von Anwälten untereinander oder mit Angehörigen einer sozietätsfähigen Berufsgruppe nach § 59 a BRAO sowie die Zulassung der Figur des angestellten Anwalts dazu geführt, daß kein einheitliches Berufsbild des Rechtsanwalts und keine speziell auf diesen zugeschnittenen berufsrechtlichen Vorgaben mehr zu bestimmen sind. Das Bild des selbständigen Einzelanwalts, von dem die BRAO ursprünglich ausging, ist heute ebenso wie das des Kanzleianwalts nur noch als jeweils eine Form anwaltlicher Tätigkeit zu werten. Es wäre auch nicht recht einzusehen, warum ein Rechtsanwalt als Gesellschafter oder Geschäftsführer einer Steuerberatungs-GmbH tätig werden darf, seinen Beruf aber nicht in einer als Rechtsanwaltsgesellschaft mbH firmierenden Gesellschaft ausüben kann.[1030] Demnach ist die BRAO für eine Weiterentwicklung

---

[1026]　*Henssler*, NJW 1993, 2137 (2140); *Ahlers*, AnwBl 1995, 3 (3)

[1027]　*Henssler*, JZ 1992, 697 (704); *Boin*, NJW 1995, 371 (372); *Taupitz*, NJW 1992, 2317 (2323)

[1028]　Vgl. oben § 4 IV; BVerfG, Beschluß vom 04.11.1992, NJW 1993, 317 (321)

[1029]　BT-Drs. 12/4993, S. 23; *Dauner-Lieb*, GmbHR 1995, 259 (261); *Ahlers* in FS für *Rowedder*, S. 1 (2); *Limmer*, WPrax 1994, Heft 23, S. 1 (3)

[1030]　BGH, Beschluß vom 04.03.1985, NJW 1985, 1844 (1845); für die Steuerberatungs-OHG; BFH, Urteil vom 27.07.1993, NJW 1994, 1896 (1896); BFH, Urteil vom 23.02.1995, BRAK-Mitt. 1995, 173 (173/174); OLG Bamberg, Urteil vom 01.02.1996, MDR 1996, 432 (423); *Ahlers* in FS für *Rowedder*, S. 1 (17); *Boin*, NJW 1995, 371 (372); *Koch*, AnwBl 193, 157 (159)

durchaus offen[1031] und auch vorkonstitutionelles Gewohnheitsrecht steht einer Rechtsfortbildung nicht entgegen.[1032] Ein tradiertes Berufsbild existiert nicht[1033] und kann deshalb auch nicht die Grundlage für ein Verbot der GmbH für Rechtsanwälte bilden. Ein Berufsbild, das die gesetzliche Grundlage für ein Verbot der Rechtsanwalts-GmbH liefert, wird durch die in der BRAO begründeten Rechte und Pflichten nicht begründet.

c) Auf der Grundlage der Berufsordnung

Schließlich liefert auch die Berufsordung wie zuvor das anwaltliche Standesrecht keine hinreichende Grundlage für ein Verbot der Rechtsanwalts-GmbH![1034]

Zum einen begründet der Regierungsentwurf zur BRAO Zweifel daran, daß die Berufsordnung inhaltlich Entsprechendes regeln darf,[1035] zum anderen beinhalten die Vorschriften der Berufsordnung über die berufliche Zusammenarbeit auch tatsächlich keine Aussagen zugunsten oder zulasten der Zulässigkeit einer GmbH für Rechtsanwälte. Eine gesetzliche Grundlage, aufgrund derer ein Verbot der Rechtsanwalts-GmbH ergehen könnte, existiert folglich nicht.

d) Zum Schutz wichtiger Verfassungsgüter oder kollidierender Rechte Dritter

Grundrechte können schließlich zum Schutz wichtiger Verfassungsgüter oder kollidierender Rechte Dritter eingeschränkt werden. Geht mit der Inanspruchnahme der Berufsfreiheit einer Person die Einschränkung von Grundrechten anderer Grundrechtsträger einher, muß ein Ausgleich der widerstreitenden Interessen gesucht werden.[1036] Dies geschieht dadurch, daß die kollidierenden Werte nach Maßgabe des Verhältnismäßigkeitsgrundsatzes gegenübergestellt und in ein Gleichmaß gebracht werden. Es kann daher erforderlich sein, die in Rede stehenden Grundrechte zu beschränken, um einen verfassungsgemäßen Ausgleich schaffen zu können.

Im Rahmen der Prüfung, ob ein Verbot der Rechtsanwalts-GmbH auf der Grundlage des in der BRAO fixierten Berufsbildes verfassungsrechtlich gerechtfertigt wäre, hat sich gezeigt, daß der Schutz der Belange Dritter oder der Allgemeinheit, namentlich

---

[1031] *Henssler*, ZIP 1994, 844 (848)

[1032] BayObLG, Beschluß vom 24.11.1994, ZIP 1994, 1868 (1870); *Dauner-Lieb*, GmbHR 1995, 259 (262)

[1033] *Ahlers* in FS für *Rowedder*, S. 1 (5)

[1034] Diese Ansicht vertritt ein Teil der Kommentarliteratur zum GmbHG: *Hachenburg-Ulmer*, GmbHG, § 1 Rz. 20; *Scholz-Emmerich*, GmbHG, § 1 Rz. 13; *Rowedder-Rittner*, GmbHG (2. Aufl.), § 1 Rz. 12; *Baumbach/Hueck*, GmbHG (15. Aufl.), § 1 Rz. 9

[1035] BT-Drs. 12/4993, S. 23; BayObLG, Beschluß vom 24.11.1994, ZIP 1994, 1868 (1871)

[1036] *Maunz/Dürig-Scholz*, GG, Art. 12, 289.

der Schutz einer funktionstüchtigen Rechtspflege, auf einfacherem Wege als durch ein Verbot zu erreichen wäre. Ein Eingriff in die Berufsfreiheit der Rechtsanwälte und der Rechtsanwaltsgesellschaften mbH mithin auf niederer Stufe mit gleicher Wirksamkeit erfolgen kann, namentlich durch eine Analogie zu den §§ 27 ff. WPO und den §§ 49 ff. StBerG. Des weiteren konnte festgestellt werden, daß die durch ein Verbot zu verzeichnenden Vorteile für Dritte und für die Allgemeinheit in keinem angemessenem Verhältnis zu den Nachteilen stehen, die der Rechtsanwaltschaft entstünden. Aus diesen Gründen ist ein Verbot der Rechtsanwalts-GmbH auch nicht durch kollidierende Rechte Dritter oder zum Schutz wichtiger Verfassungsgüter verfassungsrechtlich zu rechtfertigen.[1037]

Die GmbH stellt folglich eine zulässige Gesellschaftsform für den Zusammenschluß von Rechtsanwälten zur gemeinschaftlichen Berufsausübung dar.

III. Der Referentenentwurf

Allerdings bringt die Verknüpfung der Frage der Zulässigkeit der Rechtsanwalts-GmbH mit ihrer gesellschaftsvertraglichen Ausgestaltung Rechtsunsicherheit und ein damit verbundenes Kostenrisiko für diejenigen Rechtsanwälte mit sich, die sich für einen Zusammenschluß in einer GmbH entscheiden. Nicht selten werden Prozesse gegen sie angestrengt oder die Registergerichte weigern sich, die GmbH in das Handelsregister einzutragen. Ein weiteres Problem liegt darin begründet, daß regionale Unterschiede in Ermangelung einer einheitlichen Richtschnur verfestigt werden.

Diese Situation war Anlaß genug,[1038] einen Gesetzesentwurf „zur Regelung der Anwaltsgesellschaft mit beschränkter Haftung" auf den Weg zu bringen. Es handelt sich dabei um ein dichtes Regelungswerk, daß in die BRAO integriert werden soll.

Die wesentlichen Elemente des Referentenentwurfes,[1039] der bereits jetzt auf heftige Kritik[1040] stößt, lassen sich wie folgt darstellen:

§ 59 c BRAO-E als erste Vorschrift des Regelungskomplexes stellt fest:

(1) Rechtsanwaltsgesellschaften mit beschränkter Haftung können zum Zweck der anwaltlichen Berufsausübung errichtet werden.

[1037] Zu diesem Problemkreis bei den Heilkunde-GmbHs: *Taupitz*, NJW 1992, 2317 (2322 ff.)
[1038] Zur Notwendigkeit, *Henssler*, DB 1995, 1549 (1550)
[1039] Abgedruckt in ZIP 1997, 1518 ff.
[1040] *Henssler*, ZIP 1997, 1481 ff.; *Römermann*, GmbHR 1997, 530 ff.

(2) Die Gesellschaft bedarf für die Eintragung in das Handelsregister der berufsrechtlichen Zulassung.

(3) Macht eine bestehende Gesellschaft mit beschränkter Haftung die anwaltliche Berufsausübung zum Gegenstand des Unternehmens, so bedarf die Eintragung der Änderung des Unternehmensgegenstands in das Handelsregister der berufsrechtlichen Zulassung der Gesellschaft.

Absatz 1 stellt die Zulässigkeit der Rechtsanwalts-GmbH verbindlich fest. Durch die mit dem Gesetzesvorhaben verbundene Anpassung des Rechtsberatungsgesetz soll die Frage der Zulässigkeit endgültig dem Streit entzogen sein. Gleichzeitig bestimmt § 59 c I BRAO-E den Gesellschaftszweck. Er muß in der anwaltlichen Berufsausübung bestehen, andere Erwerbstätigkeiten sollen ausgeschlossen sein.[1041] Damit wird das Tätigkeitsfeld gegenüber Steuerberatungs- und Wirtschaftsprüfungsgesellschaften bedenklich eingeschränkt.[1042]

Eine GmbH, die nicht die anwaltliche Berufsausübung bezweckt sondern nur den dafür erforderlichen Rahmen schaffen will, soll nach der Entwurfsbegründung keine Rechtsanwaltsgesellschaft mbH im Sinne der §§ 59 c ff. BRAO-E sein.[1043] Damit regelt der Entwurf eine andere GmbH als sie das BayObLG[1044] im Auge hatte. Dieses ging von einer später im Schrifttum[1045] als Organisations-GmbH bezeichneten Gesellschaft aus, deren Zweck es gerade war, die tatsächlichen und rechtlichen Voraussetzungen für die gemeinsame Berufsausübung zu bieten.[1046] Die Begründung des Referentenentwurfs folgert aus diesem - erkannten - Unterschied, die Organisations-GmbH könne nicht zugelassen werden und dürfe nicht die Bezeichnung Rechtsanwaltsgesellschaft mbH und vergleichbare Bezeichnungen führen. § 59 h II BRAO-E sei die insofern einschlägige Vorschrift.[1047] Nur die durch die §§ 59 c ff. BRAO-E geregelte GmbH soll aber aus dem Anwendungsbereich des RBerG ausgenommen werden. Es fragt sich, welche Folgen dies für die Organisations-GmbH hat. Kann sie neben der Rechtsberatungs-GmbH existieren oder muß sie als verboten gelten, nachdem sie nicht aus dem Anwendungsbereich des RBerG herausgenommen worden ist. Die Begründung

---

[1041] Ref.E S. 35/36

[1042] *Römermann*, GmbHR 1997, 530 (534)

[1043] Ref.E S. 36

[1044] BayObLG, Beschluß vom 24.11.1994, ZIP 1994, 1868 ff.

[1045] *Kaiser/Bellstedt*, Die Anwaltssozietät, Rz. 540 ff.; *Bellstedt*, AnwBl 1995, 572 ff.; *Gail/Overlack*, Anwaltsgesellschaften, Rz. 19

[1046] BayObLG, Beschluß vom 24.11.1994, mit Anmerkung *Hommelhoff/Schwab*, WiB 1994, 115 (115); für die Zahnbehandlungs-GmbH auf Grundlage des § 1 I ZHG: BGH, Urteil vom 25.11.1993, ZIP 1994, 381 (382)

[1047] Ref.E S. 36

schweigt soweit. Deshalb muß es für die Organisations-GmbH bei der vorstehend beschriebenen Rechtslage bleiben.

Die in § 59 c II, III BRAO-E auch für die GmbH vorgesehene Zulassungspflicht tritt an die Stelle des Anerkennungsverfahrens bei Wirtschaftsprüfungs- und Steuerberatungsgesellschaften mbH. Sie ist der Eintragung im Handelsregister vorgelagert und kann diese unter Umständen erheblich verzögern.[1048] Die Zulassung kann unter bestimmten Voraussetzungen versagt oder widerrufen werden.

Obwohl die Rechtsanwalts-GmbH zur Rechtsanwaltschaft zugelassen wird und eine Reihe pflichtenbegründender Vorschriften auf die Gesellschaft nach § 59 s II BRAO-E anwendbar sind, ist sie nicht selbst postulationsfähig. Folglich muß dem tätigen Rechtsanwalt für die Prozeßführung eine gesonderte Vollmacht erteilt werden. Hier besteht die Gefahr, daß zwischen dem Mandanten und dem Prozeßanwalt besondere vertragliche Pflichten begründet werden, die zu einer persönlichen Haftung führen können.[1049] Da aber der Entwurf ohnehin eine Handelndenhaftung der Geschäftsführer vorsieht, wird sich diese Gefahr nur dann realisieren können, wenn ein angestellter Anwalt bevollmächtigt wird, der nicht gleichzeitig Geschäftsführer ist. Die Gesellschafter sind nach dem vorgesehenen Regelungen geborene Geschäftsführer.

Den Kreis der tauglichen Gesellschafter regelt § 59 d BRAO-E in Anlehnung an § 59 a I, III BRAO. Sie müssen zwingend natürliche Personen sein.[1050] Durch diese Begrenzung wird der rechtlichen Gestaltungsrahmen der Rechtsanwalts-GmbH im Verhältnis zu den Möglichkeiten der Wirtschaftsprüfer und Steuerberater eingeengt. Dort ist es möglich, daß eine BGB-Gesellschaft sämtliche Anteile an der GmbH hält und die Anteile deshalb formlos übertragen werden können.[1051]

Gesellschafter einer Rechtsanwalts-GmbH kann gemäß § 59 m IV BRAO-E schließlich nicht werden, wer bereits an einer anderen - auch interprofessionellen Berufsausübungsgesellschaft beteiligt ist. Zulässig soll demgegenüber die Tätigkeit als Einzelanwalt neben der Tätigkeit als Geschäftsführer in der GmbH sein.[1052] Diese Regelung entspricht § 31 BO.
Beteiligungen Dritter am Gewinn - auch im Wege stiller Beteiligungen - werden durch § 59 m III BRAO-E ausgeschlossen.[1053] Dies ist zu begrüßen, es entspricht der Regelung in § 27,1 BO.

[1048]   *Henssler*, ZIP 1997, 1481 (1483)
[1049]   *Henssler*, ZIP 1997, 1481 (1488); *Dittmann*, ZHR 161 (1997), 332 (336)
[1050]   Ref.E S. 38; *Dittmann*, ZHR 161 (1997), 332 (333)
[1051]   *Henssler*, ZIP 1997, 1481 (1484)
[1052]   Kritisch: *Henssler*, ZIP 1997, 1481 (1486)
[1053]   Ref.E S. 53

Die Stimm- und Anteilsmehrheit muß nach § 59 d II BRAO-E bei den Rechtsanwälten liegen. Außerdem sollen gemäß § 59 g BRAO-E sämtliche Gesellschafter
Geschäftsführer sein und die Mehrheit der Geschäftsführer soll bei den Rechtsanwälten liegen. Diese Regelung kommt dann zum tragen, wenn angestellte Rechtsanwälte
oder sonstige Angehörige einer nach § 59 a I BRAO sozietätsfähigen Berufsgruppe
zu Geschäftsführern bestellt werden sollen. Daß dies zulässig ist, bestimmt § 59 g II
BRAO-E.[1054] Ein Verstoß gegen § 59 g BRAO-E hat den Widerruf der Zulassung
nach § 59 k III BRAO-E zufolge. Bedenkt man, daß die GmbH den Organisationsrahmen für zahlenmäßig größere Zusammenschlüsse bereit stellen soll, erscheint die
Regelung des § 59 g BRAO-E wegen der damit einhergehenden Schwerfälligkeit
wenig geglückt.[1055] Außerdem ist fraglich, welchen Zweck die Mehrheit der Geschäftsführer erfüllen soll; denn Entscheidungsgremium ist die Gesellschafterversammlung.

Der Referentenentwurf verzichtet auf eine Regelung zum Weisungsrecht. In der
Begründung[1056] heißt es dazu: „Der Entwurf enthält sich einer Regelung zum
Weisungsrecht der Gesellschaft. Mit der Stellung des Rechtsanwalts als unab-
hängigem Organ der Rechtspflege ist es zwar nicht zu vereinbaren, wenn er dem
fachlichen Weisungsrecht einer den Pflichten des Anwaltsstands nicht unterwor-
fenen Person oder Organisation untersteht. Durch § 59 d II BRAO-E ist aber gewährleistet, daß unter den Gesellschaftern die Rechtsanwälte einen entscheiden-
den Einfluß auf die Willensbildung der Gesellschaft haben." Das wäre aber nur
dann der Fall, wenn die Gesellschafterversammlung nur dann beschlußfähig wäre,
wenn sämtliche Gesellschafter anwesend sind. Insoweit und zu der Frage der
Mehrheitserfordernisse bei der Beschlußfassung fehlt aber jegliche Regelung.

Um die Mehrheitserfordernisse nicht zu gefährden trifft § 59 e BRAO-E für die
Übertragung von Anteilen folgende Regelung:

(1) Die Übertragung von Geschäftsanteilen bedarf der Zustimmung der Gesellschaft.

(2) Die Übertragung von Geschäftsanteilen durch Rechtsgeschäft
auf Personen, die nicht den in § 59 a Abs. 1 Satz 1, Abs. 3 genannten Berufen angehören, ist unzulässig. Geht ein Anteil an einer
Rechtsanwaltsgesellschaft im Wege der Erbfolge über, so haben
Erben, die keinem der in § 59 a Abs. 1 Satz 1, Abs. 3 genannten
Berufen angehören, binnen zwei Jahren aus der Gesellschaft auszuscheiden.

(3) Verliert ein Gesellschafter die Zugehörigkeit zu seinem Beruf
oder nicht nur vorläufig oder vorübergehend die Befugnis, die Ge-

---

[1054]   Ref.E S. 43
[1055]   *Henssler*, ZIP 1997, 1481 (1484)
[1056]   S. 44

schäfte der Rechtsanwaltsgesellschaft zu führen, so hat er binnen
sechs Monaten aus der Gesellschaft auszuscheiden.

§ 59 e II 1 BRAO-E stellt ein Verbotsgesetz im Sinne von § 134 BGB dar.[1057] Die
Frist des § 59 e II 2 BRAO-E beginnt mit dem Erbfall. Weitere Regelungen bleiben
dem Gesellschaftsvertrag überlassen.[1058] Folglich muß der Gesellschaftsvertrag weiterhin die Frage klären, auf welche Weise der Gesellschafter/Erbe aus der GmbH
ausscheidet. Daß die erforderlichen Mehrheitsverhältnisse gewahrt bleiben, wird
durch § 59 k III Nr. 2 BRAO-E gesichert, der den Widerruf der Zulassung für den
Fall vorsieht, daß die Gesellschaft faktisch beziehungsweise praktisch nicht mehr den
Anforderungen der §§ 59 d; 59 e ; 59 g BRAO-E entspricht.[1059] Die gleiche Rechtsfolge tritt ein, wenn der Tatbestand des § 59 e III BRAO-E erfüllt ist.[1060] Der Verlust
der Zulassung bestimmt sich nach dem für den Gesellschafter jeweils maßgeblichen
Berufsrecht.[1061]

Die Firma der Rechtsanwalts-GmbH muß gemäß § 59 h I 1 BRAO-E den Namen
mindestens eines anwaltlichen Gesellschafters und einen Rechtsformzusatz enthalten.
Sachfirmen sind folglich unzulässig. Für alle sonstigen Fragen muß auf das Firmen-
recht des HGB zurückgegriffen werden. Bei der Umwandlung einer Sozietät in eine
GmbH darf die bisherige Kurzbezeichnung fortgeführt werden. Ein Vorteil, der der
Partnerschaftsgesellschaft verwehrt ist.[1062]

Der Referentenentwurf hat sich in § 59 p BRAO-E für eine Handelndenhaftung ausgesprochen. § 59 p BRAO-E hat folgenden Inhalt:

> Für beruflicher Fehler haften die mit der Bearbeitung des Auftrags
> befaßten Geschäftsführer neben der Gesellschaft als Gesamt-
> schuldner. Eine Beschränkung der Haftung der Rechtsanwaltsge-
> sellschaft nach § 51 a I gilt auch für die in Satz 1 genannten Perso-
> nen.

Zur Begründung wird ausgeführt, die persönliche Haftung des handelnden Rechtsanwaltes sei im Interesse der Mandanten und wegen der besonderen Vertrauensstellung des Anwalts erforderlich. Damit würde das Haftungsprivileg der GmbH nicht
ausgehöhlt; denn der verantwortliche Rechtsanwalt könne seine Haftung vertraglich
begrenzen, § 51 a I BRAO.[1063] § 59 f BRAO-E verschärft die vorgeschlagene Regelung, daß das Stammkapital für die Eintragung eingezahlt sein muß, dadurch daß in-

---

[1057] Ref.E S. 40
[1058] Ref.E S. 41
[1059] Ref.E S. 50
[1060] Ref.E S. 41/42
[1061] Ref.E S. 41
[1062] *Römermann*, GmbHR 1997, 530 (535)
[1063] Ref.E S. 56/57

soweit nur Bareinlagen geleistet werden dürfen.[1064] Zusätzlich begründet § 59 q BRAO-E eine Verpflichtung der GmbH, eine Haftpflichtversicherung über fünf Millionen für jeden Versicherungsfall abzuschließen und aufrechtzuerhalten. Wird diese Verpflichtung nicht eingehalten, trifft die Geschäftsführer eine verschuldensunabhängige persönliche Haftung, die neben die Haftung der GmbH tritt. Geschäftsführer und Gesellschaft haften dann als Gesamtschuldner, § 59 q III BRAO-E. Verstöße gegen diese Pflicht werden um Schutz der Auftraggeber mit der Nichtzulassung gemäß § 59 j III BRAO-E in Verbindung mit § 12 II BRAO beziehungsweise dem Widerruf der Zulassung gemäß § 59 k III Nr. 3 BRAO-E sanktioniert.[1065]

Aus den angeführten Gründen sprechen meines Erachtens die besseren Argumente gegen eine Handelndenhaftung. In jedem Fall sollte sich der Gesetzgeber zwischen der Handelndenhaftung und der Versicherungspflicht einerseits und der der Versicherungspflicht der GmbH und der Rechtsanwälte andererseits entscheiden. Ein doppelte Pflichtversicherung für den einzelnen Rechtsanwalt und für die GmbH ist nur dann gerechtfertigt, wenn der Rechtsanwalt neben seiner Geschäftsführertätigkeit als Einzelanwalt tätig ist. Übersteigerte Anforderungen - sei es durch Versicherungspflichten oder durch eine Handelndenhaftung - benachteiligen die Rechtsanwaltsgesellschaften mbH in verfassungsrechtlich bedenklicher Weise. Die Höhe der Haftpflichtversicherung ist an dem Ausschluß der persönlichen Haftung zu messen, wobei nicht übersehen werden darf, daß durch die mit der Versicherung verbundenen zusätzlichen Kosten den Rechtsanwälten der Zusammenschluß in einer GmbH unnötig erschwert wird.[1066] Auch erscheint die Mindestversicherungssumme in Höhe von fünf Millionen bedenklich, insbesondere solange keine Abstimmung mit § 51 a I BRAO erfolgt, der eine Erhöhung der Mindestversicherungssumme um das Vierfache vorsieht, mithin auf zwanzig Millionen.[1067]

IV. Ergebnis

Die Rechtsanwalts-GmbH ist zulässig. Weder die BRAO noch das RBerG enthalten ein Verbot. Ein solches wäre verfassungsrechtlich auch nicht zu rechtfertigen. Rechtsanwälte können daher eine GmbH gründen, die den Organisationsrahmen für die gesamte Berufsausübung der gesellschaftsrechtlich verbundenen Anwälte und Angehörigen einer nach § 59 a I, III BRAO sozietätsfähigen Berufsgruppe bildet. Allerdings muß der Gesellschaftsvertrag bestimmten Anforderungen genügen, die sich aus dem Berufsrecht ergeben. Eine vollständige und umfassenden Kontrolle dieser Anforderung durch die Registergerichte ist jedoch nicht möglich. Deshalb bietet sich eine Kontrolle durch die jeweils zuständigen Justizministerien in Anlehnung an die Vorschriften der WPO und des StBerG jedenfalls solange an, bis die längst

---

[1064]   *Henssler*, ZIP 1997, 1481 (1484); *Römermann*, GmbHR 1997, 530 (534)
[1065]   Ref.E S. 58
[1066]   *Römermann*, GmbHR 1997, 530 (534)
[1067]   *Henssler*, ZIP 1997, 1481 (1484)

überfällige gesetzliche Regelung der Anwalts-GmbH in Kraft tritt. Der vorgelegte Gesetzesentwurf ist insoweit aber nur bedingt geeignet. Zu sehr benachteiligt er die Rechtsanwälte gegenüber den verwandten Berufen, zu viele Hindernisse bereitet er den Anwälten auf dem Weg in die GmbH.

§ 20 Die Gründung der GmbH

Die Gründung der Rechtsanwalts-GmbH vollzieht sich in drei Schritten. Gemäß § 11 I GmbHG entsteht die GmbH mit der Eintragung in das Handelsregister. Der Eintragung vorgeschaltet ist der Abschluß des Gesellschaftsvertrages, der gemäß § 2 I GmbHG notariell beurkundet werden muß, und die Anmeldung zum Handelsregister.

I. Der Gesellschaftsvertrag, Anmeldung und Eintragung in das Handelsregister

Die - auch für die Rechtsanwalts-GmbH - zwingend vorgesehene notarielle Form des Gesellschaftsvertrages ist in § 2 I GmbHG geregelt.[1068] Vertragspartner des Gesellschaftsvertrages können - dies hat die vorstehende Prüfung ergeben - Rechtsanwälte oder Angehöriger sonstiger nach § 59 a I, III BRAO sozietätsfähiger Berufsgruppen sein. Zwingend notwendig ist die Beteiligung mehrerer Rechtsanwälte beziehungsweise sonstiger sozietätsfähiger Personen nicht. Möglich ist auch, daß die GmbH von einer BGB-Gesellschaft gegründet wird.[1069] Damit kann die BGB-Gesellschaft die GmbH sowohl im Wege der Einmann-Gründung als auch mit anderen Gesellschaftern zusammen in das Leben rufen.[1070]

Die Anmeldung der GmbH ist in § 7 GmbHG geregelt. Danach ist die Gesellschaft bei dem Gericht, in dessen Bezirk sie ihren Sitz hat, zur Eintragung in das Handelsregister anzumelden. Der Anmeldung muß der Gesellschaftsvertrag nach § 8 I GmbHG beigefügt werden. Dem Registerrichter, der die Eintragungsfähigkeit der Anwalts-GmbH prüft, kommt das formelle und materielle Prüfungsrecht zu.[1071] Folglich unterliegen seiner Prüfung alle Fragen einer wirksamen und gesetzeskonformen Gründung.[1072] Zur materiellen Prüfungspflicht gehört auch die Beachtung des Berufsrechts und die aus diesem resultierenden Mindestanforderungen an den Gesellschaftsvertrag.

Ist die Gesellschaft ordnungsgemäß errichtet und angemeldet, so muß der Registerrichter die Rechtsanwalts-GmbH in das Handelsregister eintragen. Der Inhalt der

---

[1068] *Gail/Overlack*, Anwaltsgesellschaften, Rz. 118
[1069] *Kaiser/Bellstedt*, Die Anwaltssozietät, Rz. 594
[1070] BGH, Beschluß vom 03.11.1980, E 78, 311 (311); *Baumbach/Hueck/Zöllner*, GmbHG, § 1 Rz. 33; *Hachenburg-Ulmer*, GmbHG, § 2 Rz. 32
[1071] *Gail/Overlack*, Anwaltsgesellschaften, Rz. 122
[1072] *Hachenburg-Ulmer*, GmbHG, § 9 c Rz. 8 ff.; *Lutter/Hommelhoff*, GmbHG, § 9 c Rz. 4

Eintragung ist in § 10 GmbHG geregelt. Die Eintragung erfolgt nur dann, wenn die Prüfung durch den Registerrichter ergibt, daß der Gesellschaftsvertrag den erforderlichen Mindestinhalt aufweist, wie er sich aus dem GmbHG und dem Berufsrecht ergibt.

Mängel des Gesellschaftsvertrages, der Anmeldung oder der Eintragung sind nach allgemeinen Grundsätzen des GmbH- beziehungsweise Gesellschaftsrechts zu lösen. Unterschiede bestehen für die Rechtsanwalts-GmbH insofern nicht.[1073]

II. Notwendiger Inhalt

Eine Besonderheit gilt für die Rechtsanwalts-GmbH aber insoweit, daß sich der notwendige Inhalt des Gesellschaftsvertrages nicht nur aus dem GmbHG ergibt sondern auch aus dem Berufsrecht. Außerdem beeinflußt die BRAO die Vorgaben des GmbHG teilweise.

1. Nach der BRAO

Wie die BRAO Einfluß auf die Gestaltung des Gesellschaftsvertrages nimmt, ist bereits oben aufgezeigt worden. Einige Regelungen sind zur Wahrung der Unabhängigkeit des Rechtsanwalts und zum Schutze des Vertrauens des Rechtsverkehrs in diese unabdingbar.

Es handelt sich dabei um die folgend aufgezählten Bestimmungen:[1074]

a) Kreis der Gesellschafter

Der Kreis der Gesellschafter wird wie in jeder Gesellschaftsform durch § 59 a BRAO bestimmt. Außerdem ist es möglich, daß eine Sozietät oder eine Partnerschaftsgesellschaft, die ihrerseits den Anforderungen des § 59 a BRAO genügt, Gesellschafter ist.

Auswärtige Kapitalbeteiligungen - auch im Wege stiller Beteiligungen - müssen ausgeschlossen werden.

[1073] *Gail/Overlack*, Anwaltsgesellschaften, Rz. 128
[1074] Vgl. oben § 19 II. 2. b)

b) Geschäftsführung und Vertretung

Gemäß § 6 I GmbHG muß eine GmbH einen oder mehrere Geschäftsführer haben. Die Geschäftsführer vertreten die GmbH gemäß § 35 I GmbHG gerichtlich und außergerichtlich. Diese müssen die selben persönlichen Voraussetzungen erfüllen wie die Gesellschafter, das muß der Gesellschaftsvertrag gewährleisten.[1075] Aber nicht alle Gesellschafter müssen Geschäftsführer sein.[1076] Des weiteren ist es nicht erforderlich, daß alle Geschäftsführer Gesellschafter sind.[1077]

Gemäß § 35 II 2 GmbHG gilt auch für die GmbH, daß sie - in Ermangelung abweichender gesellschaftsvertraglicher Regelungen - von sämtlichen Geschäftsführern gemeinsam vertreten wird. Wie bei der Sozietät sollte aber der Gesellschaftsvertrag den Grundsatz der Einzelgeschäftsführung und -vertretung einführen.[1078] Zwar bietet die GmbH nur den Organisationsrahmen für die anwaltliche Berufsausübung, so daß die Geschäftsführertätigkeit nicht zwingend mit der Berufsausübung verbunden sein muß.[1079] Jedoch kann die Tätigkeit eines Rechtsanwalts als Geschäftsführer einer Anwalts-GmbH von seiner Berufsausübung nicht rechtlich abgespalten werden.[1080]

Dies schließt es nicht aus, daß bestimmte Geschäfte, die nicht die anwaltliche Berufsausübung im Einzelfall betreffen, einer vertraglichen Regelung zugeführt werden, nach der sie nur gemeinsam mit einem anderen oder gemeinsam mit sämtlichen Geschäftsführern vorgenommen werden dürfen. Schließlich ist es möglich angestellten Rechtsanwälten Prokura oder Handlungsvollmacht zu erteilen.[1081]

c) Einschränkung der Widerspruchs- und Weisungsrechte

Im Hinblick auf die Tätigkeit des Rechtsanwalts im Einzelfall dürfen keine Weisungen oder Widersprüche erfolgen. Hier muß der Gesellschaftsvertrag vorbeugen und zwar unabhängig davon, ob der Anwalt als Geschäftsführer oder als Angestellter tätig wird. Wegen des untrennbaren Zusammenhangs von Geschäftsführertätigkeit und Berufsausübung eines Rechtsanwalts, [1082] ist ein Ausschluß des Weisungsrechts im oben bezeichneten Rahmen unverzichtbar.

[1075] *Gail/Overlack*, Anwaltsgesellschaften, Rz. 165; *Römermann*, Entwicklungen und Tendenzen bei Anwaltsgesellschaften, S. 152

[1076] *Schlosser*, JZ 1995, 345 (347); *Gail/Overlack*, Anwaltsgesellschaften, Rz. 156

[1077] *Sommer*, GmbHR 1995, 249 (251)

[1078] Kaiser/Bellstedt, Die Anwaltssozietät, Rz. 661

[1079] *Gail/Overlack*, Anwaltsgesellschaften, Rz. 158

[1080] *Schlosser*, JZ 1995, 345 (347)

[1081] *Gail/Overlack*, Anwaltsgesellschaften, Rz. 169

[1082] *Schlosser*, JZ 1995, 345 (347)

d) Gesellschafterversammlung

Die Willensbildung in der GmbH erfolgt in der Gesellschafterversammlung durch Gesellschaftsbeschlüsse. Diese hat das GmbHG in §§ 45-51 einer disponiblen Regelung zugeführt. Abweichende Bestimmungen sollte der Gesellschaftsvertrag sinnvollerweise treffen.[1083] Jeder Gesellschafter sollte berechtigt sein, die Gesellschafterversammlung einzuberufen, das Stimmrecht sollte sich nach Köpfen und nicht nach Beteiligungen richten und die grundlegenden Geschäfte sollten der Klarstellung halber unter dem Vorbehalt einer einstimmigen Zustimmung der Gesellschafterversammlung stehen.

Die Stimm- und Kapitalmehrheit muß bei den Rechtsanwälten liegen. Stimmbindungsvereinbarungen sollten ausgeschlossen werden und erforderlichenfalls muß festgelegt werden, daß ein Rechtsanwalt sein Stimmrecht nur einem Mitgesellschafter übertragen darf, der ebenfalls Anwalt ist.

e) Gesellschafterwechsel

Änderungen im Gesellschafterbestand dürfen die erforderlichen Mehrheitsverhältnisse nicht gefährden. Der Gesellschaftsvertrag muß deshalb Regelungen über die Möglichkeit und den Modus der Abtretung von Geschäftsanteilen und der Vererblichkeit des Anteils vorsehen.[1084] Dies kann entweder durch den Ausschluß der Übertragbarkeit der Anteile geschehen oder dadurch, daß die Abtretung eines Gesellschaftsanteils an die Zustimmung der Gesellschaft geknüpft wird. Die Zustimmung sollte an die Erfüllung bestimmter Merkmale geknüpft werden. Die Ausübung des Rechtsanwaltsberufs oder einer in § 59 a I, III BRAO genannten Tätigkeit ist insoweit unerläßliche Voraussetzung.

f) Einziehungsgründe und Abtretungspflichten

Um zu gewährleisten, daß die Gesellschafter stets die persönlichen Voraussetzungen erfüllen, die sie zur Zeit der Eintragung der Rechtsanwalts-GmbH erfüllen mußten, müssen Einziehungsgründe und Abtretungspflichten vorgesehen werden.

Zu den Einziehungsgründen beziehungsweise Abtretungspflichten, die der Gesellschaftsvertrag vorsehen muß, zählen der Verlust der Zulassung zur Anwaltsschaft und die Anteilspfändung. Die endgültige und vollkommene Aufgabe der aktiven Mitarbeit kann ebenfalls dazu zählen.

[1083] *Gail/Overlack*, Anwaltsgesellschaften, Rz. 202
[1084] Vgl. oben § 19 II 2. b)

Wichtig ist, daß der Gesellschaftsvertrag es nicht bei den Einziehungsgründen oder Abtretungspflichten bewenden läßt, sondern Vorkehrungen für den Fall trifft, daß es zu einer Verschiebung der Mehrheitsverhältnisse kommt. Den Gesellschaftern sollte ein Frist gesetzt werden, innerhalb derer sie die erforderlichen Mehrheiten wiederhergestellt haben müssen.[1085]

g) Kündigung

Jedem Gesellschafter sollte das Recht zur Kündigung eingeräumt werden. Nur so kann die anwaltliche Unabhängigkeit gewahrt werden. Der Gesellschaftsvertrag muß die Rechtsfolgen der Kündigung genau regeln,[1086] damit sie nicht zur Auflösung der Gesellschaft führt. Zum einen muß bestimmt werden, was mit dem Anteil des ausscheidenden geschieht, zum anderen muß eine Regelung über die Abfindung getroffen werden.[1087] Fehlen in dem Gesellschaftsvertrag Angaben über die Ermittlung der Abfindung, ist der wirkliche Wert des Anteils zu ermitteln, wobei der Verkehrswert maßgeblich ist.[1088]

Mit der Abfindungsregelung eng verbunden sind auch Fragen eines Wettbewerbsverbots.[1089] Je nach den örtlichen Verhältnissen kann es angebracht sein, ein Wettbewerbsverbot zu vereinbaren. Dies ist in Grenzen zulässig.[1090] Ein gesetzliches Wettbewerbsverbot kennt das GmbHG nicht. Für die Geschäftsführer wird es im allgemeinen aus ihrer Treuepflicht hergeleitet.[1091] Möglich ist, im Gesellschaftsvertrag ein einheitliches Wettbewerbsverbot für Gesellschafter und Geschäftsführer zu vereinbaren.[1092]

h) Versicherungspflicht

Die erhöhte Versicherungspflicht von zwei Millionen DM für jeden Rechtsanwalt muß schließlich in den Gesellschaftsvertrag aufgenommen werden, da die BRAO nur eine Versicherungspflicht in Höhe von DM 500.000,- vorsieht, der erhöhte Versicherungsumfang aber zum Schutz der Mandanten unerläßlich ist.

[1085] *Sommer*, GmbHR 1995, 249 (253)
[1086] *Kaiser Bellstedt*, Die Anwaltssozietät, Rz. 685
[1087] *Gail Overlack*, Anwaltsgesellschaften, Rz. 263 ff.
[1088] *Baumbach Hueck*, GmbHG, § 34 Rz. 17a; *Sommer*, GmbHR 1995, 249 (254)
[1089] Vgl. oben § 8 III. 4. c)
[1090] BGH, Urteil vom 24.06.1984, NJW 1986, 2944 (2945); *Kaiser/Bellstedt*, Die Anwaltssozietät, Rz. 182
[1091] BGH, Urteil vom 23.09.1985, ZIP 1985, 1484 (1485); BGH, Urteil vom 12.06.1989, ZIP 1989, 1390 (1394); Lutter/Hommelhoff, GmbHG, Anh. § 6 Rz. 20
[1092] *Gail Overlack*, Anwaltsgesellschaften, Rz. 245

2. Nach GmbHG

Gemäß § 3 GmbHG muß der Gesellschaftsvertrag Firma und Sitz der Gesellschaft, den Gegenstand des Unternehmens, den Betrag des Stammkapitals und den Betrag der von jedem Gesellschafter zu leistenden Stammeinlage enthalten.

a) Firma und Sitz der Gesellschaft

Grundsätzlich kann eine GmbH eine Sachfirma oder eine Personenfirma gründen. Beschränkungen unterliegt sie nur insofern, als sie gemäß § 4 GmbHG einen Rechtsformzusatz enthalten und die Sachfirma dem Unternehmensgegenstand entlehnt sein muß. Außerdem müssen die allgemeinen Grundsätze des Firmenrechts beachtet werden.

Fraglich ist, ob dies auch für eine Anwalts-GmbH gilt. Das würde bedeuten, daß eine Firmierung unter der harmlosen Bezeichnung „Münsteraner Rechtsberatungsgesellschaft mbH" aber auch als „Robin Hood - Rechtsberatungsgesellschaft mbH" zulässig wäre. Politische Tendenzen, gesellschaftliche Ziele und rechtsstaatliche bedenklich Organisationen könnten zum Inhalt der Firma gemacht werden. Hier sei nur das Beispiel Scientologys erwähnt. Damit würde einerseits die Unabhängigkeit des Rechtsanwalts gefährdet, andererseits bestünde stets die Gefahr, daß das allgemeine Sachlichkeitsgebot nach § 43 a III BRAO und das Gebot der sachlichen Werbung gemäß § 43 b BRAO im speziellen verletzt würden. Es ist deshalb zu erwarten, daß die Registergerichte bei der Prüfung der berufsrechtlichen, firmenrechtlichen und wettbewerbsrechtlichen Bestimmungen gemäß § 9 c GmbHG einen strengen Maßstab anlegen.[1093] Folglich sollte eine Rechtsanwalts-GmbH eine Personenfirma wählen.[1094] Zwingend ist dies nach der derzeitigen Rechtslage allerdings nicht.[1095] Die Personenfirma müßte den Namen aller oder eines Gesellschafters enthalten.

Der Sitz der Gesellschaft ist dort, wo sich der Ort der Verwaltung befindet.[1096] In der Regel wird der Gesellschaftssitz sich deshalb am Kanzleiort befinden.

b) Unternehmensgegenstand

Der Unternehmensgegenstand ist als Besorgung fremder Rechtsangelegenheiten einschließlich der Rechtsberatung von in den Diensten der GmbH stehenden, zugelasse-

---

[1093] *Gail/Overlack*, Anwaltsgesellschaften, Rz. 179
[1094] *Hellwig*, ZHR 161 (1997), 337 (356)
[1095] *Sommer*, GmbHR 1995, 249 (251), *Bellstedt*, AnwBl 1996, 573 (579); *Römermann*, Entwicklungen und Tendenzen bei Anwaltsgesellschaften, S. 165
[1096] *Gail/Overlack*, Anwaltsgesellschaften, Rz. 182

nen Rechtsanwälten durch die Übernahme von Rechtsanwaltsaufträgen zu bezeichnen.[1097]

Bei interprofessionell tätigen Gesellschaften muß der Unternehmensgegenstand modifiziert werden. In Betracht käme die Bezeichnung als Besorgung fremder Rechtsangelegenheit einschließlich der Rechtsberatung, der Steuerberatung und der Wirtschaftsprüfung von in den Diensten der GmbH stehenden, zugelassenen Rechtsanwälten, bestellten Steuerberatern und Wirtschaftsprüfern durch die Übernahme von Rechtsanwaltsaufträgen, Steuerberatungs- oder Wirtschaftsprüfungsmandaten.

c) Stammkapital

Der Gesellschaftsvertrag muß den Betrag des Stammkapitals bezeichnen. Gemäß § 5 I GmbHG muß er auf mindestens DM 50.000,- lauten. Die Regelung des § 7 II GmbHG, nach der die Gesellschaft zum Handelsregister angemeldet werden darf, wenn ein Viertel des Stammkapitals eingezahlt worden ist, wird durch die BRAO modifiziert. Die Rechtsanwalts-GmbH darf erst dann angemeldet werden, wenn das Mindeststammkapital von DM 50.000,- eingezahlt worden ist. Vereinbaren die Gesellschafter ein höheres Stammkapital bleibt es bei der Regelung des § 7 II GmbHG insoweit, daß dann ein Viertel eingezahlt sein muß, mindestens jedoch 50.000.-. § 7 II GmbH kommt deshalb erst bei einem Stammkapital über DM 200.000.- zum tragen.

d) Stammeinlage

Stammeinlage ist der Betrag, den jeder Gesellschafter auf das Stammkapital leistet. Gemäß § 5 I GmbHG muß jeder Gesellschafter eine Einlage von mindestens DM 500,- übernehmen. Höhere Einlagen müssen auf einen durch hundert teilbaren Betrag lauten und die Summe der Stammeinlagen muß das Stammkapital ergeben, § 5 III GmbHG. Die Stammeinlage muß nicht notwendigerweise durch Geld geleistet werden. Möglich ist es auch, daß sie durch Sachleistungen erfüllt wird. Einzelheiten über die Sacheinlage, die auch durch die Einbringung einer Einzelkanzlei oder einer Sozietät erbracht werden kann,[1098] sind in § 5 IV GmbHG geregelt. Stimmt der im Sachgründungsbericht angegebene Wert der Sacheinlage im Zeitpunkt der Anmeldung nicht mit dem tatsächlichen Wert überein, so daß zwischen Stammeinlagen und Stammkapital eine Differenz besteht, haftet der Gesellschafter, der die Sacheinlage erbringt, gemäß § 9 I GmbHG für den Fehlbetrag.

[1097] *Knoll*, WiB 1995, 130 (130); *Limmer*, WPrax 1994, Heft 24, S. 4 (5); *Gail/Overlack*, Anwaltsgesellschaften, S. 205; *Ahlers*, AnwBl. 1995, 3 (4/6); *Koch*, AnwBl 1993, 157 (159); *Senninger*, ZAP 1995, 195 (195)

[1098] *Kaiser/Bellstedt*, Die Anwaltssozietät, Rz. 595 mit weiteren Einzelheiten

III. Fakultativer Inhalt

Im Vergleich mit Sozietät und Partnerschaftsgesellschaft ist die Gestaltungsfreiheit der Gesellschafter einer Rechtsanwalts-GmbH durch den Einfluß des Berufsrechts weniger weit. Vieles, das bei den beiden Personengesellschaften nicht zwingend geregelt werden mußte, sinnvollerweise aber einer Regelung zugeführt werden sollte, gehört bei der Anwalts-GmbH zum notwendigen Inhalt.

Was außer den vorstehend erörterten Bereichen in dem Gesellschaftsvertrag Niederschlag finden sollte, muß sich in erster Linie an den Bedürfnissen der Gesellschafter ausrichten. Allgemeingültigkeit haben nur wenige Punkte.

1. Bindung an das Berufsrecht

Gemäß § 30 BO ist das anwaltliche Berufsrecht als Mindestanforderung für alle Gesellschafter zu sehen, die sich in einer Rechtsberatungsgesellschaft zusammenschließen Sämtliche Gesellschafter sollten sich gesellschaftsvertraglich dazu verpflichten, das anwaltliche Berufsrecht zu beachten.. Auf diese Weise ist es möglich, daß Verstöße nicht nur durch die Kammern sondern auch durch die Gesellschaft selbst sanktioniert werden kann.[1099] Alle Gesellschafter müssen sich verpflichten, die Schweigepflicht nach § 43 a III BRAO einzuhalten und das Gebot der Vertretung widerstreitender Interessen gemäß § 43 a IV BRAO einzuhalten.

2. Ehelicher Güterstand

Die Gefahren, die im Falle der Scheidung eines Gesellschafters für die Sozietät und die Partnerschaft bestehen, bestehen für die Rechtsanwalts-GmbH gleichermaßen. Die Gesellschafter sollten deshalb gesellschaftsvertraglich vorbeugen. Im Interesse aller sollte eine Verpflichtung begründet werden, den Gesellschaftsanteil aus dem Zugewinn herauszunehmen oder Gütertrennung zu vereinbaren.[1100]

3. Sonstiges

Neben der Festlegung einer Vergütung kann es in einer Anwalts-GmbH sinnvoll sein, die Gewinnverteilung abweichend vom GmbHG zu regeln. Beispielsweise kann die Ergebnisverwendung von einem Beschluß der Gesellschafterversammlung abhängig

---

[1099] *Gail/Overlack*, Anwaltsgesellschaften, Rz. 222
[1100] *Rowedder-Rowedder*, GmbHG, § 15 Rz. 52

gemacht werden. Dies hat den Vorteil, daß die Gewinnanteile nicht in der registeröffentlichen Satzung offengelegt werden müssen.[1101]

Die Anwalts-GmbH kann zahlreichen weiteren Regelungen zugeführt werden. Diese lassen sich jedoch nicht allgemeinverbindlich festlegen. Je nach den persönlichen und örtlichen Gegebenheiten muß nach einem speziellen Lösungsweg gesucht werden. Die veröffentlichten Vertragsmuster[1102] mögen eine geeignete Hilfestellung geben.

IV. Ergebnis

Der Gesellschaftsvertrag einer Rechtsanwalts-GmbH wird durch das Berufsrecht und das Gesellschaftsrecht beeinflußt. Eine Anwalts-GmbH, deren Satzung nicht den Anforderungen des Berufsrechts entspricht, gelangt gar nicht erst zur Entstehung, weil der Registerrichter die Eintragung verweigert, sei es, weil er selbst die Voraussetzungen für nicht gegeben erachtet, sei es, weil das zuständige Ministerium die Unbedenklichkeitsbescheinigung verweigert. Darin besteht der entscheidende Unterschied zu den Personengesellschaften. Deren Gesellschaftsvertrag unterliegt zwar ebenfalls berufsrechtlichen Einflüssen, ihre Einhaltung läßt die Existenz einer Sozietät gänzlich, einer Partnerschaftsgesellschaft weitgehend unberührt.

Durch die berufsrechtlichen Einflüsse wird die GmbH personalistisch ausgestaltet. Nicht der Anteil am Kapital der Gesellschaft, sondern der Gesellschafter selbst steht im Vordergrund.

§ 21 Die Haftung

Der Ausschluß der persönlichen Haftung der Rechtsanwälte - sei es als Geschäftsführer oder als Gesellschafter - wurde bei der Diskussion über die Einführung der GmbH für Rechtsanwälte oft als Hindernis bewertet.[1103] Die Lösung sollte deshalb in der Einführung einer Handelndenhaftung gefunden werden. Sinn und Zweck einer Handelndenhaftung sind jedoch fraglich. Außerdem stößt die Einführung der Handelndenhaftung auf verfassungsrechtliche Bedenken, insbesondere wenn gleichzeitig eine Erhöhung der Versicherungssumme und die Verschärfung der Bestimmungen über die Einzahlung des Stammkapitals gefordert wird.[1104] Richtigerweise sollte den Rechtsanwälten der entscheidende Vorteil der GmbH gegenüber den Personengesell-

---

1101   *Kaiser/Bellstedt*, Die Anwaltssozietät, Rz. 639 ff.; *Gail/Overlack*, Anwaltsgesellschaften, Rz. 210 ff.; jeweils mit weiteren Einzelheiten

1102   *Knoll*, WiB 1995, 130 ff.; *Limmer*, WPrax 1994, Heft 24, S. 4 ff.; *Senninger*, ZAP 1995, 195 ff.; *Ahlers*, AnwBl 1995, 3 (6 ff.); *Gail/Overlack*, Anwaltsgesellschaften, S. 205 ff.

1103   *Henssler*, DB 1995, 1549 (1551)

1104   Vgl. oben § 19 II. 2. b); *Gail/Overlack*, Anwaltsgesellschaften, Rz. 353 ff.; *Henssler*, DB 1995, 1549 (1551)

schaften nicht verweigert werden. Die zahlreichen Probleme der Partnerschaftsgesellschaft im Zusammenhang mit der Handelndenhaftung sollten nicht auf weitere Möglichkeiten anwaltlicher Zusammenarbeit übertragen werden.[1105]

I. Der Gesellschaft

Bleibt es bei den gesetzlichen Bestimmungen des GmbHG, haftet den Gläubigern der GmbH gemäß § 13 II GmbHG für Verbindlichkeiten derselben nur das Gesellschaftsvermögen. Vertragspartner des Mandanten ist die Rechtsanwalts-GmbH. Folglich haftet sie für Fehler bei der Berufsausübung.

II. Der Gesellschafter

Eine zusätzliche Haftung der Gesellschafter neben der Gesellschaft oder als Ausfallhaftung gibt es grundsätzlich nicht. Eine Ausnahme besteht dann, wenn eine Sacheinlage zu gering bewertet wurde, § 9 I GmbHG, oder wenn der erforderliche Versicherungsschutz in Höhe von zwei Millionen DM nicht besteht oder das Stammkapital in Höhe von mindestens DM 50.000,- nicht eingezahlt wurde.[1106] Ein Durchgriffshaftung ist des weiteren im Falle der Unterkapitalisierung und der Vermögensmischung anerkannt.[1107] Außerdem wird bereits heute die Gefahr gesehen, daß die Rechtsprechung wegen der engen Vertrauensbeziehung zwischen Anwalt und Mandant eine Durchgriffsmöglichkeit eröffnen wird.[1108]

Die mangelnde Postulationsfähigkeit der Rechtsanwalts-GmbH könnte weitere Haftungsrisiken für die Prozeßanwälte eröffnen. Diese treten in Untervollmacht der GmbH vor Gericht auf. Der Bundesgerichtshof hat in einem anderen Fall, in dem Korrespondenzanwälte in Untervollmacht aufgetreten sind, ausgeführt, daß der Prozeßbevollmächtigte gemäß § 81 ZPO eine selbständige, eigenverantwortliche Stellung innehabe, die sich auf das Innenverhältnis zum Mandanten auswirke.[1109] Da in diesem Fall die Erteilung der Untervollmacht regelmäßig namens des Mandanten erfolgt,[1110] wird folglich gleichzeitig ein unmittelbares Vertragsverhältnis zwischen Mandant und Prozeßanwalt begründet.[1111] *Henssler*[1112] sieht in Anlehnung an diese

---

[1105] *Knoll/Schüppen*, DStR 1995, 608 (651); *Bayer/Imberger*, DWiR 1995, 177 (183); *Sotiropoulos*, ZIP 1995, 1879 (1885); *Henssler*, DB 1995, 1549 (1551);

[1106] *Gail/Overlack*, Anwaltsgesellschaften, Rz. 356

[1107] *Lutter/Hommelhoff*, GmbHG, § 13 Rz. 11 ff.; *Baumback/Hueck*, GmbHG, § 13 Rz. 10 ff.

[1108] *Henssler*, DB 1995, 1549 (1551)

[1109] BGH, Urteil vom 28.06.1990, NJW-RR 1990, 1241 (1243)

[1110] *Borgmann/Haug*, Anwaltshaftung, VII Rz. 34

[1111] *Henssler/Prütting-Henssler*, BRAO, Anh. zu § 59 a Rz. 13

[1112] ZHR 161 (1997), 305 (322)

Rechtsprechung die Gefahr, daß die angestellten oder geschäftsführenden Rechtsanwälte der GmbH dem Mandanten persönlich haften, wenn sie ihn vor Gericht vertreten. Meines Erachtens ist die Gefahr jedoch weniger groß. In dem vom Bundesgerichtshof[1113] entschiedenen Fall hatte sich der Prozeßanwalt auf die Angaben des Hausanwaltes verlassen und weiteren Sachvortrag im Vertrauen auf einen gerichtlichen Hinweis trotz eigener Bedenken unterlassen. Obwohl er das Mandat angenommen hatte, hat er nicht das Erforderliche und ihm Mögliche unternommen. Damit unterscheidet sich die Situation erheblich von der Beauftragung einer Anwalts-GmbH. Dort wird der Mandant von einem Rechtsanwalt beraten. Kommt es zu einem Prozeß, erteilt der Mandant dem bereits für ihn - im Auftrag der GmbH - tätigen Rechtsanwalt die nach der Zivilprozeßordnung erforderliche, abstrakte Vollmacht. Daß der Anwalt den Mandanten auch gerichtlich vertreten wird, wenn dies notwendig werden sollte, ist bereits mit der GmbH vereinbart. Ein weiterer Vertrag kommt deshalb nicht zustande, eine zusätzliche Abrechnung wird nicht vorgenommen. Vielmehr liegt sowohl aus der Sicht des Mandanten als auch aus der Sicht von GmbH und Rechtsanwalt ein einheitliches Vertragsverhältnis vor. Ein konkludenter Vertragsschluß kann meines Erachtens deshalb nicht angenommen werden.

III. Der Geschäftsführer

Grundsätzlich haften auch die Geschäftsführer dem Vertragspartner gegenüber nicht persönlich. Ausnahmen werden jedoch immer häufiger gemacht, wenn der Geschäftsführer in besonderem Maße eigenes Vertrauen in Anspruch genommen hat oder ein gesteigertes wirtschaftliches Eigeninteresse am Erfolg des Geschäftes hatte. Als Anspruchsgrundlagen werden culpa in contrahendo und das Deliktsrecht herangezogen. Für die Begründung der persönlichen Haftung der Rechtsanwälte ist das Deliktsrecht in aller Regel wenig geeignet. Denkbar wäre jedoch, daß die anwaltlichen Geschäftsführer wegen des besonderen Vertrauensverhältnisses zwischen ihnen und den Mandanten aus Verschulden bei Vertragsschluß haften.[1114] Der Risiko der Begründung einer Durchgriffshaftung besteht demnach für sämtliche Rechtsanwälte, seien sie Geschäftsführer oder Angestellte. Allerdings erfordert dies die Erweiterung der Fallgruppen betreffend die Eigenhaftung des Vertreters aus culpa in contrahendo; denn die Inanspruchnahme besonderen Vertrauens muß sich grundsätzlich auf die Seriosität des Vertragspartners und die Erfüllung des Geschäftes beziehen[1115] und nicht auf eine fehlerfreie Berufsausübung.[1116] Das Risiko ist deshalb gering einzuschätzen, zumal eine institutionalisierte Eigenhaftung für Wirtschaftsprüfer oder Steuerberater nicht anerkannt ist, so daß in interprofessionellen Gesellschaften erhebliche Probleme entstünden. Vor allem wenn das Mandant von einem Rechtsanwalt und einem Steu-

---

[1113]   BGH, Urteil vom 28.06.1990, NJW-RR 1990, 1241 ff.
[1114]   *Dauner-Lieb*, GmbHR 1995, 259 (263); *Henssler*, DB 1995, 1549 (1551)
[1115]   BGH, Urteil vom 17.06.1991, NJW-RR 1991, 1240 (1242); BGH, Urteil vom
         01.07.1991, NJW-RR 1991, 1312 (1314)
[1116]   *Gail/Overlack*, Anwaltsgesellschaften, Rz. 363

erberater gemeinsam - fehlerhaft - bearbeitet würde, stellte sich die Frage ob beide Gesellschafter oder nur der Rechtsanwalt haftete. Haften beide, fragt sich weiter, ob dies auch für Steuerberatungsgesellschaften mbH gilt oder nur für die in einer Rechtsanwalts-GmbH verbundenen Personen.

Die Geschäftsführer haften aber der GmbH wegen Obliegenheitsverletzungen gemäß § 43 II GmbHG. Der Anwendungsbereich dieser Vorschrift ist weit.[1117] Sie erfaßt auch die Fälle pflichtwidriger Vertragserfüllung gegenüber der GmbH,[1118] wozu auch die fehlerhafte Beratung des Mandanten zählt. Dieser Anspruch ist pfändbar, auch von den Gläubigern der GmbH.[1119] Allerdings kann die GmbH nachträglich auf diesen Anspruch verzichten, wenn die Grenzen des § 43 III GmbHG beachtet werden.[1120] Es bleibt jedoch ein Restrisiko für die Geschäftsführer-Rechtsanwälte.

IV. Ergebnis

Grundsätzlich haftet dem Mandanten bei fehlerhafter Berufsausübung durch einen Rechtsanwalt nur die GmbH. Eine zusätzliche Absicherung erfährt der Mandant dadurch, daß jeder Rechtsanwalt eine Haftpflichtversicherung abschließt, die weit über dem liegt, was von einem Einzelanwalt, einem in einer Sozietät oder Partnerschaftsgesellschaft verbundenen Anwalt verlangt wird. Schließlich wird der Mandant dadurch geschützt, daß die GmbH nicht eingetragen werden darf, bevor das Stammkapital jedenfalls in Höhe von DM 50.000,- vollständig eingezahlt worden ist. Der so geschaffene Haftungsfonds rechtfertigt es, die persönliche Haftung der Rechtsanwälte grundsätzlich auszuschließen. Ausnahmen, die das GmbHG vorsieht oder die von der Rechtsprechung im Wege der Rechtsfortbildung geschaffen wurden, bleiben von diesem Grundsatz unberührt.

[1117] *Henssler*, ZHR 161 (1997), 305 (322)
[1118] BGH, Urteil vom 12.06.1989, BB 1989, 1637 (1638); *Henssler*, ZHR 161 (1997), 305 (322); *Kaiser/Bellstedt*, Die Anwaltssozietät, Rz. 576
[1119] *Köhl*, DB 1996, 2596 (2597)
[1120] *Scholz-U. Schneider*, GmbHG, § 43 Rz. 187; *Baumbach/Hueck*, GmbHG, § 43 Rz. 26; *Köhl*, DB 1996, 2596 (2598/2599)

7. Kapitel: Gesamtergebnis

§ 22 Zusammenfassende Würdigung

Die vorstehende Untersuchung hat gezeigt, daß die Rechtsanwälte die Wahl zwischen verschiedenen Gesellschaftsformen haben. Für welche sie sich entscheiden, hängt von den jeweiligen Bedürfnissen, der Größe der Kanzlei, den Mandatsstrukturen und den örtlichen Gegebenheiten ab. Neben dem in dieser Arbeit speziell berücksichtigen haftungsrechtlichen Aspekt müssen auch steuerrechtliche Erwägungen angestellt und in die Überlegungen einbezogen werden.

In haftungsrechtlicher Hinsicht bestehen zwischen der Sozietät, der Bürogemeinschaft, der Partnerschaftsgesellschaft und der GmbH wenig Übereinstimmungen. Und auch sonst sind diese den Rechtsanwälten zur Verfügung stehenden Gesellschaften zum Teil sehr unterschiedlich ausgestaltet. Das hängt nicht zuletzt damit zusammen, daß das Berufsrecht unterschiedlich stark Einfluß nimmt.

Die Bürogemeinschaft dient der Senkung von Betriebskosten. Sie eignet sich für die gemeinsame Berufsausübung nicht. Gegenseitige Vertretung findet nicht statt. Demzufolge scheidet eine gegenseitige Einstandpflicht für bei der Berufsausübung verursachte Fehler aus, wenn nicht ausnahmsweise ein Rechtsscheinstatbestand begründet worden ist. Ein außergewöhnliches Haftungsrisiko und ein daraus resultierendes Bedürfnis nach Haftungsbegrenzung besteht daher nicht. Allerdings können auch die Vorteile arbeitsteiliger Leistungserbringung nicht genutzt werden. Neben den allgemeinen Berufspflichten, die jeden Rechtsanwalt treffen, beeinflußt die BRAO die Bürogemeinschaft kaum. Lediglich § 59 a IV BRAO trifft eine Regelung. Der Kreis derjenigen Personen, mit denen ein Rechtsanwalt zulässigerweise eine Bürogemeinschaft bilden kann, wird festgelegt.

Anders ist die Situation bei dem Zusammenschluß in einer als Erwerbsgesellschaft organisierten Sozietät zu beurteilen. Das Berufsrecht nimmt hier unter anderem Einfluß auf die Gestaltung des Gesellschaftsvertrages, allerdings ohne eine Kontrollmöglichkeit zu eröffnen. Bei der Sozietät gilt der Grundsatz der persönlichen unbeschränkten Haftung nicht nur für eigene, sondern auch für die Berufsfehler der assoziierten Kollegen, da die einzelnen Gesellschafter bei der Mandatsübernahme neben der Gesellschaft mitverpflichtet werden. Dies ist die Konsequenz aus der Anerkennung der Teilrechtsfähigkeit der Gesellschaft bürgerlichen Rechts. Durch die Schaffung der Partnerschaftsgesellschaft als einer rechtsfähigen Personengesell-schaft speziell für die freien Berufe, ist der Einwand, die Organisation in einer rechtsfähigen Gesellschaft vertrage sich mit dem freiberuflichen Charakter der anwaltlichen Berufsausübung nicht, entkräftet worden. Auch der Wortlaut der BRAO spricht in § 51 a BRAO von einem Vertragsverhältnis zwischen der Sozietät und dem Auftraggeber, setzt mithin ihre Fähigkeit, Vertragspartner und damit zumindest teilrechtsfähig zu sein, voraus. Des weiteren ist die Behauptung, die Freiberuflichkeit und das besondere Vertrauensverhältnis zwischen dem Anwalt und seinem Mandanten seien mit einer Begrenzung der persönlichen Haftung nicht zu vereinbaren, seit der Einführung der Partnerschaftsgesellschaft und der Neufassung der BRAO nicht haltbar, denn § 8 PartGG sieht ebenso wie § 51 a BRAO eine Haftungsbeschränkungsmöglichkeit vor. Es ist daher sowohl mit dem freiberuflichen Charakter der Anwaltstätigkeit als auch mit dem besonderen Vertrauensverhältnis zwischen dem Rechtsanwalt und seinem Mandanten zu vereinbaren, wenn die persönliche Einstandspflicht eingeschränkt wird.

Die Rechtsanwälte können ihre Haftung außer durch die durch § 51 a BRAO vorgegebenen Möglichkeiten auch durch eine Vertretungsmachtbegrenzung im Gesellschaftsvertrag beschränken. Dabei werden gesteigerte Anforderungen an die Offenkundigkeit gestellt. Für die nicht am Vertragsschluß unmittelbar beteiligten Anwälte sind die Offenkundigkeitsanforderungen nicht ganz so streng wie für den handelnden Rechtsanwalt, liegen aber dennoch über den allgemein zu erfüllenden Voraussetzungen. Will der handelnde Rechtsanwalt seine Haftung beschränken, reichen die Voraussetzungen an die Erkennbarkeit und damit an eine wirksame Vertretungsmachtsbegrenzung bis in die Nähe der Individualvereinbarung. Für ihn ist der durch § 51 a BRAO vorgegebene Weg der Haftungsbeschränkung, zumindest was die Fälle einfacher Fahrlässigkeit betrifft, daher vorteilhafter.
Die Partnerschaftsgesellschaft steht unter einem allgemeinen Berufsrechtsvorbehalt. Sie ist wie die Sozietät Personengesellschaft, subsidiär gelten die §§ 705 ff. BGB. Deshalb ist der Einfluß des Berufsrechts auf beide Gesellschaftsformen gleich. Die Partnerschaft, als weitere Möglichkeit des anwaltlichen Zusammenschlusses zur gemeinsamen Berufsausübung, bringt für die Rechtsanwaltschaft nicht die erhofften Verbesserungen. Zwar ist die gesetzliche Fixierung der Rechtsfähigkeit und die Namensrechtsfähigkeit dieser Gesellschaftsform im Prozeß und in Grundbuchangelegenheiten von Vorteil und der Rechtssicherheit dienlich, doch wurden in diesen Bereichen nicht die Nachteile der Gesellschaft bürgerlichen Rechts proklamiert. Die Führung eines bürgerlich-rechtlichen Namens ist der Gesellschaft bürgerlichen Rechts grundsätzlich gestattet, die fehlende Registerpublizität, die die Grundbuch- und aktive Prozeßfähigkeit der Sozietät hindert, kein so gravierender Nachteil, daß er die Schaffung eines Sondergesellschaftsrechts für die freien Berufe zwingend erforderlich gemacht hätte.

Die Unzulänglichkeit der BGB-Gesellschaft wurde von den Rechtsanwälten vielmehr in der Schwierigkeit gesehen, die Haftung wirksam zu begrenzen, dies erforderlichenfalls zu beweisen und gerichtlich durchsetzen zu können. Dieser Unzulänglichkeit wurde bereits durch die Neufassung der BRAO, insbesondere durch die Einführung der §§ 51; 51 a; 59, teilweise Abhilfe geschafft.

Das PartGG enthält diesbezüglich weitestgehend mit der BRAO übereinstimmende Vorschriften und daher wenig Verbesserungen. Einzig das Erfordernis, die Zustimmungserklärung zu der Haftungsbegrenzung auf einem gesonderten Schriftstück unterschreiben zu lassen, entfällt. Zwar ist dies kein unwesentlicher Vorteil, da aber die Rechtslage zu dieser Frage streitig ist, birgt das PartGG hier eine gewisse Rechtsunsicherheit.

Insgesamt stellt die Partnerschaftsgesellschaft keine revolutionäre Entwicklung für das deutsche Gesellschafts- und Berufsrecht dar. Sie ist eine Alternative zur BGB-Gesellschaft, wenn auch mit geringfügigen Abweichungen. Anders wäre dies jedenfalls dann zu beurteilen, wenn die gesetzliche Handelnden-Haftung, wie der Referentenentwurf sie einzuführen beabsichtigt, Gesetz würde. Der Vorteil dieser Lösung gegenüber der Regelung des § 51 a BRAO ist erheblich, da eine Vereinbarung mit dem Mandanten nicht mehr erforderlich wäre.

Die Rechtsberatungs-GmbH stellt eine von den genannten Gesellschaften in mehrfacher Hinsicht abweichende Rechtsform dar. Insbesondere in haftungsrechtlicher Sicht wird sie den Bedürfnissen der Rechtsanwaltschaft in besonderem Maße gerecht, da im Gegensatz zur Sozietät und zur Partnerschaft keine praktischen Schwierigkeiten auftauchen. Solange der Gesellschaftsvertrag der GmbH so ausgestaltet wird, daß die besonderen Merkmale der Freiberuflichkeit, die Wahrung der anwaltlichen Pflichten und die Beachtung des Berufsrechts sichergestellt sind und gleichzeitig die Interessen der Mandantschaft, unter anderem durch den Abschluß einer Haftpflichtversicherung mit einer Mindestversicherungssumme in angemessener Höhe, gewahrt werden, bestehen keine Bedenken gegen deren Zulässigkeit. Ein gesetzliches Verbot besteht nicht. Die Rechtsanwalts-GmbH benötigt weder die Zulassung der Rechtsanwaltschaft nach § 4 BRAO noch eine Erlaubnis nach Art. 1 § 1 RBerG.

Außerdem können dem RBerG und der BRAO keine sonstigen rechtlich relevanten Einwände entnommen werden. Wünschenswert wäre allerdings eine gesetzliche Fixierung der Voraussetzungen, die an die GmbH-Satzung zu stellen sind, wie sie für die Steuerberater im StBerG und für die Wirtschaftsprüfer in der WPO Niederschlag gefunden hat. Dies gilt um so mehr, da die Registergerichte nicht die erforderlichen Instrumentarien an der Hand haben, um eine dauerhafte Sicherung der Interessen der Auftraggeber gewährleisten zu können, und um eine Umgehung der der BRAO zu entnehmenden Pflichten zu verhindern. Diese Befürchtungen rechtfertigen aber nicht, die GmbH für die Rechtsanwälte zu verbieten. Die Verfassung gebietet es vielmehr, einen verhältnismäßigen Weg zu wählen. Wenn möglich, sollen alle Interessen berücksichtigt und möglichst wenig beeinträchtigt werden. Diesem verfassungsrechtlichen Auftrag kann, solange der Gesetzgeber nicht tätig wird, durch eine Analogie zu den Vorschriften des StBerG und der WPO nachgekommen werden.

Das PartGG wird die freien Berufe allgemein und insbesondere die Rechtsanwaltschaft nicht von der GmbH ablenken. Die Lücke, die das Gesetz schließen sollte, ist tatsächlich nicht vorhanden. Dennoch wird die Partnerschaftsgesellschaft nicht ohne Wert für die Rechtsanwälte sein. Für die Kanzleien, die aus steuerlichen oder sonstigen Gründen nicht an der Gründung einer GmbH interessiert sind, stellt die Partnerschaft eine Alternative zur Sozietät dar, wenn auch mit wenig Vorteilen gegenüber dieser.

§ 23 Ergebnis

Nach alledem bleibt festzuhalten:

(1) Die BRAO begründet für alle Rechtsanwälte besondere Pflichten, die diese bei der Berufsausübung zu beachten haben. Rechtsanwälten, die sich mit anderen gesellschaftsrechtlich verbinden, legt sie noch weitergehende Pflichten auf, die Einfluß auf die Gestaltung des Gesellschaftsvertrages nehmen können:
- Die anwaltliche Unabhängigkeit muß gewahrt werden
- Die Verschwiegenheitspflicht muß eingehalten werden
- Das Verbot der Wahrnehmung widerstreitender Interessen ist zu beachten
- Die Mandantschaft muß durch eine Haftpflichtversicherung in ausreichender Höhe geschützt werden

§ 59 a BRAO enthält Mindestanforderungen, die für sämtliche Zusammenschlüsse unter Beteiligung von Rechtsanwälten gelten. Gleichzeitig ergibt sich aus dieser Vorschrift eine Definition von Sozietät und Bürogemeinschaft. Eine der wichtigsten Errungenschaften der Neufassung der BRAO ist § 51 a. Er eröffnet Möglichkeiten, die Haftung zu begrenzen, ohne die darüberhinausgehenden Rechte der Anwälte einzuschränken. Dies ist vor allem für die Sozietäten wichtig.

(2) Die Sozietät ist eine Gesellschaft bürgerlichen Rechts und als solche vor allem Erwerbsgesellschaft und somit teilrechtsfähig. Sie wird von den §§ 705 ff. BGB einerseits und dem Berufsrecht andererseits beeinflußt. Zur Sicherung des Bestandsinteresses sollte der Gesellschaftsvertrag einer Sozietät einige Regelungen treffen. Zwingend ist dies aber nicht. Kennzeichen der Sozietät sind Einzelgeschäftsführung und -vertretung sowie die gesamtschuldnerische Haftung aller Sozien. Die Haftungsbegründung richtet sich dabei nach der Doppelverpflichtungslehre, so daß die Sozien ihre persönliche Haftung durch die Begrenzung der Vertretungsmacht im Gesellschaftsvertrag einschränken können. Daneben bestehen die Haftungsbeschränkungsmöglichkeiten nach § 51 a BRAO.

(3) Anders als die Sozietät dient die Bürogemeinschaft allein der Senkung der Betriebskosten. Ein gesteigertes Haftungsrisiko besteht daher bei der Bürogemeinschaft nicht.

(4) Die Partnerschaftsgesellschaft ist eine Sondergesellschaft für freie Berufe. Sie wird - soweit Rechtsanwälte beteiligt sind - ebenfalls durch Einzelgeschäftsführung und -vertretung gekennzeichnet. Über den durch das PartGG geregelten Mindestinhalt des Gesellschaftsvertrages, sind, wie bei der Sozietät, weitere Regelungen angeraten. Unterschiede im Vergleich zur Sozietät bestehen im Bereich der Haftung; denn die Partner haften akzessorisch zur Partnerschaft. Dadurch wird die haftungsrechtliche Situation gegenüber der Sozietät verschärft. Allerdings sehen § 8 II, III PartGG Möglichkeiten vor, die Haftung zu begrenzen. Die Abweichungen gegenüber § 51 a BRAO sind jedoch gering. Der einzige Vorteil der Partnerschaft gegenüber der Sozietät ist der Anwendungsvorrang des § 8 II PartGG gegenüber § 51 a BRAO. Deshalb ist die geplante Änderung des § 8 II PartGG wünschenswert.

(5) Die GmbH steht den Rechtsanwälten als Organisationsgesellschaft zur Verfügung; denn ein gesetzliches Verbot der Rechtsanwalts-GmbH besteht nicht. Sie benötigt weder die Zulassung zur Rechtsanwaltsschaft noch eine Erlaubnis nach dem RBerG. Der entscheidende Vorteil der GmbH liegt in dem gesetzlichen Ausschluß der persönlichen Haftung der Gesellschafter. Auf der anderen Seite nimmt das Berufsrecht erheblichen Einfluß auf die Gestaltung des Gesellschaftsvertrages. Die GmbH muß personalistisch ausgestaltet werden. Einige - disponible - Vorschriften des GmbHG müssen abbedungen werden, anderenfalls muß der Registerrichter die Eintragung verweigern. Eine Handelndenhaftung ist aber nicht erforderlich. Umfassender Schutz des Rechtsverkehrs kann durch eine analoge Anwendung der WPO und des StBerG erreicht werden, aber auch ohne dies wäre ein Verbot der Rechtsanwalts-GmbH verfassungswidrig.

Literaturverzeichnis

Alberts, Martin, Die Gesellschaft bürgerlichen Rechts im Umbruch, Frankfurt am Main, Berlin, Bern, New York, Paris, Wien 1994

Ahlers, Dieter, Die Rechtsanwalts-GmbH, AnwBl 1991, 10 ff.
- Zur Definition der überörtlichen Rechtsanwaltssozietät, AnwBl 1992, 54 ff.
- Rechtsanwalts-GmbH zugelassen: Ein Intermezzo ?, AnwBl 1995, 121 ff.
- Die Zulässigkeit der Anwalts-GmbH, AnwBl 1995, 3 ff.

Altenhoff, Rudolf / Busch, Hans / Chemnitz, Jürgen, Kommentar zum Rechtsberatungsgesetz, 10. Auflage, Münster 1993

Altmeppen, Holger, Haftung der Gesellschafter einer Personengesellschaft für Delikte, NJW 1996, 1017 ff.

Arnold, Jürgen, Die Tragweite des § 8 II PartGG vor dem Hindergrund der Haftungsverfassung der Gesellschaft bürgerlichen Rechts, BB 1996, 597 ff.

Badura, Peter, Die Unternehmensfreiheit der Handelsgesellschaften, DÖV 1990, 353 ff.

Bärwaldt, Roman / Schabacher, Joachim, Darf sich nur noch die Partnerschaft „und Partner" nennen ?, MDR 1996, 114 ff.

Baumbach, Adolf / Hueck, Alfred, Kommentar zum GmbHG, 15. Auflage, München 1988
- Kommentar zum GmbHG, 16. Auflage, München 1996

Baumbach, Adolf / Duden, Konrad, Kommentar zum Handelsgesetzbuch, 29. Auflage, München 1995

Bayer, Hermann-Wilfried / Imberger, Frank, Die Rechtsformen freiberuflicher Tätigkeit, DWiR 1993, 309 ff.
- Nochmals: Die Formen freiberuflicher Tätigkeit, DWiR 1995, 177 ff.

Beckmann, Klaus, in Festschrift für Detlef Kleinert, Beiträge zu 20 Jahren Rechtspolitik, Für eine Partnerschaft freier Berufe, Ronnenberg 1992

Bellstedt, Christoph, Die Rechtsanwalts-GmbH, AnwBl 1996, 573 ff.

Beuthien, Volker, Die Haftung von Personengesellschaftern, BB 1975, 725 ff. und 773 ff.

Bleckmann, Albert / Helm, Franziska, Die Grundrechtsfähigkeit juristischer Personen, DVBl. 1992, 9 ff.

Bösert, Bernd, Das Gesetz über Partnerschaftsgesellschaften Angehöriger Freier Berufe (Partnerschaftsgesellschaftsgesetz - PartGG), ZAP 1994, 765 ff.
- Der Regierungsentwurf eines Gesetzes zur Schaffung von Partnerschaftsgesellschaften (Partnerschaftsgesellschaftsgesetz - PartGG), DStR, 1993, 1332 ff.
- Die Partnerschaftsgesellschaft - neue Form des Zusammenschlusses von Freibe ruflern, WPrax 12/94, 2 ff.

Bösert, Bernd / Braun, Anton / Jochem, Hans Rudolf, Leitfaden zur Partnerschaftsgesellschaft, Weinheim, New York, Cambridge 1996

Boin, Kai T., Weg frei für die Anwalts-GmbH, NJW 1995, 371 ff.
- Die Partnerschaftsgesellschaft für Rechtsanwälte, Dissertation Münster, 1995

Borgmann, Brigitte / Haug, Karl H., Anwaltshaftung, 3. Auflage, München 1995

Brandes, Helmut, Die Rechtsprechung des BGH zur Gesellschaft bürgerlichen Rechts und zur stillen Gesellschaft, WM 1989, 1357 ff.
- Die Rechtsprechung des BGH zur Personengesellschaft, WM 1990, 569 ff.

Braun, Anton, Contra Anwalts-GmbH, MDR 1995, 447

Breuninger, Gottfried E., Die BGB-Gesellschaft als Rechtssubjekt im Wirtschaftsleben, Dissertation, Tübingen, Köln 1991

Brötzmann, Ulrich, Zulässigkeit einer Heilbehandlungs-GmbH für zahnärztliche Leistungen, Anmerkungen zum Urteil des BGH vom 25.11.1993, Aktenzeichen I ZR 281/91, WiB 1994, 270 ff.

Brox, Hans, Allgemeiner Teil des Bürgerlichen Rechts, 21. Auflage, Köln, Berlin, Bonn, München 1997

Brüderle, Rainer, B., Aktuelles Anwaltsrecht, ZGR 1990, 155 ff.

Buchda, Gerhard, Geschichte und Kritik der deutschen Gesamthandslehre, Marburg 1936

Burret, Gerhard, Das Partnerschaftsgesellschaftsgesetz, WPK-Mitt. 1994, 201 ff.

Canaris, Claus-Wilhelm, Handelsrecht, 22. Auflage, München 1995

Castan, Björn, Die Partnerschaftsgesellschaft, Recht, Steuer, Betriebswirtschaft, Dissertation Hamburg 1996

Costede, Jürgen, in Tagungsbericht über die 11. Jahrestagung "Recht und Besteuerung der Familien-Unternehmen" am 23.08.1978 in Wiesbaden, DStR 1978, 654 ff.

Damm, Reinhard, in Festschrift für Hans Erich Brandner, Gesellschaftsrecht der Freiberufler im Wandel, S. 33 ff., Köln 1996

Dauner-Lieb, Barbara, Durchbruch für die Anwalts-GmbH ?, GmbHR 1995, 259 ff.

Deneke, J. F. Volrad, Die freien Berufe, Stuttgart 1956

Dittmann, Thomas, Überlegungen zur Rechtsanwalts-GmbH, ZHR 161 (1997), 333 ff.

Donath, Roland, Rechtsberatungsgesellschaften, ZHR 156 (1992), 134 ff.

Driesen, Werner G., Partnerschaftsgesellschaft - "GmbH" für freie Berufe ?, GmbHR 1993, R 25 ff.

Düwell, Franz Josef, Zur Modernisierung des anwaltlichen Berufsrechts - Bewährte Stukturen erhalten oder abschaffen ?, AnwBl 1990, 383 ff.

Ebenroth, Carsten / Koos, Stephan, Anmerkung zu BayObLG, Beschluß vom 28.08.1996, ZIP 1996, 1790 ff.

Engländer, Konrad, Die regelmäßige Rechtsgemeinschaft, Teil 1: Grundlegung, Berlin 1914

Enneccerus, Ludwig / Lehmann, Heinrich, Lehrbuch des Bürgerlichen Rechts; Recht der Schuldverhältnisse Bd. I/1, 15. Auflage, Tübingen 1988

Erman-Bearbeiter, Handkommentar zum Bürgerlichen Gesetzbuch, Band 1 §§ 1 - 853, Band 2 §§ 854 - 2385, 9. Auflage, Münster 1993

Esser, Josef,- Schuldrecht Besonderer Teil, Band II, 4. Auflage, Karlsruhe 1971

Fabricius, Fritz, Relativität der Rechtsfähigkeit, München, Berlin 1963

von Falkenhausen, Joachim, Brauchen die Rechtsanwälte ein Partnerschaftsgesetz ?, AnwBl 1993, 479 ff.

Fasselt, Theo, Ausschluß von Zugewinnausgleichs- und Pflichtteilsansprüchen bei Beteiligungen an Familienunternehmen, DB 1992, 939 ff.

Feddersen, Dieter / Meyer-Landrut, Andreas, Partnerschaftsgesellschaftsgesetz, Neuwied, Kriftel, Berlin 1995

Feuchtwanger, Sigbert, Die freien Berufe, München, Leipzig 1922

Feuerich, Wilhelm E. / Braun, Anton, BRAO-Kommentar, 3. Auflage, München 1995

Fischer, Lutz, Die Gesellschaft bürgerlichen Rechts, Recht, Steuer, Betriebswirtschaft, Bielefeld 1977

Fleischmann, Eugen, Die freien Berufe im Rechtsstaat, Dissertation, Berlin 1970

Flume, Werner, Allgemeiner Teil des Bürgerlichen Rechts, Berlin, Heidelberg, New York 1977
-     Gesellschaft und Gesamthand, ZHR 136 (1972), 177 ff.

Frangenberg, Günter, Haftungsbeschränkungen bei der unternehmerisch tätigen Gesellschaft bürgerlichen Rechts und Haftungskonzentration bei der Partnerschaftsgesellschaft, Dissertation Bonn 1996, zit.: Haftungsbeschränkungen bei der unternehmenstragenden Gesellschaft bürgerlichen Rechts

Gail, Winfried / Overlack, Arndt, Anwaltsgesellschaften, RWS-Skript Nr. 277, 2. Auflage, Köln 1996

Gehre, Horst, Steuerberatungsgesetz-Kommentar, 3. Auflage, München 1995

von Gierke, Otto, Genossenschaftsrecht II, Leipzig 1889
-     Deutsches Privatrecht, Band I, Leipzig 1895

Gummert, Hans, Zur Zulässigkeit einseitiger Haftungsbeschränkungen auf das Vermögen der BGB-Außengesellschaft, ZIP 1993, 1063 ff.

Haas, Eberhard, Unabhängigkeit der Anwaltschaft und Berufsfreiheit, BRAK-Mitt. 1992, 65 ff.
-     Neue Gesellschaftsform, BRAK-Mitt. 1994, 1 ff.

Habersack, Mathias, Die Haftungsverfassung der Gesellschaft bürgerlichen Rechts - Doppelverpflichtung und Akzessorietät, JuS 1993, 1 ff.

Hachenburg-Bearbeiter, Gesetz betreffend die Gesellschaften mit beschränkter Haftung, Großkommentar, 1. Band, Allgemeine Einleitung, §§ 1 - 34, 8. Auflage, Berlin, New York 1992; 3. Band, §§ 53 - 85, 8. Auflage, Berlin, New York 1997

Hadding, Walter, in Festschrift für Fritz Rittner, Haftungsbeschränkung in der unter nehmerisch tätigen Gesellschaft bürgerlichen Rechts, S. 133 ff., München 1991

Hartstang, Gerhard, Anwaltsrecht, Köln, Berlin, Bonn, München 1991

Hartung, Wolfgang, Das anwaltliche Berufsrecht am Scheideweg, AnwBl 1993, 549 ff.
- Neues Berufs- und Gebührenrecht für Rechtsanwälte, WiB 1994, 585 ff.
- Sozietät oder Kooperation, AnwBl 1995, 333 ff.

Hartung, Wolfgang/Holl, Thomas-Bearbeiter, Anwaltliche Berufsordnung, Kommentar und Berufsrechts-ABC, München 1997

Heckelmann, Dieter, in Festschrift für Karlheinz Quack, Die GbRmbH als (neue) Gesellschaftsform, Berlin, New York 1991

Heermann, Peter W., Haftungsbeschränkungen in der BGB-Außengesellschaft, BB 1994, 2421 ff.

Heinemann, Peter, Rechtsformwahl und Anwalts-GmbH, AnwBl 1991, 233 ff.

Hellwig, Hans-Jürgen,H., Die Rechtsanwalts-GmbH, ZHR 161 (1997), 337 ff.

Henke, Udo, Der Zusatz „und Partner" in der Kanzleibezeichnung, AnwBl 1997, 344 ff.

Henssler, Martin , Die Rechtsanwalts-GmbH, JZ 1992, 697 ff.
- Anwaltsgesellschaften, NJW 1993, 2137 ff.
- Anwaltschaft im Wettbewerb, AnwBl 1993, 541 ff.
- Das anwaltliche Berufsgeheimnis, NJW 1994, 1817 ff.
- Der Regierungsentwurf eines Gesetzes für Partnerschaftsgesellschaften, WiB 1994, 53 ff.
- Die Freiberufler-GmbH, ZIP 1994, 844 ff.
- Haftungsrisiken anwaltlicher Tätigkeit, JZ 1994, 178 ff.
- Neue Formen anwaltlicher Zusammenarbeit, DB 1995, 1549 ff.
- Die Rechtsanwalts-GmbH - Zulässigkeit und Satzungserfordernisse, ZHR 161 (1997), 305 ff.
- Gewerbe, Kaufmann und Unternehmen, ZHR 161 (1997), 13 ff.
- Der Gesetzesentwurf der Rechtsanwalts-GmbH, ZIP 1997, 1481 ff.

-       Partnerschaftsgesellschaftsgesetz, Kommentar, München 1997

Henssler, Martin / Prütting, Hanns, Bundesrechtsanwaltsordnung, Kommentar, München 1997

Henze, Hartwig, Höchstrichterliche Rechtsprechung zum Recht der GmbH, RWS-Skript Nr. 198, Köln 1993

Heuß, Theodor, in Festschrift für Lujo Brentano, Organisationsprobleme der Freien Berufe, München, Leipzig 1916

Hommelhoff, Peter / Martin Schwab, Anmerkung zum Beschluß des BayObLG vom 24.11.1994, Aktenzeichen 3 Z BR 115/94, WiB 1995, 115 ff.

Hoppmann, H.D., Anwaltsregreß in der gerichtlichen Praxis, MDR 1994, 14 ff.

Hornung, Anton, Partnerschaftsgesellschaft für Freiberufler (Teil 1), Rpfleger 1995, 481 ff.

Huber, Ulrich, Vermögensanteil, Kapitalanteil und Gesellschaftsanteil an Personengesellschaften des Handelsrechts, Heidelberg 1970

Hüffer, Uwe, Gesellschaftsrecht, 4. Auflage, München 1996

Jähnke, Burkard, Rechtliche Vorgaben einer künftigen Neuregelung des anwaltlichen Standesrechts, NJW 1988, 1888 ff.

Jauernig-Bearbeiter, Bürgerliches Gesetzbuch, Kommentar, 8. Auflage, München 1997

Jessnitzer, Kurt / Blumberg, Hanno, BRAO - Kommentar, 7. Auflage, Köln, Berlin, Bonn, München, 1995

John, Uwe, Die organisierte Rechtsperson, System und Probleme der Personifikation im Zivilrecht, Berlin 1977

Jürgenmeyer, Michael, Berufsrechtliche Diskrimierung der interprofessionell tätigen Rechtsanwälte, BRAK-Mitt. 1995, 142 ff.

Jungk, Antje, Die Rechtsanwaltssozietät als Haftungsgemeinschaft, AnwBl 1996, 297 ff.

Kaiser, Hans / Bellstedt, Christoph, Die Anwaltssozietät, 2. Auflage, Herne, Berlin 1995

Kempter, Fritz, Das Partnerschaftsgesellschaftsgesetz, BRAK-Mitt. 1994, 122 ff.
- Die Rechtsanwalts-GmbH und das BayObLG - was nun ?, BRAK-Mitt. 1995, 4 ff.

Kewenig, Wilhelm A., Das Recht der rechtsberatenden Berufe - eine Herausforderung für den Gesetzgeber und die Standesorganisationen, JZ 1990, 782 ff.

Kleine-Cosack, Michael, Neuordnung des anwaltlichen Berufsrechts, NJW 1994, 2249 ff.
- Berufs- und Fachanwaltsordnung für Rechtsanwälte, NJW 1997, 1257 ff.
- Bundesrechtsanwaltsordnung, Kommentar, 3. Auflage, München 1997

Knoll, Heinz-Christian, Mustersatzung für eine Rechtsanwalts-GmbH, WiB 1995, 130 ff.

Knoll, Heinz-Christian / Schüppen, Matthias, Die Partnerschaftsgesellschaft - Handlungszwang, Handlungsalternative oder Schubladenmodell, DStR 1995, 608 ff. und 646 ff.

Koch, Ludwig, in Festschrift für Walter Kolvenbach, Zur Entwicklung des anwaltichen Berufsrechts in der Bundesrepublik Deutschland - ausgewählte Fragen, S. 23 ff., Essen 1992
- Die Zulässigkeit der Rechtsanwalts-GmbH nach geltendem Recht, AnwBl 1993, 157 ff.
- Pro Anwalts-GmbH, MDR 1995, 446 ff.

Kögel, Steffen, Unternehmerische BGB-Gesellschaft: Möglichkeiten und Risiken der Haftungsbeschränkungen bei Verträgen, DB 1995, 2201 ff.
- Der Namensbestandteil „und Partner" - Monopol der Partnerschaftsgesellschaften ?, Rpfleger 1996, 314 ff.

Köhl, Dietmar, Die Einschränkung der Haftung des GmbH-Geschäftsführers nach den Grundsätzen des innerbetrieblichen Schadensausgleichs, DB 1996, 2597 ff.

König, Hartmut, Rechtsberatungsgesetz, Grundfragen und Reformbedürftigkeit, Münster 1992

Kornblum, Udo, Die Haftung der Gesellschafter für Verbindlichkeiten der Personengesellschaften, Frankfurt 1972
- Die Haftung assoziierter Rechtsanwälte, BB 1973, 218 ff.

Kremer, Arnold, Freie Berufe in der Rechtsform der GmbH, GmbHR 1983, 259 ff.

Lach, Michael, Formen freiberuflicher Zusammenarbeit, Dissertation, München 1970

Landry, Klaus, Die Anwalts-Kapitalgesellschaft - eine Replik auf MDR 1995, 447,
   MDR 1995, 558

Langenfeld, Gerrit, Die Gesellschaft bürgerlichen Rechts, 3. Auflage, München 1994

Laufhütte, Heinrich, in Festschrift für Gerd Pfeiffer, Die freie Advokatur in der
   Rechtsprechung des Bundesgerichtshofes, Köln, Berlin, Bonn, München 1988

Laufs, Adolf / Uhlenbruck, Wilhelm, Handbuch des Arztrechts, München 1992

Lenz, Tobias, Die Partnerschaft - alternative Gesellschaftsform für Freiberufler,
   MDR 1994, 741 ff.

Leonhard, Franz, Allgemeines Schuldrecht des BGB, München, Leipzig 1929

Leutheusser-Schnarrenberger, Sabine, in Festschrift für Herbert Helmrich, "Für
   Recht und Pflicht", Die Partnerschaftsgesellschaft - nationale und EG-
   rechtliche Bestrebungen zu einem Sondergesellschaftsrecht für die freien Berufe, München 1994
-    Die Partnerschaftsgesellschaft für die rechtsberatenden Berufe, BRAK-Mitt.
   1995, 90 ff.

Limmer, Peter, Die Zulässigkeit der Anwalts-GmbH, WPrax 23/1994, 2 ff.

Lindacher, Walter F., Grundfälle zur Haftung bei Personengesellschaften, JuS 1981,
   431 ff.

Lingenberg, Joachim / Hummel, Fritz / Zuck, Rüdiger / Eich, Alexander, Kommentar zu den Grundsätzen des anwaltlichen Standesrechts, 2. Auflage, Köln 1988,
   zit.: anwaltliches Standesrecht

Loewer, Jörn, Neuordnung des anwaltlichen Berufsrechts, BRAK-Mitt. 1994, 186 ff.

Lutter, Marcus / Hommelhoff, Peter, GmbH-Gesetz, Kommentar, 14. Auflage, Köln
   1995

Maunz, Theodor / Dürig, Günter, Grundgesetz-Kommentar, Loseblattausgabe, Band
   1, Art. 1 - 12, Lieferungen 1 - 32, München 1997

Mayen, Thomas, Die verfassungsrechtliche Stellung des Rechtsanwalts - Ausprägungen und Auswirkungen auf das anwaltliche Berufsrecht, NJW 1997, 2317 ff.

Meilicke, Wienand / v. Westphalen, Friedrich / Hoffmann, Jürgen / Lenz, Tobias, Partnerschaftsgesellschaftsgesetz, Kommentar, München 1995

Mertens, Hans-Joachim, Die Grundrechtsfähigkeit juristischer Personen und das Gesellschaftsrecht, JuS 1989, 857 ff.

Messer, Herbert, in Festschrift für Hans Erich Brandner, Verkäuflichkeit einer Anwaltspraxis, S. 715 ff., Köln 1996

Michalski, Lutz, Das Gesellschafts- und Kartellrecht der berufsrechtlich gebundenen freien Berufe, Köln 1989
- Zum Regierungsentwurf eines PartGG, ZIP 1993, 1210 ff.
- Anmerkungen zum Beschluß des BayObLG vom 24.11.94, Aktenzeichen 3 Z BR 115/94, DWiR 1995, 110 ff.

Michalski, Lutz / Römermann, Volker, Kommentar zum Partnerschaftsgesellschaftsgesetz, Köln 1995
- Wettbewerbsbeschränkungen zwischen Rechtsanwälten, ZIP 1994, 433 ff.
- Preiswettbewerb unter Rechtsanwälten ?, AnwBl 1996, 24 ff.
- Verkauf einer Anwaltskanzlei, NJW 1996, 1305 ff.
- Interprofessionelle Zusammenarbeit von Rechtsanwälten, NJW 1996, 3233 ff.

von Münch, Ingo, Staatsrecht, Band I, 5. Auflage, Stuttgart, Berlin, Köln 1993

Münchener Handbuch des Gesellschaftsrechts-Bearbeiter, BGB-Gesellschaft, offene Handelsgesellschaft, Partnerschaftsgesellschaft, Parteienreederei, EWIV, Band 1, München 1995

Münchener Kommentar-Bearbeiter, Münchener Kommentar zum Bürgerlichen Gesetzbuch, Band 1, Allgemeiner Teil (§§ 1 - 240), 3. Auflage, München 1993; Band 2, Schuldrechts Allgemeiner Teil (§§ 241 - 432), 3. Auflage, München 1994; Band 5, Schuldrecht Besonderer Teil III (§§ 705 - 853; PartGG; ProdHG), 3. Auflage, München 1997; Band 7, Familienrecht I (§§ 1297 - 1588), 3. Auflage, München 1993

Nicknig, Paul-Georg, Die Haftung der Mitglieder einer BGB-Gesellschaft für Gesellschaftsschulden, Köln, Berlin, Bonn, München 1972

Niebling, Jürgen, Haftungsbeschränkungen für Rechtanwälte trotz AGB-Richtlinie, AnwBl 1996, 20ff.

Nirk, Rudolf, 50 Jahre NJW: Die Entwicklung der Anwaltschaft, NJW 1997, 2625 ff.

Noack, Erwin, Kommentar zur Reichs-Rechtsanwaltsordung, 2. Auflage, Leipzig 1937

Noll, Bernd, Persönliche und höchstpersönliche Leistung - dargestellt am Beispiel freier Berufe, Dissertation, Göttingen 1992

Odersky, Walter, in Festschrift für Franz Merz, Die überörtliche Anwaltssozietät, S. 439 ff., Köln 1992

Oppenhoff, Walter O., Sozietätsverträge und Partnerschaftsverträge, AnwBl 1977, 357 ff.

Oppermann, Bernd H., Grenzen der Haftung in der Anwalts-GmbH und in der Partnerschaft, AnwBl 1995, 451 ff.

Ott, Claus, Recht und Realität der Unternehmenskooperation, Tübingen 1977

Palandt-Bearbeiter, Bürgerliches Gesetzbuch, Kommentar, 57. Auflage, München 1998

Papier, Hans-Jürgen, Aktuelle Fragen der überörtlichen Anwaltssozietät, BRAK-Mitt. 1991, 2 ff.

Pfeiffer, Gerd, Der Rechtsanwalt in unserer Rechtsordnung, BRAK-Mitt. 1987, 102 ff.

Pieroth, Bodo /Schlink, Bernhard, Grundrechte, Staatsrecht II, 13. Auflage, Heidelberg 1997

Piper, Henning, in Festschrift für Walter Odersky, Die GmbH als Rechtsform anwaltlicher Berufsausübung, S. 1063 ff., Berlin, New York 1996

Plass, Manfred, Der Haftungsstatus von Anwaltsgesellschaften, Dissertation, Mainz 1991

Prinz, Matthias, Der juristische Supermann als Maßstab, VersR 1983, 317 ff-

Prütting, Hanns, Ist die Gesellschaft bürgerlichen Rechts insolvenzfähig, ZIP 1997, 1725 ff.

Redeker, Konrad, Freiheit der Advokatur heute, NJW 1987, 2610 ff.
-      Rechtsanwaltschaft zwischen 1945 und 1995, Ein Berufstand im Wandel, NJW 1995, 1241 ff.

Reiff, Peter, Die neuen berufsrechtlichen Bestimmungen über Haftungsbeschränkungen durch AGB, AnwBl 1997, 3 ff.

Rennen, Günter / Caliebe, Gabriele, RBerG, Kommentar, 2. Auflage, München 1992

RGRK-Bearbeiter, Das Bürgerliche Gesetzbuch mit besonderer Berücksichtigung der Rechtssprechung des Reichsgerichts und des Bundesgerichtshofes, Band II, 4. Teil, 12. Auflage, Berlin, New York 1978

Ring, Gerhard, Die Partnerschaftsgesellschaft, Erläuterungen mit Muster, Bonn 1997

Rinsche, Franz-Joseph, Die Haftung des Rechtsanwalts und des Notars, 5. Auflage, Köln, Berlin, Bonn, München 1995

Rittner, Fritz, Die werdende juristische Person, Tübingen 1973
-    Unternehmen und freier Beruf als Rechtsbegriffe in: Recht und Staat in Geschichte und Gegenwart, Heft 261/262, Tübingen 1962

Römermann, Volker, Entwicklungen und Tendenzen bei Anwaltsgesellschaften, Dissertation Köln 1995
-    Anwalts-GmbH als „theoretische Variante" zur Partnerschaft ?, GmbHR 1997, 530 ff.

Roth, Günter H./Altmeppen, Holger, GmbHG, Kommentar, 3. Auflage, München 1997

Rowedder-Bearbeiter, GmbHG, Kommentar, 2. Auflage, München 1990 (zit. 2. Aufl.); 3. Auflage, München 1997

Saller, Rudolf, Rechtliche Grundlagen der BGB-Gesellschaft im Hinblick auf die Möglichkeiten einer Haftungsbegrenzung, DStR 1995, 183 ff.

Sandberger, Georg / Peter-Christian Müller-Graf, Die rechtliche Form freiberuflicher Zusammenarbeit, ZRP 1975, 1 ff.

von Savigny, Friedrich Carl , System des heutigen römischen Rechts, II, Berlin 1840

Schardey, Günter, Zur Lage der Anwaltschaft und zum Stand der Berufsrechtsdisskussion, AnwBl 1991, 21 ff.

Schaub, Bernhard, Das neue Partnerschaftsregister, NJW 1996, 625 ff.

Schlegelberger-Bearbeiter, Handelsgesetzbuch, Kommentar, Band III, 1. Halbband, §§ 105 - 160, 5. Auflage, München 1992

Schlosser, Peter, Grünes Licht für Rechtsanwalts-GmbHs ?, JZ 1995, 345 ff.

Schlüter, Wilfried, Familienrecht, 7. Auflage, Heidelberg 1996

Schmidt, Karsten, in Festschrift für Hans-Joachim Fleck, Zum Haftungsstatus unternehmenstragender BGB-Gesellschaften - Eine Analyse auf der Grundlage der Rechtsprechung, S. 271 ff., Berlin, New York 1988
- Haftungsprobleme der bürgerlichrechtlichen Kommanditgesellschaft, DB 1973, 655 ff.; 703 ff.
- Partnerschaftsgesetzgebung zwischen Berufsrecht, Schuldrecht und Gesell schaftsrecht, ZiP 1993, 633 ff.
- Die Freiberufliche Partnerschaft, NJW 1995, 1 ff.
- Gesellschaftsrecht, 3. Auflage, Köln, Berlin, Bonn, München 1997
- Gesellschaftsrecht, 2. Auflage, Köln, Berlin, Bonn, München 1991
- Handelsrecht, 4. Auflage, Köln, Berlin, Bonn, München 1994
- Gutachten zur Überarbeitung des Schuldrechts, Band III, S. 502 ff., Köln 1983
- Verbandszweck und Rechtsfähigkeit im Vereinsrecht, Heidelberg 1984

Schmidt-Bleibtreu, Bruno / Klein, Franz, Kommentar zum Grundgesetz, 8. Auflage, Neuwied, Kriftel, Berlin 1995

Scholz-Bearbeiter, Kommentar zum GmbHG, 8. Auflage, Band 1: §§ 1 - 44, Anhang Konzernrecht, 1993; Band 2: §§ 45 - 85, 1995, Köln

Schulze-Osterloh, Joachim , in Festschrift für Harry Westermann, Willensbildung in verschachtelten Rechtsgemeinschaften, S. 541 ff., Karlsruhe 1974
- Das Prinzip der gesamthänderischen Bindung, München 1972

Schulze zur Wiesche, Dieter, Die freiberufliche Praxis, BB 1995, 593 ff.

Schumacher, Hermann / Stallmeister, Reinhold / Frieling, Günter / Heimann, Uwe, Zur „Modernisierung" des anwaltlichen Berufsrechts: - Bewährte Strukturen erhalten oder abschaffen ? -, AnwBl 1990, 383 ff., zit.: Schumacher u.a.

Schwark, Eberhard, in Festschrift für Hensenius, Voraussetzungen und Grenzen der persönlichen Gesellschafterhaftung in einer Gesellschaft bürgerlichen Rechts, S. 753 ff., Berlin, New York, 1991, desgleichen DWiR, 1992, 441 ff.

Seibert, Ulrich, Zum neuen Entwurf eines Partnerschaftsgesellschaftgesetzes, AnwBl 1993, 155 ff.
- Regierungsentwurf eines Partnerschaftsgesetzes, ZiP 1993, 1197 ff.

- Nachhaftungsbegrenzungsgesetz - Haftungsklarheit für den Mittelstand, DB 1994, 461 ff.
- Die Partnerschaft, Köln 1994
- Gesellschaften mit „Partner-Zusatz" - Änderungen zum 1. Juli 1997, ZIP 1997, 1046 ff.

Senninger, Eberhard, Die Anwalts-GmbH, ZAP 1995, 43 ff.

Slapnicar, Klaus Wilhelm, Vertragliche Vereinbarungen im Ehegüterrecht zum Erhalt unternehmerischer Entscheidungskompetenzen, WiB 1994, 590 ff.
- Bausteine für ein Vertragsmuster zur Modifikation der Zugewinngemeinschaft, DB 1994, 461 ff.

Soergel-Bearbeiter, Bürgerliches Gesetzbuch mit Einführungsgesetz und Nebengesetzen, Band 1: Allgemeiner Teil (§§ 1 - 240), 12. Auflage, 1987; Band 4: Schuldrecht (§§ 705 - 853), 11. Auflage, 1979, Stuttgart, Berlin, Köln, Mainz

Sohm, Rudolph, Der Gegenstand, Leipzig 1905

Sommer, Michael, Anwalts-GmbH oder Anwalts-Partnerschaft, GmbHR 1995, 249 ff.

Sotiropoulos, Geogirios, Partnerschaftsgesellschaft: Haftung der Partner und Haftungsbeschränkungswege, ZIP 1995, 1879 ff.

Späth, Wolfgang, Die zivilrechtliche Haftung des Steuerberaters, 4. Auflage, Bonn 1994

Sproß, Joachim, Die Rechtsanwaltsgesellschaft in der Form der GmbH & Co KG, AnwBl 1996, 201 ff.

Staub-Bearbeiter, Großkomentar zum HGB, Band 1, Einleitung, §§ 1 - 104, 4. Auflage, 1995

Staudinger-Bearbeiter, Julius Staudingers Komentar zum Bürgerlichen Gesetzbuch, Viertes Buch, 12. Auflage, §§ 1363 - 1563, 13. Bearbeitung, Berlin 1994

Steindorff, Ernst, in Festschrift für Robert Fischer, Die Anwaltssozietät, S. 747 ff., Berlin 1979

Stobbe, Ulrich, Die Beschränkung der Haftung nach § 51 a I Nr. 2 BRAO und die EG-Verbraucherschutzrichtlinie, AnwBl 1997, 16 ff.

Stuber, Manfred, Die Partnerschaftsgesellschaft, München 1995

-    Das Partnerschaftsgesellschaftsgesetz unter besonderer Berücksichtigung der
     Belange der Anwaltschaft, WiB 1994, 705 ff.

Taupitz, Jochen, Die Standesordungen der freien Berufe, Berlin, New York 1991
-    Kurzkommentar zum Urteil des OLG Düsseldorf vom 10.10.91, Aktenzeichen
     2 U 15/91, EWiR 1992, 187 ff.
-    Die GmbH als Organisationsform ambulanter, heilkundlicher Tätigkeit, NJW
     1992, 2317 ff.
-    Zur Zulässigkeit von Freiberufler-GmbHs, Heilkunde-GmbH: ja, Rechtsan-
     walts-GmbHs: nein ?, JZ 1994, 1100 ff.
-    Rechtsanwalts-GmbH zugelassen: Durchbruch oder Intermezzo ?, NJW 1995,
     369 ff.
-    Haftung des Freiberuflers: Modelle der Risikominimierung und ihre Auswir-
     kungen auf die Freiberuflichkeit, in: Binnenmarkt und die Freiheit der freien Be-
     rufe in Deutschland und Schweden, Arbeiten zur Rechtsvergleichung, Band
     183, 1. Auflage, Baden-Baden 1997

Tettinger, Peter, Zum Tätigkeitsfeld der BRAK, München 1985

Timm, Wolfram, Die Rechtsfähigkeit der Gesellschafts bürgerlichen Rechts und ihre
     Haftungsverfassung, NJW 1995, 3209 ff.

Triepel, Heinrich, in Festschrift für Karl Binding, Band 2, Staatsdienst und staatlich
     gebundener Beruf, S. 3 ff., Leipzig 1911

von Tuhr, Andreas, Allgemeiner Teil des Deutschen Bürgerlichen Rechts, Band II,
     Leipzig 1910

Ulmer, Peter, in Festschrift für Karlheinz Quack, Abindungsklauseln in Personenge
     sellschafts- und GmbH-Verträgen, Berlin, New York 1991

Ulmer, Peter / Brandner, Hans-Erich / Jensen, Horst-Diether, Kommentar zum Ge-
     setz zur Regelung des Rechts der Allgemeinen Geschäftsbedingungen, 7. Auf-
     lage, Köln 1993

Ulmer, Peter / Habersack, Matthias, in Festschrift für Hans Erich Brandner, Die
     Haftungsverfassung der Partnerschaft, S. 151 ff ., Köln 1996

Vogels, Tim Oliver, Haftung von Rechtsanwälten in der Sozietät, Disseration Bonn
     1995

Wellensiek, Jobst, in Festschrift für Hans Erich Brandner, Anwaltshaftung und Risi
     komanagement, S. 727 ff., Köln. 1996

Wellkamp, Ludger, Risikobegrenzungen in der Unternehmer-BGB-Gesellschaft, NJW 1993, 2715 ff.

Wertenbruch, Johannes, Die Bezeichnung „und Partner" außerhalb der Partnerschaft, ZIP 1996, 1776 ff.

von Westphalen, Friedrich, Anwaltliche Haftungsbeschränkungen im Widerstreit mit der Verbraucherschutzrichtlinie, ZIP 1995, 546 ff.

Wiedemann, Herbert, in Festschrift für Alfred Kellermann, Zur Selbständigkeit der BGB-Gesellschaft, S. 529 ff., Berlin, New York 1991
-   Juristische Person und Gesamthand als Sondervermögen, WM 1975, Sonderbeilage 4

Wiesner, Georg, Haftungsordnung in der BGB-Gesellschaft, JuS 1981, 331 ff.

Wolf, Manfred / Horn, Norbert / Lindacher, Walter F., AGB-Gesetz, Kommentar, 3. Auflage, München 1994

Wolfsteiner, Hans, Mittelbare Rechtsberatung und Anwalts-GmbH, NJW 1996, 3262 ff.

Zuck, Rüdiger, Formen anwaltlicher Zusammenarbeit, AnwBl 1988, 19 ff.
-   Die Europäische Wirtschaftliche Interessenvereinigung als Instrument anwaltlicher Zusammenarbeit, NJW 1990, 954 ff.
-   Gehört die Zukunft der Anwalts-GmbH ?, ZRP-Rechtsgespräch von Rudolf Gerhard mit Rüdiger Zuck, ZRP 1995, 68 ff.
-   Die berufsrechtichen Pflichten des Rechtsanwalts, MDR 1996, 1204
-   Vertragsgestaltungen bei Anwaltskooperationen (Verträge und Muster für die Anwaltspraxis), Köln 1995